U0620692

广视角·全方位·多品种

权威·前沿·原创

皮书系列为
"十二五"国家重点图书出版规划项目

青海蓝皮书

BLUE BOOK OF
QINGHAI

2014 年
青海经济社会形势分析与预测

ANALYSIS AND FORECAST OF ECONOMY AND SOCIETY
OF QINGHAI (2014)

主　　编／赵宗福
副 主 编／孙发平　苏海红
分篇主编／马勇进　丁忠兵　鲁顺元　鄂崇荣　杜青华

社会科学文献出版社
SOCIAL SCIENCES ACADEMIC PRESS (CHINA)

图书在版编目（CIP）数据

2014年青海经济社会形势分析与预测/赵宗福主编. —北京：
社会科学文献出版社，2014.2
（青海蓝皮书）
ISBN 978 - 7 - 5097 - 5615 - 7

Ⅰ.①2… Ⅱ.①赵… Ⅲ.①区域经济 - 经济分析 - 青海省 -
2013 ②社会分析 - 青海省 - 2013 ③区域经济 - 经济预测 - 青海省 -
2014 ④社会预测 - 青海省 - 2014 Ⅳ.①F127.44

中国版本图书馆 CIP 数据核字（2014）第 016892 号

青海蓝皮书
2014 年青海经济社会形势分析与预测

主　　编 / 赵宗福
副 主 编 / 孙发平　苏海红
分篇主编 / 马勇进　丁忠兵　鲁顺元　鄂崇荣　杜青华

出 版 人 / 谢寿光
出 版 者 / 社会科学文献出版社
地　　址 / 北京市西城区北三环中路甲 29 号院 3 号楼华龙大厦
邮政编码 / 100029

责任部门 / 皮书出版中心（010）59367127　　　　责任编辑 / 高振华
电子信箱 / pishubu@ssap.cn　　　　　　　　　　责任校对 / 卫 晓　李 敏
项目统筹 / 邓泳红　高振华　　　　　　　　　　责任印制 / 岳 阳
经　　销 / 社会科学文献出版社市场营销中心（010）59367081　59367089
读者服务 / 读者服务中心（010）59367028

印　　装 / 北京季蜂印刷有限公司
开　　本 / 787mm × 1092mm　1/16　　　　　　印　张 / 23.25
版　　次 / 2014 年 2 月第 1 版　　　　　　　　　字　数 / 376 千字
印　　次 / 2014 年 2 月第 1 次印刷
书　　号 / ISBN 978 - 7 - 5097 - 5615 - 7
定　　价 / 69.00 元

2014年青海蓝皮书编委会

主要编撰者简介

赵宗福 青海省社会科学院党组书记、院长，民俗学博士，教授；享受国务院特殊津贴专家。兼任中国民俗学会副会长、中国少数民族文学学会副理事长、青海省民间文艺家协会主席、青海省民俗学会会长、青海省昆仑文化研究会会长等职，同时兼任日本爱知大学、西北民族大学等国内外多所大学客座或特聘教授。研究方向为民俗学、民间文艺学以及古典诗歌。长期从事地方文化史和民俗文化学的教学与研究，在中国古典神话、民间文学、西部诗歌史、青海文化史、民俗文化学等方面均有一定建树。近年来致力于昆仑文化的研究与相关学术活动的组织，先后策划主办"昆仑文化与西王母神话国际学术论坛"、"昆仑神话与世界创世神话国际学术论坛"、"昆仑神话的现实精神与探险之路国际学术论坛"、"土文化国际学术研讨会"、"格萨尔与世界史诗国际学术论坛"等国际学术会议，在海内外学界产生较好影响。先后获得"首届钟敬文民俗学奖"、"大昆仑文化杰出学术理论奖"、"全国先进工作者"、全国文联"德艺双馨会员"、"青海省优秀教师"、"全国非物质文化遗产保护先进个人"、"青海省劳动模范"等荣誉称号。多年来出版《花儿通论》、《昆仑神话》、《青海多元民俗文化圈研究》、《青海花儿大典》、《青海历史人物传》等20余部书籍，在海内外学术杂志发表论文等100余篇。目前正在主持国家社会科学重大项目"昆仑文化与中华文明研究"。27项成果获省部级以上优秀科研成果奖，基本为独著成果，其中中国青年哲学社会科学优秀奖1项，青海省哲学社会科学优秀成果一等奖3项、二等奖4项，青海省文艺评论奖一等奖1项，青海民间文艺成果一等奖1项。

孙发平　青海省社会科学院副院长，研究员，享受国务院特殊津贴专家。兼任日本爱知大学国际中国学研究中心客座研究员、中国城市经济学会理事、青海省委党校和青海省委讲师团特邀教授等职。研究方向为市场经济和区域经济学。主著及主编书籍 10 余部，发表论文 90 余篇，主持课题 30 多项。主要成果：《中国三江源区生态价值与补偿机制研究》、《"四个发展"：青海省科学发展模式创新》、《青海转变经济发展方式研究》、《循环经济理论与实践——以柴达木循环经济试验区为例》、《中央支持青海等省藏区经济社会发展政策机遇下青海实现又好又快发展研究》、《青海"十二五"时期"六个走在西部前列"研究报告》等。获青海省哲学社会科学优秀成果一等奖 3 项、二等奖 2 项、三等奖 5 项，获青海省优秀调研报告一等奖 3 项、二等奖 3 项、三等奖 2 项。

苏海红　青海省社会科学院副院长，研究员，青海省级优秀专家。兼任青海省青联副主席、中国生态经济学会理事、中国农牧渔业学会理事等职。先后被授予全国"三八"红旗手、青海省"三八"红旗手、青海省直机关"十大女杰"等荣誉称号。研究方向为区域经济、农村经济和生态经济。出版学术专著 2 部，发表论文及调研报告 80 余篇，主持和参与国家课题 4 项，主持和参与省部级课题和省市委托课题 30 余项。主要成果：《中国藏区反贫困战略研究》、《中国西部城镇化发展模式研究》、《三江源国家生态保护综合试验区生态补偿实施方案研究》、《加强和创新青海社会建设与社会管理研究》、《构建青海企业信用制度研究》等。在省级哲学社会科学优秀成果评奖中，获一等奖 3 项、二等奖 3 项、三等奖 8 项。

摘　要

　　《2014年青海经济社会形势分析与预测》是一部具有综合性、原创性、前瞻性的研究报告集成，以青海省经济、社会、政治、文化、生态等各领域的重大理论和现实问题为研究内容，从战略高度对青海经济社会发展进行综合分析和科学预测，真实、全面地反映青海经济社会发展形势。全书由青海省社会科学院组织长期从事青海经济社会发展方面的专家学者撰写，既有学者对青海现实和未来经济社会发展的认知及分析，也有不同区域、不同行业权威部门的看法和观点，力求为党委政府科学决策提供高质量的智力支持，为公共政策和社会政策选择提供理性参照，同时为各级党政领导、企业决策和社会公众提供资讯参考。

　　全书包括总报告、经济、社会、特色、区域等五个篇目。其中总报告在对青海省经济发展、社会发展总体运行情况分别进行全面阐述的基础上，针对宏观形势带来的机遇和挑战，结合省情实际对2014年青海经济发展和社会发展趋势进行了全景式分析预测，提出了未来发展的思路和具有可操作性的对策建议；经济篇以影响青海经济发展的主要行业、领域以及重大现实问题为主要研究专题，内容涵盖投资、财政、税收、金融、房地产、保险以及特色产业发展等领域和相关热点问题；社会篇以涉及青海社会发展的主要行业、领域及重大现实问题为主要研究领域，内容涵盖教育、交通、文化等领域以及社会中间阶层、城乡收入等社会热点问题；特色篇立足青海省情，放眼全国，选择具有青海特色并对全国有一定影响力的重大理论和现实问题进行学术性专题研究，分别就青海在实现"中国梦"中的重要价值，青海加快国家循环经济发展先行区、国家生态文明先行区、国家民族团结进步先进区建设，青海"新四化"同步发展，青海的发展矛盾与"改革红利"路径，青海第三产业与城镇化互动发展，青海文化产业发展等进行了全局性、战略性

和前瞻性的学理性研究探讨；区域篇以青海各具特色的区域为研究对象，分别就区域发展中的重大问题，如西宁市现代都市休闲观光农业发展、西宁市公共外交发展、海西州太阳能发电基地建设、海南州绿色产业集聚桥头堡建设、海北州农牧业新型经营主体培育、三江源生态移民安置成效等方面进行了阐释研究。

Abstract

The *Analysis and Forecast of Economy and Society of Qinghai* (*2014*) is a collection of comprehensive, original and farsighted research reports concerning major theoretical and practical issues in economic, social, political, cultural and ecological fields in Qinghai province. It offers comprehensive analyses of and scientific forecasts for Qinghai's socio-economic development from a strategic perspective, and reflects on Qinghai's economic and social development in a real and all-round way. All the contributors are experts or scholars who have been engaged in the study of Qinghai's socio-economic development for years. All the articles, either about their understanding and analyses of the present and future economic and social development of Qinghai, or views and opinions of authoritative institutions in various areas and sectors, aim to provide high quality intellectual support for the scientific decision-making of the Party and governmental organizations, serve as rational reference for public and social policy choice, and provide information for government leaders at all levels, enterprises and the public as well.

The book comprises of five parts, namely, General Reports, Economic Reports, Social Reports, Special Reports and Local Reports. General Reports, on the basis of overall analyses of the social and economic operation of Qinghai and its opportunities and challenges brought about by the macro-economy, offer some general forecasts of Qinghai's economic and social development in 2014 and propose feasible suggestions or advice for its future development. The part of Economic Reports consists of research on the major sectors, areas and practical issues that are crucial to the economic development of Qinghai, covering such fields as investment, finance, taxation, banking, real estate, insurance, specialty industries, besides some hot topics. Social Reports focus on the major sectors, areas and practical issues pertaining to the social development of Qinghai, including education, transportation, culture, middle class, urban and rural incomes, etc. Special Reports are strategic, prospective and overall studies on theoretical and practical issues with Qinghai characteristics and national influence, including: the role of Qinghai in the realization

of the "Chinese dream", the acceleration of the construction of national pilot zone of circular economy, national pilot zone of ecological protection and nationally-advanced region in ethnic unity, the synchronized development of a new mode of industrialization, informatization, urbanization and agricultural modernization in Qinghai, contradictions in Qinghai's development and the path to yielding "reform dividends", the interactive development between Qinghai's tertiary industry and urbanization, the development of Qinghai's cultural industry. Local Reports focus on areas with unique features in Qinghai, exploring major issues in local development such as the development of agro-tourism in Xining, the development of public diplomacy in Xining, the construction of solar energy base in Haixi prefecture, the construction of pilot green industry zone in Hainan prefecture, the cultivation of new-style operators of agriculture and animal husbandry in Haibei prefecture, the effectiveness of ecological migration in Sanjiangyuan area.

目 录

B Ⅲ 社会篇

B Ⅳ 特色篇

B V 区域篇

皮书数据库阅读**使用指南**

CONTENTS

B I General Reports

B II Economic Reports

B III   Social Reports

B IV   Special Reports

青海蓝皮书

B V   Regional Reports

总 报 告

General Reports

B.1
2013～2014 年青海经济发展
形势分析与预测

经济形势分析课题组*

摘　要：

2013 年，面对一年来国内外复杂多变的经济环境，青海省委、省政府准确把握发展大势，主动应对各种困难和挑战，出台了一系列重大政策举措，推动全省经济保持了平稳较快发展的良好态势。展望 2014 年，全球经济形势仍不容乐观，青海经济发展面临的外部环境仍较严峻，全面贯彻落实党的十八届三中全会精神、深化经济体制改革、释放改革红利将是推动青海经济持续健康发展最主要的着力点。基于当前青海经济发展趋势，结合对 2014 年青海推进全面深化改革的乐观预期，本文预测 2014 年青海经济将保持 11% 左右的速度增长，并对扎实

---

* 课题组成员：苏海红，青海省社会科学院副院长、研究员，研究方向：区域经济学；丁忠兵，青海省社会科学院经济研究所副所长、研究员，研究方向：农村经济。

推进经济体制改革、积极融入丝绸之路经济带建设、加快产业结构转型升级、推动房地产业平稳健康发展四个方面提出了对策建议。

关键词:

　　青海经济　发展形势　分析预测　建议

　　2013 年是贯彻落实党的十八大精神的开局之年，也是全面小康社会建设的关键之年。面对一年来国内外复杂多变的经济环境，青海省委、省政府遵照中央的大政方针和总体部署，准确把握发展大势，主动应对各种困难和挑战，陆续出台了投资推动产业发展实施意见、暂免征收部分小微企业增值税和营业税、扩大营改增试点、取消下放行政审批事项、综合调控物价总水平、推动光伏产业健康发展等一系列重大政策举措，推动全省经济保持了平稳较快发展的良好态势，为"三区"建设和实现"两新"目标奠定了扎实基础。2014 年全球经济形势仍不容乐观，青海经济发展面临的外部环境仍较严峻，全面贯彻落实党的十八届三中全会精神、深化经济体制改革、释放改革红利将是推动青海经济持续健康发展最主要的着力点。

一　2013 年青海经济发展基本态势

　　从目前青海省统计局发布的相关统计公报和国家统计局公布的相关统计数据来看，2013 年青海经济发展呈现总体平稳、逐步向好的基本态势。2013 年前三季度，全省完成地区生产总值 1432.46 亿元，按可比价计算，比上年同期增长 10.6%，比全国同期增速高 2.7 个百分点；但与上年青海蓝皮书总报告对青海 2013 年全年经济增长 11.5% 的预测目标相比，低了 0.9 个百分点，更低于省政府在年初两会上提出的 12% 的预期增长目标，这反映出 2013 年青海总体经济形势好于全国，但比年初预期的形势要严峻一些。

　　在 2013 年前三季度经济增长中，一季度同比增长 10.1%，二季度同比增长 10.2%，三季度同比增长 11.3%，增速逐季小幅提高，发展态势良好。从三次产业来看，前三季度全省第一产业实现增加值 108.95 亿元，同比增长 5.4%；第二产业实现增加值 851.52 亿元，同比增长 11.7%；第三产业实现增加值 471.99 亿元，同比增长 9.7%。与全国同期一、二、三产业增速相比，均高出 1~2 个百分点。

（一）农村新型合作经济组织快速发展，农业基础更加巩固

近年来，在国家的大力支持下，以农民专业合作社、生态畜牧业专业合作社为代表的农村新型合作经济组织快速发展，逐渐成为全省农村牧区重要的农牧业生产经营主体，提高了农牧业的组织化程度及规模化、集约化、产业化经营水平，推动青海农牧业发展迈上了新台阶，农业基础更加巩固。至 2012 年底，全省农牧民专业合作社达到 3820 家，成员达 23 万人，带动农户 18 万户。其中，生态畜牧业合作社 883 家，入社牧户 11.5 万户，实现了全省纯牧业村的全覆盖。目前，全省农民专业合作社生产经营范围已涉及农、林、牧、渔、服务等各个行业，渗透到生产、加工、贮藏、运销等各个环节，成为推动全省农牧业持续健康发展的重要力量。2013 年，全省主要农畜产品市场价格保持小幅上升态势，国家对设施农业、生态畜牧业建设的补贴力度不断加大，有效保障了农牧民的生产积极性。加之 2012 年冬至 2013 年春全省牧区没有发生大的雪灾，部分地区的春旱在 4 月底后随着降雨增多及加大抗旱作物的补种、春覆膜等措施的实施，对全省农业生产未造成大的影响。据相关统计资料显示，2013 年全省粮食作物播种面积 419.96 万亩，与上年基本持平；油料作物播种面积 237.38 万亩，下降 0.8%；蔬菜播种面积 71.73 万亩，同比下降 0.2%；全省枸杞种植面积达到 30.3 万亩，同比增加 1.29 万亩。预计全年粮食总产量达到 114.28 万吨，增产 1.44%。前三季度，全省枸杞产量 13623 吨，比上年同期增产 8958.5 吨，增长 1.9 倍；蔬菜产量 122.4 万吨，同比增长 0.4%。在畜牧业方面，前三季度全省牛羊猪禽肉产量达 22.11 万吨，比上年同期增长 8.8%。其中，牛出栏 98.5 万头，同比增长 5.3%；羊出栏 339.65 万只，同比增长 14.2%；生猪出栏 93.58 万头，同比增长 8.0%；家禽出栏 270.52 万只，同比增长 7.1%。全省主要农畜产品持续增产丰收，为稳定物价、改善民生奠定了坚实的物质基础。

（二）结构调整取得新进展，工业经济发展质量有所提高

一年来，青海按照建设国家循环经济发展先行区的目标要求，坚持走低碳、绿色、集聚、循环的新型工业化道路，充分利用市场倒逼机制，推动全省工业结构优化升级。据相关统计资料显示，2013 年前三季度，全省规模以上工业企业完成增加值同比增长 12%。其中，国有企业工业增加值同比增长 9.2%，非公有制企业工业增加值同比增长 15.2%，非公有制工业经济增速明显快于国有工业企业。前三季度，全省规模以上轻工业增加值同比增长 15.4%，增速高于全省规模以上工业平均增速 3.4 个百分点，高于重工业增加值增速 3.7 个百分点，轻工业在全省工业经济中的比重有所上升。青海十大特色优势产业（新能源产业、新材料产业、盐湖化工产业、有色金属产业、油气化工产业、煤化工产业、装备制造业、钢铁产业、轻工纺织业、生物产业）工业增加值前三季度同比增长 13.4%，高于全省工业平均增速。特别是新能源产业、新材料产业和轻工纺织业发展迅速，前三季度增速分别达到 30.7%、16.4% 和 17.1%，远高于全省工业平均增速。目前，青海已建成世界最大的太阳能发电基地，太阳能发电装机容量占领全国太阳能发电装机总容量的半壁江山，并通过水电、光电、风电互补，提高了上网电质量，为城乡居民生产生活提供了高质量的清洁能源支撑，极大地提升了青海的科学发展、绿色发展水平。前三季度，全省六大高耗能行业（石油加工、炼焦及核燃料加工业，化学原料及化学制品制造业，非金属矿物制品业，黑色金属冶炼及压延加工业，有色金属冶炼及压延加工业，电力、热力的生产和供应业）工业增加值同比增长 11.6%，低于全省工业平均增速。高耗能工业占全省规模以上工业的比重为 59.7%，同期下降 1.7 个百分点。资源类行业工业增加值同比增长 10.3%，占全省规模以上工业的比重为 28.9%，同期下降 0.8 个百分点。全省规模以上工业中高技术产业工业增加值同比增长 17.7%，高技术产业占全省规模以上工业的比重同期提高 0.4 个百分点。装备制造业实现工业增加值同比增长 33.2%，其占全省规模以上工业的比重同期提高 1.1 个百分点。非公有制经济、特色优势产业、高技术产业及装备制造业的较快发展，反映出青海工业经济发展质量在进一步提高，循环型工业发展取得了新的较大进展。

（三）旅游业较快发展，对外开放迈上新台阶

2013 年，随着"大美青海"旅游品牌在国内外知名度的持续提高，以及青海秀美的自然环境、夏天凉爽的气候条件、多元的民族文化日益成为吸引国内外游客的金字招牌，全省旅业业实现了新的跨越式发展，为全省开放型经济发展创造了有利条件。据省统计局公布的相关资料，2013 年前三季度，全省接待国内游客 1612.15 万人次，同比增长 12.9%；实现国内旅游收入 143.18 亿元，同比增长 29.1%；实现旅游总收入 144.53 亿元，同比增长 28.5%。同时，为应对复杂严峻的外经贸形势，青海积极落实国家外贸扶持政策，制定出台了支持进出口的 18 条措施，推动全省进出口、招商引资、对外经济合作取得了新的重大进展。2013 年前三季度，全省完成进出口总值 10.29 亿美元，同比增长 45.3%。其中，完成出口总值 6.45 亿美元，同比增长 75.1%；完成进口总值 3.84 亿美元，同比增长 13.1%。据省商务厅相关资料显示，前三季度，全省新批准外商投资项目 6 个，办理外商投资企业增资项目 7 个，投资总额 9873.1 万美元，同比增长 22.76%；注册资本 5738.7 万美元，同比增长 16.53%；合同外资 5659.78 万美元，同比增长 71.49%。前三季度，全省共接受国际多边、双边无偿援助 690.84 万美元；对外投资协议额 2582 万美元，投资领域涉及农业种植、建材生产、光电产品销售、藏毯生产及贸易、成品油生产及销售和石材贸易；对外承包工程完成营业额 6588 万美元，海外工程主要集中在非洲、东南亚及中亚地区，涉及电力、市政工程、公路建设、房建工程等领域；累计派出各类劳务人员 545 人，期末在外 826 人，劳务人员主要派往安哥拉、博茨瓦纳、加蓬、日本、阿联酋、俄罗斯等国。另据青海省金融形势分析相关材料显示，2013 年前三季度，全省社会融资规模达到 926.1 亿元，同比增长 51.8%；累计实现跨境收支 16.9 亿美元，折合人民币约 106 亿元，同比增长 54.5%；资本项目下跨境人民币业务实现零突破，资本交易额 0.34 亿元。金融对青海实体经济发展和开发型经济发展发挥了重要的支撑作用。

（四）固定资产投资持续快速增长，投资对地区经济增长发挥了强有力的支撑作用

一年来，省委、省政府高度重视投资对经济增长的支撑作用和对产业结构调整的引领作用，提前协调重大项目的储备、审批、立项工作，不断加大资金筹措力度，推动全省固定资产投资实现了持续快速增长。统计资料显示，2013年前三季度，全省完成固定资产投资1946.11亿元，同比增长26%，远高于全省经济增速，投资对地区经济增长的拉动作用明显。其中，第一产业完成投资88.48亿元，同比增长29%；第二产业完成投资974.58亿元，同比增长27.3%；第三产业完成投资883.05亿元，同比增长24.3%。从投资主体看，全省国有及国有控股投资完成1110.45亿元，同比增长25.9%；民间投资完成811.03亿元，同比增长29%。民间投资增速明显高于国有及国有控股投资增速，民间投资占到全社会固定资产投资的41.7%，投资主体结构进一步优化。从投资方向看，全省完成能源、交通、环卫等基础设施投资549.03亿元，同比增长24.4%；完成房地产开发投资196.78亿元，同比增长44.3%，增幅较上年同期提高31.9个百分点，反映出市场对房地产业发展的信心明显增强。全省开工建设城镇保障性住房5.41万套、农村危房改造6.5万户、游牧民定居工程2.57万户，分别完成年度任务的98%、100%和100%。投资对全省基础设施条件改善和民生改善发挥了积极作用。

（五）城乡居民收入稳步增长，民生持续改善

一年来，省委、省政府按照党的十八大要求，积极深化收入分配体制改革，全面实施收入倍增计划和充分就业计划，提高城乡居民养老金和医疗保障水平，规范行政事业单位津补贴标准，推进民生工程货币化改革，提高粮食直补、农资综合补贴等政策性补助标准，加之受市场薪酬标准不断提高、农畜产品价格回升等因素影响，全省城乡就业人口不断增加，居民收入稳步增长，民生持续改善。据相关统计资料显示，2013年前三季度，全省城镇新增就业5.44万人，完成全年目标任务的97.2%；农村牧区富余劳动力转移就业111

万人次，完成目标任务的 111%。全省城镇居民人均可支配收入 13430.97 元，同期增长 11.5%；农村居民人均现金收入 5180.33 元，同期增长 15.9%。基本实现了居民收入与地区生产总值的同步增长。同时，随着政府在基础设施、教育、卫生、文化等领域的投资力度不断加大，全社会基本公共服务持续改善，社会保障体系进一步健全，保障水平不断提高，也为全省各族群众的民生改善奠定了坚实的基础。

二 2013 年青海经济发展存在的主要困难和问题

2013 年，受国际经济复苏乏力和国内经济转型换挡的影响，青海经济发展也存在不少困难和问题，突出表现在以下几方面。

（一）工业经济发展面临较大困难

受市场环境趋紧和以重化工为主的工业结构的影响，2013 年青海重点工业产品量价齐跌，企业销售困难，亏损面扩大，工业经济增速降到近年最低水平。据国家统计局公布的相关统计数据显示，2013 年 1～9 月，青海工业增加值同比增长 12%，增幅较 2012 年同期下降 2.5 个百分点，较 2011 年同期下降 7.6 个百分点。2013 年 9 月，青海工业生产者购进价格指数为 98.8（上年同月 ＝100），工业生产者出厂价格指数为 96，出厂价格持续走低使全省工业企业的利润空间被较大压缩。2013 年 1～9 月，全省规模以上工业企业应收账款 190.11 亿元，同比增长 12.9%；利润总额 111.74 亿元，同比下降 24.95%；亏损企业亏损总额 43.26 亿元，同比增长 65%（见表 1）。另据青海省统计局公布的青海 2013 年 1～9 月主要工业产品产量情况来看，青海钢材产量、水力发电量、手工地毯挂毯产量出现了明显负增长，与上年同期相比增长率分别为 －10.8%、－3.5%、－17.4%；石油、天然气开采量与上年同期相比仅增长了 4.5% 和 8.1%；全省工业用电量 461.76 亿千瓦时，同比增长 13.1%；货物运输量同比增长 3.4%，铁路货运量同比下降 4.5%。这些指标都从不同侧面反映出 2013 年青海工业经济发展面临的形势较为严峻。

青海蓝皮书

表1　2013年1～9月青海省规模以上工业企业主要经济指标

单位：亿元，%

指　标	数　值	指　标	数　值
应收账款	190.11	主营业务收入同比增长	4.4
应收账款同比增长	12.9	利润总额	111.74
产成品	123.65	利润总额同比增长	-24.95
产成品同比增长	33.4	亏损企业亏损总额	43.26
主营业务收入	1434.57	亏损企业亏损总额同比增长	65.0

资料来源：国家统计局网站公布的分省月度数据。

（二）价格调控任务仍较艰巨

受本地农畜产品生产成本较高、省内消费品工业发展滞后、运输成本高、市场竞争不充分等诸多因素影响，青海物价水平持续多年高位运行，甚至连续二十几个月青海物价涨幅排全国第一。2012年上半年，青海物价水平回落到2%以下的较低水平，但从2012年8月至2013年7月，青海物价水平涨幅再次提高到4%以上，物价调控形势依然严峻。从国家统计局公布的相关数据来看，2013年1～9月，青海居民消费价格指数平均上涨4.42%，比全国居民消费价格平均涨幅高1.88个百分点。其中，特别是食品类居民消费价格指数和居住类居民消费价格指数上涨幅度较大，平均上涨幅度分别达到8.82%和4.89%，与全国同期这两个价格指数的平均上涨幅度相比分别高出4.43个百分点和2.05个百分点，即1～9月青海食品类居民消费价格指数和居住类居民消费价格指数涨幅都是全国涨幅的2倍左右（见表2）。而对于老百姓日常生活而言，食品、居住又是最刚性的基本生存需求，故而这两类居民消费价格指数也是老百姓感受最直接和最敏感的价格指数。可以说，青海不仅居民总体消费价格指数偏高，而且结构性价格上涨过快问题更加突出。当然，从月度趋势来看，随着2012年下半年青海物价水平较快上涨所带来的翘尾因素影响的结束，2013年8、9月份青海居民消费价格指数出现了下降趋势。但考虑到第四季度是青海农副产品供应淡季，加之元旦、春节等节日因素的影响，青海年末物价上涨压力仍然较大，政府调控物价的任务仍较艰巨。

表 2　2013 年 1～9 月青海省居民消费价格指数（上年同月 =100）

指　标	1 月	2 月	3 月	4 月	5 月	6 月	7 月	8 月	9 月
居民消费价格分类指数	104.8	105.5	104.9	104.9	104.3	104.8	104.8	103.3	102.5
食品类居民消费价格指数	108.6	110.8	108	109.6	108.7	110	110.4	107.7	105.6
烟酒及用品类居民消费价格指数	100	99.9	99.9	99.8	99.5	99.7	99.7	99.7	99.6
衣着类居民消费价格指数	102.9	102.9	105	103.3	103.8	102.8	103.3	98.5	99.2
家庭设备用品及维修服务类居民消费价格指数	101.8	102	102.1	102.8	101.9	101.8	101.1	100.5	99.9
医疗保健和个人用品类居民消费价格指数	103.3	103.2	103.1	102.8	102.4	102	101.3	101.3	100.8
交通和通信类居民消费价格指数	98.8	98.6	98.9	98.1	98.4	99.4	99.2	99.3	99.6
娱乐教育文化用品及服务类居民消费价格指数	101.7	101.7	102.2	101.2	100.9	100.9	101.7	100.7	99.7
居住类居民消费价格指数	106.6	105.7	106.7	105.4	103.9	104.5	103.7	103.7	103.8

资料来源：国家统计局网站公布的分省月度数据。

（三）财政收支增幅出现较大回落

受工业企业经济效益下滑影响，2013 年青海财政收入增幅出现较大回落。据省统计局公布的相关统计数据显示，2013 年前三季度，全省完成公共财政预算收入 275.24 亿元，同比增长 10.3%，比上年公共财政预算收入增速低了 7.9 个百分点，与年初政府工作报告制定的全年公共财政预算收入增长 15% 的目标相比也有较大差距。其中，地方公共财政预算收入完成 165.49 亿元，同比增长 14.8%，同比增速低 8 个百分点；中央公共财政预算收入完成 109.75 亿元，增长 4.1%，同比增速低 8.3 个百分点。在财政支出方面，全省公共财政预算支出 880.26 亿元，同比增长 8.3%，较上年增速下降 11.5 个百分点。2013 年在中央八项规定和省委、省政府 21 条措施的共同作用下，全省"三公"经费支出得到较大压缩，民生领域支出得到保障。2013 年前三季度，全省城乡社区事务支出增长 67.2%，农林水事务支出增长 36.5%，医疗卫生支出增长 23.7%，文化体育与传媒支出增长 21.2%。应该说，2013 年青海财政在收入增速大幅回落的情况下，财政支出结构得到较大优化，财政支持全省经济社会发展的作用得到了较好发挥。

另外,在区域发展中,2013 年青海出现的一个新问题是海西州的龙头带动作用减弱。海西州相关统计资料显示,2013 年上半年,海西州地区生产总值同比增长 9.8%,工业增加值同比增长 10%,较上年同期海西州地区生产总值 16% 的增速和工业增加值 17.7% 的增速,出现了较大回落,甚至还低于2013 年上半年全省地区生产总值增速和工业增加值增速。

三 2014 年青海经济发展形势分析与预测

从总体发展趋势来看,尽管 2013 年青海地区生产总值增速和工业增加值增速都呈现逐季加快趋势,由于世界经济仍处在深度调整之中,国内经济正由"高速"增长换挡进入"中高速"增长时期,加之影响经济发展的结构性矛盾和机制性问题仍较为突出,目前尚难以确定 2014 年青海经济发展能否突破下行趋势而转入上行通道。但是,2014 年是全面贯彻落实党的十八届三中全会精神的开局之年,随着经济体制改革的全面深化及市场对资源配置起决定性作用的体制机制逐步形成,青海经济发展的内生动力有望得到较大增强,经济发展质量有望得到较大提升。

(一)发展的机遇

2014 年青海经济发展的最大机遇莫过于改革。党的十八届三中全会通过的《中共中央关于全面深化改革若干重大问题的决定》将经济体制改革确定为全面深化改革的重点,从坚持和完善基本经济制度、加快完善现代市场体系、加快转变政府职能、深化财税体制改革、健全城乡发展一体化体制机制、构建开放型经济新体制等 6 个方面对我国深化经济体制改革做出了全面部署,并提出了一系列重大改革举措。例如:完善产权保护制度,国家保护各种所有制经济产权和合法利益;积极发展混合所有制经济,国有资本、集体资本、非公有资本等交叉持股、相互融合的混合所有制经济是基本经济制度的重要实现形式;实行统一的市场准入制度,在制定负面清单基础上,各类市场主体可依法平等进入清单之外的领域;赋予农民更多财产权利,保障农户宅基地用益物权;加快沿边开放步伐,推进丝绸之路经济带、海上丝绸之路建设；等等。习近平总书记也明确阐述了党中央对一些重大经济理论和实践问题的认识、观点和相应的改革举措。如对正确认识和处理政府与市场的关系问题，习近平总书记在回顾我们党对该问题认识历程的基础上明确指出，理论和实践都证明，市场配置资源是最有效率的形式，市场决定资源配置是市场经济的一般规律，健全社会主义市场经济体制必须遵循这条规律，着力解决市场体系不完善、政府干预过多和监管不到位等问题。在如何正确处理公有制与私有制关系问题上，习近平总书记明确指出，坚持和完善公有制为主体、多种所有制经济共同发展的基本经济制度，是关系巩固和发展中国特色社会主义制度的重要支柱，必须在坚持"两个毫不动摇"基本原则的基础上深化国有企业改革和激发非公有制经济活力和创造力。中国社会科学院工业经济研究所李钢在"中国经济学人热点调查"研讨发布会上指出，"本次调查中，65%的经济学家认为，改革体制红利是下一个十年中国最大的红利；没有一个经济学家认为，未来十年最大红利是传统意义上的人口红利"。对照当前青海经济发展实践，政府对微观经济主体干预过多、市场价格扭曲、要素市场发育滞后、国有经济市场垄断、非公有制经济在市场准入方面的"玻璃门"、不公平竞争、权力寻租等问题在一定程度上抑制了地区经济发展的活力和内在动力，政府在保增长、调结构方面压力很大，也投入了大量人力物力，但效果并不理想。2014年，随着十八届三中全会的逐步贯彻落实，"市场在资源配置中起决定性作用"将逐渐成为全社会的基本共识，简政放权、转变政府职能、破除部门利益和权钱交易等改革举措有望在中央的强力推动和群众的强烈期盼中取得实质性进展，公平有序的市场竞争环境将极大地激发民众的创业热情，市场力量将替代政府力量成为经济增长的主推力，进而促进全省经济发展方式转变取得实质性突破，提升经济发展的质量和效益。

积极融入丝绸之路经济带建设是2014年青海经济发展面临的又一重大历史机遇。2013年9月7日，国家主席习近平在访问中亚国家时，提出了共同建设丝绸之路经济带的重大战略构想，提议有关国家加强政策沟通、道路连通、贸易畅通、货币流通、民心相通，以点带面、从线到片，逐步拓展区域合

作，赢得了中亚国家的强烈共鸣和国际社会的高度评价。国务院副总理汪洋在西北五省区对外开放座谈会上，深刻阐述了建设丝绸之路经济带、推进向西开放的重大战略意义，并从合力打造好丝绸之路经济带、推进基础设施互联互通、大力培育特色优势产业等6个方面提出了具体的战略思路。当前，丝绸之路经济带建设已成为当前我国构建开放型经济发展新格局的一项重大战略举措，必将为沿线地区开放型经济发展带来重大机遇。长期以来，青海由于既不沿海，也不靠江，在国家对外开放格局中始终处于末端，开放型经济发展水平一直在低层次徘徊。而在此次中央提出的丝绸之路经济带建设战略中，向西开放成为战略核心。青海一反过去的区位劣势，相对于我国东中部省份反倒具有了明显的区位优势：青海作为西部省份，与中亚国家的空间距离较中东部省份近得多，具有加强与中亚国家经贸往来、共建丝绸之路经济带的交通优势；青海是一个多民族省份，世居少数民族回族、撒拉族在宗教信仰方面与中亚国家具有较强的共通性，具有与中亚国家共建丝绸之路经济带的民族优势；青海自古就是中西文化交汇之地，佛教文化、伊斯兰文化、儒家文化、道家文化、基督教文化在这里和谐共存，良好的民族关系和多元共荣的文化氛围使青海具有与中亚国家共建丝绸之路经济带的独特文化优势。因此，在2014年及更长一段时间里，青海如能抢抓国家丝绸之路经济带建设这一重大战略机遇，积极融入丝绸之路经济带建设之中，将使对外开放空间得到较大拓展，开放型经济发展将迎来广阔前景。

从省内发展形势看，2014年青海发展面临的机遇主要体现在以下三个方面：一是交通基础设施建设取得重大突破，交通对青海经济发展的瓶颈制约有望得到较大缓解。世界上最长的高原铁路隧道，青藏铁路西（宁）格（尔木）二线重点控制工程——新关角隧道工程进展顺利，将于2013年底贯通，2014年试通车。届时，西宁—格尔木的铁路运行速度将提高到每小时160公里，运行时间将从现在的11小时缩短到6小时，运力将由当前平均每日17.7对增加到56对。另外，青海铁路建设重大工程——西宁火车站改造工程及兰新铁路第二复线青海段工程也将于2014年竣工，支撑青海经济发展的人流、物流条件将得到较大改善。二是一批重大项目的续建、新建将为青海固定资产投资保持高位增长创造有利条件。目前在建的格敦铁路、西宁南绕城公路等重大工程将在 2014 年进一步加快建设进度，投资规模大，将对全省保持投资较快增长形成有力支撑。格库铁路、西成铁路等重点项目前期工作已取得重大进展，格成铁路、青海湖机场、格尔木二期扩建及 18 项重点水利工程的前期工作正加紧推进，部分项目有望在国家建设丝绸之路经济带战略的影响下提前获得国家立项审批，为青海进一步扩大投资提供新的支撑点。三是海东撤地建市为青海加快城乡一体化发展创造重大机遇。海东撤地建市虽是 2013 年国家批准的，相关组织机构目前也已组建起来，但市政基础设施建设、当地农民向城市转移、城市经济体系的培育和服务功能的完善将延续多年，新增大量的投资机会和就业机会，对地区经济增长将产生强有力的推动作用。

（二）面临的挑战

在日益开放的市场经济条件下，青海的经济发展不仅与自身的资源禀赋、体制机制、硬件环境等因素密切相关，而且越来越多地受到外部经济发展周期、供求关系变化、产业结构转型升级等不可控因素的影响。展望 2014 年青海经济发展，无论是在外部条件方面还是在内部因素方面都面临不少挑战。

一是世界经济形势依然复杂。美国经济受财政赤字、贸易赤字双重影响，复苏乏力。日本经济始终未能从长达 20 多年的经济衰退中走出来，又受到大地震、核泄漏等重大灾害的影响，短期内难以对世界经济增长形成大的推动作用。欧洲债务危机产生的内在根源尚未消除，部分欧盟国家的实体经济发展和政府财政收入仍面临较大困难，整体经济形势仍不容乐观。巴西、印度、俄罗斯等新兴经济体受发达国家宽松货币政策、贸易保护政策影响，近年经济增长也持续在低谷徘徊。正是基于世界主要经济体的种种表现，近来国际上出现了一个新名词"新常态"来描述目前的国际经济形势，即指经济增长率比较低、失业率比较高、金融比较混乱、财政比较困难、经济运行风险大已成为国际经济的一个常态。就青海而言，虽然作为一个内陆地区，外贸在地区经济中的比重较低，国际经济形势变化对青海经济的直接影响有限，但青海在国内市场体系中是完全开放的，并且特殊的产业结构还

使青海对区外经济的依存度很高，青海绝大多数工业品都需要销往全国市场，区内的绝大多数消费品、投资品又需要从区外购进。因此，世界经济形势的变化必然通过对中国外贸、汇率、外汇资产的影响而对青海经济发展产生较大的间接影响。另外，在信息时代，国际经济不景气还会对青海投资者的投资信心、消费者的消费信心产生直接的影响，并最终影响到青海实体经济的发展。

二是国内经济发展仍面临一些深层次矛盾。近年来，受国际金融危机、改革滞后及发展阶段转型等多重因素影响，我国经济发展速度明显回落，一些制约经济持续健康发展的深层次矛盾不断显现。突出表现在：出口难度增加，外贸对经济增长的拉动作用明显减弱；产能过剩问题依然突出，钢铁、水泥、光伏、煤炭等产业出现行业性亏损；收入分配结构不合理，居民消费增长乏力；普通居民投资渠道有限，房地产市场泡沫问题日益突出；地方政府债务负担激增，潜在风险不断加大；经济发展方式粗放，经济增长面临的资源环境约束进一步加剧；财政收入和居民收入增速放缓，维持稳定发展环境的压力加大；腐败问题依然突出，政府执行力和公信力亟待提高；等等。据海关总署公布的统计数据，2013 年 1～9 月，我国进出口商品贸易总额为 30603.67 亿美元，比上年同期增长 7.7%。其中出口商品 16148.64 亿美元，同比增长 8%；进口商品 14455.03 亿美元，同比增长 7.3%。我国对外商品贸易增速较过去 10 多年平均增速出现了较大幅度回落。在房地产市场领域，进入 2013 年以来，全国 70 个大中城镇商品房价格再次出现普涨态势，特别是北京、上海、广州、深圳、杭州等一线城市的房地产价格上涨幅度较大，城市中低收入阶层住房难、住房贵问题更加突出。我国当前出现的这些改革发展问题对青海经济发展具有直接影响。全国经济增速放缓和居民收入增长放缓必然带来社会总需求增长速度的下降，青海主要产品严重依赖外部市场，不可能独善其身继续保持高速增长；全国经济发展中出现的一些结构性问题和产能过剩问题在青海也同样存在，并通过相互叠加，进一步加大化解难度；全国经济发展中的体制机制问题、贫富差距过大问题还会对青海凝聚发展共识、增强发展信心造成一定的负面影响，破坏经济发展的内在动力。

三是省内经济发展面临不少矛盾和问题。其中有些矛盾和问题与全国具有共通性，也有一些矛盾和问题是青海特有的，或是在青海表现得更为突出一些。如一些地方政府征地冲动仍然较大。一些新建工业园区招商引资工作进展缓慢，政府大量前期基础设施建设投入难以及时收回，部分地方政府财政偿债压力加大，财政风险增加。政府职能转变滞后，一些掌握项目、资金、特殊优惠政策的政府部门不能及时公开相关信息，操作程序不透明，加之自我监督和外部监管不完全到位，存在权力寻租的较大风险。政府出台的扶持项目和优惠政策过多过滥，政府对各类生产要素配置的直接干预过多，严重影响到市场公平竞争环境的形成及市场对资源配置决定性作用的发挥。总之，当前青海经济发展面临的最主要问题是体制机制问题，也可以说当前青海经济发展已到了不全面深化改革就难以持续健康发展的阶段。2014年青海能否在贯彻落实十八届三中全会精神、深化经济体制改革方面取得重大突破，将在很大程度上决定着地区经济发展的成效。

（三）主要发展目标预测

在当前发展阶段，要对下一年青海经济发展的主要目标进行较准确的预测存在很大困难。一方面由于国际经济形势依然复杂多变，政治学家、经济学家们都还难以对国际经济发展大趋势做出准确判断；另一方面，当前我国经济发展处于转型换档期，难以根据过去的经济发展轨迹或趋势来预测未来，加之2014年改革将全面推进，必然给全国及青海经济发展增添新的变数。鉴于此，我们仅对2014年青海主要经济发展指标做粗略预测。

对2014年青海地区生产总值增长目标，我们的预测值为11%左右。主要考虑因素有以下两点：一方面，2013年青海经济增速未能回到2001～2010年间的高速增长轨道上，而是延续着2010～2012年间的下降趋势，预计全年经济增长在10.5%～11%，既低于上年青海蓝皮书做出的11.5%的预期值，更低于省政府年初确定的12%的增长目标，反映出青海经济发展仍处于下行通道。如仅考虑经济增长的惯性作用，2014年青海经济增速很可能在10%左右。另一方面，我们对2014年青海全面深化改革持乐观态度，相信

通过实施政府简政放权、缩小政府限价范围、规范政府优惠政策、实施对各类产权的平等保护、赋予农民更多财产权等一系列重大改革举措，必将较大程度增强市场对资源配置的决定性作用，激发市场活力，释放改革红利，在一定程度上扭转全省经济下滑趋势，将全省经济增速在原有基础上提升1个百分点左右。

对2014年青海其他主要经济发展指标的预测，一是以2001~2012年间青海主要经济指标的平均值（见表3）作为预测基础，二是与青海地区生产总值预测目标进行衔接，同时参考部分专家学者的相关结论。具体的预测值为：第一产业增速4.5%左右，第二产业增速12%左右，第三产业增速10%左右，工业增速11%左右，公共财政预算收入增速10%左右，城镇居民人均可支配收入增速11%左右，农牧民人均纯收入增速12%左右，固定资产投资增速预计主要基于政府制定的相关目标值，为25%左右。

表3　2001~2013年青海省主要经济指标增速（上年 = 100）

年份	一产	二产	工业	三产	公共财政预算收入	城镇居民人均可支配收入	农牧民人均纯收入
2001	105.80	115.13	111.00	110.68	124.78	110.36	106.03
2002	104.50	116.46	115.10	110.49	117.15	108.61	108.79
2003	103.80	116.52	117.10	109.79	114.55	106.45	102.95
2004	103.84	116.61	122.05	110.29	117.39	105.36	103.82
2005	105.04	115.85	121.04	110.18	123.59	109.99	105.50
2006	103.46	115.78	118.68	113.14	130.99	109.72	107.10
2007	104.36	114.94	117.30	114.16	133.03	107.41	104.11
2008	103.90	116.52	119.46	112.18	123.58	103.64	101.57
2009	105.00	111.34	110.17	109.79	121.94	105.58	107.48
2010	105.90	119.28	119.26	112.14	123.13	104.28	109.11
2011	104.80	117.38	117.74	109.73	131.92	106.25	112.13
2012	105.20	114.09	113.90	111.07	118.23	109.30	112.90
2013	105.40	111.70	112.00	109.70	110.30	111.50	115.90
平均	104.69	115.51	116.52	111.03	122.35	107.57	107.49

注：2001~2012年相关指标数据源自《2013青海统计年鉴》，2013年相关指标为前三季度增速；城乡居民收入增速为扣除物价因素后的实际增速。

四　几点建议

2014 年是青海完成"十二五"奋斗目标的关键之年，也是全面小康社会建设和全面深化经济体制改革的攻坚之年。青海经济发展既面临国际经济形势复杂多变、国内经济增长减速换档、省内资源环境约束增强等诸多困难，也将迎来体制机制不断完善、改革红利加快释放等有利机遇。全面深化经济体制改革、处理好政府与市场的关系、推动全省经济发展方式根本性转变将是 2014 年青海经济发展的主线。

（一）扎实推进经济体制改革

要按照党中央及中央全面深化改革领导小组的总体部署，全面贯彻落实党的十八届三中全会精神，扎实推进经济体制改革，破除影响经济发展的体制机制障碍。一是在坚持以公有制为主体、多种所有制经济共同发展的基本经济制度基础上，加快建立健全归属清晰、权责明确、保护严格、流转顺畅的现代产权制度，着力加强对非公有制经济财产权的保护力度。二是鼓励非公有制企业参与国有企业改革，大力发展国有资本、集体资本、非公有资本等交叉持股、相互融合的混合所有制经济，鼓励发展非公有资本控股的混合所有制企业。三是科学界定政府与市场的职能定位，转变政府职能，约束政府权力，规范政府定价范围，保障市场对资源配置发挥决定性作用。四是实行统一的市场准入制度，建立公平开放透明的市场规则，在负面清单之外的领域向所有市场主体放开市场准入。五是在符合规划和用途管制前提下，允许农村集体经营性建设用地出让、租赁、入股，实行与国有土地同等入市、同权同价，建立城乡统一的建设用地市场。六是做实农民承包经营权，保护农户宅基地用益物权，赋予农民对承包地占有、使用、收益、流转及承包经营权抵押、担保权能，探索建立农村产权交易市场。七是在部分领域积极争取中央在青海部署改革试点，为国家全面推进相关改革积累经验，为青海发展尽早争取改革红利。

（二）积极融入丝绸之路经济带建设

充分利用国家建设丝绸之路经济带的有利时机，加强与周边地区经贸合

作，积极向西开放，推动青海开放型经济发展迈上新台阶。一是要按照政策沟通、道路连通、贸易畅通、货币流通、民心相通的总体要求，加大骨干交通网络的建设力度，重点加快格库铁路、格成铁路、西成铁路等项目前期工作，争取早日获得国家立项审批，打通青海与四川、新疆之间的铁路交通通道，破解青海开放型经济发展瓶颈。二是深入实施开放融入战略，坚持"引进来、走出去"，充分利用"青洽会"、"藏毯国际展览会"、"中国青海清真食品用品博览会"等会展平台，在新能源产业、高原特色生物产业、民族饰品用品产业、循环经济、基础设施建设等重点领域加大对外合作交流力度，提高招商引资层次。三是坚持全方位对外开放战略，重点推进向西开放，不断增强青海与中亚国家之间的经贸往来和经济技术合作。四是坚持对外开放与对内开放并重方针，推动青海对外开放战略与国家的西部大开发战略、兰西经济区建设、青海两个循环经济试验区建设等重大战略相结合，主动承接东中部地区符合生态环境要求的先进产业转移，不断丰富丝绸之路经济带建设的内涵。五是引进国际流通业先进的管理经验和现代物流、信息技术等，带动传统流通产业升级改造，鼓励和支持境外民间资本进入商贸流通领域，发展连锁经营、电子商务、第三方物流等现代服务业，增强朝阳物流园区辐射功能，推进格尔木现代物流业发展，把西宁、格尔木打造成为丝绸之路经济带重要的物流集散地和"中转地"。

（三）加快产业结构转型升级

继续转变经济发展方式，着力加快产业结构转型升级，不断提升青海经济发展的质量和效益。一是依法推进产业结构转型升级。政府对落后产能、过剩产能的淘汰要尽可能依法进行，要通过严格执行相关产业的环保标准、能耗标准，将环保不达标、能耗水平超标的企业列入落后产能淘汰范围，尽可能减少政府自由裁量空间，提高行政执法的公信力，保障公平正义。二是充分发挥市场竞争机制在促进产业结构转型升级中的决定性作用。无论是需要重点扶持的新兴产业还是需要逐步退出的落后产业，政府在税收、土地、用电、用水等方面都要尽可能保持政策的公平，避免由于政府对不同产业实行不同政策而产生价格扭曲，影响市场优胜劣汰竞争机制作用的发挥，防止政府用自己的选择来代替市场的选择，防止政府成为产能过剩的推手。三是完善产业结构转型升级的配套政策，完善企业破产制度，让缺乏市场竞争力的落后产能企业依法平稳退出市场，加快完善失业保险、就业援助等社会保障体系，减少破产企业职工的经济损失。四是以企业为主体加大科技研发投入，加大知识产权保护，激发各类科研主体的创新活力，政府可以通过成果评奖、专利技术回购等方式对企业的研发投入给予补贴。

（四）推动房地产业平稳健康发展

保持房地产业平稳健康发展无论是对于改善民生、促进公平，还是对于维护社会稳定、实现经济平稳较快发展都具有重要意义。一是坚持房地产业的市场化改革道路，着力完善建设用地交易，商品房开发、建设、出售，银行信贷等各个环节的市场机制，让房地产业在公开、透明、科学的体制机制下运行，充分发挥市场价格对商品房供求关系的调节作用。二是改善政府对房地产业发展的宏观调控职能，政府要重点做好市场规则的完善和市场信息的发布工作，减少对市场主体参与房地产市场交易的直接干预，维持相关政策环境的基本稳定，让生产者、消费者在市场价格引导下合理预期、科学决策。三是按照党的十八届三中全会精神，加快建立个人信息和财产信息系统，积极推动房产税立法，以税收形式遏制住房奢侈消费和投机购房行为，减轻地方政府对土地财政的过度依赖。四是加快建立城乡统一的建设用地市场，探索建立农村产权交易市场，逐步打破一级土地市场的绝对垄断，拓展土地供应渠道，遏制土地价格的过快上涨，降低建设用地成本，保障城乡居民基本住房需求。五是在海东市建设过程中，要按照党的十八届三中全会的安排部署，积极深化农村土地制度和征地制度改革，盘活土地资源，努力保障城市新增公共建设用地、工业建设用地及房地产建设用地需求，促进海东市房地产业平稳健康发展，培育新型区域经济增长极。

B.2

2013～2014年青海社会发展
形势分析与预测

社会形势分析课题组*

摘 要：

2013年，青海省注重把握机遇与挑战，在改善民生、玉树灾后重建收官、积极推进城镇化进程、民族团结进步先进区建设等方面取得了突出成效。同时在社会建设中也存在城镇化发展水平偏低、改善民生的制约因素仍然较多、环境治理任重道远等诸多问题。2014年，青海省社会事业面临着宏观环境、政策支持以及发展基础的诸多新机遇，新型城镇化、生态环境建设、公共服务、文化产业、精神文明建设和民族团结进步等社会事业将取得更大进步。

关键词：

青海 社会发展 形势分析 预测与对策

2013年，面对复杂多变的国内外经济社会形势和国内改革发展稳定的艰巨任务，青海省委、省政府以群众关心的热点和难点问题为工作重点，新青海建设各项事业有序推进，党风政风气象更新，全省各族人民凝聚力、向心力进一步增强，城镇化进程持续加快，进入快速发展轨道；文化名省建设深入推进，旅游名省建设成效突出；全面完成玉树重建任务，推动了灾区跨越式发

---

* 课题组成员：孙发平，青海省社会科学院副院长、研究员，研究方向：区域经济；拉毛措，青海省社会科学院社会学研究所所长、研究员，研究方向：民族社会学；鄂崇荣，青海省社会科学院民族宗教研究所副所长、研究员，研究方向：宗教人类学；马文慧，青海省社会科学院社会学研究所副研究员，研究方向：宗教社会学。

展。2014 年，随着十八届三中全会精神的深入贯彻和践行，青海将锐意改革创新，以改革红利弥补区位不足，以更大的力度推进国家循环经济发展先行区、生态文明先行区和民族团结进步先进区建设，为青海与全国同步迈入小康社会奠定更加坚实的基础。

一　2013 年青海社会形势发展态势及亮点

（一）民生建设成绩突出

2013 年青海各级党委政府继续有效改善民生，着重解决直接关乎人民生活的就业、交通和住房等问题，成效显著。一是继续坚持将高校毕业生、就业困难人员以及下岗、失业人员等重点群体作为就业工作重点，提前两个月完成全年就业目标任务。截至 2013 年 10 月底，青海城镇新增就业 5.65 万人，完成年度目标任务 5.6 万人的 100.89%；各类失业人员就业 3.08 万人，完成年度目标任务 2.5 万人的 123.25%；"4050" 等城镇就业困难人员就业 0.37 万人，完成年度目标任务 0.3 万人的 123.27%；农牧区劳动力转移就业 113 万人次，完成年度目标任务 100 万人次的 113%；城镇登记失业率 3.3%，同比下降了 0.1 个百分点。二是以 "保基本、强基层、建机制" 为基本原则，在健全医保体系、推进基层和县级公立医院综合改革、组织药物省级集中招标采购、开展商业保险机构经办医保服务试点、建立大病医疗保险、完善帮扶机制等改革内容和路径方面工作成效显著，70 所县级公立医院全面推开综合改革，破除了 "以药补医"，取消了药物加成，搞活了机制，实行了后勤服务社会化改革，增强了县级公立医院改革发展的活力和动力。三是城乡居民住房权利得到进一步保障。经过连年加大建设力度，2013 年青海城镇住房保障标准已经从最初的人均 8 平方米，提高到人均 16 平方米。从 2008 年至 2013 年，青海累计建设保障性住房和各类棚户区改造住房 34.07 万套（户），实施了各类棚户区改造 8.64 万户（套）。2013 年青海省确定危房改造对象 25566 户，完成年初原定计划任务数的 102.26%。截至 12 月青海省农村困难群众危房改造工程建设实际完成投资 17.98 亿元，为预计完成投资额的 125.73%。其中完成

各级政府投资 5.5 亿元，拉动社会和个人建房投资 12.48 亿元。工程涉及全省 7 个州（市）、33 个县（市、区）、257 个乡镇、2513 个建制村，惠及困难群众 10.13 万人。在农村困难群众危房改造中，户均建房补助标准由 2 万元提高到 2.2 万元。各地在项目安排与部署上，将 60% 以上的项目安排在脑山地区和贫困山区。其中五保户 1404 户、低保户 15163 户、残疾户 3591 户、优抚对象家庭 351 户，占总户数的 80.2%，较上年提高了 9.4 个百分点。对五保户、低保户、重点优抚对象家庭、残疾户及其他贫困户户均补助标准分别达到 2.63 万元、2.14 万元、2.12 万元、2.23 万元和 2.01 万元。认真开展住房公积金廉政风险防控，制定完善风险防控措施 230 项，推动了工作的长效机制。截至 2013 年 12 月，青海有 39 万职工缴存住房公积金，公积金缴存总额 318.6 亿元，缴存余额 188 亿元。累计支取公积金 130 亿元，累计发放个人住房公积金贷款 170 亿元，个人住房公积金贷款余额 72 亿元。住房公积金个贷率、运用率和使用率分别达到 38%、40% 和 64%。

（二）玉树灾后重建圆满收官

2013 年，全面完成玉树灾后重建任务，各种公共服务设施全面超过震前水平，实现了生态迈上新台阶、基础设施得到全新改善、居民拥有新家园、城乡呈现新面貌、社会和谐新局面的重建目标。从 2010 年 7 月至 2013 年 10 月的三年中，如期基本完成灾后重建各项目标任务，1248 个国家重建规划项目圆满完成，累计完成投资 444.36 亿元人民币，占最初规划总投资的 145.1%。三年重建，玉树州的民生类公共服务设施规模达到震前的 3.4 倍，用地 129 公顷，其中公共绿地面积增加至 222 公顷，医疗卫生用地、教育用地较震前分别提高了 77.3% 和 31.5%，63 项医疗卫生恢复重建项目全部建成并投入使用，285 个村绝大多数已经建起标准化卫生室，65 个文化体育影视项目全部建成。截至 2013 年 11 月，完成 94 个教育项目，教学设备投入比 4 年前翻了两番，6 万多名灾区学生已全部在设施齐全、功能配套的崭新校舍学习，人均校舍面积达震前的 1.5 倍。玉树基本公共服务均等化水平、城乡公共服务设施功能全面提升，公共卫生和基本医疗服务体系不断完善，跃居全国藏区前列。一个崭新的玉树已经傲然屹立在雪域高原上。

（三）文化与旅游融合发展迈出新步伐

文化是旅游的灵魂，旅游是文化的重要载体。2013年青海紧紧依托得天独厚的气候、区位优势和集自然生态、历史文化、宗教文化、民俗文化于一体的多元文化旅游资源，进一步改善基础服务设施，促进了文化和旅游深度融合发展，推动了单纯的观光旅游向开发利用人文底蕴价值的转变。2013年1～10月，青海累计接待国内游客1747.35万人次，完成年度计划的101%；旅游总收入达156.06亿元，完成年度计划的105%。环青海湖国际公路自行车赛、中国青海世界杯攀岩赛、中国青海抢渡黄河极限挑战赛、青海湖国际诗歌节、青海国际唐卡艺术节与文化遗产博览会等重点品牌和活动影响日益扩大，进一步提升了"大美青海"旅游品牌知名度。中国·青海西宁国际原生态舞蹈暨现代舞艺术节、互助西北音乐文化艺术节、贵德黄河文化旅游节、民和县桃花旅游节、海晏县王洛宾音乐艺术节、门源油菜花文化旅游节、中国·乐都河湟地区国际民间射箭邀请赛、德令哈海子诗歌节、格尔木中国盐湖城文化旅游艺术节等区域性文化旅游节庆活动精彩纷呈。进入11月后，青海旅游较之往年呈现特种游、乡村游、文化游、体育游等多元业态突破发展的新局面，形成"非遗"文化之旅、民俗风情之旅、休闲体验之旅等6条精品线路。截至11月24日，青海空港累计完成运输起降28446架次、旅客吞吐量317.9万人次、货邮吞吐量17472.3吨，比上年同期分别增长20.1%、21%和22%。其中，玉树机场旅客吞吐量首次突破10万人次，成为青海首个吞吐量突破10万人次的支线机场。

（四）民族团结进步先进区建设初步实施

青海多民族聚居、多宗教并存，区域基础条件差异很大，经济社会发展相对滞后，处于反分裂斗争的一线，特殊的省情决定了创建民族团结进步先进区在全局工作中的特殊地位。2013年中共青海省委十二届四次全会审议通过了《青海省创建民族团结进步先进区实施纲要》，把民族团结进步先进区建设摆在青海省改革、发展、稳定的总揽地位，顺应了时代发展新要求和人民群众的新期待，凝聚了人心，汇集了力量。青海省委提出用8年时间建成民族团结进

步先进区，在民族团结进步事业上走在全国前列的努力方向和目标，并要求分"三年强基础"和"八年创先进"两个阶段实施。中共青海省委书记骆惠宁亲自担任创建领导小组组长，确定了10个方面20项重点任务，从经济、社会发展的各个领域全面综合推进。西宁市制定了《西宁市创建民族团结进步先进区"两年强基础"阶段工作安排意见》，计划投资718901.8万元，实施促进少数民族和民族地区基础设施建设、民族地区经济发展、改善各族群众生产生活条件、社会事业发展、扶贫帮困等五大类138个项目。这些政策和项目的初步实施有效推动了青海社会稳定和民族团结。在民族团结进步先进区建设进程中，党的民族理论和民族政策宣传教育进一步深入，"三个离不开"思想、"四个认同"意识日益巩固。2013年，国家民委在全国范围内确定了13个州（市、盟）为创建全国民族团结示范区，海北藏族自治州名列其中，成为青海省唯一的示范试点州。

（五）精神文明建设成效显著

2010年开始，青海在全省范围开展了"文明青海"建设活动，先后印发《青海省"十二五"时期精神文明建设规划纲要》、《关于开展"文明青海"建设活动的实施意见》、《青海省公民道德规范》、《关于推动全省学雷锋活动常态化的意见》、《青海省关爱道德模范、"青海好人"实施办法》指导性文件和意见。通过3年多的努力，文明青海建设全面推进、蓬勃发展。深入实施了广播电视户户通、文化信息资源共享、乡镇综合文化站等工程，大力推进乡村学校少年宫、绿色电脑进西部等精神文明建设项目，博物馆等文化场馆免费开放。深入开展民族团结教育和知恩感恩教育，大力推进未成年人思想道德建设，青少年健康成长的环境得到持续改善。非物质文化遗产作品展、摄影书画展、元宵灯展等大型文化活动和各类基层文化节庆活动的深入持续开展，不断丰富了群众精神文化生活。《青海花儿》、《百年青海》、《藏羚羊》、《热贡神韵》、《春回玉树》、《寻找智慧精灵》等影视片、话剧和动漫作品创作和生产精彩纷呈。目前，青海省已有35家单位被评为全国文明单位，10个村镇被评为全国文明村镇，2个城市荣获"全国创建文明城市工作先进城市"荣誉称号。省市媒体开设的《文明青海》、《道德模范风采录》、《道德建设大家谈》、

《青海好人》、《最美青海人》等专栏，积极传播文明理念，树立道德风尚，取得了明显成效。

（六）援青工作和党政军企共建工作成效突出

自 2010 年对口援青工作开展以来，援青工作机制框架基本建立，援助内容不断丰富，援助规模逐步扩大，初步形成了经济、干部、人才、教育、科技相结合和政府、企业、社会齐参与的援青工作格局。截至 2013 年 8 月，13 家中央企业和 6 个发达省市各支援方累计明确援青资金 23.32 亿元，到位 19.13 亿元；确定各类援青项目 397 项，实施 250 项；培训各类人员 1.5 万人次；社会捐赠折价 1.56 亿元。特别是教育部召开的 2011 年教育援青工作会议标志着北京、上海、天津、山东、江苏、浙江六省市与青海六州教育援青工作正式启动，截至 2013 年 10 月，援助资金 4.53 亿元，实施 103 个教育援青项目，组织输送中职生 1900 余名、普通高中学生 1500 余名。为使青海藏区共享优质教育资源，北京市教委投入 300 万元开发了远程教育资源共享平台。中铝公司、中国华能分别投入 800 万元和 600 万元，用于当地学校建设标准化运动场。六省市还特别重视师资培训，安排配套资金 410 万元，开办教师培训班 13 期，累计培训中小学校长和教师 820 人次。与此同时，国资委和 13 家央企对受援地区教师、管理和技术人员进行了培训。当前多方参与教育援助的格局已初步形成，有效提升了青海藏族聚居区学校教学管理水平。

从 2011 年初开始，青海开展了"党政军企共建示范村"活动，通过三年建设，示范村的村容村貌、村级组织工作环境、农牧民群众精神面貌等发生重大变化。三年来，共实施项目 1417 个，投入资金 112.3 亿元。青海 7 个市（州）、37 个县（市、区、工委）、246 个乡镇的 731 个村参与活动；1517 个共建单位参与共建，15.34 万户、64.45 万农牧民群众受益。其中，2013 年青海"党政军企共建示范村"活动涉及 127 个乡镇的 300 个村，活动动员 722 家党政机关、企事业单位、援青省市、驻军单位与村庄结对，共投入资金 54.6 亿元，有 5.42 万户 22.29 万农牧民直接受益。共硬化乡村道路 1945.33 公里、解决人畜饮水 115 个村、新建 259 个村群众文化广场。

二 2013 年青海社会发展中存在的主要问题

（一）城镇化发展水平偏低

2010 年青海省第六次人口普查资料显示，青海常住人口为 562.67 万人，其中城镇人口占 44.72%，乡村人口占 55.28%。同比 2000 年第五次人口普查数据，乡村人口减少 27.02 万人，城镇人口增加 71.53 万人，城镇人口比重上升 9.96 个百分点。但与全国 31 个省（自治区、直辖市）城镇化相比，青海城镇化水平居第 19 位，低于全国平均水平 4.96 个百分点。加之青海高寒缺氧、气候恶劣，境内山地、沙漠、戈壁面积广大，占全省土地面积的 63.2%，多数区域地处偏远，生产生活较封闭，城镇化发展难度大。一些地方人口密度小，不具备城镇建设的条件，也很难形成密集且相互呼应的城镇群，城镇化基础设施的建设难度大、成本高、见效慢。青海社会教育程度及人口素质相对较低，青海省全省文盲率明显高于全国和西北其他省区。当前青海城镇化多依赖于自然资源、低成本的劳动力等初级生产要素，人力资源、知识、技术与信息等高级生产要素储备不足。

（二）改善民生的制约因素仍然突出

由于青海自然条件严酷，人口分布极不平衡，城乡二元结构明显，改善民生的制约因素突出。一是有限的教育资源难以满足人民群众日益增长的教育需求，各级各类学校的办学条件、师资水平、教学质量存在明显差异，教育资源配置不均衡。二是农村牧区富余劳动力向非农产业转移就业形成叠加，大中专毕业生就业和失业人员再就业相互交织。三是农村牧区基层医疗机构基础设施差、人才缺乏、服务质量不高，新型农村合作医疗的受益水平比较低。四是社会保障标准差异大，公平性不足。城镇非公有制经济组织、灵活就业人员社会保障制度还不够完善。五是青海各族群众维权意识普遍增强，资源开发、土地征用、城镇房屋拆迁、地界纠纷、村务管理、征地拆迁、企业改制等引发的矛盾纠纷不断增加，呈现复杂化趋势。

（三）大气环境为主的环境治理任重道远

随着青海经济社会的高速发展，以PM10和PM2.5为代表的大气颗粒物污染是包括西宁在内的全国许多城市相当长一段时间内面临的最主要的大气环境问题。2013年8月，中国环境监测总站公布的全国74座城市空气质量的排名中，西宁列倒数第18位，青海省委、省政府主要领导高度重视，西宁市政府组织环保、经济、交通、建设、城管、公安等多个部门联合全力治污。至10月底，西宁地区的空气质量已经明显好转，空气中PM10的含量已经比年初下降10.53%，PM2.5的含量也下降了5.26%，大气污染治理取得初步成果。但大气环境的改善，需要一个漫长的过程，要实现空气质量的全面改善，任重而道远。与此同时，2011～2012年，青海能源消费总量继续增加，年均增长17.1%，能源消费品种主要分为煤品类、油品类、燃气类和电力消费四大类。2012年，工业能源消费占全省能源消费总量的83.2%。工业能源消费中高耗能行业对工业能耗增长影响显著，工业行业原煤消费量占了工业能源消费量的51.5%。青海区域环境容量有限，减排形势不容乐观，重点流域治污力度仍需加强，工业固废综合利用水平亟待提高，局部污染物排放强度需进一步控制下调。合理控制能源消耗，逐渐弱化对石油、煤炭等化石能源的依赖，提高对可再生能源、清洁能源的利用程度，优化能源生产、消费结构，青海才能真正迈上清洁型、环境友好型的能源发展之道。

（四）意识形态领域思想引导任务艰巨

当前随着国际形势变幻莫测，现代传播技术日新月异，各种思潮涌动，思想交锋更加频繁，意识形态领域面临诸多挑战和复杂情况。在青海境内外敌对势力和分裂势力依然勾连呼应，常常借助所谓"语言平等"、"保护生态"、"保护民族文化"等话题进行渗透、煽动和破坏活动。此外，随着对外开放程度的不断加深，在更大范围内打破了各民族区域社会的封闭状态，民族之间交往交流增多，各民族之间的发展差距和文化差异显现，文化价值观念的碰撞增多。青海生态与战略地位重要，处于反分裂斗争的一线，但受青海历史传统、地理位置、经济、文化、人口等诸多因素的影响，许多干部群众对意识形态斗

争的长期性、复杂性认识不足，缺乏忧患意识。思想教育引导工作存在"上头热，中间温，下层在应付"的状况。理论研究和宣传与社会各界关注点结合不紧密，缺乏对群众关注的住房、物价、教育、医疗、腐败等问题的有力解释。互联网等新兴媒体的裂变式发展，也为意识形态领域思想引导带来了深层影响，对引导、管控等工作带来了挑战。

（五）流动人口服务管理亟待改进

青海省流动人口落户、城镇医疗卫生、教育、就业等的服务管理依然受到户籍制度制约。城乡分割的二元体制仍未全面打破，出现城镇居民、本地居民与流动人口"二元"差异现象。青海省的社会保障制度规定虽然包含了流动人口，但由于缺乏灵活性和可操作性，并没有针对流动人口出台相应政策，除了少数地区外，社会保障事实上并没有真正覆盖到流动人口。对流动人口居住问题也缺乏统筹管理服务，存在重管理轻服务、重限制轻公平、重突击检查轻规范性监管等问题，影响部分流动人口融入社会、奉献社会的激情与活力。在具体的服务管理实践中，"人口房屋底数不清、人员活动情况不明、服务保障缺位、出租屋藏污纳垢、流动人口涉案较多"的现象普遍存在，信息化、动态化管理长效机制不到位，缺乏统一的平台和系统整合，难以做到互联互通和信息共享。

三 2014年青海社会发展态势预测

2014年，随着党的十八届三中全会关于社会改革路线图的绘就，青海社会发展获得了宏观政策的支持依据和西部发展的诸多倾斜政策的支持，新型城镇化、生态环境、公共服务、文化产业、精神文明建设和民族团结进步等社会事业将取得更大进步。

（一）城镇化水平将进一步提升

2014年，青海省城镇化发展面临着许多机遇与挑战。一是中央城镇化工作会议就城镇化发展问题已做了顶层设计；二是已有的《国务院关于青海等省藏区经济社会发展若干意见》和西部大开发第二个十年战略的规划等宏观政策的支持；三是"生态立省"战略的确立和农村的深化改革以及新农村新牧区建设等举措的影响，将为青海省城镇化发展注入强劲动力。同时，2014年，《青海省城镇化发展规划》即将上报审批，至此青海省已先后完成了城镇化指标体系、资源环境承载能力、产业结构调整等一批支撑《规划》的研究成果，青海省城镇规划管理水平将进一步提升，有利于促进城乡区域协调发展。随着西宁市被列入"国家级综合交通枢纽名录"，兰州—西宁城市群被确定为国家级城市群，并补充纳入国家城镇化发展规划等举措的实施，新型城镇化将得到实质性推进。同时，依据青海省新型城镇化的发展格局，西宁中心城市地位将着力提升，增强海东、格尔木、德令哈等次中心城市辐射带动及吸纳功能，加快发展玉树、海晏、同仁、共和、贵德、玛沁、大通、民和等8个新型城市，打造50个综合服务型、工业服务型、交通物流型、旅游商贸型和农牧业服务型精品城镇。受十八届三中全会提出的关于户籍制度改革的举措以及国家关于"放宽中小城市和城镇户籍限制"等政策的影响，青海省在解决城镇化问题时将更侧重于关注和解决人口的城镇化问题，力求以人为本，积极稳妥地推进新型城镇化建设，城镇化建设将迎来更大的发展空间，预计2014年青海省城镇化率将达到49.8%。

（二）生态环境建设将上新台阶

2014 年，青海省将进一步加快生态文明先行区的建设步伐，启动并实施青海省三江源生态保护和建设二期工程，加大自然生态保护、构建"中华水塔"生态安全屏障，建立功能完备的农牧防护林体系以及加强城镇绿化力度，构建城市森林生态系统。认真贯彻落实十八届三中全会关于生态文明建设的一系列改革举措，加大生态环境保护建设的力度，三江源生态保护和建设工程将顺利推进，青海湖流域、祁连山等重点生态保护工程成效将进一步显现。继三江源、青海湖两个项目后，又争取到一个重大生态环境综合治理项目，即《祁连山生态保护与综合治理规划（2012～2020）》。该《规划》已被国家发改委正式批复，将有力地维护祁连山地区生态系统的稳定，进一步促进该地区环境保护和恢复，并将极大地改善区域内农牧民的生产生活条件。林业生态建设

将有序稳步发展，造林面积进一步增加，造林质量大幅提升，造林成活率达到85%左右。荒漠化和沙化趋势将有效减缓，自然保护区保护成效进一步显现，全省天然林保护面积预计将达3000万亩。自然湿地将得到科学有效的保护。随着生态城镇化建设步伐的加快，污染治理投入将进一步增加，环保产业将受到高度关注并迅猛发展。随着环境法制建设的不断完善，执法能力将明显增强，环境执法检查和行政执法力度进一步加大，青海各族人民将逐步树立绿色文明理念，青海绿色文明工程将取得实质性进展。

（三）公共服务能力将进一步提升

随着政府对民生领域投入的进一步加大，提升公共服务能力的问题日益受到政府的关注，特别是十八届三中全会关于政府要加强各类公共服务的提供、加强地方政府公共服务能力及加大政府购买公共服务力度等相关改革政策的出台，青海省提升公共服务能力将面临发展的新机遇。同时，受国际金融危机影响，国内外经济发展的不确定、不稳定因素明显增加，加之青海总体发展水平低、经济总量小、自身财力弱、抵御风险和波动的能力较差，这些困难因素对青海省提升公共服务能力产生一定影响。面对机遇与挑战，2014年青海省将逐步建立健全基本公共服务体系，民生领域的教育、就业、医疗卫生、社会保障、文化生活等方面的服务将得到更大的财力支持。重点文化惠民工程将着力推进并进一步完善覆盖城乡的公共文化服务体系。青海省许多文化惠民工程项目将进入建设阶段，如省图书馆（二期）、省文化馆和省美术馆"三馆"建设项目已奠基开工，标志着青海省在提高公共文化服务水平方面迈出了跨越性的一步。同时，县级公立医院以回归公益性为重点的综合改革将进一步推进。政府于2013年已安排6900万元扶助乡镇卫生院，这将使乡镇卫生院诊疗条件和公共卫生服务能力进一步提高，更好地服务农牧民群众的能力也将进一步提升。青海教育事业将在现有基础上，继续朝着持续健康协调的方向发展，学前教育继续得到重视和加强，均衡发展义务教育有序向前推进，普通高中建设步伐进一步加快，中等职业教育保持较快发展势头，民族教育与普通教育差距继续缩小，教育信息化建设进一步加快。

预计2014年青海省就业形势将保持稳定发展趋势，全省城镇新增就业将突破 5.4 万人，城镇登记失业率将保持略低于 3.3% 的水平。城乡居民收入平稳增长，全省城镇居民人均可支配收入和全省农牧民人均收入年均增幅将分别保持在 13% 和 15%。城镇居民和农牧民人均生活消费支出将分别达到 11% 和 15% 左右。

（四）文化产业将快速发展

2014 年，青海省文化产业在各种节庆、赛事和艺术节的带动下，将获得难得的发展机遇。同时，十八届三中全会关于推进文化体制机制创新的新举措，将有力地促进青海省文化产业的快速有序发展。文化产业市场竞争力和活力及总体实力将进一步增强。青海湖机场、果洛机场、祁连机场等项目的获批以及西成铁路、格敦铁路项目的上马，将进一步提升文化产业与旅游、信息等产业的融合度，新的更大的文化产业发展空间将得到开辟和拓展。日益多元的群众精神文化生活需求将为文化产业的发展提供强大的后劲。文化产业规模化、集约化和专业化的发展趋势将成为政府更加关注的工作目标。随着昆仑文化、河湟文化、三江源文化等文化品牌的打响，青海文化产业做大做强的前景将越来越广阔。文化创意、影视制作、出版发行、印刷复制、广告、演艺娱乐、文化会展、数字动漫等产业的政策扶持力度将进一步加大。民族文化资源和地域文化资源将得到深度挖掘。文化产业成为青海经济新的增长点和新的支柱产业的目标将愈加成熟。文化产业的发展环境将得到进一步优化，文化产品对周边省市和全国文化市场的辐射力将逐步增强，文化产业对提升文化内聚力的助推作用将进一步显现。随着省内外及国外文化市场的不断开拓，青海民族特色文化产业的影响力将进一步扩大，主要文化产业增加值将有较大增长，为"十二五"期末力争突破 188 亿元大关奠定坚实基础。

（五）精神文明建设将迈上新台阶

2014 年，青海省精神文明建设在时代精神、青藏高原精神、"人一之，我十之"的实干精神和玉树抗震救灾精神的感召下，社会主义核心价值体系建设将取得新进展，全省各族群众团结奋斗的共同思想基础将更加牢固。习近平总书记在全国宣传思想工作会议上对精神文明建设提出了新的更高的要

求："要巩固马克思主义在意识形态领域的指导地位，巩固全党全国人民团结奋斗的共同思想基础。"这一重要论述对促进青海省精神文明建设具有重要意义。精神文明建设将被赋予更加艰巨的历史使命，特别是在世界范围内各种思想文化交流、交融、交锋日趋频繁，西方敌对势力加紧意识形态领域的渗透，国家体制转轨、社会转型，一些人的世界观、人生观、价值观发生扭曲，社会上道德失范、诚信缺失等现象不同程度存在的现实背景下，匡正社会风气，提升社会文明的任务将更加重大而艰巨。通过深入开展向道德模范、"青海好人"、"最美青海人"的学习宣传及表彰活动，青海省大力开展"共铸诚信"等一系列活动，社会文明程度和公民道德素质将进一步提升。同时，青海省加快构建公共文化服务体系，深入实施广播电视户户通、文化信息资源共享、乡镇综合文化站、农村电影放映、农家书屋和文化进村入户等工程，实施乡村学校少年宫、西部开发助学工程、绿色电脑进西部等精神文明建设实事项目，推进博物馆（纪念馆）、图书馆、文化馆（站）免费开放；积极利用春节、清明、端午、中秋等传统节日，深入开展"我们的节日"主题活动，弘扬优秀传统文化；组织文艺工作者深入农牧区开展"欢乐乡村"巡回演出活动，举办非物质文化遗产作品展、摄影书画展、元宵灯展、焰火晚会等大型文化活动和各类基层文化节庆活动，精神文化供给能力将取得较大提升。通过改革创新，构建机制，文明青海建设活力将进一步增强。随着文明城市、文明村镇、文明行业等群众性精神文明创建活动的广泛开展，特别是把活动延伸到乡村、农牧户、窗口岗位、交通沿线、旅游行业，覆盖面不断扩大，城乡精神文明建设将得到协调发展，文明青海的良好形象得到全方位塑造。

（六）民族团结进步事业将深化发展

2014 年，随着十年民族团结进步创建活动经验的积累和《青海省创建民族团结进步先进区实施纲要》的持续实施，青海省民族团结进步事业将迈入新的历史阶段。民族团结进步先进区建设作为民族团结进步事业的一项创新工程，关乎大局、关乎长远、关乎根本，通过坚持党政主导、群众主体，标本兼治、解决问题，重在基层、贵在创新，典型引领、全面推进的原则，积极落实民族政策、推进依法治理、统筹协调发展、着力改善民生、提升干部队伍素质、强化基层工作，建立长效机制，牢固把握各民族共同团结奋斗、共同繁荣发展的主题，切实贯彻党的民族宗教政策，自觉维护祖国统一、民族团结和社会稳定大局，民族团结进步事业将在更高层次上得以拓展和升华。民族团结进步先进区建设作为青海省未来发展的战略目标之一，最根本的任务是加快发展、改善民生，为此政府将会继续采取一系列特殊政策和措施，把改善民生和促进基本公共服务均等化作为加快青海经济发展和民族团结进步事业的物质基础，加快资源开发利用步伐，增强自我发展能力，不断完善基础设施，让各族群众充分享受到改革成果，不断巩固和发展各族人民和睦相处、和衷共济、和谐发展的良好局面。

四　促进青海社会发展的对策建议

2014年将是完成"十二五"规划各项工作目标的攻坚之年，也是全面贯彻落实党的十八届三中全会精神的开局之年，推动青海省各项社会事业更好更快地发展，必须深化文化体制改革，推动文化名省建设；优化格局，促进区域协调发展；加强生态保护力度，建设"大美青海"；进一步健全社会保障体系；完善基层服务和管理机制，大力培育社会组织；改进公共服务方式，进一步提升基本公共服务能力；在改善民生中建设民族团结进步先进区。

（一）深化文化体制改革，推动文化名省建设

文化体制改革紧紧围绕建设社会主义核心价值体系这一关键环节，重点完善文化管理体制，加强规划，培育环境，制定政策，注重引导，增强文化发展力，激发文化创造力。促进基本公共文化服务标准化、均等化，着力建立健全现代公共文化服务体系。大力实施文化民生工程，将重心下移，面向基层、面向群众，使普通民众也能享受到文化发展的积极成果，推动文化服务项目与群众文化需求有效对接。不断破除制约文化发展的体制性障碍，引入竞争机制，鼓励、吸引各种资本参与到基层文化建设中来，将丰富多彩的文化资源转化为

优势特色产业。在维护多元文化的基础上，大力发展社会主义先进文化，融合传统文化与现当代文化，不断传承创新，进一步推动青海多民族民间文化的繁荣发展，拓宽农牧民群众文化脱贫致富之路；建立多层次文化产品和要素市场，推动公共文化服务社会化发展；深入挖掘、整合具有青海地方特色的文化资源，发挥文化在加强民族团结、维护社会和谐稳定中的重要作用，从而推动青海文化名省建设。

（二）优化格局，促进区域协调发展

实施区域协调发展的目的是缩小区域间的差别，实现共同发展。青海省政府应从青海各区域实际特征出发，把握各区域优势，选择发展的不同路径。如以西宁为中心的东部地区和环青海湖地区、柴达木地区等在资源状况、自然条件、环境承载能力、经济社会发展水平等方向都不相同，因而其主体功能不同，发展方向和重点也就不同，因此东部城市群建设、大通和冷湖等资源型城镇转型发展、三江源地区国家级生态保护综合试验区建设、柴达木地区循环经济试验区建设、环青海湖地区青海省生态旅游和现代畜牧业发展示范区建设等，都是各区域因地制宜、突出重点的发展之路。而各区域间经济社会互促互动、互补互惠共赢是青海各区域协调发展的必然结果，各区域间充分发挥自身的优势相互帮助，健全合作机制、互助机制、市场机制，打破行政区划的局限，开展多种形式的经济协作和技术、人才的合作，形成优势互补；健全扶持机制，按照基础公共服务均等化的原则，加大对欠发达农牧区的支持力度，加快对少数民族地区、贫困地区的经济社会发展的支持力度，从而促进区域间良性互动、协调发展。

（三）加强生态保护和建设力度，建设"大美青海"

青海省十二次党代会作出了建设国家生态文明先行区的战略部署，将"大美青海"纳入"美丽中国"建设大格局，为生态文明建设赋予了新的内涵，给青海生态文明建设指明了方向。因此，首先，在全民中树立现代生态文化理念，紧紧围绕建设"大美青海"这个目标，把生态文明建设放在更加重要的战略地位；其次，发挥政府有力的主导作用，制定方针政策，推动国家生

态文明先行区行动方案和具体措施的出台和落实；最后，加强各种媒体的宣传，调动社会多方力量参与，形成政府推动、市场驱动、企业实施、全民参与的生态保护和建设的良好环境，培养更加绿色的生产、生活方式，真正实现青海环境保护、生态、绿色发展、绿色考评等生态文明建设先行。

（四）进一步健全社会保障体系

社会保障是重要的民生工程，应坚持以人为本的原则。首先是政府的主导作用要强化，在完善发展城镇社会保障制度的同时，大力推进农牧区社会保障制度建设，根据城镇化和统筹城乡发展的新形势，不断提高社会保障统筹层次和共济能力，实现城乡社会保障制度的有效衔接；其次是认真研究和切实解决基层农牧区基本养老保险、最低生活保障、基本医疗制度、特困群体救助等基层民众极为关心的关系切身利益的问题，逐步实现城乡社会保障体系的多层次、多方位覆盖和一体化；再次是增加对社会保障工作的投入，根据基层农牧区实际需要增加社会保障工作机构设置和工作人员编制，加大投入完善设备设施，推进社会保障的规范化、信息化和专业化建设；最后是巩固生态移民成果，强化移民社区综合管理，扶持生态移民创业，做好生态移民社会保障工作。

（五）完善基层服务和管理机制，大力培育社会组织

不断激发社会活力，努力构建党政主导、多种主体共同参与的社会建设和社会管理新格局。进一步改进政府提供公共服务的方式方法，加强基层城乡社区的服务功能和服务体系建设。社会组织是现代公共管理的重要力量，在提供服务、解决公共问题、反映社会诉求、规范社会行为上发挥着重要作用，各级政府通过培育和发展各类社会组织，形成对全社会进行有效覆盖和全面管理的体系，保障群众通过社会组织参与社会管理的权利。引导社会组织强化群众参与社会活动的制度建设和组织建设，培养一批具有优秀组织和管理经验的队伍，通过群众自发组织的各种社会团体、非营利机构和基层社区自治组织，按照法律和相关的行政程序来反映自己的意愿和诉求，提高群众参与社会管理的组织化水平，推动社会管理走向规范化和有序化。努力拓展群众参与社会管理

的渠道，积极引导和规范群众的参与行为，为群众参与社会管理创造条件，进一步畅通群众参与的途径。引导社会组织健康有序发展，强化企事业单位、人民团体在社会管理和服务中的职责，充分发挥群众参与社会管理的基础作用。完善群众参与社会管理的法治保障，坚持法治理念和法治思维方法，将发动群众参与和加强法治保障有机结合起来，健全群众参与的相关法律制度，构建良好的群众参与社会管理的法制环境，进一步完善《村民委员会组织法》和《城市居民委员会组织法》等现有群众参与社会管理的法律，同时制定环境保护、城市规划、公共卫生、教育政策、社会保障等不同领域的群众参与法规，真正实现科学立法、民主立法。努力形成社会管理人人参与、和谐社会人人共享的良好局面，从而实现社会稳定和良性运行。

（六）改进公共服务方式，进一步提升基本公共服务能力

坚持以人为本、服务为先，履行政府公共服务职责，提高政府基本公共服务保障能力，大幅度增加在民生领域的投入，向农牧区倾斜，逐步缩小城乡区域间基本公共服务的差距。改进基本公共服务提供方式，把那些适合或可以通过市场、社会提供的公共服务，以适当的方式交给社会组织、中介机构、社区等基层组织承担，引进竞争激励机制，实现提供主体和提供方式多元化。推进非基本公共服务市场化改革，放宽市场准入条件，鼓励社会资本以多种方式参与，增强多层次供给能力，满足群众多样化需求。逐步完善覆盖城乡的社会保障体系，包括各项社会保险制度、城乡居民最低生活保障制度、城乡医疗救助制度和其他社会救济和社会救助制度。加快建立健全农牧区社会保险体系，完善城镇职工和居民社会保险制度，解决城镇养老保险制度覆盖水平低的问题，建立城镇居民养老保险制度，进一步提升各级政府基本公共服务能力。

（七）在改善民生中建设民族团结进步先进区

以建设民族团结进步先进区为抓手，坚持把加快发展作为第一要务，把为少数民族群众办实事、办好事贯穿于民族团结进步工作始终。把切实解决少数民族民生问题、保障和改善少数民族和民族地区民生作为建设民族团结

进步先进区的重要内容和当务之急。紧紧围绕民生工作，持续加大投入，使农牧区职业教育、义务教育、中小学营养标准等进一步改善；加快推进农牧区基层医疗卫生机构服务条件、服务体系建设，农家书屋等基层文化工程建设，基层体育活动场馆建设等民生工程建设。加强防灾体系、福利设施和残疾人保障体系建设。通过建设民族团结进步先进区，促进民族地区发展，保持民族地区长治久安，维护全省社会政治稳定，使全省的民族团结进步事业迈上一个新的台阶。

经 济 篇

Economic Reports

B.3

青海固定资产投资结构
及投资效果分析研究

赵玉华　毛丽青*

摘　要：

近年来，随着国家发展战略的调整，国家对西部的投资力度不断加大，在国家宏观调控过程中，固定资产投资成为促进经济快速发展的首要领域，对宏观经济的影响非常显著。同时，在促进发展方式转变、经济结构优化的过程中，固定资产投资结构的调整又成为经济结构调整的风向标，投资方向选择决定着产业结构能否优化，决定着一个地方未来经济发展的潜力和后劲。本文分析了投资增长与投资结构、投资效果间的对应关系，探索青海固定资产投资持续健康发展的有效途径。

关键词：

青海　固定资产　投资结构　投资效果

---

* 赵玉华，青海省统计局副局长，研究方向：人口就业及经济统计；毛丽青，青海省统计局固定资产投资处副处长，研究方向：经济统计分析。

近年来，随着国家发展战略的调整，国家对西部的投资力度不断加大。在国家宏观调控过程中，固定资产投资成为促进经济快速恢复发展的首要领域，对宏观经济的影响力非常显著。同时，在促进发展方式转变、经济结构优化的过程中，固定资产投资结构的调整又成为经济结构调整的风向标。2013年青海省固定资产投资保持了快速增长的态势。截至第三季度，完成全社会固定资产投资1946.11亿元，比上年同期增长26.0%，其中用于民生投资637.44亿元，比上年同期增长29.4%，增幅高于全社会固定资产投资增幅3.4个百分点。从三次产业看，第一产业完成投资88.48亿元，比上年同期增长29.0%；第二产业完成投资974.58亿元，比上年同期增长27.3%；第三产业完成投资883.05亿元，比上年同期增长24.3%。全省三次产业投资比例由2012年同期的4.4∶49.6∶46转变为2013年的4.5∶50.1∶45.4，第一产业投资比重基本稳定，第二产业投资比重明显上升，第三产业投资比重下降。作为影响经济社会活动最重要、最活跃的因素之一，投资对促进地区经济社会发展、改善地区经济社会结构，有着极其重要的作用。本文拟通过分析投资增长与投资结构、投资效果间的对应关系，总结青海投资结构的现状和存在的问题，正确认识投资对青海经济社会发展的影响，进而探索固定资产投资持续健康发展的有效途径，以期能对青海未来投资方向的选择起到决策参考作用。

一 固定资产投资规模与经济发展的数量关系分析

投资是社会总需求的一个重要组成部分，投资的快速增长直接拉动社会总需求的快速增长。从长期看，投资的完成可以形成新的后续生产能力，为后期经济快速增长提供必要的物质基础和增长动力。在新一轮西部大开发环境下，青海省抢抓机遇，投资领域实现跨越发展，固定资产投资逐年加大，投资规模强劲扩张，投资效益显著提高，对全省经济增长的拉动作用明显增强。

（一）投资规模、结构和特点

1. 固定资产投资规模及发展速度

1998年以前青海省固定资产年投资额不足百亿元。1999年11月，中央经

济工作会议作出了西部大开发的战略决策，青海省抢抓这一机遇，固定资产投资呈现跨越发展。2000年青海固定资产投资完成154.83亿元，2001年达到200亿元，投资增速由1999年的10%提高到2000年的20.8%，2001年达到30.2%，"十五"和"十一五"期间年投资增速均达到20%以上。历经西部大开发10年之后，2009年新一轮西部大开发当年投资增速达到37.3%，是历年青海投资增速最高的一年，2010年投资额达到1068.73亿元，投资增速达到33.5%。进入"十二五"，固定资产投资仍保持在34%的较高增速，2011年和2012年投资增速分别居全国第二位和第七位，预计2013年将突破两千亿元大关，增速仍能完成预期目标（见图1）。

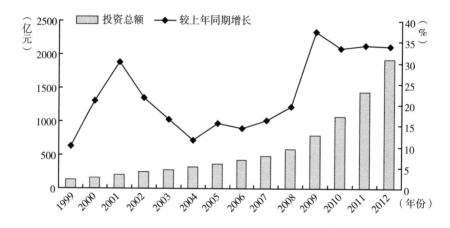

图1 1999年以来青海省固定资产投资完成情况及增幅

2. 民间投资快速增长，投资主体日趋多元化

西部大开发以来，国家密集出台了一系列区域发展规划，尤其是对西部地区给予了一定的优惠政策，这些政策的实施带来了从基础设施到产业的大量投资项目，对青海投资增长发挥着积极的作用。与此同时，青海省投资主体发生了较大变化，民间投资无论在总量上还是比重上都有了很大的提升，民营经济投资占全社会投资的比重由1999年的24.5%上升到2012年的41.62%，提高了17.12个百分点；2000~2012年，民间投资累计完成4046.34亿元，年均增长27.1%，增速比同期全社会投资增速高13个百分点。民间投资的快速增长，加快了青海民营经济的发展速度，对促进青海经

济增长、优化产业结构、繁荣城乡市场、扩大社会就业等方面发挥了重要
作用。

3. 融资渠道不断拓宽，自主投资能力进一步增强

随着西部大开发的进一步实施，青海不断深化投融资体制改革，拓宽融资
渠道，各类投资主体逐步进入到投资建设领域，投资项目资金来源呈现多样
化，以自筹资金为主的自主性投资能力进一步增强。2000～2012 年青海省全
社会投资到位资金中，自筹资金年平均增速为 28.79%，仅次于国家预算内资
金 30.67% 的增速，占到位资金总量的比重由 2000 年的 36.09% 上升到 2012
年的 48.46%（见表 1）。

表 1　2000～2012 年青海省全社会固定资产资金来源及构成

单位：亿元，%

年份	资金来源及构成		国家预算		国内贷款		债券		利用外资		自筹		其他	
	总额	占比	数额	占比	数额	占比	数额	占比	数额	占比	数额	占比	数额	占比
2000	148.99	100	25.38	17.04	36.25	24.33	0.41	0.27	2.07	1.39	53.78	36.09	31.09	20.87
2001	191.21	100	33.36	17.45	43.19	22.59	0.1	0.05	1.51	0.79	77.72	40.64	35.34	18.48
2002	250.92	100	55.17	21.99	68.18	27.17	0.01	—	2.56	1.02	77.59	30.92	47.4	18.89
2003	257.82	100	59.04	22.9	29.89	11.59	0.21	0.08	3.44	1.33	119.31	46.27	45.94	17.82
2004	312.88	100	42.58	13.61	33.22	10.62	0.28	0.09	2.98	0.95	177.6	56.76	56.23	17.97
2005	378.43	100	59.75	15.79	63.84	16.87	1.54	0.41	2.09	0.55	196.15	51.83	55.05	14.55
2006	401.2	100	59.1	14.73	67.35	16.79	—	—	2.03	0.51	189.84	47.32	82.89	20.66
2007	479.14	100	61.93	12.93	66.05	13.78	—	—	7.49	1.56	263.34	54.96	80.33	16.77
2008	563.89	100	81.98	14.54	93.29	16.54	—	—	8.7	1.54	298.95	53.02	80.96	14.36
2009	800.72	100	130.45	16.27	148.87	18.59	—	0.03	8.44	1.05	387.27	48.36	125.69	15.7
2010	1043.17	100	141.5	13.56	178.51	17.11	0.07	0.01	5.21	0.5	542.75	52.03	175.13	16.79
2011	1483.12	100	317.16	21.4	215.5	14.5	0.11	0.01	7.75	0.52	778.01	52.5	164.59	11.07
2012	2022.5	100	393.07	19.43	427.12	21.12	0.14	0.01	2.56	0.13	980.1	48.46	219.5	10.85
合计	8333.99	100	1460.48	17.52	1471.26	17.65	2.87	0.03	56.83	0.68	4142.4	49.70	1200.14	14.40

（二）固定资产投资变化与经济发展趋势对应分析

1. 固定资产投资与GDP增幅趋势基本同步

从统计数据看，目前青海省的经济发展方式，仍倾向于规模数量扩张型，从反映宏观经济发展规模与速度看，最具概括性的指标是国内生产总值和固定资产投资。当前全社会固定资产投资规模大致相当于生产总值，而在西部大开发前的1995年二者之比只有33.1%，1999年为53.5%，2012年已攀升到101.4%，比1999年高了47.9个百分点。在这期间GDP由1999年的239.38亿元增加到2012年的1893.54亿元。按可比价计算，国内生产总值"九五"时期年均增长8.8%，"十一五"时期年均增长12%，"十二五"前三年年均增长12.8%，固定资产投资与经济增长呈基本同步的周期性变化，固定资产投资增长率与经济增长率在波动方向、波动周期、周期长度等方面具有显著的一致性，上下波动几乎是同向的。所不同的是固定资产投资增长率波动强于或领先于经济增长率波动（见图2）。

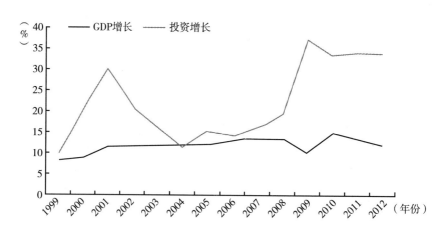

图2 西部大开发以来青海省投资与GDP增幅

2. 固定资产投资的快速增长，促进了经济发展

西部大开发以来，青海省人均固定资产投资额从1999年的2513元提高到2012年的33498元；同期，人均地区生产总值由4696元提高到33181元。人均地区生产总值跨上新台阶的同时，经济的较快增长为财力的增加提供了强有

力的支撑。1999 年青海省地方财政收入为 14.17 亿元，到 2012 年达到 186.42 亿元，年均增长 21.9%；同期地方财政收入占生产总值的比重由 5.9% 提高到 9.8%，财政实力明显增强。

二　青海省固定资产投资方向和行业结构变化分析

（一）三次产业投资结构及变化趋势

近年来，青海投资总量的增加和速度的加快是显著的。青海特殊的地理环境和经济条件，决定了青海固定资产投资发展的基本方向，使青海形成了特殊的行业投资结构，投资的倾向性也非常明显，同时也影响着青海未来经济发展的格局。2000～2012 年青海省一、二、三产业分别累计完成投资 555.38 亿元、3807.76 亿元和 3922.18 亿元，年均增长分别为 16.1%、22.7% 和 20.7%。西部大开发前青海省全社会投资规模较小，基础产业和基础设施十分薄弱。为改变这一状况，青海省利用有限资金加大了对第三产业的投资，主要用于交通、通信、城市基础设施、城乡电网改造、储备粮库等项目，带动了大量社会资本的进入，使基础产业和基础设施投资快速增长，从而进一步带动全社会投资和整体经济的稳定增长。1999 年青海省一、二、三产业投资结构为 8.5：41.4：50.1，第三产业投资比重领先优势一直保持到 2003 年。2004 年青海省进入新一轮经济快速发展周期，实施大投资、大发展战略，工业投资迅速崛起，第二产业投资得到明显加强，投资比重反超第三产业，其产业投资结构为 7.3：46.8：45.9，第二产业领先优势一直保持到 2009 年，其间 2007 年第二产业投资比重达到 51.6%，其中工业投资比重达到 49.7%。2010 年，第三产业投资比重又反超第二产业，三次产业投资结构为 7.2：43.5：49.3。2012 年固定资产投资结构为 4.3：46.4：49.3（见图 3）。

（二）行业投资结构变化

西部大开发以来，青海省投资较高的前 7 个行业为：制造业（占全社会投资的 24.6%），交通运输、仓储及邮政业（占全社会投资的 14.8%），电

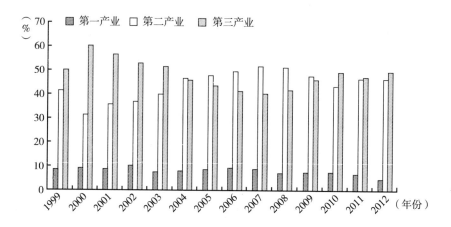

图3 1999～2012年青海省三次产业占全社会固定资产投资比重

力、煤气及水的生产和供应业（占全社会投资的13.9%），房地产业（占全社会投资的13.6%），采矿业（占全社会投资的7.8%），水利环境和公共设施管理业（占全社会投资的5.3%），农林牧渔业（占全社会投资的5.2%），这7个行业投资合计占全社会投资的85.2%。其次是公共管理和社会组织占4.3%，建筑业占2.5%，教育占2.3%，批发和零售业占1.1%。投入较少的6个行业为：住宿、餐饮，信息传输、计算机服务和软件业占0.7%，租赁和商务服务业占0.6%，科学研究技术服务和地质勘查业占0.4%，居民服务和其他服务业占0.2%，金融业占0.1%，6个行业投资合计只占全社会投资的2%，这些行业均为生产性服务业，表明生产性服务业投入相对不足。

1. 工业投资是一大亮点，投资着力点集中于传统和优势行业

西部大开发以来，青海省始终坚持以优势特色产业为依托，加大对石油开采及加工业、电力生产和供应业、盐湖化工、有色金属等能源和原材料工业的投资，工业固定资产投资规模不断扩大，增速一直保持高位运行，占全社会投资的比重逐年递增。2000～2012年用于工业的投资累计3608.38亿元，年均增速22.4%，其中2012年的工业投资是1999年的15倍，工业占全社会固定资产投资比重1999年的40.1%上升到2012年的43.0%。在工业投资中，电力生产和供应业、有色金属、盐湖化工、石油开采及加工业分别完成投资1084.81亿元、596.34亿元、530.27亿元、373.93亿元，电力投资成为投资发展新亮点。

2. 基础设施建设改善了青海经济社会发展的环境

实施西部大开发战略以来，青海省把基础设施建设放在优先发展的地位，加快能源、交通、广播电视通信、供水排水和水利等基础设施建设。2000～2012年青海对基础设施投资累计达2656.9亿元，年均增长16.8%，各项基础设施有了明显改善。2012年青海全省铁路营业里程达到1856公里，通车里程达65988公里，其中高速路达到1148公里；民运航空航线里程5027公里。客运量由1999年的3359万人次扩大到2012年的12830万人次，货运量也由1999年的4654万吨提高到2012年的13680万吨，交通运输能力增强。交通网络的建设与优化，使青海发展的区位条件和投资环境大大改善，与外省的经济融合度不断提高。

3. 房地产业快速发展，居住水平不断提升

2000～2012年，青海省房地产开发投资完成755.54亿元，年均增长21.9%，竣工的商品房面积为2809.55万平方米。城镇居民人均住房建筑面积由1999年的11.43平方米提高到2012年的26.1平方米；农村居民人均居住面积由1999年的14.24平方米提高到2012年的30.9平方米。城乡居民的居住条件得到改善。

三 青海固定资产投资效益分析与评价

（一）投资率大幅提高，投资对经济增长的贡献不断增强

投资率是资本形成总额与同期GDP总量之间的比值，是反映一个地区积累水平的重要标志，适度较高的投资率是经济快速发展的主要动力。随着青海省投资规模的不断扩张，投资率逐年提高，投资拉动经济增长的作用进一步增强。1999年青海省投资率为46.2%，此后一直稳中趋升、屡创新高，2001年、2002年、2009年、2010年、2011年和2012年青海省投资率分别为140.6%、111.9%、179.9%、143.5%、126.6%和135.9%，分别比消费率高65.1个、45.6个、172个、102.7个、76.6个和79个百分点。近年来，青海省固定资产投资对经济的影响十分显著，但消费和进出口却没有与固定资产投

资同步变化（见表2），表明青海省投资对经济的拉动作用强于消费，青海省仍处于"投资拉动型"发展阶段。

表2　1999～2012年三大需求对生产总值增长的贡献率和拉动作用（按可比价格计算）

年份	最终消费支出		资本形成总额		货物和服务净出口	
	贡献率（%）	拉动（个百分点）	贡献率（%）	拉动（个百分点）	贡献率（%）	拉动（个百分点）
1999	57.9	4.7	46.2	3.7	-4.1	-0.3
2000	69.0	6.1	66.1	5.9	-35.1	-3.1
2001	75.5	8.8	140.6	16.5	-116.1	-13.6
2002	66.3	8.0	111.9	13.5	-78.2	-9.5
2003	61.3	7.3	65.3	7.8	-26.6	-3.2
2004	85.8	10.6	52.3	6.4	-38.1	-4.7
2005	91.9	11.2	75.8	9.2	-67.6	-8.2
2006	76.3	10.1	66.0	8.8	-42.29	-5.6
2007	65.8	8.9	62.8	8.5	-28.53	-3.8
2008	30.1	4.1	76.1	10.3	-6.15	-0.8
2009	7.6	0.8	179.9	18.2	-87.5	-8.9
2010	40.8	6.3	143.5	22.0	-84.38	-12.9
2011	50.0	6.7	126.6	17.0	-76.6	-10.3
2012	56.9	7.0	135.9	16.6	-92.78	-11.4

注：三大需求指支出法国内生产总值的三大构成项目，即最终消费支出、资本形成总额、货物和服务净出口。

（二）固定资产投资额效益评价

青海省地域环境以及经济发展制约着自身投资主体及材料的供给，一些投资项目呈现投资主体异地化、投资材料流入化、投资成本过高的现象。由于历史、自然等多方面原因，青海省产业结构性矛盾仍比较突出，产品结构相对比较单一，产品结构中最终消费品产量少，且部分行业产业链较短，产品附加值较低，产品质量不具备比较优势，自产建材和设备难以满足投资项目建设需求，这种现象尤其存在于大型工业产业投资项目中。一些投资项目的机器设备、生产线以及所需的原材料，如光伏电站项目设备，多功能锻压机设备，精钢、精铝细加工生产线项目等设备，以及房地产项目中所需钢筋、铝材等原材料都无法自给自足，需从外省大量采购，从而增加了青海省投资成本。固定资产投资中的机器设备，特别是工业项目的机器设备近99%从外省购进。仅2012年青海省固定资产投资中近44%的投资拉动了外省的GDP，而对省内需求拉动作用有限。

（三）高附加值加工业投资偏低，高耗能行业投资占比高

投资的技术水平，决定一个部门、行业或企业的劳动生产力水平与竞争力，直接关系投资回流速度的快慢及增值的多少。从高技术产业投资看，2012年青海省高技术产业投资[1]13.27亿元，仅占全社会投资的0.7%，占工业投资的1.6%。六大高耗能行业中，石油加工及炼焦业投资1.35亿元，化学原料及制品业投资76.07亿元，非金属矿物制品业投资76.03亿元，黑色金属压延业投资41.96亿元，有色金属压延业投资178.13亿元，电力热力生产和供应业投资225.18亿元，六大高耗能行业合计占全社会投资的31.2%。从投资结构和效果分析，工业结构投资项目的技术水平较低，高技术产业投资不足。目前已经产生的明显影响是：高耗能产业增长过快，对资源、环境带来的压力日趋紧张，工业自主创新能力不足，核心技术和高端人才缺乏。

（四）项目规模仍然偏小

2012年，青海省地方财政收入中企业所得税为16.07亿元，占地方财政收入的4.1%。企业税收与企业规模关系直接，大中型工业企业效益普遍好于小型企业。2012年，青海省大中型工业企业平均利润为143.59亿元，而小型和微型企业平均利润为1.8亿元，仅为大中型企业的1.3%。从投资规模来看，2012年青海省固定资产投资项目平均规模为1.0447亿元，项目平均规模低于全国平均水平0.64亿元，亿元以上项目占全社会固定资产投资的59.9%。

---

[1] 根据国家统计局高技术产业统计目录划分。

四 对青海投资结构优化和效益提升的对策建议

根据青海省现阶段经济发展水平，固定资产投资的率先发展，是带动全省经济增长的重要途径，也直接影响着未来产业结构、工业结构，进而影响着整体经济结构的优化升级。2014年青海省固定资产投资面临基数增大、玉树灾后重建完工等形势，保持快速增长难度加大。但实现青海经济转型发展、跨越发展和可持续发展，投资仍然是拉动经济增长的重要力量，是推动结构调整的主要手段和增强发展基础的主要动力之一，必须审时度势，抢抓机遇，充分发挥投资的先导和促进作用，加大投资力度，优化投资结构，改善投资环境，拓宽融资渠道，提高投资效益，提升投资水平，进一步促成和推动青海经济转型和跨越发展。

（一）确定各产业、行业间的合理增长比例

青海正处于经济大发展阶段，各个领域都蕴含着广阔的投资空间和优惠的投资平台，但投资结构与产业结构密切相关，调整投资结构是优化产业结构的重要手段，是促进经济增长转型、实现经济又好又快、科学发展的重要途径。青海经济要实现跨越发展，必须对当前的经济发展状况有明确的认识。青海各主要经济指标占全国的比重较低，说明青海省的经济总量比较小。今后青海经济的发展重在谋划，要使固定资产投资真正转化为经济增长的后劲和潜力，还需要首先从投资结构上进行重点调整，实现全省经济发展软硬件环境的同步改善，从而实现经济发展从速度向结构的转化，并通过结构出效益，使经济发展的潜力得以发掘，质量和水平得以提升。

从青海省经济结构看，进出口的总量和结构很难在短时间内扭转，而从前文分析可以看出投资和消费的所占比例出现明显差距，今后一段时间，要着力推进三次产业协调发展，围绕工业新型化、城镇现代化、农业现代化建设，加快引进新技术，改造提升传统产业，发展壮大新兴产业，加大生态环境、社会事业、改善民生和基础设施类等服务业项目的投资力度，在优化结构、提高质量和效益的前提下，扎实推进转型跨越发展。政府投入主要侧重交通运输、邮

电通信等基础设施建设，以城镇的公路、铁路、机场、城市基础设施建设为主体，进一步向农村拓展，以实现第一、第三产业在城乡之间的均衡发展，并且把企业和个体自主投资的空间留给第二产业，政府主要采取引导投资建设。第三产业具有资源消耗相对较低、环境污染较少、就业弹性较高等特点，是促进产业结构高度优化的重要因素，可以从结构层面上改善经济增长的质量。

（二）注重工业内部结构的调整

要加快形成新的经济发展方式，把推动发展的立足点转到提高质量和效益上来，着力激发各类市场主体发展新活力，着力增强创新驱动发展新动力，着力构建现代产业发展新体系，着力培育开放型经济发展新优势，在青海省现有工业发展产业的基础上，向低碳、循环、生态、绿色的方向发展，在延长产业链条、打造产业集群上下功夫，加快培育战略性新兴产业，发展壮大优势产业，改造提升传统产业，推进集约化发展，增强企业的综合竞争力和抗风险能力。

（三）抓机遇、扩融资，保持投资平稳快速增长

西部大开发以来，青海经济社会发展取得了巨大成果，但与发达地区和周边地区相比，青海不论在经济总量上还是在发展水平上仍有较大差距，投资不足是重要原因之一。随着西部大开发的进一步深入，国家陆续出台的经济政策和宏观调控政策有利于青海发展，为今后青海经济的跨越式发展创造了条件。因此，要紧紧抓住这一机遇，加快改变青海经济总量小、经济结构不合理的突出矛盾，开拓国内外筹资新领域、新渠道，培育和发展新型资本市场。谋划和推出能够形成支柱的大项目、好项目和科技含量高、市场前景好的项目，积极争取列入国家盘子，力争更多的开发项目。对通过改造和提升能够加快工业结构的转型升级的项目，予以实实在在的扶持，积极培育新兴产业和新的增长点，加速实现青海经济跨越发展。

B.4

青海民生支出分析报告

刘怀文*

摘　要：

　　近年来，青海省民生事业取得显著成效，但与全国发展水平相比，青海省改善民生的任务仍十分艰巨，需要按照"小财政办大民生"的理念，进一步优化财政支出结构，提高资金使用效率。因此，本文通过对近年来青海省民生支出结构的实证分析，提出了今后努力的方向和需要采取的措施。

关键词：

　　青海财政　民生支出　分析报告

　　党的十八大报告提出，加强社会建设必须以保障和改善民生为重点。要解决好人民最关心、最直接、最现实的利益问题，在学有所教、劳有所得、病有所医、老有所养、住有所居上持续取得新进展，努力让人民过上更好生活。本文以《青海省国民经济发展"十二五"规划纲要》中列出的公共教育、就业服务、社会保障、医疗卫生、人口计生、公共文化、基础设施、住房保障、环境保护等9个方面的民生支出项目作为研究范畴，对近5年来青海在民生方面的支出进行全面梳理和分析。

一　青海民生事业取得重大成效

　　近年来，青海财政努力探索"小财政办大民生"的路子，着力改善民生，

---

* 刘怀文，青海省财政厅办公室副主任，研究方向：财政经济。

大力支持教育基础设施建设和公共卫生体系建设，建立了医疗、住房、就业、困难救助等方面的制度，促进了广播电视、文化体育、科学技术、旅游开发等事业发展。

（一）投入总量逐年增加

2008~2012年，全省财政用于民生的投入逐年增加，由2007年的200亿元，增加到2012年的1188亿元，年均增长34.4%，五年累计达到2760亿元。民生投入占财政支出的比重保持在70%~75%（见图1）。

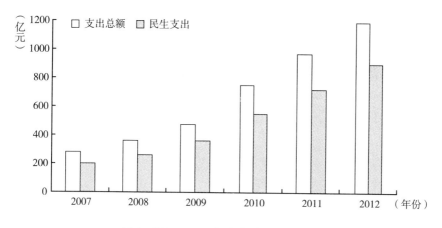

图1　2007~2012年青海财政民生投入

（二）支持重点更加突出

围绕"学有所教、劳有所得、病有所医、老有所养、住有所居"的要求，近年来青海财政主要加大了教育、卫生、文化、社会保障、就业、保障性住房等方面的投入，努力提高民生水平。教育方面，先后出台了财政支持教育优先发展的实施意见，逐步提高教育支出占财政支出的比重，支持完成了"两基"攻坚、教育布局结构调整；提高寄宿制学生生活补助标准，支持职业教育、高等教育和学前教育等各级各类教育均衡发展。医疗卫生方面，重点支持解决公共卫生体系建设方面的突出问题。积极配合推进医疗卫生体制改革，全面推进县级公立医院改革，先后实施了城乡居民和城镇职工大病保险，对全民所有重

特大疾病实行医疗保障，构筑起基本医保常规报销、大病保险、医疗救助三道医疗保障线；不断提升基层医疗保障水平，建立了基层医疗卫生机构管理运转长效机制。文化体育方面，支持推进文化体制改革，先后出台了财政支持文化、体育、旅游等事业发展的指导意见，积极支持广播电视、文化体育、计划生育、科学技术、旅游开发等事业发展，支持建成了科技馆、大剧院、体育中心等重大工程。社会保障方面，支持建立了城镇和农牧区困难群众生活、医疗、住房、取暖、子女就学、就业等方面的救助制度；支持实施廉租房、农村危房改造和游牧民定居工程等保障性安居工程建设；支持解决国有破产企业职工取暖、医疗和危房改造等方面的突出问题；发放高龄补贴，保障孤儿养育，支持残疾人事业发展。

（三）新农保覆盖面等指标走在西部乃至全国前列

目前，青海省城镇基本养老保险、城镇居民基本医疗保障水平、新农合筹资标准及保障水平、新农保覆盖率、城镇登记失业率、职工养老金水平、保障性住房覆盖率等一批民生指标走在了西部乃至全国前列。工伤保险总体水平、保障性住房覆盖率、医疗救助水平、县乡村三级医疗救助标准化建设、城乡低保人均补助水平和覆盖率、农牧区社会养老保险覆盖率等处于西部地区前列。

（四）一些民生项目实现全覆盖

社会保障制度方面，青海省的农牧区社会养老保险制度实现全覆盖，提前10年达到国家要求目标；城镇职工基本医疗保险实现参保政策全覆盖；城镇居民基本医疗保险较全国提前两年实现全覆盖；失业保险实现全覆盖，并实现州、市级统筹和省级调剂制度；工伤保险一次性补助金等待遇水平总体上高于全国平均水平。医药卫生方面，青海坚持把医改作为一项民生工程来抓，全力推动医保、医疗、医药协调发展，加快医疗卫生服务信息化建设，巩固完善医改成果。目前，在全民大病保险、基本药物制度、县级公立医院综合改革、基层卫生对口帮扶、推行先住院后结算服务模式5个方面也实现全覆盖，提前三年实现了全省农牧区新型合作医疗全覆盖。

二 青海民生支出结构分析

关于民生支出范围，目前还没有明确的定义和界定标准。从实践来看，民生支出的种类比较多，用于教育、医疗、社会保障、就业、住房保障等方面的支出，受益者多为居民个人，这些支出都直接增加了居民个人收入或减少了支出，是直接的民生支出；而用于加强生态环境保护、改善市政公共设施等方面的民生支出，为群众创造了良好的生产生活环境和条件，也属于民生支出，称为间接的民生支出。

从2007年开始，我国使用了新的预算科目体系，其中在支出科目中建立了功能分类和经济分类的二维结构，支出功能分类设置类、款、项三级科目，分为17类、170多款、800多项。支出经济分类设置类、款两级，分为12类、90多款。支出功能分类和支出经济分类从不同侧面、以不同方式反映政府支出活动和资金使用情况。在预算收支科目中，没有"民生支出"这一科目。

（一）功能分类科目支出分析

2007年以来，青海省用于民生的支出占财政总支出的比例逐年提高（见表1），由2007年的71%提高到2012年的75.4%，民生支出的绝对额也由2007年的200亿元增加到2012年的896亿元，5年翻了两番多。从支出功能分类科目来看，2007～2012年用于与普通百姓切身利益最直接相关的教育、医疗卫生、文化体育与传媒、社会保障与就业（含保障房）、农林水事务5个方面的累计支出，均占到了当年民生支出的60%以上，分别为70.9%、71.4%、72.7%、71.3%、63.5%、63.0%。从表1还可以看出，5年来，用于民生支出的增幅高于全省地方财政支出增幅，而用于教育、卫生等五项主要民生支出的增幅更高，说明青海省委、省政府提出的"小财政办大民生"的方针得到了很好的落实。

（二）经济分类科目支出分析

现行支出经济分类中主要包括工资福利支出、商品和服务支出、对个人和家

表1　青海省主要民生项目支出情况（按支出功能分类）

单位：亿元，%

项　目		2007年	2008年	2009年	2010年	2011年	2012年	年均增长率
地方财政总支出		282.20	363.60	486.75	743.40	967.50	1188.00	33.31
民生支出总额		200.00	268.12	360.20	550.00	725.00	896.00	34.98
其中	教育支出	34.85	48.81	61.82	82.47	130.11	171.81	37.58
	文化体育与传媒支出	6.94	9.89	15.58	11.57	14.32	18.92	22.21
	科学技术支出	2.52	3.97	4.78	4.08	3.76	7.18	23.29
	医疗卫生支出	19.50	24.66	32.48	38.94	47.44	60.11	25.25
	社会保障与就业支出	51.18	65.57	94.14	189.50	163.57	179.51	28.53
	保障性住房支出	—	—	—	61.09	106.10	84.60	—
	环境保护支出	18.98	19.55	28.98	36.15	41.76	44.00	18.13
	农林水事务支出	29.27	42.44	57.85	69.50	104.74	134.31	35.62
	交通运输支出	15.99	11.05	43.35	46.68	148.58	154.85	57.48
民生支出占总支出的比重		71	73.7	74	74	75	75.4	

资料来源：青海省财政部门行业统计资料。

庭的补助、对企事业单位的补贴、转移性支出、赠与、债务利息支出、债务还本支出、基本建设支出、其他资本性支出、贷款转贷及产权参股、其他支出等共12类90多个科目。我们在教育、医疗卫生、文化体育与传媒、社会保障与就业、农林水事务5个方面，再选取与普通百姓切身利益密切相关的工资福利支出、商品和服务支出、对个人和家庭的补助、基本建设支出4个科目做进一步的分析（见表2）。

表2　青海省主要民生项目支出增长情况（按支出经济分类）

单位：亿元，%

年份	五项民生支出总额	工资福利支出	商品和服务支出	对个人和家庭的补助	基本建设支出
2007	146.58	42.64	30.77	51.47	5.37
2008	187.93	50.52	46.63	66.79	8.27
2009	229.30	60.39	50.91	78.77	8.68
2010	375.61	66.97	67.80	97.52	102.48
2011	446.89	81.40	81.28	106.94	112.56
2012	535.78	88.54	102.35	127.72	127.95
年均增长率	29.59	15.73	27.17	19.93	88.54

资料来源：青海省财政部门行业统计资料。

表 2 中的工资福利支出主要包括人员的基本工资、津贴补贴、福利等支出,对个人和家庭的补助主要包括离退休费、抚恤金、生活补助、救济费、医疗费、住房公积金、购房补贴等,这两项支出的增加直接补给了个人,可以说是直接的民生支出,老百姓都能切身体会到。商品和服务支出主要包括办公费、交通费、会议费、培训费等。基本建设支出主要包括房屋购建、办公设备购置、交通工具购置、基础设施建设、大型修缮、信息网络购建、物资储备等,属于间接的民生支出。通过表 2 我们可以看出,2010 年、2011 年对个人和家庭的补助支出增幅较大,分别占到当年五项民生支出的 20% ~30%。

综上所述,从支出功能分类科目看,用于教育、卫生等 5 项主要民生支出的增幅高于民生总支出增幅,说明突出了国家确定的保障重点,更加关注与人民群众切身利益密切相关的方面;从支出经济分类科目来看,工资福利支出增幅较低,说明城镇居民收入方面还需加大力度逐步提高。另外,在基本建设项目中,还要注意支出的具体方向,尽可能提高用于教育、卫生等基础建设方面的比例。

三 2013~2014 年青海民生支出预测

(一)2013 年民生支出预测

2013 年以来,在经济平稳运行的基础上,青海省财政坚定不移地走"小财政办大民生"的路子,继续把保障和改善民生摆在突出位置,不断优化财政支出结构,进一步加大对"三农"、教育文化、医疗卫生、社会保障和就业、保障性住房等方面的投入力度,严格落实各项惠民利民政策措施,继续加大省对下转移支付力度,提升基层保障改善民生能力。一是安排资金 42 亿元,提高了城乡低保、企业退休人员养老金和大学生"三项制度"等补贴标准,继续提高部分民生政策补助标准,种粮农民直接补贴和农资综合补贴标准从每亩 45 元提高到 75 元,农村危房改造和奖励性住房补助标准分别提高到每户2.2 万元和 1.7 万元,城镇居民医疗保险和新农合人均筹资标准由 400 元提高

到470元。二是继续加大教育投入力度，大力推进中小学标准化建设，对学前一年和中职教育实行免费资助政策，推行农村义务教育学生营养改善计划，促进教育均衡发展。三是支持医疗卫生事业加快发展，积极支持深入推进医药卫生体制改革，实施医疗救助和村医补助，增强提供基本公共卫生服务能力。四是进一步加大社会保障力度，有效保障城乡养老、就业、低保等方面的支出。五是积极支持推进城镇廉租房、公租房、棚户区改造、农村困难群众危房改造、游牧民定居工程，扩大农村奖励性住房建设规模，切实改善全省城乡居民住房条件。六是大力发展公益性文化事业，进一步支持推进免费开放公共博物馆、纪念馆以及全国爱国主义教育基地，加强国家重点文物保护，强化和扩大广播电视有效覆盖。七是大幅度增加支农投入，纳入2013年省级支农资金整合盘子的总资金规模达到55.3亿元，较上年增加20亿元；大力支持设施农业蔬菜生产和畜牧业生产发展，不断增加农牧民收入。

据统计，2013年1~9月，青海财政支出为880.26亿元，增长8.3%。其中：教育支出83.44亿元，比上年同期下降23.9%；医疗卫生支出49.56亿元，增长23.7%；社会保障与就业支出100.76亿元，下降21.9%；文化体育与传媒支出12.43亿元，增长21.2%；保障房支出61.24亿元，下降2.9%；农林水事务支出113.21亿元，增长36.5%。按照同口径比，1~9月，财政用于民生方面的支出达到666.36亿元，占财政支出的75.7%。根据以上进展情况，加之各项民生工程的陆续完工结算，预计全年的民生支出比重也将保持这个水平，民生支出可达到940亿元左右，比上年增加40多亿元。

（二）2014年民生支出形势分析及展望

2014年，青海财政将按照省委、省政府推进民生创先工作的部署和总体要求，继续把民生作为财政保障的优先方向和财政工作的出发点和落脚点，进一步建立健全民生投入稳定增长机制，按照"巩固成果、突出重点、完善制度、全面推进"的总体思路，省财政积极保障中央和省委、省政府确定的重点民生支出，努力提高民生保障水平，用于民生方面的支出继续保持在75%以上。继续围绕群众最直接、最关心、最现实的利益问题，重点支持实施中小学教育布局调整、中小学标准化建设和学前教育等工程，推动医药卫生体制改革、文化体制改革等全省性重大改革，大力支持各类保障性住房建设，全面落实财政支持社会管理创新的政策措施，深入推进民生工程货币化改革；力争城镇保障性住房覆盖率、"1 + 9 + 3"教育经费保障补偿机制、职工养老保险基础养老金水平等领先指标继续走在西部前列；力争城乡居民医保筹资标准等指标进入西部地区前 4 位；力争城乡最低生活保障标准、城乡居民基础养老金水平等指标争先进位，切实提高民生水平，让发展成果惠及全省各族人民。

四　对策建议

按照"守住底线、突出重点、完善机制、引导舆论"的总体思想，围绕"学有所教、劳有所得、病有所医、老有所养、住有所居"的要求，采取以下措施。

（一）加大投入，建立稳定增长机制

继续按照"小财政办大民生"的理念，围绕十八大提出的收入倍增计划和"十二五"青海省社会事业发展和民生创先争优目标，完善保障和改善民生的投入机制，加大公共财政对保障和改善民生的投入力度，逐步提高民生支出在财政支出中的比重，增强保障能力；进一步健全各级财政按时足额拨付民生资金的制度，使保障和改善民生的重点项目有足够的财力支撑。同时，要科学合理地界定政府与市场的界限，既要强化各级政府对民生投入的主体责任，巩固民生支出在财政支出中的占比，又要创新投入方式，充分发挥市场机制作用，调动各类市场主体和社会中介组织积极性，鼓励其以多种形式参与解决民生问题，形成多元化的保障和改善民生的投入机制。

（二）突出重点，保障基本民生需要

认真落实中央和省委、省政府既定的相关民生政策，做好提标扩面工作。一是着力推动教育优先发展，全面落实中长期教育改革和发展规划纲要，继续

加大教育投入，提高教育投入占比。二是支持医疗卫生事业加快发展，深化医药卫生体制改革，加强卫生应急体系和公共卫生服务体系建设，增强应急处置能力和提供基本公共医疗卫生服务能力。三是进一步加大社会保障力度，全力保障城乡养老、就业、低保等方面的支出。四是支持保障性安居工程建设，扎实推进农村困难群众危房改造、游牧民定居工程，扩大农村奖励性住房建设规模，切实改善农牧民住房条件。五是积极推进文化事业发展，大力发展公益性文化事业，强化和扩大广播电视有效覆盖。

（三）规范管理，增强预算的约束力

2007 年实行政府收支分类改革后，包括项目支出在内的政府每一笔支出，都可以通过功能分类和经济分类同时进行反映，因此，将支出重点转向民生领域，切实落实好政府的民生政策，必须不断从财政的最基本手段——预算编制与预算执行上做文章。一是重视预算编制。结合民生工作要求认真编制部门预算，不断提高预算编制的科学性和准确性，切实把预算编制工作做细做实做深。各级人大要加大审查核实的力度，从源头上体现政府的民生政策，为预算执行打下良好的基础。二是狠抓预算执行。要严格执行人大批准的预算，确保预算中列出的民生项目落到实处。要加强支付管理，逐步把所有民生资金纳入国库集中支付管理，严格按照国库集中支付管理规定办理资金支付，尽可能将民生补助资金支付到需求方，增强民生资金的时效性和安全性。

（四）加强监督，发挥资金使用效率

一是认真贯彻落实有关财政、财务管理等方面的制度办法，加大监控力度，扩大监控范围，强化资金使用监管，加大对民生资金的监督检查力度，发现问题及时整改，确保民生资金有效使用。进一步加强基层财政建设，强化县乡财政监管职责，确保各项惠民政策落到实处。二是推进预算信息公开。推进预算信息公开透明是公共财政的本质要求，是政府政务信息公开的重要内容，也是目前社会和公众关注的焦点。要切实做好预算公开工作，加大公开力度，对民生资金使用情况进行张榜公布，主动接受社会各界对民生支出的监督，严

格实行"政策公开、程序透明、操作规范"的原则，推行"一卡通"发放，不断提高政府工作的透明度，促进依法行政、依法理财。

参考文献

青海省财政厅：2007～2012年《青海省财政总决算报告》。

B.5
地方税收结构与青海经济发展关系探析

杨菱芳　杨素珍　张之发*

摘　要:

经济决定税收,税收源于经济,税收是地方经济发展的晴雨表。自 1994 年分税制改革以来,青海省进一步加大转变经济发展方式、调整结构力度,努力营造良好的投资环境,区域经济发展取得了显著成效。同时,青海地方税收结构几经变化,初步形成了适合地方经济发展的全新格局。文章通过对青海地方税收收入结构与地方经济发展关系的探究,旨在科学预判地方税收收入总量结构在经济中的演变趋向,进而揭示地方经济和税收结构发展规律,并客观映射出两者间的关系和作用。

关键词:

青海　地方税收结构　经济发展

一　青海地方税收收入结构与经济发展关系实证分析

近年来,随着青海区域经济驶入发展的快车道,青海的综合实力得到明显提升,与内陆发达地区的整体差距持续缩小。为适应经济的快速稳定发展态势,青海地方税收结构不断优化,收入连年攀升。近五年,地税收入总量先后突破 30 亿元、40 亿元、50 亿元、70 亿元和 100 亿元关口。

---

* 杨菱芳,青海省地方税务局副局长,研究方向:财税经济;杨素珍,青海省地方税务局计财处副处级调研员,研究方向:财税经济;张之发,青海省地方税务局计财处主任科员,研究方向:财税经济。

（一）地税收入跨越式发展，区域经济快速稳定运行

2012 年，面对经济下行，全国税收增速普遍下滑，以及上年高幅增长形成高基数等多种困难形势，全省地税全年共组织税收收入 123.25 亿元，同比增收 20.6 亿元，增长 20%，超收 2.1 亿元，税收增速比全国 11.2% 的平均水平高出 8.8 个百分点，在全国居第八位，西北五省排名第二。5 年间共组织税收 405.43 亿元，比前 14 年（1994～2007 年）的税收总和 172 亿元增长了 1.36 倍，年均增收 18 亿元，增长 30.1%，快于上个 5 年 3.7 个百分点，为青海地方经济发展做出了应有的贡献（见图 1）。

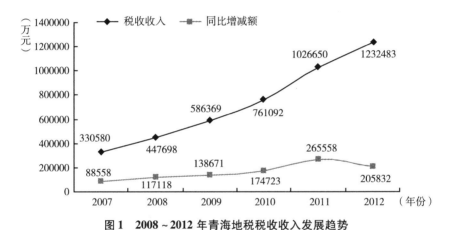

图 1　2008～2012 年青海地税税收收入发展趋势

2013 年，全球经济环境持续恶化，面对国际国内经济增长的不确定性和政策的多变性，加之上年基数起伏较大等多重不利因素影响，全国税收呈现低幅增长。青海省各级地税部门采取多种有力措施，取得了显著成效。截至 2013 年 9 月底，全省地税部门累计征收税收收入 113.68 亿元，同比增收 17.11 亿元，增长 17.7%，完成年度计划的 78.16%，超过序时进度 3.2 个百分点。预计全年将实现税收收入 150 亿元，增长 22%。地税收入平稳较快增长，一定程度上映射出地方经济顺时企稳回升的向好趋势。

（二）宏观税负逐年上升，地方税收快于经济增长

从近 5 年来税收收入与经济指标比对分析结果来看，2008 年青海生产总

值突破千亿元大关，2010年、2011年GDP分别达到1350.43亿元和1634.72亿元。2010年提前实现了经济总量比2006年翻一番的预期目标，2012年全省GDP实现1884.5亿元，比2007年增长了1.4倍。同一时期，税收占GDP比重（宏观税负）、占财政一般预算收入比重呈逐年递增趋势，近5年税收占GDP比重为5.82%，比上个5年提高2.04个百分点；占财政一般预算收入比重为36.93%，比上个5年提高7.2个百分点；综合测算5年平均税收弹性系数为1.6，表明这一时期地方税收收入快于经济增长速度。一方面凸显了经济与地方税收结构的相关性进一步加强，另一方面，也是近年来为发挥税收调节社会分配等职能作用，税收政策不断调整到与经济发展相适应的步调上来的集中体现。同时，地方经济又好又快发展为这一时期地方税收收入的稳步增长提供了坚实的基础。

（三）税种结构发生积极变化，投资拉动与资源开采型经济提速特征明显

随着西部大开发战略的深入实施以及全省经济结构调整步伐的进一步加大，青海现有地方税种结构发生了显著变化，初步形成了以营业税、企业所得税、个人所得税、资源税和城市维护建设税为主，房产税、城镇土地使用税、印花税、车船税、土地增值税为辅的税种分布格局。5年来五大主体税种累计征收达到364.2亿元，占税收比重的89.8%。随着经济结构的改变和资源税、房产税、车船税、土地增值税等增收政策陆续出台，2009年契税、耕地占用税划转到地税部门征收以及国家"营改增"改革的进一步实施，地方税收一改营业税"一税独大"的局面，客观上悄然改变着流转税占比高的税收格局，地方税收的税收收入结构在未来一段时间也将面临新的变局。5年来营业税占税收比重为45.14%，比上个5年减少了4.35个百分点；资源税从上个5年的7.44亿元猛增到53.46亿元，占税收比重从上个5年的7.1%上升至13.1%。两项所得税（企业所得税、个人所得税）由于落实优惠等减税政策多，增税政策少，增长后劲明显不足，占税收比重处下滑态势（见图2）。

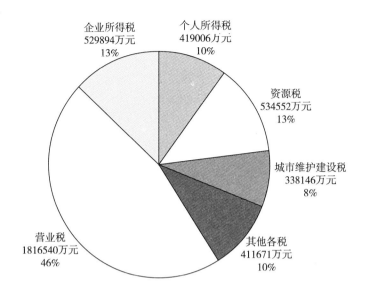

图2　2008~2012年青海地税各地方税种情况

（四）重点地区支撑作用明显，资源型地区税收快速增长，新型产业园区经济成为地方税收新的增长点

从全省分地区税收结构看，近年来，在国家促进区域经济协调发展的政策驱动下，青海省东、中、西部地区税收稳步向与经济良性互动的方向发展转变，地方税收收入持续稳定增长。但由于各地自然环境、经济发展水平和产业结构等方面的差异，五年间各区域税收收入规模差距逐步拉大，显现地税收入在地区分布结构上的不均衡性。长期以来，地区间税收增长空间形成以西宁为主、其他地区为辅的局面。从近五年税收收入数据来看，西宁、海西两地税收收入总量从上个五年的80.74亿元，增长到295.61亿元，增长2.66倍，两地区税收收入占全省地税收入总量比为73%。全省地方税收对税源重点地区依赖性进一步突出。五年间，西宁市继"十五"时期划出东川、生物园两个园区之后，2008年、2010年先后划出甘河和南川工业园，致使西宁市地税收入占全省税收比重逐年下滑，"十五"时期占全省税收收入52.4%，而上个五年下滑至46.28%，近五年为34.5%左右。而海西州依

托富集资源和工业企业快速发展，逐渐成长为全省的领头羊，成为地方税收增长最快的地区，从"十五"时期占全省税收比重的 24.25% 提高到上个五年的 30.85%，本五年提高到 38.4%，税收规模超过西宁市位居全省首位（见图3）。全省其他州（地）地税收入总体呈逐年增长趋势，年收入过亿地区从"十五"末的西宁、海东、海西3个地区增加到除果洛、青海湖、南川工业园3个征收单位外的其他11个征收地区。其中西宁、海西年收入超过40亿元，海东超过7亿元，直属局、海北分别超过6亿元和4亿元，海南、东川、生物园年收入在3亿元以上，黄南、甘河工业园年收入过亿元。2012年玉树由于灾后重建的拉动，年收入规模从上年的 1.75 亿元扩大到 2.88 亿元，增幅高达 64.2%。

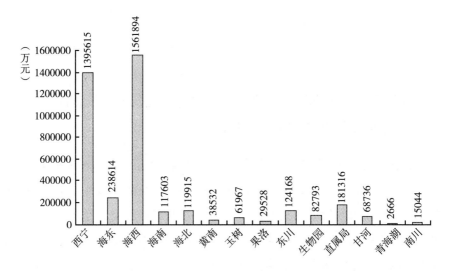

图3 2008～2012年青海地税各地方税收情况

（五）全省产业结构逐步升级，顺应地方经济发展，税源进一步向优势产业集中

现行税制下，第一产业税收比重小，地方税收收入主要来源于第二产业和第三产业。第二产业依靠工业经济快速增长和全社会固定资产投资力度的进一步加大，经济和税收均呈现快速增长态势，成为拉动地方税收增长的主力军。

第三产业以金融、房地产、交通运输、住宿餐饮以及服务业为主，是税收收入的稳定来源。五年来，第二产业累计收入233.35亿元，年均增长29.6%；第三产业累计收入164.44亿元，年均增长30.7%。青海省税收三次产业的比重为0.21∶58.54∶41.25，与上个5年0.01∶56.07∶43.92的结构相比，二、三产业税收总量差距拉大了5个点，显现出税收依靠一次性投资和资源工业增长拉动特征突出，与全省经济运行态势相一致。但从近期情况看，由于工业下行压力持续加大，二产增速逐渐放缓，三产增速相对加快。但分析一产、二产和三产税收占比此消彼长的变化趋势，同样可以看出三次产业与全省经济产业结构发展相吻合的总体面貌（见表1）。

表1 2008～2012年青海地税税收收入情况

单位：万元，%

项　　目	2008年	2009年	2010年	2011年	2012年	2008～2012年	年均增长比例
税收收入合计	447698	569190	741933	995068	1232483	3986372	28.8
第一产业	138	562	713	2908	4099	8420	133.5
第二产业	269009	330430	432660	588952	712453	2333504	27.6
采矿业	135199	157931	210558	286415	306629	1096732	22.7
制造业	27284	29032	27361	35047	44079	162803	12.7
电力、燃气及水的生产和供应业	12486	17853	16059	17321	19197	82916	11.4
建筑业	94040	125614	178682	250169	342548	991053	38.2
第三产业	178551	238198	308560	403208	515931	1644448	30.4
交通运输、仓储及邮政业	24891	27785	34567	48548	55750	191541	22.3
信息传输、计算机服务和软件业	9167	10827	12903	14052	14464	61413	12.1
批发和零售业	18152	21842	24990	30328	33406	128718	16.5
住宿和餐饮业	10773	13346	14284	18719	19510	76632	16
金融业	31047	55233	65638	79986	105447	337351	35.8
房地产业	35270	45103	80031	93984	155638	410026	44.9
租赁和商务服务业	20337	25188	27071	29067	20359	122022	0
居民服务和其他服务业	25866	36340	43162	82603	101517	289488	40.8
教育	4	43	1108	1171	789	3115	274.8
卫生、社会保险和社会福利业	22	1	2239	1828	1167	5257	169.9

项　　目	2008 年	2009 年	2010 年	2011 年	2012 年	2008 ~ 2012 年	年均增长比例
文化、体育和娱乐业	1696	1747	2054	2618	3171	11286	16.9
公共管理和社会组织	10	35	85	124	629	883	181.6
其他行业	1316	708	428	180	1988	4620	10.9
科学研究和技术服务业	—	—	—	—	2096	2096	—

从主要行业数据比对分析看，工业、建筑、服务、房地产和金融业逐步成长为地税收入的五大支柱行业。5 年来，五行业入库税收 349.24 亿元，占税收比重的 87.6%，比上个 5 年提高了 7.6 个百分点。从年均增速看，房地产业居首，增长 38.2%，建筑业增长 36.5%，金融业增长 35%，服务业增长 28.1%，工业增长 24.7%。与上个 5 年相比，建筑、金融、服务业增速分别提高 17.6 个、13.6 个和 13.5 个百分点，其中组成二产的工业、建筑业占税收比重的 58.54%，两项分别收入 134.25 亿元和 99.11 亿元，两项五年的总增量为 174.65 亿元，对税收增长贡献 59.4%。显现出投资和资源开采对地方经济的支撑作用，是地方经济快速发展的主动力。全社会固定资产投资从 2008 年的 582.85 亿元上升到 2012 年的 1920.03 亿元，年均增速达到 31.5%，比同期全国增速快了 10 个百分点。而在工业行业中，全省工业化程度较低，采矿业一枝独秀，占工业税收的 81.7%，制造业和电力、燃气及水的生产和供应业只占工业的 12.1% 和 6.2%。三产中主要行业服务业、房地产业和金融业分别收入 41.15 亿元、41 亿元和 33.74 亿元，占税收比重分别为 10.3%、10.3% 和 8.5%。

（六）贯彻落实税收优惠政策，促进社会协调发展

税收优惠作为税收制度和税收政策的重要组成部分，其作用与税收在国民经济中的地位和发挥的作用紧密相连。因此，贯彻执行国家税收优惠政策，充分地发挥税收在促进经济增长、调整经济结构、保持社会稳定等方面的作用意义深远。近年来，地税部门主动融入青海发展大局，积极参与研究和落实一系列结构性减税政策，先后就新一轮西部大开发、藏区发展、园区发展、循环经济、双百企业项目发展等税收优惠政策进行了探究，为支持地方经济发展及涵

养税源发挥了长效性作用，也为青海未来经济发展注入了活力。2008～2012年，全省地税累计减免各项税收近60亿元，约占税收收入比重的15%。其中，国家为促进欠发达地区经济社会发展和配合西部大开发战略，对西部欠发达地区给予一定的税收优惠，减轻西部地区企业、单位和个人的税收负担，同时吸引更多的投资者到西部地区进行投资，从而促进这些地区经济社会的发展。5年间仅这部分政策性减免税收就达40.3亿元；鼓励高新技术、支持小微企业减免税收4.2亿元；改善民生政策如提高工资扣除标准、再就业、社会保障、提高起征点、下调个体工商户附征率等减免6亿元；支持农业、游牧民定居等其他减免6亿元。

二 从税收视角折射青海"转方式、调结构"面临的挑战

2012年下半年以来，全球经济下滑、经济下行和价格涨幅回落导致组织收入困难加大，全国税收持续低幅增长。从横向角度分析，青海省在"转方式、调结构"方面虽然取得了明显成效，但与全国及周边省份比较，仍存在诸多不足和问题，主要表现在工业结构不协调，产品结构不合理，经济增长粗放，高污染、高耗能企业占比高，企业规模小、水平低，资源型产业发展还将面临新的挑战。

（一）低税和无税产业比重高，经济税收贡献率低，经济发展的质量和效益不高

现行税制下，除第二产业和第三产业中金融保险、房地产和服务业以外的低税和无税产业占GDP比重较高。譬如，2010年青海省地税共组织税收收入74.19亿元，分别比甘肃、宁夏少116.58亿元和20.25亿元，至2012年，收入总量差分别扩大到196.19亿元和47.74亿元。青海省税收规模分别相当于甘肃、宁夏两省区的38.6%和72.1%；其中，第三产业差距分别为108.44亿元和53.11亿元。可以看出，虽然青海省近年来税收规模有了较快增长，但与甘肃、宁夏等省区相比，收入仍存在较大差距。再譬如，2012年青海省GDP

现价总量达 1884.5 亿元, 地税部门组织税收达 123.25 亿元, 两者均居 (除西藏外) 全国最末位。税收占 GDP 的比重 (宏观税负) 较其他省份仍有差距。2010 年, 青海省地税的宏观税负为 5.5, 比全国地税平均水平低 1.0, 比西北五省中的新疆低 1.3, 比宁夏、陕西分别低 0.2, 只比甘肃高了 0.9。主要是经济发展的质量和效益问题, 影响了税收的顺利实现。

(二) 企业纳税户数总量少、层次低, 全省微观经济活力不足

2010 年青海省地税登记企业户数为 11.6 万户, 分别为陕西、新疆、甘肃、宁夏四省区的 26.4%、25.9%、39.4% 和 87.0%。从企业类型看, 营业税纳税人是税收收入的主力军, 营业税纳税户为 3.37 万户, 企业所得税纳税户仅为 0.39 万户, 分别为陕西、新疆、甘肃、宁夏四省区的 20.83%、17.77%、38.83% 和 92.84%; 青海省企业所得税、个人所得税纳税人数量分别为宁夏的 48.7% 和 69.57%。

(三) 高耗能行业税收比重大, 高新技术产业税收贡献率低, 经济结构有待进一步优化

目前, 青海省税收结构中第二产业仍占有较高比重, 青海省税收过度依赖第二产业, 而第三产业税收规模小、比重低、发展慢, 贡献相对不足。2012 年, 青海省第二产业实现税收收入 71.55 亿元, 占总收入的 58.0%, 处于全国第一位, 高于全国地税水平 25.3 个百分点, 比陕西、新疆、甘肃、宁夏四省区分别高 11.6 个、9.7 个、8.0 个和 19.2 个百分点; 第三产业实现税收 51.29 亿元, 占总收入的 41.6%, 低于全国地税 25.5 个百分点。第三产业对全省税收贡献仍然较低。不难看出, 目前青海省的比较优势行业仍然以资源、劳动力和资本密集型行业为主, 科技和人才支撑能力不足, 工业发展方式粗放, 发展潜力亟须提高。

(四) 采矿业税收比重过高, 资源型行业在青海省税收结构中仍占据重要地位

2012 年, 青海省采矿业共完成税收收入 30.66 亿元, 占总税收的

24.88%，高于全国平均水平，其中，天然卤水、煤炭和原油天然气开采业共完成税收收入27.4亿元，占采矿业税收的90%。由于这些原材料价格随市场需求的变动波动较大，对税收影响也极为明显。如受全球经济危机影响，与前几年资源税快速增长并跃升为青海省地税第二大税种的良好增势相逆，2013年1~9月资源税一直处于负增长，特别是煤炭和天然气资源税同比分别下降了44.7%和33.6%，拉低了全省税收增幅1.7个百分点。可见，采掘业税收比重过高势必对税收的平稳发展产生不利影响。

（五）成长性税源严重缺乏，税收增长缺乏支撑动力

国际国内需求不足，部分行业产能过剩，工业产品出厂价格持续徘徊走低，主要产品价格跌破2008年全球金融危机时期水平，"高进低出"格局短期内难以扭转，加上企业资金、运输等成本大幅增加，利润空间受到挤压，全省工业企业利润亏损面扩大，亏损程度加深，市场复苏仍需一个缓慢过程。同时，近五年，地税部门组织的税收收入连续迈上新的台阶。多年超经济高幅增长，为今后税收增长带来严峻的挑战。尤其是全省固定资产投资连年快速增长，建筑业税收随之提速，在地方税收增长中占有突出地位。但该项收入具有一次性和不可持续的特性。

三　2014年青海地税收入形势分析预判

近年来，青海地方经济持续、稳定、快速发展，经济总量实现良性扩张。得益于青海经济良好的发展趋势，2010~2013年三年间地税收入翻一番，年均增收近25亿元，税收总量逐年攀升，税基迅速扩大，税收发展同样呈现阶段性稳定、快速增长的良好势头，但全省经济发展目前依然面临着复杂多变的宏观经济环境，各种困难挑战不断增多，经济下行压力不断加大，一定程度上也预示着地税部门2014年及未来一个时期组织税收工作或面临更加严峻的考验。

有利因素：一是按照青海未来经济发展预期目标，全省地方经济发展紧紧围绕以提高经济发展质量和效益为中心，坚持宏观政策连续性、稳定性，不断加大地方经济转方式、调结构的力度。在潜心促进工业经济稳定增长的同时，

深入探究增强投资带动能力的大文章，进而促进和引领全省城镇化建设和第三产业更快发展，为地方经济发展注入了新的税收增长因素。二是全省经济社会发展总体平稳，各项宏观指标实现预期目标。2013年前三季度，全省GDP同比增长10.6%，全社会固定资产投资同比增长26%，规模以上工业增加值同比增长12%，房地产市场回升，主要经济指标增幅高于全国平均水平。预计未来一个时期，全省经济稳定增长的基本面还将延续，这也将为地方税收增长奠定坚实的税源基础。三是区域性投资的增长以及结构的不断优化，势必有力地带动青海基础设施建设、产业提升、民生改善、生态保护、区域协调发展和所有制结构的不断优化提升，同样也扩大了地方税收增长的空间。

不利因素：一是当前全省主要工业企业产品价格仍处于低谷期，企业运营成本大，销售收入和利润大幅度下滑，库存增加，亏损面放大，尤其是青海省支柱行业的煤炭产量大幅下降，对青海省重点税源地影响较大，相应地对资源税、所得税、城市维护建设税等主体税种形成不利影响。二是经济税收结构不尽合理，第二产业税收占比过高，仅凭借投资和资源型工业税收收入拉动明显，地方税收增长稳固性不强；第三产业回升较慢、带动能力不足，尤其是当前社会消费大环境变化，对住宿餐饮、批发零售以及服务等行业税收造成影响。三是从地方税制的特点看，地方税种中土地使用税、车船税等财产行为税和资源税中大部分税目，其收入同经济增长的关联性不强；营业税、所得税、城建税和资源税的原油、天然气税目，理论上应与经济增长的关联度较高，但从这两年相关经济与税收的比对分析情况看，投资与营业税相关性存在减弱趋势，企业利润从2012年下半年开始回落，影响企业所得税税基；城市维护建设税由于国税部门主体税种增、消两税出现下降，致使该税增长空间狭小。四是税收优惠政策执行与加强征管保增长的矛盾日益突出。随着2014年结构性减税力度加大，诸多结构性减税政策已形成制度，西部大开发等优惠政策的延续，地方税种起征点的提高，部分小微企业减免税新政的延续以及"营改增"试点扩围延伸至邮政电信、铁路运输行业，预计年减收营业税7亿元，影响2014年营业税5亿元。五是现行入库体制造成税收在级次间发展极不平衡。各级政府以支定收，层层加码，下达任务与税源状况相脱节，造成税收在各级次间发展极不均衡，使应收尽收大打折扣，加大了税收在级次间的增长难度和压力，对今后税收可持续发展将产生不利影响。六是全省地税税收从 1994 年的 3.6 亿元攀升至 2014 年的 150 亿元，收入翻五番，年均增长 21.7%。尤其是近五年，税收共完成 405.4 亿元，年均增长 30.1%，增速比上个五年提高了 3.7 个百分点，增近 3 倍，高于同期全国地税增速 10 个百分点。连年高速增长造成税收基数急剧扩大，地税收入后期增长压力或随之增加。

四 推动青海地税收入持续发展的建议

（一）利用现行税收政策，优化产业结构，提高经济含税量

实践证明，实现经济增长方式的根本转变，增强经济的发展后劲，促进经济快速增长的关键是优化经济结构。一是继续巩固和发展农牧业。加快体制创新与组织创新，提高农业产业化经营的规模和水平。鼓励工商企业和国外资本投资农产品加工与流通领域，支持乡镇企业、个体私营企业大力发展具有高原特色的农副产品加工、储藏、保鲜和运销业，促进农村三次产业的融合渗透和城乡经济一体化。二是大力促进工业结构的优化升级，提高企业竞争力。要加快对原材料资源如金属非金属采选、煤炭等附加值低但税负高的传统资源型工业的改造步伐；积极培植高新技术产业，争取在生物工程、新材料、新能源领域有较大进展，带动生物制药、精细化工及节能环保等相关产业的发展。特别是加快高新技术产业的发展，既要建好高新技术产业开发区，更要使现有的高新技术产业开发区升级，争取享受更多的税收优惠。三是大力发展服务业，在继续发展商贸流通、交通运输、金融保险等行业的同时，着力培植高原特色旅游业、房地产业、社区服务业等新的产业，壮大地方经济的实力。

（二）增加居民特别是中低收入阶层居民收入，切实提高居民消费能力

提高居民收入是提高居民消费能力的重要手段，居民收入和消费能力提高了，会直接拉动消费需求，减少产能过剩压力，减少经济发展对外需的过度依赖，从而实现经济发展的良性循环。

（三）大力推动涉外和民营经济的发展壮大

一方面，要切实消除对涉外经济、民营经济和民间资本的歧视性政策。只要不涉及国家公共安全，各行业、各经营领域都要开放，着力打破各种公开或隐形的行政垄断，进一步清理各项行政事业性收费，真正为中小企业减负松绑，积极鼓励涉外和民间资本融入到各行业、各领域，促进各行业、各类型经济的公平竞争和健康发展。另一方面，要进一步加大政策优惠力度，切实帮助民营经济解决制约其发展的瓶颈问题，如中小企业融资难的问题。政府在多方运用社会资源扶持中小企业融资、加快建立社会信用体系的同时，应进一步加大政策优惠力度，积极引导以中小企业为融资主体的中小型商业银行、农村信用社以及非金融类小额贷款公司的健康发展，着力提高小额贷款的风险收益，缓解中小企业融资难困境，为中小企业发展提供资金上的支持。

（四）提高税收管理水平，促进经济税收良性互动

首先，积极转变思想观念，努力促进经济税源协调发展。应把税源结构的调整和优化作为经济结构调整、产业升级的重要内容和工作目标，对招商引资新上项目和原有产业升级改造项目，要与环境保护、财源收入和结构升级等因素结合起来，该限制的限制，该优先发展的优先发展，有针对性地解决青海省税源结构方面的矛盾和不足。其次，用足用好税收优惠政策，引导企业更好、更快地发展。用好鼓励创新的优惠政策，鼓励企业进行技术研发投入，大力发展高新技术产业，努力提高企业自主创新的能力，加快传统产业的升级换代。用好鼓励节能减排、资源综合利用、公共基础设施等税收优惠政策，实现全省经济税源均衡、协调、良性发展。最后，推进依法治税，不断提高税收管理水平。牢固树立法治观念，坚持"依法征税，应收尽收，坚决不收'过头税'，坚决防止和制止越权减免税"的组织收入原则，强化税收征管，规范税收执法，着力提高纳税遵从度，确保经济发展充分体现到税收增长上来。密切关注经济税收发展变化趋势，不断加大对各类税源的监控力度，坚持不懈地开展好各类税源调查研究，全面摸清税源底数，提高税收分析和预测水平，充分发挥税收管理在财源建设中的积极作用。

青海国税 2013 年收入情况
及 2014 年收入预测

方复正　张宏娟*

摘　要：

2013 年在宏观经济下行压力加大的大背景下，国际大宗商品交易市场主要商品价格下跌，企业增值空间缩小，利润水平下降，纳税能力减弱，对青海省国税主要支柱性税源影响较大。在困难与压力面前，青海国税收入实现了平稳增长。2014 年，预计宏观经济保持稳中略增的态势，但落实各项结构性减税及西部大开发税收优惠政策等因素仍将影响国税收入，"稳增长"压力仍然突出。

关键词：

青海　国税　发展形势　分析预测

2013 年在宏观经济下行压力加大的大背景下，国际大宗商品交易市场主要商品价格下跌，企业增值空间缩小，利润水平下降，纳税能力减弱，对青海省国税主要支柱性税源影响较大。青海省国税系统认真贯彻落实国家税务总局和省委、省政府对组织收入工作的各项部署和要求，以税源管理为突破口，勤调研、深分析、强督导，主动作为，采取有效措施，积极应对经济形势带来的严峻挑战，努力实现了税收收入平稳增长。

---

* 方复正，青海省国税局收入规划核算处处长，研究方向：财税经济；张宏娟，青海省国税局收入规划核算处主任科员，研究方向：财贸经济。

一 2013年青海国税收入形势与特点分析

（一）1～9月入库税收完成情况及主要特点

1～9月，青海国税税收收入136.62亿元，同比增长0.55%，完成年度税收目标的70.47%。收入增速在全国36个征收单位中列第28位，在西部十二省区中列第9位，在西北五省区中列第4位。国税收入主要呈现如下特点。

主体税种两增两减收。1～9月全省共组织入库增值税收入81.6亿元，同比下降10.36%，完成年度计划的59.37%，其中"营改增"后，交通运输业和现代服务业共缴纳增值税收入0.29亿元。消费税收入13.48亿元，同比下降6.01%，完成年度计划的67.93%；企业所得税收入34.04亿元，同比增长41.84%，完成年度计划的92.12%；车辆购置税收入7.5亿元，同比增长15.46%，完成年度计划的73.12%。

中央地方收入一增一减收。1～9月全省组织入库中央级收入105.31亿元，同比下降0.04%；地方级收入31.31亿元，同比增长2.57%。

七个重点行业五增二减收。1～9月七个重点行业累计入库各项税收收入108.54亿元，同比下降2.9%，占全省税收收入的79.44%，较上年同期下降了2.83个百分点。其中电力、黑色金属、商业、有色金属、石油五个行业收入同比增长，增幅分别为44.15%、25%、6.46%、4.06%、0.77%，合计增收9.29亿元；煤炭、化工两个行业收入下降，降幅分别为52.79%和7.87%，合计减收12.53亿元。减收行业的减收力度明显强于增收行业的增收力度。

九个征收单位六增三减收。1～9月，全省九个征收单位中有六个单位税收收入实现不同程度增长，特别是海南、黄南两地收入增长较快，收入增幅在30%以上；海西、海北、玉树三地税收收入同比有所减收，分别下降16.39%、1.38%、0.2%；西宁、海东、海南、黄南、玉树、果洛六个地区收入进度快于序时进度，海西、海北、东川工业园区收入进度未达到序时进度，分别慢于序时进度12.37个、1.42个、11.86个百分点。

（二）税收增减变化原因

前三季度，重点税种、重点行业、重点地区收入有增有减，既有宏观层面调结构、扩内需等促进因素的影响，也有微观层面供求关系发生变化的影响。

1. 促进税收增长的有利因素

（1）消费增长对税收起到一定的拉动作用。随着以西宁市为重点的东部城市群建设的不断推进，各类基础设施不断完善，城市品位提高，辐射带动能力增强，促进了青海省旅游、服务业的良好发展，而旅游业的蓬勃发展有力地促进了消费对经济、税收增长的拉动。1～9 月全省零售业增值税同比增长 18.89%，增收 0.99 亿元。

（2）电力行业发展良好，税收贡献有所提高。近年来，青海省充分利用黄河上游水力资源，加大水电能源开发力度，建设了一批大中型水电站，随着这些水电站投入运行，全省发电量、用电量保持了平稳增长，加之前期留抵的固定资产进项税额逐步消化，电力行业的税收贡献率大幅提高。1～9 月，电力行业入库增值税收入为 16.05 亿元，同比增长 36.06%；入库企业所得税收入为 5.99 亿元，同比增长 71.43%，成为 2013 年全省国税收入的主要增长点。

（3）第三产业保持较快发展，税收占比有所提高。由于第二产业特别是工业受外需的影响程度高，而第三产业受内需的影响程度高，在当前内需增长明显强于外需增长的情况下，第三产业的纳税能力明显强于第二产业。1～9 月全省第三产业入库税收 36 亿元，同比增长 17.04%；第二产业入库税收 100.6 亿元，同比下降 4.28%；第三产业有效化解了全省国税收入大幅减收的风险，第三产业税收占国税收入的比重也由上年的 22.6% 提高到 26.3%，增加了 3.7 个百分点。

2. 影响税收增长的不利因素

（1）行业需求下降，产能降低，部分支柱行业税收增长动力逐渐趋弱。当前全国煤炭、有色金属、黑色金属、化工等行业产能过剩问题突出，相关企业生产经营困难，受价格下降和成本上升双向挤压，企业处于增产不增收，增收不增利的状态，税收减收压力巨大，尤其是作为青海省经济、税收支柱行业的煤炭、化工两个行业减收严重。

煤炭行业：受高耗能企业开工不足及进口煤质优价低的影响，在青海省税收收入中占比达22.6%的煤炭行业，正在经受着近年来前所未有的困境，1~9月仅入库增值税收入8.22亿元，同比下降59.71%。从重点税源企业监控数据看，青海省重点煤炭企业焦煤销售量同比下降36.82%，平均销售价格同比下降35.79%；洗精煤销售量同比下降37.08%，平均销售价格同比下降28.62%，双双跌至近三年来的最低水平。17户重点企业销售收入同比下降42.82%，抵扣进项税额同比下降7.12%，进项税额的降幅低于销项税额降幅35.7个百分点，17户企业入库税收几乎全面减收，减收额共计12.4亿元。

化工行业：1~9月份入库增值税收入8.72亿元，同比下降6.45%。从重点产品钾肥情况看，作为复合肥的原材料，在相关部门调低了钾肥在复合肥中的比例后，下游复合肥生产企业对钾肥需求量有一定的下降，加之进口钾肥价格较低，抢占了部分国内市场，对青海省钾肥的生产、销售造成了很大的冲击，31户重点企业钾肥销售量同比下降8.18%，平均销售价格同比下降7.4%，销售收入同比下降14.97%，影响了税收收入的增长。

（2）优势行业增量不足，税收高增长的压力不断显现。目前，青海省的传统优势行业基本进入稳定发展期，产能平稳，增长空间不大。如石油行业，税收占全省国税收入的22%，是国税收入中最主要的支柱行业，统计部门数据显示1~8月天然原油产量同比仅增长4.4%，天然气产量增长6.2%，石油和天然气开采业增加值同比增长6.7%。在产能增长有限的情况下，各类产品的销售价格总体与上年相当，石油行业应征增值税同比仅增长5.32%，是个存量稳定、增量不足的行业。

（3）新兴特色行业规模小，支撑总体税收增长的能力不足。2013年以来，轻工业作为全省工业中的一个亮点，实现了较快增长，如1~9月医药制造业入库税收同比增长29.6%，纺织服装服饰制造业入库税收同比增长41.33%，但企业总体规模小，增量分别只有0.37亿元和0.07亿元。

（三）2013年国税收入预计完成情况

随着中央及青海省委、省政府一系列调结构、促增长措施的实施，四季度宏观经济预计将有一定回升，综合考虑年底企业结算和业绩考核将会形成一次性税收收入等因素，以及通过加强征管、稽查、评估等有效措施，青海省国税收入全年增速有望进一步提高。按照 1～9 月税收收入实现情况测算，后 3 个月青海省国税系统预计实现税收收入 45.54 亿元，全年税收收入预计为 182.2 亿元，同比增长 2.4%。

二　青海国税收入发展面临的挑战

（一）宏观经济形势复杂，下行压力大，税收增长缺乏支撑

当前，在主要发达经济体量化宽松货币政策的刺激下，世界经济总体呈现低速复苏态势。然而随着经济基本面出现好转，为控制和防范通货膨胀和资产泡沫的潜在风险，美国提前退出量化宽松政策的预期将有所增强，在当前世界经济复苏基础仍然十分脆弱的情况下，美国货币政策的动向必然会影响市场信心和预期，世界经济形势依然十分严峻复杂，全球商品市场的争夺日趋激烈。对中国而言，扩大外需仍然困难重重，而国内扩内需、调结构、促增长的政策效应显现还需要一定的时间，宏观经济回暖的压力较大，税收增长缺乏支撑动力。

（二）经济结构相对单一，第三产业规模小，抵御风险能力弱

前三季度，全国生产总值中第二产业占 45.3%，工业占 38.5%，第三产业占 45.5%；青海省地区生产总值中第二产业占 59.4%，工业占 53%，第三产业占 32.9%。青海省经济对工业的依赖程度明显高于全国。同期全国经济增长中，第三产业贡献了 62.9%；在青海省的经济增长中，第三产业仅贡献了 29.4%。当前工业重点行业产能过剩，企业经营困难，税收减收风险和压力较大，而青海省第三产业的规模小，对经济、税收的贡献较低，对应对税收风险，促进经济、税收的持续稳定增长，有着较小的影响。

（三）结构性减税政策的落实，直接减少税收收入

近年来以增值税转型为主的结构性减税政策的实施，有效地减轻了企业税

收负担，促进了经济的良性发展。但是，由于结构性减税政策主要由国税部门承担落实，减税对国税部门税收收入的影响明显，国税部门宏观税负水平相对下降。前三季度全国国税部门宏观税负为 11.45%，与实施结构性减税前相比下降 0.08 个百分点；青海省国税部门宏观税负为 9.42%，与实施结构性减税前相比下降 0.08 个百分点。企业税收负担的下降在一定程度上使税收增速慢于相关经济增速。

三　2014 年青海省国税收入形势预测

在 2013 年夏季达沃斯论坛上，李克强总理指出新一届政府将坚持稳中求进的总基调，在稳定宏观经济政策的同时，把稳增长、调结构、促改革统筹起来。中国经济不会硬着陆，经济发展的奇迹已进入提质增效的"第二季"。下一步，中央将在财政政策、改革开放、经济结构改革、货币政策等各方面采取措施，促进经济良性发展。可见，虽然面临下行压力，但中国经济发展的基本面仍然是好的，而新一届政府不断改革、创新、调结构、扩内需，将为经济持续稳定发展源源不断地注入动力。

从省内看，政府相关部门正在全力推进"十二五"规划的实施，高度重视自主创新对经济发展的驱动，积极推动适应青海发展的区域创新体系建设，"双百"工程、"123"科技支撑工程、"1020"生态农牧业科技支撑工程、节能减排与制造业信息化、科技型中小企业投资创业等一系列科技行动逐步实施，促进了传统产业的技术改造，提升了企业的创新发展能力，对经济的稳定增长将形成一定的支撑。同时，随着中央调结构、扩内需政策的进一步实施，青海省环境、公共基础设施、交通等领域的条件将得到极大改善，资源开发及精深加工等领域吸纳投资的能力将继续加强，旅游、物流等行业的发展将进一步加快，投资、消费对经济增长的双轮驱动将促进经济的持续稳定增长。

从国税部门收入形势来看，由于产品价格下降、成本上升，2013 年以来各类企业待抵扣的进项税额大幅增长。截至 9 月底全省期末留抵税款余额达到 71.28 亿元，同比增长 43.11%，其中待抵扣固定资产进项税额为

41.01 亿元，同比增长 56.23%，全年国税部门留抵税款预计达到 80 亿元。巨大的留抵税金余额将使国税收入在很长的一段时间内面临着较大的减收压力。

综上可见，2014 年全省经济仍将保持持续稳定增长，但受留抵税金、结构性减税政策等因素影响，国税收入稳增长面临着极大的困难。

第一，采用税收收入时间序列自回归预测。根据 2001～2012 年数据进行自回归，得到回归方程 $Y = 143433X - 183204$，测算得到 2014 年税收收入预计值为 182.48 亿元。

第二，采用宏观税负法预测。对 2001～2012 年青海省 GDP 数据进行自回归，得到回归方程式 $Y = 145.55X - 52.268$，测算得到 2014 年 GDP 预计值为 1943.4 亿元，按照 2001～2012 年青海国税宏观税负平均水平 7.97% 测算，2014 年国税收入预计为 154.9 亿元。对 2006～2012 年青海省 GDP 数据进行自回归，得到回归方程式 $Y = 206.65X + 380.72$，测算得到 2014 年 GDP 预计值为 2240.54 亿元，按照 2006～2012 年青海国税宏观税负平均水平 8.89% 测算，2014 年国税收入预计为 199.2 亿。对两项预测结果进行平均，按宏观税负法测算，2014 年国税收入预计将达到 177 亿元。

第三，利用平均增速测算。根据近年来税源变化趋势，2011 年起经济税收面临着增速回落的压力，这种趋势预计仍将延续至 2014 年。2012 年国税收入同比增长 16.45%，增速回落 7.97 个百分点；2013 年国税收入预计增长 9%，增速回落 7.45 个百分点。按照这一趋势，2014 年国税收入预计增长 1.5% 左右，收入总额约为 196.8 亿元。

取以上三项预测值的平均值，2014 年全省国税收入规模预计为 185 亿元左右，同比预计下降 4% 左右。

从理论预测结果看，国税收入总额出现了小幅下滑，主要是由于在税收的统计计算过程中，未剔除价格变动因素的影响，税收的增（减）速中包含着价格变动的影响，而增加值的增速是剔除了价格变动因素影响后的数据；加之国税主要税源为工业企业，而青海省的工业企业又以资源、能源型企业为主，受国际市场影响，重点产品价格下跌，工业企业 PPI 指数持续下降，企业增值空间被压缩，利润减少，导致税收增长慢于相关经济指标增长。同时，随着新

一轮西部大开发战略的实施，全省招商引资步伐加快，省委、省政府支持企业发展的力度也在不断加大，全省减免税处于较高峰值期，而且近年来以增值税转型为主要内容的结构性减税政策主要由国税部门承担实施，减税对国税部门税收收入的影响较大，税收优惠政策和结构性减税政策的落实，影响了税收收入的增长。受以上因素影响，测算出的 2014 年税收预计增速低于经济增速。与此同时，2013 年进项留抵税金的增长会在一定程度上影响 2014 年的入库税收，2014 年国税部门入库税收规模预计会低于理论预测结果。

四　对策建议

（一）提高全局观念，重点做好税源的监控管理

税收收入是财政收入的重要来源，随着政府部门调结构措施的不断出台，改善民生、加快内需释放等对财政资金的需求将不断上升。要进一步细化监管措施，从精细化管理入手，重点做好税源的监控管理，严格税收减免税审批程序，坚决制止减免税、退税管理上的违法违纪行为，努力挖潜增收，为青海的经济建设做出积极的贡献。

（二）全方位管理税源，促进组织收入平稳增长

牢牢抓住重点税源、盯紧一般税源、管好零散税源，对税源形成全方位管理，筑牢纳税评估、减免审批、退税管理、进项审核"四道防线"，严格征管程序，优化服务内容，确保组织收入实现应收尽收。同时，加大向地方政府的汇报力度，进一步强化与地方财政、地税、统计、发改委、经委等部门之间的协调力度，有效形成组织收入工作的合力，按照组织收入原则，促进组织收入平稳增长。

（三）深化税收分析，提高税收与经济发展关联点分析研究的深度与广度

加强税源调研，打造数据共享平台，按照"分析透、把得准、讲得清、

有措施、重实效"要求,强化税收分析,从不同角度对税收情况进行分析。充分利用宏观经济数据和各类企业微观经济指标,按照"从经济到税收"、"行业 + 企业"的思路,用翔实的数据,深入剖析税收与经济发展不匹配、不同步、相背离的原因,找准切入点,强化管理点,切实提高税收与经济发展关联点分析研究的深度与广度。同时,密切跟踪各项结构性减税政策的落实情况,深入推进结构性减税政策效应分析,通过有针对性的政策效应量化分析,找准政策执行对税收收入减收的影响,实施相应的措施,促进税收增收。

B.7

青海金融业支持实体经济发展的
特点分析与对策建议

郑 锋 韩涌泉 龚剑锋*

摘 要:

无论从理论还是实践看，金融支持对于实体经济发展不可或缺。当前青海省处于经济结构调整和转型发展的攻坚时期，要实现与全国同步全面建成小康社会，就必须有效发挥金融对实体经济发展的引领和支撑作用。本文从分析2013年青海省金融业运行态势入手，梳理出青海金融业支持实体经济的三个特点，指出当前金融支持实体经济存在的问题，并指出为提升金融支持青海实体经济发展的有效性和针对性，青海省金融机构要进一步深入企业，掌握实情，着眼大局，主动作为，继续做好金融支持实体经济发展的各项工作。

关键词:

青海金融 实体经济 特点分析 对策建议

党的十八大报告明确提出，要深化金融体制改革，健全促进宏观经济稳定、支持实体经济发展的现代金融体系，要牢牢把握发展实体经济这一坚实基础，实行更加有利于实体经济发展的政策措施。国际金融危机的教训和我国经济金融运行中出现的局部风险表明：金融改革发展必须与实体经济紧密结合，坚决防止金融发展脱离实体经济。

---

* 郑锋，人民银行西宁中心支行行长、高级会计师，研究方向：金融学；韩涌泉，人民银行西宁中心支行办公室主任、高级经济师，研究方向：金融学；龚剑锋，人民银行西宁中心支行办公室副主任、经济师，研究方向：金融学。

一 2013 年青海金融业运行态势分析

2013 年，青海省金融继续保持稳健运行态势。在经济下行压力较大、银行间市场资金波动加剧等复杂局面下，全省主要金融指标保持较快增长，金融支持实体经济的力度继续加大，全省银行、证券、保险主要指标保持较快增长。

（一）社会融资规模持续扩大

1~9 月，全省社会融资规模 926.1 亿元，同比增长 51.8%，其中：人民币贷款融资 452.35 亿元，外币贷款融资 13.89 亿元，委托贷款融资 67.6 亿元，信托贷款融资 234.9 亿元，未贴现的银行承兑汇票 30.29 亿元，企业债券融资 105 亿元，保险公司赔偿 10.48 亿元，小额贷款公司贷款 11.58 亿元。

（二）银行业发展势头良好

9 月末，金融机构人民币存款余额 4163.37 亿元，同比增长 20.58%，存款增速居全国第 3 位；人民币贷款余额 3247.43 亿元，同比增长 23.45%，贷款增速居全国第 4 位，不良贷款率较年初下降 0.2 个百分点。1~9 月，金融机构利润同比增长 41.96%。

（三）保险业继续保持较快发展

1~9 月，全省实现原保险保费收入 30.68 亿元，同比增长 22.75%，增速居全国第 1 位。涉及民生领域保险服务成效明显，2013 年全省计划补贴农业保险保费 5847.7 万元，同比提高 51.75%；成功开办大病保险，全省 8 个州（市）431.35 万城乡居民获得了大病保险保障，占全省常住人口的 76.52%。

（四）证券期货市场平稳运行

截至 9 月底，青海辖区有 10 家上市公司，上市公司资产保持稳步增长，从 10 家上市公司已披露的半年报来看，青海辖区上市公司总资产共 1097.07

亿元，较上年同期增长 13.72%；经营业绩显著回落，实现营业收入 252.8 亿元，同比增长 1.93%。

（五）货币市场交易略有回落

1～9 月，青海省地方法人金融机构在银行间市场累计交易 1462.3 亿元，同比降低 10.2%。其中，信用拆借 34.6 亿元，现券买卖 71 亿元，质押式正逆回购 1356.7 亿元。通过同业资金往来，部分金融机构盈利能力大幅增长。

（六）跨境人民币结算业务稳步推进

1～9 月，全省累计实现跨境收支（包括外汇和人民币）16.9 亿美元，折合人民币约为 106 亿元，同比增长 54.5%。其中，跨境人民币结算额 52.6 亿元，同比增长 218.6%，占跨境收支总额的五成。资本项下跨境人民币业务实现零突破，资本交易额 0.34 亿元。

（七）金融生态环境不断优化

按照《征信管理条例》的最新要求，以征信数据库和信用青海建设为切入点，青海省信用体系建设继续向纵深推进。目前，全省社会信用意识显著提升，金融机构不良资产比率持续下降，恶意逃废债务案件发生率有所回落，金融消费者权益保护机制建立并完善，地方金融生态环境不断优化。

二　青海金融业支持实体经济的特点分析

实体经济不仅包括生产实物的农业和制造业，也包括生产性服务业。金融服务中有相当多的业务是直接为实体经济服务的，但也有一些金融业务是自我服务、自我循环，脱离实体经济的。金融直接为工农业提供的贷款，为工农业提供的股票融资，属于实体经济活动；金融工具中进入二级市场交易的产品，不进入实体经济而进行反复交易炒作的金融衍生品，属于虚拟经济范畴。2013年以来，全省金融机构认真贯彻落实稳健货币政策，从青海经济发展实际出发，采取多种行之有效的措施，为实体经济发展创造了良好的资金环境。

（一）社会融资结构呈现多元发展

2012 年，中国人民银行推出社会融资规模指标①，比较准确和全面地反映金融对实体经济的支持。当社会融资规模增加时，企业融资成本低，居民进行金融投资的热情高，金融状况偏松，进而直接促进实体经济的增长。鉴于数据的可得性和对比性，本文以 2006～2012 年的季度数据为样本，采用相关系数法、协整检验法和格兰杰因果检验法分析了青海省地区社会融资规模与代表货币政策最终目标的经济指标（GDP 和 CPI）的关系。结果显示，青海省地区社会融资规模与 GDP 和 CPI 指标的相关性优于新增贷款指标，表明青海省地区社会融资规模能够更好地反映金融对青海省实体经济发展的支持力度（见表1）。

表 1 青海省地区社会融资规模、新增人民币贷款与主要经济指标相关性对比

指标		相关系数	协整检验	格兰杰因果检验
社会融资规模	GDP	0.79	存在	互为因果关系
	CPI	0.22	存在	社会融资规模是 CPI 的格兰杰原因
新增人民币贷款	GDP	0.77	存在	互为因果关系
	CPI	0.18	存在	因果关系不明显

2006～2012 年，青海省地区社会融资结构呈现多元化发展。体现在：一是人民币贷款占比不断下降。2012 年新增人民币贷款占同期社会融资规模的 55.7%，比 2006 年下降 16.5 个百分点，反映出经济增长对贷款的依赖程度有所降低。二是直接融资快速发展。2012 年青海省企业债和非金融企业境内股票融资合计占社会融资规模的 17.7%，相比 2006 年提高了 12.1 个百分点，显示出利用资本债券市场筹措资金能力显著提升。三是银行表外业务融资功能增强。2012 年银行承兑汇票、委托贷款和信托贷款新增额合计占到社会融资规模的 17.5%，较 2006 年提高 1.2 个百分点，安全风险敞口下表外业务稳健发

---

① 中国人民银行调查统计司负责人就社会融资规模有关问题答记者问时指出：社会融资规模是一定时期内实体经济从金融体系获得的资金总额，是全面反映金融对实体经济的资金支持以及金融与经济关系的总量指标，主要包括人民币贷款、外币贷款、委托贷款、信托贷款、未贴现的银行承兑汇票、企业债券、非金融企业境内股票融资、保险公司赔偿、投资性房地产和其他金融工具融资 10 项指标。

展。四是非银行金融机构支持力度迅速加大。2012 年保险公司赔偿额是 2006 年的 3.4 倍。2009 年首批 4 家试点以来青海省小额贷款公司呈现快速扩张态势，到 2012 年末已开业 43 家。

（二）信贷支持仍是当前金融支持实体经济的主要方式

从现阶段金融支持实体经济的渠道和特征来看，金融信贷支持仍是欠发达地区金融支持的主要方式。2013 年 1 ~ 9 月，全省金融机构人民币贷款融资在社会融资规模中的占比为 48.8%，具体表现为以下几个方面。

1. 基于产业布局的信贷结构趋于优化

1 ~ 9 月，三次产业贷款余额分别为 22.5 亿元、1548.1 亿元和 1282 亿元，同比分别增长 28.5%、16.3% 和 34.5%。第一产业：农林牧渔业贷款余额 22.53 亿元，同比增长 28.45%。第二产业：制造业贷款余额 690.79 亿元，同比增长 15.83%；采矿业贷款余额 178.93 亿元，同比增长 24.89%；建筑业贷款余额 94.37 亿元，同比增长 65.07%。十大优势产业贷款余额 764.36 亿元，科技"123"项目贷款余额 32.58 亿元，分别同比增长 25.75%、101.22%，重点领域"融资难"问题得到进一步缓解。第三产业：批发和零售业贷款余额 123.03 亿元，同比增长 33.31%；交通运输、仓储和邮政业贷款余额 280.07 亿元，同比增长 48.15%。1 ~ 9 月全省 GDP 三次产业增加值分别为 108.95 亿元、851.52 亿元、471.99 亿元，同比分别增长 5.4%、11.7%、9.7%。总体来看，信贷支持在产业之间的布局趋于均衡，信贷结构调整与经济结构调整步调基本一致。

2. 短期贷款增长较快，工业生产各要素保障较好

短期贷款大幅增长。9 月末，全省金融机构人民币中长期贷款余额 2328.13 亿元，同比增长 22.0%；短期贷款余额 779.83 亿元，同比增长 37.2%，增速为 2012 年 7 月以来最高。短期贷款的快速增长，说明企业流动资金较为充裕。

3. 涉农贷款保持较快增长，"两个不低于"要求得到有效贯彻

1 ~ 9 月，全省新增涉农贷款 259.69 亿元，较上年同期增加 44.3 亿元；9 月末涉农贷款余额 1273.42 亿元，同比增长 34.62%，较全省平均水平高 11 个百分点。金融支农水平进一步提升，实现了涉农贷款"余额增速不低于平均水平，新增贷款不低于上年同期"的政策目标。

4. 小微企业贷款增势良好，中小企业融资难得到有效缓解

全省金融机构深入贯彻落实支持小微企业 60 条政策措施，扎实推进"金融支持千家小微企业发展行动"，加大对小微企业等薄弱领域的支持力度。9 月末，全省金融机构大型、中型、小型、微型企业贷款余额分别为 1089.11 亿元、867.41 亿元、431.63 亿元和 65.67 亿元，同比分别增长 16.91%、25.49%、21.6% 和 59.94%。中、小、微企业贷款增速显著高于大型企业，金融机构对中小企业的支持力度明显增强。

5. 信贷支持城镇化建设步伐加快，为海东市建设提供资金保障

2013 年青海省第二个地级市"海东市"正式成立，作为东部城市群建设的重要环节，全省金融业加大对海东市建设的支持力度。1~9 月，投放平安县的贷款新增 26.04 亿元，同比增长 77.57%；投放乐都县的贷款新增 7.52 亿元，同比增长 82.71%。

（三）直接融资取得重大突破

2012 年到 2013 年 9 月末，青海省企业通过银行间市场累计融资 248 亿元，而 2008 年仅为 21 亿元。2013 年 8 月，青海省成为全国首家获准发行 15 年期 100 亿元城市建设中期票据的省份，实现了青海省在银行间市场的最大规模融资。通过发债企业的示范和经验推广，有效转变了后发地区企业融资单靠银行的局面，提高了青海省经济部门、金融机构和企业参与银行间市场的积极性，形成了加快金融市场发展、促进融资多元化的氛围。

三 当前青海金融业支持实体经济面临的形势

（一）社会融资使用效率偏低，对实体经济支持不够

青海经济增长高度依靠投资的拉动，缺乏内源性动力。目前青海金融组织结构相对单一、金融市场不健全、金融产品创新不足，金融部门对储蓄的动员

组织功能和生产部门对储蓄的运用转化功能"双受限",反映在社会融资规模产出效率①上就是"双低":从纵向看,2006～2012 年青海省社会融资规模产出效率逐年递减,由 2006 年的 5.22 下降至 2012 年的 1.90;从横向看,2012 年全国社会融资规模产出效率为 3.30,高出青海 1.40。社会融资的整体利用水平偏低,其中较大部分停滞在低效率部门,对实体经济的支持作用未能充分显现。

(二)贷款集中度依然偏高,不利于实体经济均衡增长

截至目前,青海省最大的 20 户贷款企业的贷款余额占全部贷款的比重达到 50%。在过去平稳快速增长的周期中,贷款过于集中导致的潜在风险被高增长所掩盖,容易被忽视,但在当前经济调整期,潜在风险可能集中出现甚至被放大,需要特别引起重视。监测显示,8 月末,部分金融机构不良贷款额已经有所反弹。另外,"贷大、贷集中"容易导致大型企业对有限金融资源的占用,减少对中小企业的资金供给,不利于地区经济均衡发展。

(三)金融发展没有完全满足实体经济需求

一是新型金融组织同质化倾向值得关注。近年来地方金融组织体系不断健全,先后出现了小额贷款公司、融资性担保公司、村镇银行等新型金融组织,通过几年发展,其经营规模不断扩大,服务地方经济的能力明显提升。但是这些机构经营过程中的同质化现象应引起重视,主要体现在机构设置上偏好县城以上的城市区域,金融产品和服务方式趋同,业务流程方面也存在趋同,在信贷结构和发展方向上与农村信用社逐渐趋同。二是融资难和融资贵的问题依然存在。伴随利率市场化改革的深入推进,在风险和逐利的双重作用下,受经济下行压力的影响,部分银行提高中小微企业贷款利率,融资成本持续上升。三是金融市场发育不成熟。与实体经济联系密切的金融市场发展滞后,不能高效地为企业融资,在优化金融资源配置和鼓励创新等方面难以发挥应有的作用。

---

① 本文用社会融资规模的产出效率来衡量社会融资对青海省经济增长的支持效率。社会融资规模产出效率＝地区生产总值÷社会融资规模,该指标说明 1 元社会融资规模能产生多少元地区生产总值。

（四）实体经济潜在风险凸现新特征

在宏观环境复杂偏紧，下行压力加大，我国经济发展步入转型换档期的情况下，青海省实体经济运行中存在一些不容忽视的风险和困难。一是工业发展难度进一步增大。由于市场环境依然趋紧，工业品出厂价格指数降幅继续扩大，销售不畅，效益下滑，企业亏损面扩大，1～9月产销率为90.3%，规模以上企业利润同比下降25.7%。二是投资支撑难度加大。受经济环境影响，部分企业及投资者投资意愿不足，等待观望现象普遍，投资持续高速增长压力加大。三是价格调控任务艰巨。由于两头在外的经济发展特质，青海省物价指数近年来一直高位运行，价格上涨预期继续增大，物价调控难度增加。四是第三产业回升较慢，产业结构仍然偏重。1～9月份，第三产业增长速度低于第二产业2个百分点，三次产业结构比例为8：59：33。

（五）虚拟经济的高收益影响实体经济的资金获得

虚拟经济的高收益、高回报诱导大量的金融资源流出实体经济，财务杠杆和高利贷的盛行催生经济活动中投机性质的经济行为，实体经济与金融发展失衡，金融对实体经济的增长信心不足，部分金融资本开始脱离实体经济进行行业内部自我投资增值。前8个月，青海辖区累计证券交易量607.4亿元，同比增长78.2%；累计期货交易量1445.5亿元，同比增长183.78%。

四　2014年青海经济金融形势的分析与展望

2014年，中国经济仍将处在由高速增长阶段向中速增长阶段的转换进程中，旧的增长惯性不容低估，新的增长动力和模式尚未形成，市场预期不稳，下行压力增大，原有和新形成的矛盾相叠加。但是，以中共十八届三中全会审议通过的《中共中央关于全面深化改革若干重大问题的决定》为统领，中国将切实推动关键领域改革，开启经济健康持续发展的新阶段，打造中国经济升级版，也将对青海省经济金融发展形成新的推动力。

（一）宏观经济企稳回升，经济下行压力总体可控

当前，青海经济基本面依然向好，有能力实现"增长不出下限，物价不出上限"的预设目标。从2013年前三季度看，制造业采购经理指数逐步上升，工业增加值回升，工业品出厂价格降幅收窄，宏观经济回升企稳的迹象较为显著。

（二）城镇化建设迎来黄金期，将成为带动经济金融发展的支撑力量

按照国家统计局最新统计，目前全国城镇化率为51.3%，青海省城镇化率为47.4%，城镇化率与全国的差距正是未来地区加快发展的契机。2013年青海省第二个地级市"海东市"正式成立，同时国家发改委批准了"兰州－西宁城市群"规划，成为全国第五个国家级城市群建设项目，将对基础设施建设、相关上下游产业形成辐射带动。2013年青海省水泥行业的逆势上扬已经显露出城镇建设的带动能力。项目建设的资金需求既是对金融支持能力的考验，也是进一步加快金融业发展的机遇。

（三）产业发展趋向均衡，经济结构与信贷结构调整形成良性互动

随着青海基础设施的持续改善和对外宣传力度的加大，青海省旅游业步入快速发展轨道，带动餐饮、住宿、中介服务、交通运输行业保持较快增长。在地区生产总值当中，工业占比较高的局面正在逐步调整为二、三产业并进的新格局；信贷资金布局中，贷款集中于大型企业的局面将向多元化资金供给转变，经济结构与信贷结构有望实现同步升级。

五　青海金融业支持实体经济的对策建议

2008年国际金融危机以来，支持我国经济快速增长的人口红利、技术红利等出现了不同程度的收窄或者边际效应递减，潜在增长率放缓的可能性大幅上升。目前，全国广义货币供应量M2超过100万亿，高基数前提下，未来货

币信贷投放的增量空间将会有所收窄。7月出台的《国务院办公厅关于金融支持经济结构调整和转型升级的指导意见》（金融国十条），明确下阶段货币政策仍然坚持稳健，出台大规模刺激计划的可能性较低。因此，主动适应经济增速放缓，是当前和今后一个时期经济和金融部门需要共同面对的新课题。因此，青海省金融机构要进一步深入企业，掌握实情，着眼大局，主动作为，为经济发展破解困难，寻找出路，继续做好金融支持实体经济的各项工作。

（一）着眼于新的增长点，发挥金融对经济结构调整和转型升级的支持作用

百业兴则金融兴，百业稳则金融稳。面对当前经济下行压力，各金融机构要高度重视，深刻领会支持实体经济发展的内涵，持续加强对重点领域和薄弱环节的金融支持。一是积极支持重大基础设施、城市基础设施、保障性安居工程等民生工程建设；二是要继续加大对有市场发展前景的先进制造业、战略新兴产业、劳动密集型产业、服务业等行业的信贷支持力度，大力发展绿色经济；三是切实加大对工业企业产业升级、技术改造、流动资金方面的支持。对于符合国家产业政策要求，但生产经营出现临时性困难的企业，在风险可控的前提下，要继续加大金融支持力度。

（二）多措并举，切实提高资金使用效率

一是坚持有扶有控、有保有压原则，通过信贷结构调整、信贷资产证券化等手段，挤出更多的增量资金，把有限的资金配置到最需要的地方。二是密切关注贷款客户资金用途，杜绝企业借用银行贷款进行资金空转、短期投机套利等行为，引导企业把贷款资金用到生产建设上来。三是引导企业提高资金使用效率，鼓励企业资金需求短期化、精细化，加快贷款周转速度。四是正确引导小额贷款公司、民间借贷的发展，研究民间资本进入金融领域的具体操作方式，丰富多层次融资体系，对不同成长阶段的企业给予针对性的机构匹配和服务支撑。

（三）优化升级服务，增强金融支持实体经济的有效性和针对性

一是做好金融政策、财政政策和产业政策的衔接配合，优化社会融资结

构。二是发挥政策性金融、商业金融和合作性金融的协同作用，优化"三农"金融服务，继续加大信贷投入，努力实现农村基础金融全覆盖。三是根据小微企业不同发展阶段的金融需求特点，提供融资、结算、理财、咨询等综合性金融服务，确保全年小微企业贷款增速不低于全省平均水平，贷款增量不低于上年同期水平。四是进一步发展消费金融促进消费升级，加快完善银行卡消费服务功能，优化刷卡消费环境，扩大城乡居民用卡范围。五是支持企业"走出去"，以推进贸易投资便利化为重点，进一步推动人民币跨境使用。

（四）培育支持实体经济发展的多层次金融市场，大力推动创新性金融工具的运用

金融市场是市场经济条件下配置资源最直接、最有效的手段。因此，要加快推进区域股权交易市场建设，着力打造省内中小企业融资综合服务平台。加大对上市后备企业的规范改制力度，扩大上市融资规模，培育创新体系。继续加快青海省企业在银行间市场融资的步伐。尝试开展中小企业集合票据融资工作，为青海省中小企业利用银行间市场融资开辟新渠道。继续鼓励企业利用债券融资、多层次资本市场融资，大力推动保险直投、融资租赁、股权融资等创新性金融工具的运用。

（五）主动争取改革发展动力，未雨绸缪做好深化改革的各项准备

当前，金融改革将逐步进入深层次阶段。存款利率会逐步放开，民营资本已允许发起设立自担风险的民营银行，中国已承诺按照准入前国民待遇和负面清单模式开展中美双边投资协定的实质性谈判，意味着现有的金融机构在面临利差空间收窄的同时，还将面临来自民营金融和国际金融机构的竞争。青海省金融机构总体实力较弱，在应对改革方面必须未雨绸缪。一是积极争取相关改革试点，在政策和法律框架内探索创新，进一步提升科学经营管理水平，汲取改革红利。二是扩大金融服务的覆盖面，提高金融服务的渗透率。三是增加对中小微企业、弱势群体的贷款可获得性。四是加强金融生态环境建设，为经济发展提供良好的金融环境。

（六）继续推进普惠金融发展，支持民营经济加快发展

在积极推进下岗失业人员小额担保贷款、国家助学贷款、妇女创业贷款的同时，金融机构要更加关注弱势群体的全方位金融需求，进一步加强和改进金融服务。按照多层次金融供给体系设计，大型企业利用债权、股权融资是未来的一个趋势，迫使信贷投放更加关注中小企业、民营经济和消费需求。各金融机构要尽快转变观念，开发更加贴近中小微企业、贴近民生的信贷产品，支持好青海省民营经济发展。同时，要更加注重与产业结构调整的配合，借助青海省经济转型的契机，将优势金融资源向新兴产业、绿色产业倾斜，切实发挥金融助推产业升级的作用。

参考文献

宋辅良：《金融支持实体经济的界定和路径选择》，《金融时报》2012 年 12 月 6 日，第 2 版。

徐国祥、郑雯：《中国金融状况指数的构建及预测能力研究》，《统计研究》2013 年第 8 期。

人行朔州中支课题组：《金融支持实体经济的有效途径探索》，《华北金融》2013 年第 6 期。

青海省统计局：《前三季度青海省经济运行情况》，青海省统计信息网，2013 年 10 月 25 日。

陆岷峰：《金融支持实体经济发展的有效性分析》，《华北金融》2013 年第 4 期。

B.8
青海省房地产业 2013 年
运行形势及发展趋向

马成贵*

摘　要:

　　2013 年,青海房地产市场呈健康平衡发展态势,房地产开发投资稳定增长,商品住宅销售面积和销售额保持较快增长势头,商品房销售价格同比上涨 7% 以上。今后几年,青海房地产业发展既面临城镇化进程加快、改善型需求增加、企业投资信心回升等机遇,也面临不少挑战,需进一步营造良好的政策环境、发展环境和市场监管环境,提升商品住宅品质,改善物业服务。

关键词:

　　青海　房地产业　运行形势　发展趋向

　　房地产业是国民经济的重要产业之一,在青海省经济社会发展中占据十分重要的地位。近年来,青海省房地产完成投资稳步增长,商品房成交活跃,供求关系总体保持均衡,房地产市场呈现健康平稳发展态势。目前,青海省房地产业处于转型发展期,房地产业仍有增长潜力和发展空间。

一　2013 年青海房地产运行情况

(一)房地产开发情况

1. 房地产开发完成投资保持增长态势

前三季度,全省房地产开发完成投资 196.78 亿元,较 2012 年同期(136.41

＊ 马成贵,青海省住房和城乡建设厅房地产市场监管处处长,研究方向:产业经济。

亿元）增长 44.3%（见图 1）。其中，西宁市房地产开发完成投资 157.14 亿元，同比增长 40.15%；海东市房地产开发完成投资 28.16 亿元，同比增长 51.73%。房地产开发完成投资占全省固定资产投资的比重为 10.11%，较 2012 年同期增加 1.28 个百分点。第三季度全省房地产开发完成投资 111.11 亿元，较第二季度增加 39.36 亿元。9 月份，完成投资 40.16 亿元，较 8 月份增加 12.9 亿元。

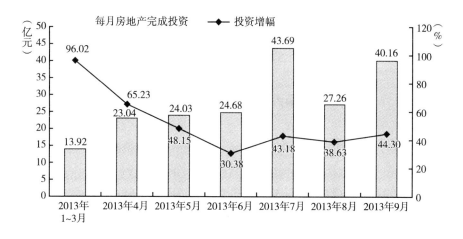

图 1　2013 年前三季度青海省房地产完成投资及投资增幅

2. 商品房施工面积增长，竣工面积略有回落

前三季度，全省商品房施工面积 2205.42 万平方米，同比增长 30.24%。其中，商品住房施工面积 1607.24 万平方米，同比增长 17.64%。商品房竣工面积 97.3 万平方米，同比下降 6.46%。其中，商品住房竣工面积 81.76 万平方米，同比下降 14.36%。

3. 商品房开发结构有所改善

前三季度，全省商品房新开工面积 681.31 万平方米，同比增长 14.49%。其中：商品住房新开工 451.58 万平方米，同比下降 4.02%；商业用房新开工 101.51 万平方米，同比增长 50.74%；办公用房新开工 39.68 万平方米，是上年同期的 13.9 倍；其他用房新开工 88.54 万平方米，同比增长 62.15%。商品住房所占比例由上年同期的 79.1% 下降到 66.3%，商业用房所占比例由 11.32% 增长到 14.9%，办公用房所占比例由 0.45% 增长到 5.82%，其他用房所占比例由 9.17% 增长到 13%（见图 2）。

图2 近年青海省商品房、商品住房新开工面积

4. 土地待开发面积同比增长

截至9月底，全省土地待开发面积87.3万平方米，同比增长32.5%。但前三季度，全省土地购置面积38.46万平方米，同比下降76.99%（见图3）。

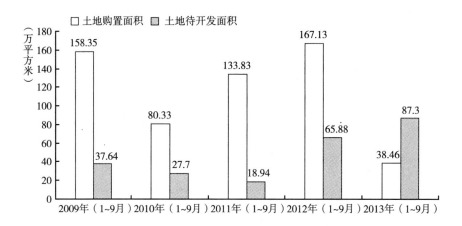

图3 近年青海省土地购置面积

（二）商品房销售情况

1. 商品住房销售面积同比增长

前三季度，全省商品房销售面积197.94万平方米，同比增长9.82%，其中商品住宅销售190.57万平方米，同比增长12.12%。商品房销售额84.33亿

元，同比增长 17.89%。其中，商品住房销售额 76.26 亿元，同比增长 21.88%（见图 4）。

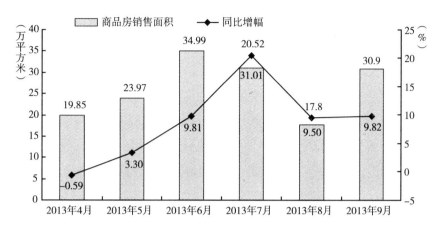

图4　2013 年二、三季度青海省商品房销售

2. 中小套型普通商品房销售增加

前三季度，全省 90 平方米以下中小套型普通商品住房销售面积 28.15 万平方米，同比增加 42.85%。

3. 商品房销售价格同比上升

9 月份，全省商品房平均销售价格 4263.78 元/平方米，同比上涨 7.4%，环比上涨 0.55%；全省商品住房平均销售价格 4001.77 元/平方米，同比上涨 8.7%，环比上涨 0.75%。西宁市 9 月份商品住房平均销售价格 4204 元/平方米，同比上涨 9.48%（见图 5）。

（三）房地产企业资金来源情况

1. 企业银行贷款及个人按揭贷款增加

前三季度，全省企业银行贷款 30.55 亿元，同比增长 13.01%；个人按揭贷款 14.83 亿元，同比增长 20.62%。

2. 企业非银行金融机构贷款大幅度增加

前三季度，全省企业非银行金融机构贷款 7.54 亿元，同比增长 162.43%。

从以上分析可以看出，2013 年前三季度，全省房地产开发完成投资、商

青海蓝皮书

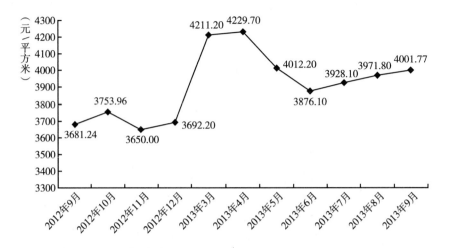

图 5　青海 2012 年 9 月至 2013 年 9 月分月住房价格

品房施工面积、商品住房销售量、企业贷款、个人按揭贷款均同比增长,房价涨幅基本合理,市场运行平稳。

二　青海房地产市场面临的机遇和挑战

(一)面临的机遇

1. 城镇化进程加快,为房地产业发展提供了机遇

按照《青海省住房和城乡建设事业发展"十二五"规划纲要》,"十二五"末,全省城镇化率要达到 50.5%,新增城镇人口 47 万人,将为房地产业发展提供近 15 万套住房的发展空间。海东地区撤地建市、东部城市群建设、柴达木资源型城镇发展区、环青海湖特色城镇发展区和三江源生态城镇发展区的建设都将为房地产业发展提供难得的机遇。

2. 改善型需求将成为房地产发展的动力

截至 2012 年底,全省城镇人均住房建筑面积 29 平方米,较全国平均水平低 3.9 平方米,全省近 58% 的城镇家庭人均住房面积低于全省平均水平。随着青海省经济社会的快速发展,城镇居民可支配收入不断增加,居民改善住房

098

条件的愿望也会更强烈，改善性需求将成为房地产发展的动力。

3. 房产投资仍是城镇居民投资的主渠道

城镇居民投资渠道单一，投资的渠道主要是股票和房产。由于股市风险性较大，所以房产投资仍是城镇居民投资的主渠道。

4. 房地产开发企业的投资信心逐步回升

2012 年 1 ~ 5 月，全省商品房施工面积 1824.16 万平方米，同比增长 30.74%，完成这部分施工，需要保持投资的连续性。商品房新开工面积 327.45 万平方米，同比增长 25.15%，说明房地产开发企业的投资信心逐步回升。

（二）面临的挑战

1. 商品住房需求有限

一是刚性需求呈下降趋势。青海省房地产经过近 20 年的发展，特别是近几年保障性住房的大规模建设，全省住房短缺的时期已经过去，刚性需求呈下降趋势。二是宏观调控政策对改善性需求抑制较大。本轮宏观调控政策中对二套房购买提高了首付比例和利率水平，部分想改善住房条件的居民，因为有一套住房，在申请银行贷款时受到限制，改善性需求受到影响。由于西宁市在全省的首位度很高，2012 年西宁市房地产完成投资占全省的比重为 83.42%，商品房新开工面积占全省的比重为 76.5%，西宁市实行限购后，对全省房地产销售影响较大。三是青海省房地产市场是"内需"型市场。由于青海省特殊的地理环境，房地产销售对象只是省内人群，外来购房量占比较小。2012 年外省在西宁市购房面积为 27.51 万平方米，占西宁市全年商品房销售量的 10.74%，与银川相比低 8 个百分点，较兰州低 10 个百分点。四是房地产市场供大于求。从西宁市情况看，2009 年至 2013 年 5 月，西宁市商品住房批准预售面积为 1534.6 万平方米，同期商品住房销售面积为 1234.6 万平方米，商品住房库存量为 300 万平方米，按照西宁市每月平均 24 万平方米的销售量，消化周期为 12.5 个月，考虑有部分商品房已经成交但未签订合同，消化周期可缩短到 10 个月左右（上海易居房地产研究院报告显示，2013 年 3 月全国受监测的 20 个典型城市的消化周期为 8.3 个月），市场呈现供大于求的特征。从我

们调查的部分楼盘销售情况看，海东乐都县 2012 年已预售楼盘的销售率仅为 29.8%，民和县已预售楼盘的销售率为 44.9%，西宁市已预售楼盘的销售率为 58.1%，商品住房销售不容乐观。

2. 保障性住房建设对房地产市场有一定影响

近年来，青海省保障性住房建设力度很大，这对解决青海省低收入家庭住房困难起到了积极作用，但是保障性住房建设量较大，影响到房地产业的发展。根据"房地产业中长期发展动态模型"测算，如保障性住房占市场总体供应的比例超过 20%，将对商品住房市场产生比较明显的影响。目前，青海省保障性住房覆盖率已达 30%，对商品住房市场产生比较明显的影响，这一现象在州、县一级较为明显。

3. 专业经营单位配套收费标准偏高，增大了建设成本

在与房地产企业座谈中，企业纷纷反映，一些专业经营单位配套收费标准偏高，增大了建设成本。如 2012 年 2 月 5 日，省发改委《关于青海省城市新建房屋供配电工程配套费收费标准及有关事项的通知》（青发改收费〔2013〕181 号）规定，西宁市、格尔木市、德令哈市、海东地区的城市新建房屋供配电工程配套费收费标准为 125 元/平方米，较陕西省高 35 元。供配电工程配套费占房价的比例，西宁市为 2.5%，海北州为 4%，海东乐都区为 3.57%，而西安市为 1.1%。从供配电工程配套费占房价的比重来看，青海省的供配电工程配套费明显偏高。再如，青海省防雷检测收费标准与外省市收费标准相比较，不但计量单位不同，而且收费标准偏高。陕西省防雷检测是按单位工程建筑面积分类收取，其中一类 1.1 元/平方米，二类 1.0 元/平方米，三类 0.9 元/平方米；而青海省是按点、次为单位，一类、二类、三类分别按 80 元/点、60 元/点、50 元/点，每栋建筑检测点数平均在每 10～20 平方米 1 个点，防雷检测费为 2～5 元/平方米。再如，青海省地震安全性评价收费标准与外省市收费标准相比较，收费标准偏高，如地震安全性评价中的建筑物抗震性能分析，甘肃省不进行现场测试的 1.5 元/平方米，3000 元起价，进行现场测试的 2.5 元/平方米，5000 元起价；山东省多层建筑是 1.5 元/平方米，高层建筑是 3 元/平方米；而青海省高层建筑是 15 万元/栋（按每栋建筑面积 2 万平方米计算，达 7.5 元/平方米）。这些收费势必会通过房价转嫁到消费者身上。

综上分析，预计"十二五"后两年，青海省房地产投资将保持平稳增长态势；"十二五"之后，青海省房地产投资不太可能再保持高位运行态势。

三 促进青海房地产市场健康发展的政策建议

（一）营造良好的政策环境

各级政府和有关部门要切实帮助房地产业解决发展中存在的问题，理顺管理机构，简化审批手续，清理不合理收费，推行政务公开，提高依法管理的透明度和办事效率，努力创造公平竞争的市场环境，推进全省房地产业发展壮大。要增加住房用地有效供给，提高土地利用效率，加大金融支持力度，支持首次购房和改善性购房贷款需求，促进住房合理消费，支持房地产业健康平稳发展。各地要加大市政配套建设力度，着力解决房地产市场发展中的"水、电、路"等瓶颈问题，消除房地产企业发展的后顾之忧。

（二）营造良好的发展环境

加快构建商品房和保障性住房相结合的住房供应体系，合理确定保障性住房和商品住房的比例，加快普通商品房建设，培育和发展住房租赁市场，多渠道满足不同家庭基本居住需要。通过积极的引导和培育，加快房地产企业转型发展，尽快形成旅游地产、养老地产、文化地产、工业地产等行业发展的新导向；鼓励企业对东部城市群、柴达木资源型城镇发展区、环青海湖特色城镇发展区和三江源生态城镇发展区的建设。支持实力较强的房地产开发企业通过强强联合，做大做强，形成品牌优势；支持中小型开发企业通过公司合并、项目合作等形式，全面提升企业的市场竞争和抗风险能力。

（三）营造良好的房地产市场监管环境

通过严格市场准入、严格行政审批、严格销售管理、加强预售资金监管、建立经常性巡查制度、建立健全预售资金监管机制等手段，制定《房地产市场监管办法》，加强房地产开发全过程监管，进一步规范房地产市场秩

序。进一步研究建立健全房地产市场诚信体系建设的具体措施，拓宽房地产开发企业信用信息采集渠道，完善信用评价标准，健全守信激励、失信惩戒机制。

（四）营造提升商品住宅品质环境

坚持规划引领作用，房地产开发必须符合城市规划和土地利用总体规划，杜绝土地超强度开发、破坏城市景观环境、城市整体发展失衡等现象。提高住房规划设计水平，加强设计市场管理，引导设计企业树立精品意识，改变传统粗放设计方式，通过精细化设计，使住房规划设计逐步向户型设计多样性、居住功能适用性、室内空间可改性、环境景观均好性、小区配套设置便捷性、建筑风格地方性发展。建立健全"新技术、新工艺、新材料、新设备"推广应用机制，大力发展绿色建筑。建立政府引导、市场运作、全民参与的绿色建筑工作机制，进一步完善发展绿色建筑的激励政策、技术标准、监管评价和咨询服务等体系。严格落实省政府对获得绿色建筑评价标识2星级（含2星级）以上星级绿色建筑的有关奖补政策，调动企业建设绿色建筑的积极性。全面推广住宅性能认定，通过实施住宅性能认定相关政策，引导房地产开发企业建设一批规划合理、环境优美、功能齐全、设施配套的现代化小区，加快住宅建设从粗放型向集约型转变，提高商品住宅综合品质。大力推进住宅全装修，推广实施住宅设计、施工、装修一体化制度，鼓励房地产企业开发建设全装修住房，直接向消费者提供成品住房。

（五）营造信息共享的科技环境

通过已建成的房地产信息系统，构建覆盖省、市（州）、县三级房地产主管部门互联互通、信息共享、运转协调、功能完善的全省信息网络。实现对商品房预（销）售的即时监控、房地产交易与权属登记一体化管理、房地产交易信息的统计分析、建立全省个人住房信息系统及基础数据库以及向社会公布房地产市场的实时信息，全面掌握个人住房的基础信息及动态变化情况，实现全省住房信息共享和查询，并在此基础上进行统计、分析，为房地产市场宏观调控和监管提供全方位的技术支持。

（六）营造标准化、规范化的物业服务环境

制定科学的物业服务标准体系，完善《物业服务合同（示范文本）》，明确物业服务内容，落实物业服务企业承诺制，接受业主监督。推动物业服务由简单化、低层次、被动式的经营服务向提供健康、文化教育、居家生活等高层次、主动式增值服务模式转变，打造精品化、特色化的物业服务业品牌。鼓励物业服务企业在做好保洁、保安、维修等基础服务的前提下，走专业化、多元化发展道路，拓展服务领域，创新服务方式，开展如上门保洁、车辆清洗、物品清洗、钟点服务、代买、代送、干洗、团购、看护等特色服务，延伸服务链条，满足业主不断增长的各种需求，提高企业综合实力和市场竞争力。严格执行《青海省物业服务企业规范化管理考核办法》及《青海省物业服务企业规范化管理标准》，在全省范围内开展物业服务企业规范化管理达标活动，进一步规范物业服务企业行为，提升物业服务企业规范化服务水平。

B.9

青海保险业服务经济社会
发展状况分析与思考

赵衍亮　吉桂军*

摘　要：

2013 年，青海保险业积极服务经济社会发展并取得了良好成效。农业保险快速发展，保费补贴和保险覆盖面进一步扩大；城乡居民大病保险进展顺利，走在了全国前列；环境污染责任保险启动；见义勇为救助责任保险在部分地区试点开展，保险服务经济社会发展领域得到进一步拓宽。受中国宏观经济环境影响，2014 年青海保险业趋势仍将向好，但不排除阶段性下滑风险。

关键词：

商业保险　服务发展　分析思考

2013 年，青海保险业坚持"守信用、担风险、重服务、合规范"的行业文化核心价值理念，勇担责任，服务社会，在服务经济社会发展中发挥了积极作用，体现了"保险，让生活更美好"的价值追求。

一　青海保险业发展基本态势

（一）2012 年发展回顾

2012 年，青海保险业发展总体呈现"缓中趋稳，稳中有升"的发展态势，

---

* 赵衍亮，青海保监局党委书记、局长，研究方向：产业经济；吉桂军，青海保监局统计研究处副处长，研究方向：产业经济。

全年实现原保险保费收入 32.40 亿元，同比增长 16.16%，高于全国平均增长水平 8.15 个百分点；保险业承担的各类保险风险责任限额（保险金额和期末有效保险金额）28547.17 亿元，同比增长 3.84 倍；保险赔付支出 10.86 亿元，同比增长 33.05%，在服务青海经济社会发展方面，较好地发挥了保险功能作用。

（二）2013 年发展态势

1. 保险机构与从业人员

截至 2013 年 9 月底，全省共有 13 家保险公司主体，共设有各级分支机构 255 家，比年初增加 4 家；共有保险专业中介公司主体 11 家，较年初增加 2 家。其中，安徽中衡保险公估有限公司青海分公司的设立，填补了青海长期没有保险公估机构的空白；共有保险兼业代理机构 769 家，较年初增加 47 家；保险从业人员 8173 人，较年初增加 587 人。

2. 保险经营情况

2013 年 1～9 月，全省保险业实现原保险保费收入 30.68 亿元，同比增长 22.75%，高于全国平均增长水平 11.52 个百分点，其中财产险 14.33 亿元、寿险 11.37 亿元、意外险 1.10 亿元、健康险 3.88 亿元。全省保险业发生赔付支出 10.48 亿元，同比增长 37.44%；其中财产险赔款支出 6.05 亿元、寿险给付支出 2.17 亿元、意外险赔款支出 0.23 亿元、健康险赔款与给付支出 2.03 亿元。

以 2006～2013 年青海产寿险公司各年上半年原保险保费收入占 1～9 月比重和 2006～2012 年青海产寿险公司各年 1～9 月原保险保费收入占全年比重为基础，并对 2013 年开办大病保险因素进行剔除，通过线性回归方法推算得出 2013 年 1～9 月产寿险公司原保险保费收入占全年比重，据此测算全年原保险保费收入数据。预计 2013 年青海保险业原保险保费收入为 39.17 亿元，其中，财产险公司原保险保费收入为 20.61 亿元，人身险公司原保险保费收入为 18.56 亿元。预计 2013 年青海省保险深度为 1.80%，保险密度为 677.34 元/人（见图 1 和图 2）。

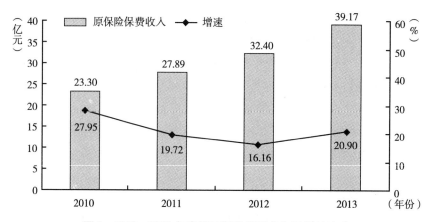

图1 2010～2013年青海原保险保费收入及增长速度

注：图中数据为保险公司行业统计数据，2013年为预计数。

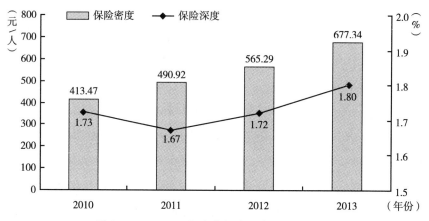

图2 2010～2013年青海保险深度及保险密度

注：测算使用的保险数据为保险公司行业统计数据；测算使用的青海省地区生产总值和人口数来源于相应年份青海统计年鉴，2013年为预计数。

二 青海保险业发展特点分析

（一）农牧民生产成果得到有效保障

农业是弱质性产业，具有生产周期长、经营主体分散、风险高等特点。一旦发生农业灾害，其损害区域大、范围广，严重影响农民的收入和生活。对农业生产灾害事故进行及时处理，有效化解农业生产风险是政府农村工作的一项重要内容。通过行政手段不断加大农业基础设施建设投入，改善农业生产环境，并在灾害发生时积极采取措施救济补助受灾群众，使他们能够尽快恢复生产生活，这是化解农业生产风险的传统手段。除了通过行政手段化解农业生产风险，在市场经济条件下，更可通过开展农业保险方式转移和化解农业生产风险。开展农业保险，对稳定农业生产经营预期、促进农业生产工作、保障全国人民粮食安全具有积极作用。然而，农业生产活动的高风险性和风险不易分散性，以及点多面广的特点带来的农业保险经营成本高、费率高、逆选择风险和道德风险高等问题，影响着农业保险可持续经营和发展。为促进农业保险发展，近年来，国家采取了对投保农业保险进行保费补贴的政策措施，收到了积极效果。

1. 农业保险发展态势

青海省自 2007 年起，开始对投保农业保险进行保费补贴。截至 2012 年底，各级财政已累计对青海农业保险投入保费补贴资金约 2 亿元，有效促进了青海农业生产和农业保险工作。主要表现在：一是开办险种不断增加。从承保品种来看，青海省农业保险财政补贴的险种从 2007 年的 7 种增加到 2012 年的 12 种，包括马铃薯、小麦、油菜、蚕豆、青稞、玉米、温棚、森林以及能繁母猪、奶牛、藏系羊、牦牛等，农业保险已覆盖农、林、牧各方面。二是承保数量逐年扩大。青海省农业保险中种植业的承保面积从 2007 年仅为 10.75 万亩，增加到 2012 年的 150 万亩；森林火灾保险自 2011 年开始试点，承保面积由 2011 年的 30 万亩增加到 2012 年的 300 万亩；藏系羊、牦牛保险自 2011 年开始试点，承保头数分别为 50 万头和 30 万头。三是保险地区持续拓展。种植业保险的承保范围由 2007 年的乐都、互助、湟中三县扩大到 2012 年全省 18 个县市（见图 3）。

2. 2013 年青海省农业保险运行情况

2013 年 3 月 1 日，《农业保险条例》正式实施，青海省进一步加大了对农业保险工作的投入力度。一是保费补贴金额大幅提高，补贴品种和参保地区进一步增加。2013 年全省农业保险计划补贴总额为 1.27 亿元[①]，同比提高

[①] 根据《2013 年青海省农业保险实施方案》（青政办〔2013〕136 号）、《青海省 2013 年森林综合保险实施方案》（青林规资〔2013〕547 号）、《2013 年青海藏区藏系羊、牦牛保险试点实施方案》（青农经〔2013〕396 号）中有关数据汇总。

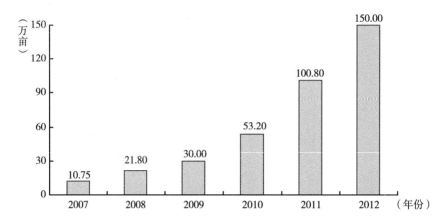

图3 2007～2012年青海省种植业保险承保面积

48.43%，新增露天蔬菜、生猪保险试点。其中，森林保险计划保费补贴
2491.13万元，同比增长4.83倍，保险面积达到1500万亩，增长了4倍；大
田作物保险计划保费补贴4704.42万元，同比提高46.94%，计划承保210.59
万亩，增长40.35%。大田作物保险参保县（市）从2012年的16个增加到23
个；温棚保险参保县（市）从2012年的7个增加到16个。二是农产品种植龙
头企业积极参加农业保险。青海省三江薯业有限责任公司、都兰威思顿生物工
程有限公司、贵南草业开发有限责任公司等企业共计划投保大田作物保险
16.4万亩。三是对高原冷水养殖鱼这一新兴特色农业养殖和农村住房保险工
作进行调研，探索研究农业保险新险种的开发。青海保监局与省财政厅、省民
政厅联合开展了青海农房灾害情况调研，共同探索推进青海农村住房保险工
作，引导保险公司积极参与并创新开办农村住房保险业务，并支持有条件的地
区通过财政保费补贴等手段引导和鼓励农户参保。针对养殖过程中存在的风险
及农民的保险需求，青海保监局指导保险公司进行产品研发，为特色农业保险
发展保驾护航（见图4）。

2013年1～9月，青海省完成农业保险签单保费4983.81万元，9.21万户
（次）参保农户共获得13.31亿元的保险保障。青海农业保险已决赔款
3081.33万元，2.61万户（次）参保农户从中受益；未决赔款2095.97万元，
926户（次）参保农户未决。

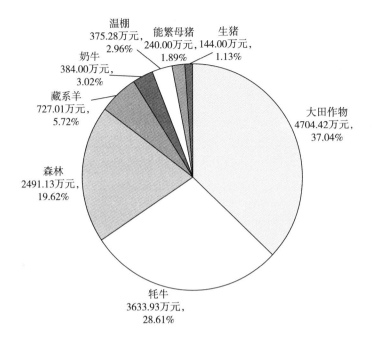

图4 2013年青海省农业保险保费补贴险（品）种计划

注：根据2013年青海省农业保险有关实施方案整理。这里大田作物
包括马铃薯、小麦、油菜、青稞、蚕豆、玉米、露天蔬菜等7个险
（品）种；森林包括公益林和枸杞经济林2个险（品）种。

（二）城乡居民大病医疗费用负担有效降低

自2009年新一轮医药卫生体制改革以来，青海保险业积极参与多层次医
疗保障体系建设，较好地发挥了风险补偿和社会管理功能。2012年下半年，
青海省政府确定在格尔木市和互助县先行试点，通过购买保险服务的方式，将
原来由政府职能部门承担的城乡居民基本医保的审核等事务性工作委托给保险
公司，以达到降低行政成本、提高工作效率、强化医疗行为管控的目的。2012
年8月，国家发改委、卫生部、财政部、人力资源和社会保障部、民政部、保
监会六部委联合出台《关于开展城乡居民大病保险工作的指导意见》，青海省
政府高度重视，认真落实大病保险的开展工作，并于2012年12月起，在全省
范围全面开展城乡居民大病医疗保险。开展城乡居民大病保险是一项重大的民

生工程和民心工程，惠及千家万户。由商业保险机构承办大病保险业务，体现了党中央、国务院对保险业的信任和期望，也为保险业持续健康发展带来了难得的机遇。

截至 2013 年 9 月底，全省 8 个州（市）423.09 万城乡居民获得了大病保险保障，占全省常住人口[①]的 73.81%，大病保险保费达到 2.12 亿元，大病保险累计结算报销 2.73 万笔，结算报销 1.50 亿元。大病保险报销金额和基本医疗保险报销金额合计占医疗总费用的 75.23%。其中，大病保险报销金额占医疗总费用的 20.19%，极大地减轻了大病患者家庭的医疗费用负担。

（三）保险的社会管理功能进一步发挥

2013 年青海省责任险业务稳定发展，承运人责任保险、校园方责任保险、旅行社责任保险等责任险种继续有效化解各类责任事故风险。同时，环境污染强制责任保险、见义勇为救助责任保险开始试点，进一步发挥了保险在社会管理中的功能作用。

1. 试点环境污染强制责任保险

2013 年初，环保部、中国保监会联合发布《关于开展环境污染强制责任保险试点工作的指导意见》（环发〔2013〕10 号），明确了环境污染强制保险的试点企业范围等要求。中国保监会也就做好环境污染责任保险试点工作做了部署。青海省地处青藏高原，生态环境脆弱，省第十二次党代会提出要建设生态文明先行区，为青海发展环境污染强制保险、保护环境提供了有利条件。8 月下旬，青海环境污染强制责任保险试点正式启动。第一批试点企业共计 12 家，涉及重金属冶炼、有色金属矿采选、危险废弃物处置等高环境污染风险企业。对在保险期内的污染事故，单次责任赔偿限额不低于 100 万元，累计责任赔偿限额不低于 400 万元。截至目前，已有 5 家企业投保，保费金额 53.82 万元，责任限额 2000 万元[②]。

---

① 2012 年末全省常住人口为 573.17 万人，资料来源于《2012 年青海省国民经济和社会发展统计公报》。

② 此处最近一笔保险业务的保险起期为 2013 年 11 月 7 日。

2. 开展见义勇为救助责任保险

6月，由青海省格尔木市政府出资，中国人民财产保险股份有限公司承保，为格尔木居民提供了累计责任限额8000万元的见义勇为救助责任保险，明确自2013年6月1日起，只要是发生在格尔木辖区内的见义勇为行为，无论见义勇为者是否拥有格尔木市户籍，都可享受该险种提供的对每位见义勇为人员最高赔付10万元的保险保障。同时，见义勇为救助责任险扩展条款还约定，凡是格尔木户籍人员，在全国各地只要实施了见义勇为行为，也可得到最高8万元的保险保障。利用保险手段为见义勇为者提供保障，是保险业发挥自身优势，弘扬主旋律，传播正能量，不让见义勇为者流血又流泪的一项重要探索。

三　青海保险业发展面临的挑战

随着近年来青海保险业不断发展壮大，其整体服务经济社会的能力进一步增强，服务水平进一步提高，服务效果不断显现，尤其在关系国计民生的农业保险、大病保险工作方面，保险业得到了群众和政府的认可。但是，青海保险业在服务质量、保险覆盖面等方面仍显不足，与人民群众对保险的期待、保障的需求仍有一定差距。

（一）保险覆盖面有待进一步提高

和全国其他地区相比，青海保险业规模较低，处于全国靠后位置，保费规模仅占全国总规模的0.23%。从保险深度和保险密度指标看，青海保险业发展水平与全国平均水平也有不小差距。数据表明，青海保险业在社会经济中的渗透度不足，发展程度不高，覆盖面不广。从农业保险发展情况看，2013年全省农业保险的覆盖面与农业发展水平相比仍有较大差距。经测算，2013年青海种植业计划保险面积仅占青海省农作物播种面积的26%；具有藏区特色的藏系羊、牦牛保险仅在河南县一个县开展，牦牛、藏系羊参保数仅占全省存栏数的7%和4.7%；森林的计划参保面积仅占全省森林面积的21.5%；农房保险等涉农保险业务也尚未全面开展。

（二）保险服务地区不平衡需进一步改善

保险业在青海省 8 个州（市）分布不平衡。以 2013 年 1～9 月数据为例，保费规模占比前 3 位分别是西宁市、海东市和海西州，分别占全省总量的 68.09%、11.93% 和 10.72%，其余 5 个州合计占 9.26%。和全省其他地区相比，西宁市保险业发展优势明显，而其他地区保险业发展明显不足。

（三）保险服务能力需进一步增强

当前，保险业越来越多地参与社会管理活动，发挥社会管理功能，这既是社会发展的需要，也是保险业进一步拓宽发展空间的需要。随着保险服务领域的扩大，保险企业需要更多更广泛的专业人员、更多更广泛的技术和手段。从农业保险开展情况看，开展农业保险需要投入的人力、物力较大，需要较为完备的乡镇保险服务网络，需要具有一定农业技术和保险知识的专业人员，需要具备较为完善的农业保险风险防控管理机制和技术。然而，由于经费紧张、人才培养需较长时间、农业保险开办时间较短等，农业保险服务能力还存在不足。大病保险服务方面，由于目前大病保险尚处开办初期，经办公司存在专业人才匮乏，相关人员缺乏临床经验、对医保政策的理解和把握欠缺，以及有关制度还不完善等问题，服务能力还有待进一步提高。

四 2014 年青海保险业发展形势分析与发展建议

2014 年，青海保险业面临的国际国内经济金融环境日趋复杂，既有有利因素，也有制约因素。总体来看，青海保险业将会抓住国家深化经济金融体制改革的有利时机，积极参与社会管理，拓宽服务领域，服务实体经济，并在实践中不断提高服务能力和水平，着力培育塑造"重合同、守信用，担风险、合规范"的行业文化核心价值理念，与中国经济发展同步前进。

（一）2014 年青海保险业发展形势预判

目前，全球经济金融形势正在发生深刻变化。美国经济出现复苏迹象，尽管 9 月 18 日美联储出乎外界预料地推迟削减 QE，然而一旦经济复苏情况符合预期，美联储"量化宽松"政策仍将可能迅速退出。2013 年 6 月以来，市场受强势美元政策预期影响，出现了国际金价暴跌，资金为避险回流美国，新兴经济体经济受到严重冲击，相继出现股市急剧下跌、货币大幅贬值、资金加速撤离等问题。然而中国足够多的外汇储备、足够纵深的经济层次、未完全开放的资本项目以及高度统一的政治制度成为应对国际金融波动的防火墙，使中国经济能够保持稳定发展。国内方面，受房地产泡沫严重、部分地区房地产市场风险加大、地方债高企、劳动力成本上升、实体经济尤其中小企业经营困难并难以获取资金、经济结构调整缓慢等因素影响，经济风险加大。但是，从总体上看，中国经济基本面较好，2013 年 7 月以来经济数据呈现企稳迹象；在宏观经济政策选择上，中国坚定推进经济结构调整，推进经济转型升级。因此，中国经济一定程度上的放缓，许多方面是主动而为，目的是要从根本上解决经济长远发展的问题。当前所面临的地方政府债务、部分行业产能过剩等问题都处于可控范围之内。

总体来看，2014 年青海保险业发展面临的宏观经济不确定性因素增加，但总体向好。受中国宏观经济环境影响，2014 年青海保险业仍将趋势向好，但不排除阶段性下滑风险。具体来看，由于青海保险业务结构中财产险公司以车险为主，人身险公司分红险"一险独大"，对财产险影响可能有限（财产险业务主要可能由于投资放缓造成工程险等业务的下降）；而对人身险业务，受资金面可能趋紧影响，投资理财型险种发展存在下滑风险。

以 2013 年预计原保险保费收入和 16% 预计年增长率为基础，预计 2014 年青海原保险保费收入为 45.44 亿元，预计保险密度为 778.71 元/人，保险深度为 1.81%。

（二）发展建议

1. 着力提高保险服务经济社会发展能力

一是鼓励保险公司在西宁市以外地区设置机构，加大保险服务供给，提高

青海蓝皮书

西宁以外地区保险服务能力，同时在全社会加大保险宣传、普及保险知识，以期培育保险市场、创造保险需求。二是加大保险人才培养力度。随着保险服务领域的不断拓展，保险的社会管理功能日益体现，在开办农业保险、大病保险工作中需要更多的复合型人才，必须加大人才培养力度。三是加强工作协调力度。开展农业保险、大病保险等险种涉及保险业和有关政府部门间的工作职责划分，必须做好协调，理顺工作机制，才能提高工作效率，提升保险的服务能力和水平。如开展大病保险工作还涉及保险公司、社保部门、医院等方面技术软件的对接，否则无法实现信息的有效交流；农业保险的开展需要财政保费补贴，要加强沟通协调，增加财政支持力度，不断提高农业保险覆盖面。

2. 着力维护良好的保险发展环境

良好的市场竞争环境，可以为社会带来更优质的保险服务；而恶劣的市场竞争环境则会破坏保险业健康发展的基础，增加市场风险，降低保险业服务经济社会发展的能力。保险监管部门、保险行业自律组织应各司其职，为保险业健康发展创建良好的市场环境。一是要按照中国保监会总体要求和部署，以保护保险消费者合法权益为目的，依法严厉惩处扰乱市场秩序的保险公司；进一步完善保险消费者保护机制，增强工作透明度，切实解决车险理赔难和治理寿险销售误导。二是强化社会监督机制，发挥舆论监督作用。积极为保险社会监督员监督工作创造条件，鼓励保险社会监督员发挥监督作用；对监管工作中已经查处的事实和结果，及时对外披露。三是加强保险中介市场监管。对兼业代理机构业务开展情况要定期评估。应将代理业务规模小、管理不规范的保险兼业代理机构清理出市场，促进保险兼业代理市场健康发展。

3. 着力推动重点领域保险业务发展

一是引导保险公司大力发展商业养老、商业健康保险，满足多层次的保险需求，积极参与医药卫生体制改革，不断提升服务经济社会的能力和水平，为完善社会保障体系提供支撑；继续做好大病保险业务，把好事办好；继续做好计划生育保险、农村小额人身保险的试点工作。二是进一步推进农业保险工作，不断扩大农业保险覆盖面，提高保险保障水平，促进农业保险可持续发展；指导公司建立健全"三农"保险服务体系，按照"覆盖全面、管理清晰、运行规范、服务到位"的总体思路，推进农牧区保险服务体系建设。三是根据青海自然灾害多发的现状，积极研究开展巨灾保险的可行性，利用保险机制预防和分散灾害风险，完善社会防灾减灾体系。四是努力推进环境污染责任保险、安全生产责任保险、医疗责任保险等与公众利益密切相关的责任保险发展，有效化解社会矛盾和纠纷，维护社会和谐与稳定。

参考文献

青海省人民政府：《关于进一步提高全省城乡居民医保筹资标准促进城乡医保健康发展的意见》（青政〔2013〕21号）。

青海省人民政府：《关于印发扩大城乡居民大病医疗保险实施方案（暂行）的通知》（青政〔2012〕49号）。

社 会 篇

Social Reports

B.10

青海省中间阶层的发展状况与趋势分析

石德生*

摘 要:

经过对青海省社会中间阶层发展状况与趋势的分析,我们认为,能够同时满足学界内专家认可的职业、经济、文化、自我认同等4个方面要求,达到中间阶层标准的人数在青海省内大致为总人口的6.7%,并具有集中于省会与州府所在城市及男性偏多、年龄较大、自我认同率不高等特征。青海社会中间阶层尚未发展成具有社会学意义的功能实体,难以发挥其应有的社会功能,也使青海社会结构目前未形成"菱形"或"橄榄形"的稳定阶层结构形态。

关键词:

青海 中间阶层 发展状况 趋势

---

* 石德生,中共青海省委党校发展战略研究所所长、教授,研究方向:发展社会学、社会分层、经济社会学。

历经 30 多年的改革开放，青海政治、经济、社会、文化取得了世人瞩目的发展成就。其中，最为引人注目的则是社会中间阶层的出现与发展。因为社会中间阶层不仅是社会思想、消费风尚、文化理念的引导者、创造者，更是社会矛盾的稳定器。而且，社会中间阶层的发展状况与趋势，也能反映一个社会的文化、教育、经济、政治的总体发展水平，社会政治文明程度、开放与封闭程度、分化与社会流动程度、社会公平与公正程度。因此，本文就当前青海社会中间阶层的发展状况、构成、趋势及功能发挥等问题做一次尝试性分析与讨论，以期为青海社会建设与管理提供借鉴，为"富裕文明新青海"建设提供智力支持。

一 青海社会中间阶层的发展状况

当前中国社会学界关于社会阶层结构的研究，大多以职业、经济收入、文化与教育程度、主观认同等条件与标准划分社会阶层归属。我们这里也依据这几个条件及相关统计数据①分析青海省社会中间阶层的发展状况与构成特征。

（一）职业条件视域中的中间阶层发展状况

之所以将职业作为首要条件分析青海社会中间阶层的发展状况，主要原因在于：第一，在社会发展进程中，个人身份、地位、荣誉、价值与归属、社会资源与职业直接相关。第二，改革开放以后，以血统、家庭出身、成份论英雄的时代已经结束，且随着社会组织化程度的日益提高，个人或社会群体的社会地位与个人的职业身份建立了直接联系。第三，由于二元社会结构与管理体制的存在，体制内单位与职业占有较多经济、政治、文化、社会资源。故而，可将职业作为当前青海乃至中国社会发展中衡量与划分社会阶层的主要表征。而且，当代诸多社会学名家也均以职业为主要标准划分、研究中国社会阶层结构，并将其分为国家与社会管理者、经理人员、私营企业主、专业技术人员、

---

① 本文引用资料主要有《2010 年第六次人口普查青海公报》、《2012 年国家统计局经济社会发展公报》及相关统计数据。

办事人员、个体工商户、商业服务人员、产业工人、农业劳动者、城乡失业与半失业等十大阶层，如陆学艺主持编写的《当代中国社会流动》、《中国中产阶层调查报告》，李春玲的《断裂与碎片》等。同时，在研究中专家学者也将专业技术人员、公务员与办事员、个体工商户（自营业者）等职业的从业人员划分为社会中间阶层，并依据这些阶层的发展状况分析中国社会阶层结构及其变迁趋势。

据此，我们认为，也可以"职业"为首要条件界定、划分青海的社会中间阶层，并可将在城镇单位就业人员中的国有企业中层管理者、技术人员、公务员与办事员以及个体工商户（自营业者）划分为社会中间阶层。由此，根据 2013 年 2 月国家公布的经济社会发展公报及相关数据，以职业为标准，分析青海社会中间阶层的发展状况与规模，可认为：2012 年底青海省人口中，符合中间阶层职业的人口为 78.6 万人，占青海总人口的 13.71%，与全国社会中间阶层发展状况[1]相比低 2.2 个百分点。其中，城镇单位就业人数（包括公务员、专业技术人员、办事员）60.59 万（2010 年为 52.60 万）、城镇与乡村私营投资者就业人数 4.21 万人（城镇 2.97 万人，乡村 1.24 万人，2011 年为 3.74 万人）[2]、个体工商户达到 13.8 万户[3]；而且，以职业构成来讲，青海社会中间阶层中体制内的专业技术人员、公务员与办事员比例较高，个体工商户（自营业者）比例较低，说明青海社会经济总体发展滞后，民营与私营经济、企业发展不足，社会职业分化、职业流动不足，社会处于相对僵化、封闭的状态，中间阶层主体仍在体制内单位。

（二）经济条件视域的中间阶层

中间阶层之所以获得"中产阶层"的称谓，主要原因还在于其居于社会中间水准的经济收入，以及能形成雅致生活的品位与观念，倡导公平与公正风尚的良好生活方式，是引领社会消费风尚的"前卫"角色。故在中间阶层研

---

[1] 李春玲的《断裂与碎片》依据职业标准（白领职业）划分，我国当前中间阶层可占全国适龄人口的 15.9%。
[2] 国家统计局数据库，青海就业，http://data.stats.gov.cn/search/keywordlist2。
[3] 2012 年工商部门服务和监管情况数据，http://www.qhaic.gov.cn/info/1388/4595.htm。

究与分析中，经济收入也就成为是否为社会中间阶层的主要判断标准之一。对此，张宛丽在《社会中间阶层的崛起》中认为：个人月收入在 2000～3000 元，年收入在 25000～35000 元，家庭收入在 50000～70000 元可以归为中间阶层[①]；沈晖在《中产阶层的认同与建构》中认为个人月工资收入在 5000 元以上的可归为中间阶层[②]。由此，依据地域经济与社会发展状况、进程，我们认为可以月收入 4000 元、年收入 50000 元为准，家庭收入 10 万为基准，判断、分析青海中间阶层发展状况。若以此标准分析青海社会经济领域各群体收入，我们认为：第一，青海社会中从事体制内工作的人员，且还要是中高级别以上的人员才可达到这个标准。因为 2013 年国家统计局公布的数据中，青海只有国有单位职工的年均工资为 46938 元，勉强达到标准；而其他城镇单位 2011 年人均工资为 36121 元[③]，达不到标准。第二，个体工商户（自营业者）也可达到这一要求，但人数不好统计。第三，若将上述符合标准的人员与群体统计在一起，主要是中高层公务员、专业技术人员、个体工商户与国有垄断企业的高级员工等，总人数则为 40 万左右，占总人口的 6.9%。与沈晖估算的全国五城市的中间阶层比例（24.6%）相比[④]，落后 17.7 个百分点，而且进入中间阶层的人员主要集中于体制内单位。总之，依据经济收入条件考察青海社会中间阶层的数量，我们认为在人数总量、收入总量方面都落后于全国水平。

（三）教育条件视域的中间阶层状况

丰富的知识储备，专业化的工作技能，深厚的个人文化涵养，个体化的生活品位与消费格调，关注公平、公正、民主的公共精神，追求自我实现的价值理念，都是中间阶层区别于基础阶层的精神特征。张宛丽的《社会中产阶层的崛起》也认为：社会中间阶层是具有较高学历、接受过专业化培训，以脑

① 张宛丽：《社会中间阶层的崛起》，载陆学艺主编《当代中国社会流动》，社会科学文献出版社，2004，第 271 页。
② 沈晖：《中产阶层的认同及其建构》，载周晓虹主编《中国中产阶层调查》，社会科学文献出版社，2005，第 45 页。
③ 国家统计局数据库，青海就业，http://data.stats.gov.cn/search/keywordlist2。
④ 李春玲的《断裂与碎片》认为：依据经济收入标准划分，我国当前中间阶层可占全国适龄人口的 24%。

力劳动为主，政治态度温和、保守，追求民主与平等，行为与生活方式讲究格调与品位，观念上强调自我价值实现的阶层①。因此，依据教育程度也可判断、区分社会中间阶层。同时，鉴于社会学界一致以大专及以上学历层次与受教育水平为社会中间阶层的划分标准，我们这里也采取这一标准，分析青海社会中间阶层的发展状况（见表1）。

表1　教育条件视域中的青海中间阶层构成与规模

社会阶层	基础阶层				中间阶层
教育程度	文盲	小学	初中	高中	专科以上
人口数	575733	1984287	1427738	586714	484794
比例（%）	10.23	35.2	25.375	10	8.62

资料来源：中国国家统计局编《第六次人口普查数据公报》，http：//www.stats.gov.cn/tjgb/20120228。

据此，根据第六次全国人口普查，青海省受教育程度达到大专及以上程度的为484794人，去除一些较高学历或者属于较高阶层的人员，教育程度方面符合社会中间阶层的人员，占青海省总人口8.62%，相对低于全国8.92%的水平（见表1）。这一状况说明在教育程度方面，青海符合中间阶层标准的人数比例落后于全国水平。这也说明近几年来青海经济社会发展滞后，致使青海教育落后于全国，并造成社会中间阶层发育不足。

总之，如果将职业、经济收入、受教育程度3个标准放在一起进行考察，青海省内能够同时达到社会中间阶层标准的人数只占到社会总人口的6.7%，为38400人，比2004年李春玲调查的全国数据4.1%（内地2.8%）高一些，但比南京大学周晓虹、沈晖于2005年在全国其他5个城市调查所得数据11.9%②低了很多。这一状况说明：第一，当前青海社会中间阶层的发展规模较小，目前尚无法形成稳定型社会结构的为"菱形"、"橄榄形"的中间部分。第二，青海社会中间阶层未能在职业、收入、消费、主观认同等方面完全统一

---

① 张宛丽：《社会中间阶层的崛起》，载陆学艺主编《当代中国社会流动》，社会科学文献出版社，2004，第266页。

② 沈晖：《中产阶层的认同及其建构》，载周晓虹主编《中国中产阶层调查》，社会科学文献出版社，2005，第45页。

起来，中间阶层的社会整合程度不高，未能发展成为一个规模较大的整合性社会群体。第三，就现有可以归为中间阶层的人员而言，具有体制化、收入与经济积累较少、认同度较低等特征。当然，这也符合青海经济社会发展的总体情况，和全国中间阶层的发展状况一致。

二 青海社会中间阶层构成与特征

（一）青海社会中间阶层的性别构成

根据相关数据资料，青海社会中间阶层的性别构成为：女性39%，男性61%[1]，呈现男多女少、男强女弱的特征。通过职业与性别交叉分析发现：公务员群体中女性比例较少，尤其是科、处级以上公务员中女性更少。此外，虽然专业技术人员群体中女性比例较高，但大多数集中在中低职称层面，较高技术职称、高收入行业中女性比例较低。这说明男性依然是青海社会中间阶层的主要组成部分、社会精英的主流，在经济收入、社会职位、社会资源的获得方面具有优势地位。这不仅和中国传统文化、男女性别分工、男女生理特征有着非常紧密的关系，还和青海地域文化有千丝万缕的联系。

（二）青海社会中间阶层的年龄构成

以年龄构成而言，青海社会可以属于中间阶层的人口中，年龄20~29岁的为8%，30~39岁的为19%，40~49岁的为27%，50~59岁的为35%，60岁以上为11%（见表2）；中间阶层人口相对集中于30~59岁。对比全国中间阶层人口主要集中于20~49岁的情况[2]，青海中间阶层人口的年龄大了10岁。通过年龄与职业的交叉分析，我们发现体制内职业占较大比例，且向级别较

---

[1] 沈晖：《中产阶层的认同及其建构》，载周晓虹主编《中国中产阶层调查》，社会科学文献出版社，2005，第45页。
[2] 沈晖：《中产阶层的认同及其建构》，载周晓虹主编《中国中产阶层调查》，社会科学文献出版社，2005，第45页。

青海蓝皮书

高、年龄较大的群体集聚，如科、处级以上公务员，副高职称以上技术职称，六级以上职员，企业中层管理人员等。其中原因：第一，当前政府、基层社会、市场三者之间的分工不足、分化不足，体制内从业者可能通过公权力创造"搭便车"的机会，获得较多社会、经济、文化资源。第二，青海经济发展整体滞后，社会与市场就业机会不多，即使有也是收入偏低，难以满足人们求职、发展需求，社会成员只能转向体制内就业，从而使公务员、专业技术人员等职业成为人们就业的首选。第三，公务员、专业技术人员需要较长时间的积累与磨炼，才能得到更高级别的位置与收入。因此，以公务员为主体的青海社会中间阶层的年龄相对大了一些。第四，由于青海经济发展滞后，私营与民营经济企业家大多数都是自己起家，因而对于进入中产阶层非体制内人员而言，其年龄也就提高许多。

表2 青海社会中间阶层的年龄构成与分布

单位：人，%

年龄构成	20~29岁	30~39岁	40~49岁	50~59岁	60岁以上
人口数	575733	1984287	1427738	586714	484794
比　例	8	19	27	35	11

（三）青海中间阶层的消费构成

消费结构是中间阶层的收入水平、消费观念、偏好、期望、能力的体现。中间阶层不仅是社会的中间力量，也是社会时尚的引领者，独特品格、时髦品位的创造者，消费的"前卫"。通过调查与分析，青海社会中间阶层的消费结构及排序是：住房（81%）、购车（72%）、子女教育（68%）、个人教育（44%）、服饰（40%）、社会应酬（35%）、饮食（60%）、文化与旅游娱乐（30%）、医疗保健（22%）。据此可认为：第一，青海社会中间阶层的消费风格正在型构，逐渐显出与非中间阶层不同的特点、品味，如消费倾向与结构开始显现文化消费、符号消费的影子，看重品牌及其附着意义（如手机消费），并通过符号消费提升自己的生活品位、格调。第二，开始从生存性消费转向发展性消费，具有非必需性、享受性消费特征，阶层之间的消费区隔（distinction）① 正在形成。第三，投资性、奢侈性、闲暇消费逐渐增多，如更多的住房消费、奢侈品消费、购车消费、自我投资消费等，但在整体消费结构中却排在靠后的位置。

总之，根据对当前青海社会中间阶层的构成、发展状况、规模大小的分析，可认为青海社会中间阶层的发展具有如下特征：第一，青海社会中间阶层的整体规模较小，并以体制内职业、男性为主，年龄偏大，即职业、年龄与地域分布较为集中。第二，虽然有着相似的消费与生活模式，但由于缺乏认同和整合感，未能把职业、收入、消费、主观认同等方面统一起来，未能整合成为一个实体性群体。第三，与发达地区的中间阶层相比，青海社会中间阶层的消费依然具有一些浓郁的传统文化的影子，未能成为社会消费意识与行为、社会风尚、社会价值观的引领者。也就是说，青海社会中间阶层依然扎根于基础社会之中，未能形成一个社会学意义上真正的阶层，没有使青海社会阶层形成"菱形"、"橄榄形"的稳定结构形态。

三　青海社会中间阶层发展趋势分析

社会分化与社会流动是社会中间阶层产生、发展的基础与前提。同时，社会分化、流动也取决于经济社会发展水平、政治管理体制的开放与封闭程度、社会福利政策的公平与公正程度等。因此，我们依据青海经济社会发展与社会管理体制的走向，分析青海的社会分化与流动，讨论青海社会中间阶层的发展趋势。

（一）青海经济发展与中间阶层发展

30 多年来，尤其是西部开发 10 多年来，青海经济发展取得了世人瞩目的成就，国内生产总值以每年 10% 以上的速度递增，尤其是二、三产业的快速发展，规模与效益的不断增长，使得经济结构也大为改变。如，2001 年青海

---

① P. Bourdieu, *Distinction：A Social Critique of the Judgment of Taste* （London：Routledge Kegan. Paul, 1998）.

国内生产总值为 300.83 亿元，人均产值 5732 元，人均收入 5853.72 元；一、二、三产业比重为 14.2%、44.0%、41.8%①。到 2012 年，国内生产总值达到 1884.54 亿元，且个人收入与财产也大大增加，全省个人存款余额为 1279.44 亿元；一、二、三产业结构比重为 9.4∶57.9∶32.7；就业总人口中，第一产业 115.09 万人，第二产业 74.52 万人，第三产业 121.28 万人②。其中，二、三产业的迅猛发展，不仅使经济产业结构与就业人口结构得以改变，也触动了原有固化的就业与职业结构，促进了原有社会阶级与阶层构成的分化，大量的社会横向与纵向流动，型构了新的职业与社会阶层，如私营企业家、经济人员、个体工商户、自营业者等，并使他们成为 20 世纪 90 年代的弄潮儿，且为当代中间阶层的形成奠定了基础。

根据当前青海经济发展的形势与产业格局变迁的方向，分析、预测青海社会的阶层分化、流动及中间阶层发展趋势，我们认为：虽然未来几年青海经济的发展可以为中间阶层带来发展的新契机，但中间阶层的发展速度不会太快，规模不会太大，不能从根本上改变青海中间阶层的发展速度与质量。原因在于：第一，根据《2012 年青海国民经济与社会发展公报》，今后青海优势产业将在新能源、新材料、盐湖化工、有色金属、油气化工、煤化工、装备制造、钢铁、轻工纺织、生物产业等方面发展③。这些产业的发展，尤其是资源型产业的发展，将会产生一定的就业机会，吸引农村与城市富余劳动力的就业或再就业，从而扩大青海产业工人的总体数量与比例。但由于上述产业大多属于第二产业，其从业者大部分为社会基础阶层，故第二产业发展、产业工人数量增加，除了优化社会基础阶层结构、提高工人的经济收入之外，不能改变青海中间阶层的总体数量、比例及中间阶层的性质。第二，具有地域优势的第三产业（旅游产业、文化产业、服务业、高新技术产业）将会是青海未来经济发展的新亮点，将为第三产业赢得较大发展空间。但由于青海第三产业的总量不大，为 615.75 亿元，且在经济结构中只占不到 1/3 比重，如 2011 年为 32.3%，2012 年为 32.7%，故第三产业发展可能创造较多就业机会、职业结构，提升

---

① 《2001 年青海省国民经济和社会发展统计公报》。
② 《2012 年青海省国民经济和社会发展统计公报》。
③ 《2012 年青海省国民经济和社会发展统计公报》。

白领的数量与比例。但如果没有第三产业的大规模、长时段、跨越性的发展及其带来的生产结构、职业结构的较大转型，那么，青海社会中间阶层的总体数量与比例在短时间内难以改变。

（二）社会管理体制与社会中间阶层发展

30 多年来，青海农村社会管理体制的渐次实施不仅打破了计划经济时期形成的僵硬固化的生产关系，为上亿农民流动、进城务工、促进农民阶级分化奠定了基础，也促进了新的职业与阶层的产生，如民营企业家、私营企业家、个体工商户等。同时，城市社会管理体制改革、国有大中型企业改制、公务员与专业技术人员管理体制改革，也进一步促进了城市社会阶层结构的分化，从原有的工人阶级、知识分子阶层中产生了新的社会阶层，如国企高管、专业技术人员、民企高管、产业工人，以及国家行政机关的公务员、职员等，并造就了新阶层形成的第二次高峰。

因此，如果依据当前社会建设、管理体制的现状、改革发展趋势来分析青海社会中间阶层的发展趋势，我们认为难以有更大的发展。原因在于：第一，现有社会管理体制与政策虽然能够应付社会管理的职能，但由于已经失去其当初激发社会大幅度变革的效能，不能再次促发社会产生较大的分化、流动。而且，有些政策与制度甚至在强化、固化着阶层之间的关系。第二，相关政策虽能刺激社会分化，但不能实现整合功能，如市场经济制度，虽然能激发人们劳动的积极性，刺激社会职业分化、阶层分化，但由于其先天存在的个体化、理性化逻辑，不能将人们的思想、价值观整合到一起，不能实现人与人之间、社会群体之间、阶层间的整合。第三，当前诸多社会管理体制（户籍、福利制度）、社会运行体制不再有利于社会阶层的分化与流动，反而抑制了社会资源、经济资源、教育资源的公平获得，限制了阶层之间的流动，使阶层之间流动频率与范围下降，逐步形成了阶层与资源的代际传递，造成"二代"现象。因此，当前社会管理体制开始逐步具有了封闭、僵化的特征。若要依据当前青海乃至全国社会管理与建设制度，我们认为已经难以再出现 20 世纪 80 年代以来的阶层分化与中间阶层快速发展的现象。中间阶层的再次发展，需要大力创新社会管理体制，改变利益结构与格局，以促进社会进一步的分化与流动。

（三）城市化与社会中间阶层的发展

从历史与现实二者结合的视角来看，大规模的城市化是青海乃至中国社会阶层分化、社会流动、中间阶层形成的重要途径。但依据当前青海城市化运作过程、状况，分析青海社会中间阶层的发展趋势，我们则不持乐观态度。第一，当前青海社会的城市化、城镇化，不是自发、渐进、系统、全方位的城市化，而是制度化背景下的快速、被动的城市化，故不能实现经济关系、政治关系、文化关系、社会关系等整体的城市化，只是人口的城市化而已，也不能促进社会阶层分化、阶层流动，不能促进社会中间阶层的形成。第二，虽然经济开发区与园区建设，通过征地方式使原土地所有者实现了户籍、身份的城市化，但由于经济、政治、社会资源、教育资源未能实现和市民一样的公平、公正的配置，因此这些人在短时间内难以市民化，难以分化、流动成为社会中间阶层。第三，由于传统文化影响，虽然人们进入了城市社会，但心理与人际关系、社会网络、文化理念、思想意识、价值观念、就业方式、生活方式、人际交往方式等方面都未能实现城市化，故社会分化与流动的频幅也很小，难以成为中间阶层。因此，当前青海社会的快速城市化是一种残缺的城市化，不仅不能促进人们在阶层之间的合理流动，为中间阶层的发展提供机会，也不能建立中间阶层所需的公共空间与公共意识，难以形成中间阶层的文化风尚与价值理念，难以养成中间阶层的生活方式，引领社会风尚与时髦。青海社会的中间阶层需要新型的城市化，需要经济与社会管理政策全方位改革与再次转型。

（四）社会保障、福利体系建设与社会中间阶层发展

社会福利、社会保障、社会公共服务体系的发展与建设，也是型构中间阶层的关键。根据当前青海社会福利与保障体系建设情况，分析青海省社会中间阶层的发展趋势，我们有以下几点看法：第一，随着经济社会的不断发展与进步，青海社会保障与福利体系建设完善的步伐将不断加快，如新型农村合作医疗、城镇医疗保险体系、失业与养老保障体系等。第二，社会保障体系的建设与完善，将解决人们的后顾之忧，改变人们的经济观念、消费观念、养老观念、教育观念，改变原有的积极储蓄观念，走向积极的消费观念，而这也将使

部分人逐渐承担起中间阶层消费引领者的角色，扩大中间阶层数量。第三，福利与社会保障体系的建设，将使社会主义理念、价值观更具整合力，从而在理念与心理上提高社会的整合程度，以扩大社会中间阶层。第四，福利与社会保障体系的建设，将改变人们的投资理念与力度，更多地将资金投入到人力资源与技术开发，以提升自身能力，参与社会竞争，从而逐步推动第三产业发展，促进文化与技术中间阶层的发展壮大。

（五）教育与社会中间阶层发展

良好的教育是人们建立良好的人生观、世界观、价值观，获得良好谋生知识、技术的关键，也是中间阶层建构的无形资本。因此，积极发展教育事业，合理配置教育资源，使广大人民群众得到良好的教育也是中间阶层型构的重要因素。就当前青海教育发展的前景而言，教育资源的配置将越来越均衡，义务教育的基础将不断夯实，中等教育、职业技术教育将获得不断发展，成人与高等教育发展形势喜人。因此，我们认为教育的发展，将为青海中间阶层的发展奠定良好的基础。

B.11

青海教育发展状况分析与展望

王绚　王振岭*

摘　要：

2013 年青海各个阶段教育皆有长足发展，教育投入增加，教师队伍建设取得新进展，取得一些宝贵经验，但也存在一系列问题。展望 2014 年的青海教育，存在诸多利好因素，需要应势而为，大力促进青海教育上水平。

关键词：

青海教育　发展形势　展望

2013 年青海教育战线大力实施"科教兴青"和人才强省战略，全面贯彻党的教育方针，全面落实规划纲要，以义务教育均衡发展为重点，以师资队伍建设为突破口，促进各级各类教育协调发展，大力促进教育公平，着力维护社会稳定，不断推进教育公共服务均等化，努力满足人民群众对优质教育的需求，为建设富裕文明和谐新青海建设做出了新的贡献。

一　2013 年青海教育发展形势分析

（一）学前教育发展迈出新步伐

随着"学前教育三年行动计划"的全面实施和深入推进，青海学前教育

---

* 王绚，青海省教育厅厅长、教授，研究方向：区域经济、教育管理；王振岭，青海省教育科学研究所所长、研究员，研究方向：民族教育、基础教育。

呈现强劲的发展势头。截至 2012 年底，全省累计投入学前教育资金 6.8 亿元，共建 693 个幼儿园，其中新建幼儿园 170 所、改扩建幼儿园 427 所、小学附设幼儿园（班）96 个，在 15 个县设 911 个学前教育巡回支教点，全省 153340 名幼儿接受不同形式的学前教育。制定并实施了学前一年资助政策，年内下达学前教育补助资金 8531.6 万元，81379 人享受资助政策，占在园幼儿总数的 53.07%。全省共有各类幼儿园 1143 所，同比增加 163 所，增长 16.6%；在园幼儿 153340 人，同比增加 19318 人，增长 14.41%，初步形成了以公办幼儿园为主体、社会共同参与的学前教育办园体制。2012 年全省学前三年毛入园率达到 69.09%，同比增加 9.61 个百分点，高出全国同期 4.59 个百分点。

（二）义务教育均衡发展做出新部署

青海省"两基"攻坚任务完成以后，义务教育工作重心由普及转向巩固提高与推进均衡并重。2013 年初，青海省政府与各州（市）政府签订了《关于推进义务教育均衡发展目标责任书》，进一步明确了地方政府推进义务教育均衡发展的责任和各地实现县域内义务教育基本均衡发展的目标时限，形成了保障义务教育均衡发展的政策体系和工作机制。同时，实施义务教育阶段学校标准化建设项目，均衡配置教育资源，合理布局农牧区义务教育学校，办好村小和教学点。在这一背景下，2012 年全省义务教育阶段学校发展到 1686 所，其中小学 1425 所、初中 261 所；在校生达到 70.74 万人，其中小学 49.87 万人、初中 20.87 万人。同时，重视特殊教育、关注流动人口子女、关爱留守少年儿童，保障特殊群体平等接受义务教育。

（三）高中阶段教育出现新变化

2012 年高中阶段在校生总规模达到 182847 人，同比减少 4121 人。高中阶段毛入学率达到 74.01%，同比提高 0.86 个百分点，但低于全国 10.99 个百分点。其中普通高中在校生 106005 人，同比减少 906 人，占高中阶段教育在校生总数的 57.97%；中等职业教育在校生 76842 人，同比减少 3215 人，减少幅度较大，占高中阶段在校生的 42.02%；中等职业教育示范学校 11 所，占全省中职学校的 28.2%，高出全国 21 个百分点。2012 年，全省高中阶段招生

达到69874人（含在省外就读及省内技工学校招生1534人），同比增加3150人。其中，普通高中招生38197人，同比增加2820人，占高中阶段招生总数的54.67%；中等职业教育招生31677人，同比增加330人，占高中阶段招生的45.33%。高中阶段毕业生59467人，同比增加1733人。2012年全省中等职业教育就业率达到97%以上。

（四）高等教育内涵建设取得新成效

2013年青海省报名参加普通高校考生40740人，录取36058人，录取率为86%，同比提高1.91个百分点。全省高等教育在校生达到64128人，同比增加3455人，高等教育毛入学率达到31.59%，同比提高2.08个百分点，超过全国1.59个百分点。2012年高校毕业生初次就业率达到88.65%，同比提高1.99个百分点。高校办学能力明显提升，青海大学和青海民族大学列入国家中西部高校振兴计划——基础能力提升工程，各获建设经费1亿元；青海大学列入国家中西部高校振兴计划——综合实力提升工程，预计获建设经费5亿元。积极推进高校学科专业结构调整，其中停招、减招、隔年招66个社会需求少、就业形势不好的本科专业；新增煤化工、光伏发电技术等青海紧缺人才专业15个。坚持以质量为核心，以培养高素质人才为目标，加大高层次人才培养力度，"青海大学卓越工程师教育培养计划项目"等4个人才项目已纳入教育部卓越人才教育培养计划。立项建设10个重点学科、11个重点实验室、10个特色专业、10个实验教学示范中心、28个教学团队、12个实训基地。"十二五"以来，青海高校科技活动共投入经费2.79亿元，立项科研课题1029项，科技贡献率达到45.8%。

（五）民族教育发展有了新进步

2012年少数民族在校生达到58.04万人，占全省学生总数的52.30%，超过少数民族46.98%的人口比例。小学少数民族适龄儿童毛入学率达到109.48%，初中少数民族适龄人口毛入学率达到100.4%，接近全省平均水平。组织协调六州与教育对口支援省（市）制订了"十二五"教育对口支援规划。截至2013年10月，共落实教育援助项目103个，援助资金4.53亿元；

向省外选送普通高中生 1500 余名、中职学生 1900 名；促成了六州部分幼儿园、中小学与各对口支援省（市）幼儿园、中小学的结对帮扶。教育部确定天津大学对口支援青海民族大学，实现了部属高校对口支援青海普通本科高校工作全覆盖。加大异地办班力度，建立省内东部地区一个县、一所学校对口帮扶六州一个县、一所学校的一对一定点帮扶机制，促成了结对学校在选派支教师资、跟岗培训、挂职锻炼、教学研究等方面开展点对点的深度交流合作，提升了教育教学质量。同时，还实施了少数民族高层次骨干人才计划，录取硕士生 75 人、博士生 27 人。

（六）教师队伍建设取得新成绩

在深入调研的基础上，青海省探索建立了以州（市）为单位的区域内教职工编制总量动态调整机制，重新核定并增加了全省中小学教职工编制，编制总数由 52884 个增加到 55021 个，新增编制 2137 个，其中六州增加了 2105 名，占增加编制总数的 98.5%。在西宁市、海北州和省直部门所属学校及教育机构进行了中小学教师正高级职称制度改革试点工作。通过实施国家"特岗计划"和省级组织招聘，全省补充 2001 名中小学教师，其中六州占76.81%。开展省内对口支援，组织西宁市、海东市及省属学校 331 名教师赴青南三州开展为期一年的支教。同时，组织青海师范大学和青海民族大学的1744 名本专科师范生及陕西师范大学 107 名免费师范生开展顶岗支教实习工作。狠抓师资培训工作，全年约有两万名教师参加了各级各类形式的教师培训。到 2012 年底，青海省各级各类学校专任教师达到 59462 人，其中学前教育专任教师 4361 人、义务教育阶段专任教师 41089 人、高中阶段教育专任教师 10134 人、普通高校专任教师 3878 人。2013 年 6 月，青海省委、省政府又出台了《关于加强中小学教师队伍建设的实施意见》，明确了当前和今后一个时期内中小学教师队伍建设的指导思想、总体目标和重点任务，为加强教师队伍建设提供了政策支持和制度保障。

（七）党的建设和思想政治工作实施新举措

全省各级各类学校特别是中小学，认真贯彻省委、省政府《关于进一步

加强新形势下中小学校党的建设和思想政治工作的意见》。《意见》把立德树
人作为根本任务，重点从完善领导体制、加强党对学校工作的领导、创新思想
政治工作、切实增强针对性和实效性、夯实组织基础、强化学校管理、深化平
安校园建设、完善保障机制等方面提出了明确要求。到目前，各州（市）、县
（区、市）均成立了教育工委，州（市）、县（区、市）教育局均成立了党
委，全省符合条件的中小学均成立了党组织，各级各类学校党组织活动基本做
到了全覆盖。启动实施了全省中小学"快乐学习、幸福成长"主题教育实践
活动，引导学校、教师进一步转变教育教学观念，积极探索课堂教学改革。大
力开展阳光体育活动，保证每天一小时校园体育活动，培养德智体美全面发展
的社会主义建设者和接班人。

（八）教育经费投入有了新增长

在国家的支持下，全省教育经费和财政教育投入大幅度增长，教育经费由
2010 年的 106.2 亿元增加到 2012 年的 196.6 亿元，增长了 85%，占全省国内生
产总值的 10.6%。2011 年以来（到 2012 年底），教育基本建设投资 126.7 亿元，
是"十一五"投资的 3 倍，仅 2012 年下达各类项目资金 49.95 亿元，超过"十
一五"期间投资总和。重点实施了农牧区学前教育工程、示范性高中建设工程、
特殊教育学校建设工程、教师周转宿舍建设工程，扎实推进中小学校舍安全工程
建设，全省中小学 D 级危房基本消除，C 级危房改造加固有序推进，基本达到
国家制定的综合防灾标准。同时，在实现全省免费义务教育的基础上，农村义务
教育阶段学生营养改善计划全面启动，中小学寄宿生生活补助标准再次提高，学
前一年和中等职业教育资助政策全面实施，全省已建立起学前一年教育、九年义
务教育、三年中等职业教育的经费保障机制，构筑了从学前教育到高等教育的贫
困学生资助政策体系，从而保证了每个孩子不因家庭经济困难不能入学或辍学。

二　青海教育全面发展的基本经验

青海教育取得了巨大成就，同时，作为欠发达的民族地区，教育事业发展
中也积累了丰富的经验。一是发展青海教育，必须坚持教育的社会主义方向，

坚持党对教育工作的领导，突出教育优先发展的战略地位，确保教育经费投入的"三个增长"，这是教育事业发展的根本保证。二是发展青海教育，必须坚持以科学发展观为指导，有计划按比例地发展教育事业，以义务教育均衡发展为重点，促进各级各类教育持续健康协调发展，这是正确处理各类教育发展的重要原则。三是发展青海教育，必须坚持教育为经济社会发展服务、为人民服务的理念，以提高满足广大群众的更高需求为目标，扩大教育资源，改善办学条件，提高质量效益，这是人民群众对教育工作满意度的关键所在。四是发展青海教育，必须坚持深化对教育省情的再认识，根据区域特点和民族特点，遵循规律，求实稳进，内外协调，持续发展，避免大起大落，这是教育事业科学发展的内在要求。五是发展青海教育，必须坚持改革开放，在破解制约教育发展瓶颈问题的同时，把青海教育汇合到全国整个教育发展的总潮流中去，这是逐步提高教育发展水平的必然选择。六是发展青海教育，必须坚持依法治教，使各级政府和教育行政部门从主要依靠政策转变到主要依靠法律、法规上来，从主要依靠行政手段转变到主要依靠行政执法方式上来，使教育改革与发展逐步走上法制化轨道，这是教育事业发展的可靠保证；七是发展青海教育，必须坚持充分调动各方面的积极性，协调各方面的力量，共奏"教育大合唱"，这是教育事业发展的重要条件。八是发展青海教育，必须坚持维护学校的安全、稳定，完善体制，明确责任，这是教育工作的重要任务。九是发展青海教育，必须继续争取国家支持和发达省（市）的帮助，这既是社会主义制度优越性的重要体现，也是欠发达地区实现教育可持续发展的重要条件。

三 新形势下青海教育发展面临的挑战及问题

党的十八届三中全会针对教育改革提出了一系列举措。全面推进教育改革，青海面临诸多挑战及问题。

（一）学前教育虽然发展很快，但资源总量仍显不足，幼儿师资缺口很大

数据显示，青海省幼儿园生均校舍面积4.05平方米，与国家最低21平方

米的要求相差甚远。又如，按规定全日制幼儿园教职工与幼儿的合适比例为1∶10，而青海省城市、县镇、农牧区幼儿园教职工与幼儿比例分别为1∶20、1∶33、1∶70。

（二）教育发展不平衡问题突出

根据国家要求，青海省虽制订了推进县域义务教育均衡发展的时间表和路线图，但由于自然、历史等方面的原因，城乡之间、区域之间、学校之间发展差异大，办学条件与标准化建设不均衡问题突出，农牧区优质教育资源匮乏。2013年民族地区在西宁市就读的中小学生已超过3万人。这说明，青海省推进义务教育均衡发展的任务繁重。

（三）高中阶段教育有待大力促进

高中阶段教育毛入学率虽达到了74%，超出省规划指标2个百分点，但通过对初中在校生分析，到2015年预计高中阶段在校生为17.95万人，高中阶段毛入学率则为71.74%，低于规划目标（86%）14.26个百分点。大力发展初中教育，强化政府责任，提高义务教育巩固率，是加快高中阶段教育发展的关键环节。

（四）素质教育的推进仍然面临较大的困难和阻力，片面追求升学率的倾向严重

整体来说，青海省中小学课业负担过重，学生在校内、外学习时间普遍较长；不少学校布置家庭作业的时间超出教育部规定的标准；学生参加学校节假日组织的补课，参加语文、数学、外语等学科类校外辅导班比较普遍。

（五）教师队伍建设仍然滞后

尽管青海在教师队伍建设，如数量的增加、学历达标、全员培训、职称评定、晋级评优等方面做了巨大努力，但农牧区中小学师资力量薄弱、城乡分布不均衡问题仍较突出，部分地区心理健康、音乐、美术、体育、英语等学科师资明显不足，教师结构不合理，教师专业水平有待进一步提高。

（六）牧区寄宿教学存在诸多困难

青海教育的难点在农牧区，而农牧区办学的主要形式是寄宿制。寄宿制除具备一般学校的办学条件外，还必须安排好学生的衣、食、住、行、学习用品及卫生保健等，人均培养成本比一般学校高出三、四倍。加之农牧民子女尤其是牧民子女入学年龄小，远离父母，缺乏亲情，寄宿制学校约有一半孩子存在抑郁倾向，这就给学校的管理、安全以及教学质量的提高带来了难度。

可见，当前青海教育改革和发展的基本矛盾，仍然是现代化建设事业对高质量多样化人才的需要与教育培养能力不足的矛盾、人民群众对优质教育资源的强烈需求和优质教育资源供给不足的矛盾。

四　青海教育加快发展路径及展望

在全面深化改革的新形势下，在中央实施第二轮西部大开发战略和支持青海等省藏区经济社会发展的宏观背景下，在国家和青海中长期教育改革和发展规划纲要的鼓舞下，青海教育的未来发展方向得到明确，发展和改革的重点任务已经提出。展望未来，随着青海"两新"目标和"三区"建设步伐的加快，青海教育在现有基础上，将进一步加快深化改革步伐，促进教育公平，继续朝着提高质量和加快推进现代化的方向发展。

（一）学前教育继续得到重视和加强

在全国教育体系中农村学前教育发展滞后，在青海教育体系中，农牧区学前教育发展更加滞后。今后几年，青海省将继续实施"学前教育三年行动计划"和重大项目，按照"广覆盖、保基本"的要求，在城市，逐步建立以公办幼儿园为骨干，以社区幼儿园为基础，多种办园形式相结合的学前教育网络；在农村牧区，形成以公办县级标准幼儿园为骨干和示范，以乡（镇）中心幼儿园为主体，以小学附设学前班和村级幼儿园为适当补充的发展格局，重点加快山区和牧区学前教育发展。落实《3~6岁儿童学习与发展指南》。加强幼儿师资队伍建设，加大幼儿师资培训力度，建立健全各级各类幼儿园办园管

理和办园质量监测体系，强化科学保教，坚决防止和纠正"小学化"倾向。经过努力，学前教育普及程度将进一步提高，到 2015 年，全省学前三年教育入园率有望达到 70%，走到西部省区的前列。

（二）均衡发展义务教育有序向前推进

青海省九年义务教育普及之后，均衡发展成为新时期义务教育的战略任务。按照"推动有力、检查到位、考核严格、奖惩分明、公开问责"的要求，与各地签订推进县域内义务教育均衡发展备忘录，进一步明确责任，加快发展步伐。开展义务教育基本均衡县（市、区、行委）评估认定工作，确保全省阶段性义务教育发展基本均衡目标的实现。加大对农牧区和薄弱环节的教育经费投入力度，推进义务教育学校标准化建设。加强基础教育质量监测工作，建立对各地教育质量的评估体系。根据新农村建设和城镇化发展，进一步整合优化教育资源，促进各州（市）县域内中小学校在办学条件、师资队伍、教学仪器、图书配备等方面均衡发展。到 2015 年全省义务教育初中三年巩固率达到 93%，15 个县（市、区、行委）实现县域义务教育基本均衡发展目标。

（三）普通高中建设步伐进一步加快

与义务教育和高等教育相比，青海省高中阶段教育发展明显滞后。因此，加速普及高中阶段教育，加快普通高中发展步伐，是当前和今后一个时期青海教育发展的一项重要任务。今后几年，青海省将以"实施特色普通高中建设项目"为抓手，指导各地合理布局普通高中，扩大优质教育资源，让更多学生享受到公平、优质的普通高中教育。薄弱高中学校改造力度加大，优质高中办学规模扩大，高中阶段教育入学率将有较大幅度的提高。根据要求，制定和实施普通高中多样化发展推进计划和高中学校特色创建工程，积极推动普通高中教育由个别重点发展向区域协调发展、由统一发展向特色发展、由单一模式向多元模式发展转变，满足初中毕业生接受多元化教育的需求。异地办学力度加大，三江源民族中学建设力度加快，省内条件较好地区及省外招收普通高中生的范围和数量进一步扩大，各族群众对优质高中资源的需求基本得到满足。

（四）中等职业教育继续保持较快发展势头

青海职业教育将以就业为导向，紧紧围绕服务全省支柱、优势和特色产业规划和满足发展循环经济、生态保护等对技能型人才的需求，"加强重点专业，做强主体专业，拓展新兴专业，改造传统专业"，优化中职学校布局，合理调整专业结构，形成国家、省、学校三级重点专业建设体系，增强服务产业发展的能力。在国家的支持下，继续推进国家示范高职、中职学校建设，实施好国家骨干高职院校和省级重点高职院校建设项目，加快职业教育实训基地、特色学校建设、科威特贷款等重大项目建设步伐，加强职业教育基础能力建设，持续改善办学条件。进一步推进工学结合、校企合作、顶岗实习人才培养模式，提高学生就业创业能力。大力加强教师队伍建设，重点解决中等职业学校教师总量不足等问题。继续办好职业院校技能大赛、信息化教学大赛和校园"文明风采"竞赛活动，进一步增强职业教育的吸引力。

（五）高等教育服务经济社会能力进一步增强

今后几年，青海高校将在国家中西部高校振兴计划——青海大学综合实力提升工程、国家中西部高校振兴计划——青海民族大学基础能力提升工程和国家级高职院校——青海畜牧兽医职业技术学院的带动下，按照省委、省政府确定的"招生跟着就业走，办学跟着市场走"和"办学围绕社会需求转，教师围绕学生成才转"的办学思路，进一步优化学校布局和学科专业结构，加大学科专业建设力度，提高人才培养质量，全面提升高等教育服务经济社会发展的能力。根据青海"十大特色工业"、"农牧业十大特色产业"、"十大特色服务业"的需要，重点调整、优化全省高等职业院校布局，扩大高等职业教育办学规模，努力形成经济社会发展与人才需求相适应的，优势突出、特色鲜明、布局合理、结构优化的高等教育和职业教育学科体系。继续抓好省级"质量工程"项目建设，推广"质量工程"项目建设成果，发挥"质量工程"项目的示范、辐射和带动作用，争取1～2个"2011协同创新中心"跻身于国家"2011"计划。继续做好高校对口支援工作，加大高层次人

才培养力度，认真实施高校"135 高层次人才培养工程"、"高校青年骨干培训计划"和"高职院校青年教师素质提升计划"，不断提升对外交流水平。同时，还要重视发展电视、函授、自学考试等开放式、社会化的高等教育，加快发展高职教育，构建较为完善的现代国民教育体系和终身教育体系，把高校办成教育、科研、信息、传播文明和建立学习型社会的基础，满足人民群众多样化的需求。

（六）民族教育与普通教育差距进一步缩小

民族教育是青海教育的重要组成部分，同时也是薄弱环节。未来几年，在中央支持藏区经济社会发展的大背景下，青海民族教育尤其是藏族教育改革和发展继续向纵深推进，公共教育资源继续向贫困地区、民族地区和弱势群体倾斜，玉树灾后学校建设步伐加快，民族教育与普通教育发展的差距进一步缩小；对口支援和异地办班力度加大，合作交流领域进一步拓宽；省内东部地区和民族地区县、校一对一帮扶机制进一步完善；民族教材建设进一步加强，"双语"教学和"双语"师资队伍建设力度加大；民族中小学标准化建设步伐进一步加快；现代远程教育进一步发展；家庭困难学生将会继续得到国家的资助；少数民族高层次骨干人才计划将进一步实施；各级各类民族学校民族团结教育将深入开展。

（七）教育信息化建设步伐加快

信息化是当今世界发展的大趋势，是推动经济社会变革的重要力量。在教育工作中，国家确定了大力普及信息技术教育，以信息化带动教育现代化的发展战略。据此，今后几年青海将以《教育信息化发展规划（2013～2020 年）》为统领，以"三通两平台"① 建设与应用为目标，以创新学习方式和教育模式为核心，以体制机制和队伍建设为保障，把现代教育技术纳入教师职业技能考核内容。体现顶层设计，注重解决信息管理与信息资源共享、信息交互、信息

---

① "三通两平台"，即宽带网络校校通、优质资源班班通、网络学习人人通，建设教育资源公共服务平台、教育管理公共服务平台。

应用的问题，着力推进信息技术与教育教学的全面深度融合，着力打造功能齐全、运行高效的教育公共服务体系，着力提升教育信息化应用水平。到2015年，基本形成功能完善、覆盖全面、应用广泛的"宽带网络校校通、优质资源班班通、学习空间人人通"的信息化应用环境，建成服务社会、学校、师生及教育行政部门公共服务体系，为提高教育质量、缩小地区间差距、促进教育公平做出积极贡献。

（八）教师队伍建设进一步加强

百年大计，教育为本；教育大计，教师为本。建设一支高素质、专业化，具有创新精神、奉献精神的教师队伍和管理人员队伍，是实现教育科学发展的关键和保证。根据实际，今后几年，青海省教师队伍建设将进一步贯彻落实省委、省政府颁布的《关于加强中小学教师队伍建设的实施意见》，以解决教师结构性矛盾为重点、以规范教师教书育人行为为突破口，优化教师队伍结构，规范教师队伍管理，健全教师培训体系，建立政策导向机制，不断提高教师队伍建设整体水平。到2015年全省中小学教师队伍建设力争实现"三个基本、一个加强"，即中小学教师队伍总体规模和结构基本适应教育发展要求，教师队伍整体素质基本符合推进素质教育的需要，教师培训支持服务体系基本建成，教师工作薄弱环节得到全面加强。针对高校教师中具有研究生学历的人数少且学科分布不均的实际，将选派业务较强、具有培养潜质的青年教师赴外地高校攻读硕士、博士学位。同时，继续实施"昆仑学者"计划和"135高层次人才培养工程"，以适应高等教育发展的需要。

（九）教育科学研究水平不断提高

随着各级各类教育的蓬勃发展，教育科研工作将得到重视和加强。根据青海教育发展的新形势，在今后几年，青海省将相继成立"三个中心"，即集中小学教育教学研究与教师培训为一体的中小学教学研究与师资培训中心，负责教学研究、教师能力评估和教师培训工作；教育信息管理中心，统筹全省教育系统信息化建设和教师信息技术能力培训，负责中小学校教师实名制

信息管理、教育政务公开、新闻发布和舆情分析等；教育发展评估中心，对各地教育教学质量、教育成效开展定期评估，对教育政策制定及执行情况进行研究，为教育科学规划与决策提供依据。同时，还要结合省情，深入研究把握青海教育发展的特殊规律，针对教育特别是农牧区教育发展中存在的突出问题进行调查研究，通过研究，出思想、出思路、出政策，真正做到从实际出发，使教育决策及时反映不断变化的客观实际，为教育的科学发展做出新的贡献。

实现青海城乡居民收入翻番目标的
形势分析与对策建议

苏海红　朱　华　杨　军*

摘　要：

经过30多年的建设发展，青海省经济社会发展取得了显著成绩，经济总量逐年增加，人民生活水平不断提高。为贯彻落实中央及省委关于推动实现城乡居民收入翻番的有关精神，本研究报告在设定城乡居民实现收入翻番目标的基础上，分析了青海省实现城乡收入翻番所面临的挑战和机遇，深入探讨了实现城乡居民收入翻番的难点和问题，提出了实现翻番的对策建议。

关键词：

城乡居民　收入翻番　挑战和机遇　难点和对策

党的十八大报告描绘了在新的历史条件下我国全面建成小康社会的宏伟蓝图，首次提出"实现国内生产总值和城乡居民人均收入比2010年翻一番"的新目标。实现收入翻番计划是全面建成小康社会的关键，意味着从追求"国强"到更加重视"民富"的理念转变，是坚持以人为本、提高城乡居民幸福指数、有效缩小省内外区域差距和城乡差距的有效途径，是推动藏区发展和促进社会和谐的重要举措。青海省生态地位重要、资源地位显著、稳定地位突出、后发优势明显，但同时又集中了高原地区、民族地区、西部地区和经济欠

---

* 苏海红，青海省社会科学院副院长、研究员，研究方向：区域经济；朱华，青海省社会科学院经济研究所研究员，研究方向：农村经济；杨军，青海省社会科学院科研处副研究馆员，研究方向：区域经济。

发达地区所有的特殊困难，实现收入翻番及与全国同步建成小康社会目标，任务十分艰巨。

一 青海实现收入翻番目标面临的挑战和机遇

青海省经济基础薄弱，要在 2020 年实现城乡居民收入翻番及接近全国平均水平，既面临巨大的挑战，也存在诸多重大发展机遇。

（一）青海省城乡居民实现收入翻番目标的设定

青海省实现收入翻番目标可以设定两个基本目标：

一是以本省 2010 年收入水平为基数的翻一番目标，即到 2020 年，青海城镇居民人均可支配收入达到 27710 元，农牧民人均纯收入达到 7725.4 元（2010 年不变价）。只要青海人均 GDP 年均增速和人均收入年均增速均达到 7.2% 以上，就可以实现城乡居民收入翻番的目标。

二是以全国 2010 年收入水平为基数的翻一番目标，即到 2020 年，青海省城镇居民人均可支配收入达到 38218 元，农牧民人均纯收入达到 11838 元。青海则需人均 GDP 年均增速和人均收入年均增速均达到 12% 以上，城乡居民收入才有望于 2020 年与全国同步实现全面建成小康社会目标。

（二）实现收入翻番面临的挑战

从宏观角度看，青海省城乡居民实现收入翻番在经济、社会和生态方面将面临四大挑战。

1. 经济发展滞后，产业结构不合理

近年来，全省加大了城乡基础设施建设力度，传统优势产业发展得到巩固加强，特色和战略性新兴产业发展迅速，"四区两带一线"区域发展格局已初步形成。经济发展虽然取得巨大成就，但与全国相比，经济发展依然滞后，主要表现为：一是 2011 年青海省经济发展指标实现全面小康目标程度低于全国 19.8 个百分点，人均 GDP 低于全国平均实现程度 14.5 个百分点，全面小康社会建设水平与全国的差距逐渐拉大，反映出虽然青海经济快速发展，但经济发

展总体水平偏低。二是产业结构不尽合理，青海省产业依然是以重化工业为主，第三产业占比过低，且工业主体依然是以传统的高投入、高消耗的资源性产业和高耗能产业为主，大多为初加工、低端层次，产业链条短、产品结构单一，附加值低，加之民营经济规模小，产业核心竞争力不强。农牧业发展先天不足，生产方式落后，农牧业产业化的进程和现代农业发展步伐缓慢。第三产业发展层次不高，以传统的交通运输通信、批发零售贸易、住宿餐饮、金融保险业和房地产业为主，而计算机应用服务、电信、信息服务、旅游业、租赁服务、居民服务等现代服务业发展得仍不够充分，这种经济结构导致就业空间狭窄，吸纳就业能力有限。三是区域经济发展不平衡，资源环境约束凸显，科技创新能力不强，产业发展的诸多关键技术和核心技术尚待攻克，产业技术创新体系不健全，技术、人才不足的问题依然突出。这些问题导致实现城乡居民收入翻番的经济拉动力不足。

2. 新型农牧业经营体系处于初级阶段，农业比较效益低下

近几年，为加快现代农牧业发展，青海省进行了现代生态畜牧业、生态农业的试点工作，初步形成特色农牧业产业基地，为青海省现代农牧业发展奠定了良好的基础。但总体看，农牧业发展仍处于现代农牧业的初始阶段，一是基础设施相对薄弱，增收空间狭窄。青海省耕地少、质量差、基础设施不配套、水利资源严重不足，农牧业生产力水平低下，农牧业基本处于靠天吃饭的状态，大力发展特色产业与确保粮食安全之间的矛盾仍然十分突出，农牧民从结构调整中增收的空间和潜力相对较低。二是新型农牧业经营体系有待建立和完善，经营粗放未得到根本改变。青海省现代农牧业产业化发展水平较低，集约化、专业化、组织化和社会化程度不高，农畜产品深加工力度不够，产业链短，竞争力低下，产业化经营中与农牧民的利益联结不紧密，千家万户的小生产与大市场有效对接的中间服务体系尚不完善，农牧户出售的农畜产品大多以初级产品为主，农畜产品转化率较低。三是农牧民组织化程度不高，服务功能弱。随着农村牧区经济的战略性调整，青海省各类农牧民专业合作经济组织得到较快发展，截至 2011 年全省共有 3820 个合作经济组织，但由于专业合作社规模小，服务功能弱，特色产业发展的带动力不强，使集约化、规模化经营格局难以形成，农牧民从农畜产品加工转化得到的收入较低。同时，由于农牧业

生产成本不断上升，农畜产品种植、养殖成本明显提高，农牧业收益下降，致使农牧民增收难度不断加大。

3. 与全国及中东部相比，收入差距逐步拉大

近几年虽然青海城乡收入实现较快增长，但由于收入基数低，与全国收入平均水平相比，收入水平特别是城镇居民收入不仅差距绝对值从 2008 年的 4132.46 元扩大到 2012 年的 6998.44 元，而且占全国平均水平的比例也越来越低，差距呈现拉大趋势（见表1）。

表1 青海城乡居民收入与全国平均水平差距一览

单位：元，%

年份 项目	城镇居民		农牧民	
	与全国平均水平的差距	占全国平均水平比例	与全国平均水平的差距	占全国平均水平比例
2008	4132.46	73.81	1699.38	64.30
2010	5254.45	72.5	2056.33	65.26
2011	6206.47	71.54	2368.83	66.05
2012	6998.44	71.51	2552.62	67.76

与西部其他省区比，青海省城乡居民收入明显低于西部平均水平，仅略高于甘肃和贵州，明显低于内蒙古、新疆等省区。与西部排名第一的内蒙古相比，城镇居民人均可支配收入差距由 2008 年的 2792.12 元增加到 2012 年的 5583.72 元；农村居民人均纯收入差距由 2008 年的 1594.94 元增加到 2012 年的 2246.62 元，收入差距年均增幅分别为 18.92% 和 8.94%。

与此同时，省内地区间、城乡间收入差距也较大。省内，城镇居民可支配收入中，海西州、海北州最高，分别为 21251.67 元和 20669.29 元，果洛州和海南州最低，分别为 17405.1 元和 16556.92 元。农村居民纯收入中，海西州、海北州、西宁市最高，分别为 7915.55 元、7801.54 元和 7435.69 元；果洛州和玉树州最低，分别为 3704.9 元和 3493.2 元。城乡之间对比，城镇居民人均可支配收入远超过农村居民人均纯收入，且差距逐年拉大，从 2008 年的 8587.06 元拉大到 2012 年的 12201.88 元。

从与国内及省内城乡居民收入水平比较分析，青海省在 2020 年要达到全国平均收入水平，将面临严峻的挑战。

4. 生态环境脆弱，资源与环境约束日益加剧

青海省自然条件严酷，自然灾害多发频发，成为经济发展先天不足的重要因素。面对加快发展与保护生态的突出矛盾，青海省委省政府坚持生态立省战略，全面推进生态文明，实施了三江源生态保护与建设、青海湖流域、祁连山等重点生态保护工程、退耕还林（草）工程以及一系列节能减排工程，资源环境条件得到有效改善。但从发展条件看，全省经济社会发展的资源环境承载能力依然较低，经济增长过多依靠物质资源消耗的模式使生产资料的供给与需求矛盾日趋尖锐，农村牧区土壤环境问题日益凸显，水土流失、草原退化及沙漠化等生态问题十分突出，能源消耗偏高、环境污染严重、生态环境十分脆弱等问题还需要加大治理力度。因此，在可持续发展上，资源环境约束还在强化，实现城乡居民收入超常规增长依然是一项艰巨任务。

（三）实现青海收入翻番目标面临的机遇

青海城乡居民收入翻番虽面临诸多挑战，但也面临难得的发展机遇。

1. 国家政策支持力度加大

近年来，党中央、国务院高度重视民族地区经济社会发展，提出了一系列的战略部署。2008 年，国务院《关于支持青海等省藏区经济社会发展的若干意见》（国发〔2008〕34 号文件）作为指导藏区加快建设全面小康社会、实现民族地区长治久安的纲领性文件，从国家层面提出了一整套符合青海藏区实际的发展方向、重点领域、主要任务、重大项目和支持政策。2010 年《中共中央国务院关于加快四川云南甘肃青海省藏区经济社会发展意见》（中发〔2010〕5 号）及新一轮西部大开发战略为青海经济社会发展提供了良好的机遇，玉树地震灾后重建等政策措施所形成的政策叠加效应成为青海保持持续快速健康发展的重要推动力量，必将带动城乡居民收入的快速增长。

2. 支撑保障能力进一步增强

青海已进入加快转变发展方式、全面建成小康社会的关键时期。省委省政府在坚持加快发展不放松、保证发展质量的前提下，坚持不懈地做大经济总量，在发展中注重增强综合实力和竞争实力，加快产业结构转型升级，全面加

强科技创新，发展循环经济、高原现代生态农牧业，着力推动中低端产业向高端产业转变，为提高经济总量和财政收入奠定了坚实的基础。政府部门进一步完善以基本养老、基本医疗、最低生活保障制度为重点的社会保障体系，进一步落实和完善强农惠牧政策，逐步提高扶贫标准，推进新农村、新牧区建设，建立劳动生产率促进劳动报酬增长的长效机制；加快城乡基本公共服务均等化，统筹城乡一体化发展等。这些政策措施加快了工业化、城镇化、信息化进程，就业创业、社会保障和基本公共服务得到进一步完善，为城乡居民收入翻番创造了有利的条件。

3. 改革的推动作用进一步显现

全省财税、金融、收入分配、社会保障等体制机制改革的不断深入，为收入翻番提供了有力的保障。一是随着全省财税制度改革不断深化，财力下移，转移支付力度加强，使基层政府提供公共服务的能力逐渐增强，为城乡居民增收提供可靠保障。二是随着全省收入分配机制的不断深化，中低收入阶层收入水平逐年提高。三是农牧业产业结构调整政策的逐步落实、农牧业发展专项补贴资金的跟进，使全省农牧业综合生产能力不断提高，家庭经营收入逐年提高，不同经营类型农牧户工资性收入比重普遍提高，有效增加了青海农牧民经营性和工资性收入。可以说，全省财力、金融、收入分配、社会保障、基本公共服务体系的进一步完善，为青海城乡居民可支配收入增长注入了强大动力。

二 青海城乡居民收入现状

（一）城乡居民收入水平不断提高

近年来，伴随经济总量持续扩大，青海省城乡居民收入水平不断增加，实现了平稳快速增长。2008～2012年，青海省农村牧区军民和城镇居民收入水平保持了较高增速，年均增速分别达到15.10%和10.82%。从城乡收入比看，城乡居民收入差距呈现缩小态势，其收入比由2008年的3.81∶1下降到2012年的3.27∶1（见表2）。

表2　青海省居民人均纯收入水平一览

单位：元，%

项目 年份	农村牧区居民 人均纯收入	年均递增	城镇居民 可支配收入	年均递增	城乡居民 收入比
2008	3061.24		11648.30		3.81∶1
2009	3346.15		12691.85		3.79∶1
2010	3862.68	15.10	13845.99	10.82	3.58∶1
2011	4068.46		15603.31		3.84∶1
2012	5364.38		17566.28		3.27∶1

（二）城乡居民收入来源日益多元化

在农牧民人均纯收入中，家庭经营纯收入依然是农牧民收入的主要来源；工资性收入增幅也较快，2012年农牧民工资性收入占纯收入的37.09%；转移性收入水平也持续快速增长。在城镇居民人均总收入中，工资性收入是城镇居民收入的主要来源，转移性收入占比增幅较大，家庭经营收入和财产性收入有小幅增长。从收入结构看，城乡居民收入来源呈现多元化（见表3）。

表3　青海省各类收入占人均纯收入和总收入的比重

单位：%

项目 年份	2008	2009	2010	2011	2012
农牧民人均纯收入	100	100	100	100	100
工资性收入	32.13	32.32	32.87	38.52	37.09
家庭经营纯收入	52.35	49.80	51.08	45.33	41.42
财产性纯收入	4.85	3.50	3.13	2.03	1.78
转移性纯收入	10.67	14.38	12.92	14.12	19.71
城镇居民人均总收入	100	100	100	100	100
工资性收入	66.80	66.02	64.99	64.09	63.89
家庭经营纯收入	5.93	5.90	6.10	5.93	6.03
财产性纯收入	0.39	0.32	0.48	0.44	0.47
转移性纯收入	26.88	27.76	28.43	29.54	29.61

（三）城乡居民收入增长滞后于经济增长

青海省城乡居民收入水平2005～2012年呈现快速增长态势。据青海统计

年鉴数据显示，2008～2012年，青海省人均GDP平均增速为12.1%，保持了稳定较快增长态势；城镇居民人均可支配收入平均增速为5.8%，低于人均GDP的增长速度；农村居民人均纯收入平均增速为8.6%，也低于人均GDP的增长速度（见表4）。

表4　2008～2012年青海居民收入增长率及人均GDP增长率

单位：%

项　　目　　　　　　　年　份	2008	2009	2010	2011	2012
农牧民人均纯收入增长率	1.60	7.50	9.10	12.10	12.90
城镇居民可支配收入增长率	3.60	5.60	4.30	6.30	9.30
人均GDP增长率	12.90	9.60	14.50	12.30	11.30

三　青海实现城乡居民收入翻番的难点分析

（一）城乡一体化进程缓慢，城乡差距较大

城乡一体化发展的关键是产业的发展，青海省由于区位差异及城乡产业特征，形成城市的经济发展以二、三产业为主，农村牧区仍以农牧业生产为主的格局，农村牧区农业产业化发展速度较慢，传统农牧业比重仍然很大，城乡差距不断扩大。加之城镇化发展水平较低，农村牧区与县域、城市优势产业关联度不高，民营企业发展速度慢、规模小，小城镇缺乏产业支撑，成为城镇化发展的瓶颈。在城乡二元分割的社会结构中，由于城乡居民受教育程度存在较大差异，城乡居民在素质、发展经济的意识上均存在较大差异，农村牧区科技创新意识不强，城乡差别化发展战略等，是导致城乡一体化进程缓慢、城乡差距较大的主要原因。

（二）收入分配制度不完善，政策调控空间小

制度的不完善，导致收入分配缺乏效率和公平。目前，青海收入分配体系不健全，主要包括宏观分配政策不健全、财政税收体制不健全、工资分配制度

不健全、社会保障制度和其他要素分配等制度不健全、收入分配基础工作薄弱、收入分配宏观调控体系不健全等，导致初次分配、二次分配制度政策不完善，宏观调控乏力，三次分配办法不规范及收入分配基础工作漏洞多等问题。同时，经济社会体制存在的一些问题强化了收入分配的不公平，经济发展方式、经济结构不合理，放大了由生产力不平衡、自然资源等客观条件形成的收入差距；还有某些依靠行政权力、垄断地位、资源独占、社会身份等条件获得不合理、不公平收入的部门或群体，导致缺乏效率和公平，加大了解决分配问题的难度。财力不足，对国家的依赖性较强，使财政无法满足社会、经济的可持续发展，制约了经济社会的快速发展。

（三）基本公共服务均等化进程缓慢，供给能力不足

青海基本公共服务均等化进程缓慢、供给能力不足主要表现在三个方面。一是政府提供的公共服务无法满足社会需求。青海基本公共服务均等化的良性机制尚未形成，政府要承担的公共服务项目和公共产品消费的需求逐年增多，有限地方财政收入推行基本公共服务均等化存在困难。另外，基层政府提供公共服务的能力较弱，因此公共服务供给水平不充分、不稳定。二是公共服务的均等性不足。青海经济发展水平高的地区和经济欠发达地区的基础设施、教育、医疗等方面存在较大差距，致使两者的公共服务供给水平存在明显差异；城乡二元社会实行偏向型的非均衡公共服务供给制度，使城乡之间的基本公共服务水平差距不断增大；在城镇内公共服务供给的失衡程度也较大，弱势群体缺少获得服务的机会并且支付能力不足，使不同群体之间享受的基本公共服务不均衡。三是公共产品与服务提供者单一。公共产品和公共服务的公共机构是以政府为主体的多元体制，青海多元体制不健全，城乡基本公共服务建设滞后，服务能力水平较低，成为居民增收的瓶颈制约。

（四）社会保障体系不健全，保障水平较低

青海社会保障体系建设受经济发展水平的制约，存在着明显的不足，城乡经济基础薄弱，历史遗留的社会保障问题依然存在，有限的公共财政难以完成

高水平的民生保障，较低的保障水平直接影响民生改善的力度、质量和效果。主要表现在社会保险覆盖面小，民营企业和农民工参保率低；医疗保险统筹层次相对较低，不能满足群众的需求；社会保险和救助资金不足，保障不保险；社会保障机制不完善，影响保障水平；服务体系不健全，保障服务网络不健全，影响工作效率；城乡社会福利基础设施薄弱，而公共财政在短时间内无法满足城乡社会福利基础设施建设的需要，社会救济和福利投入少、水平低，给城乡居民收入翻番目标的实施增加了一定难度。

（五）贫困面大，贫困程度深

青海省是国家扶贫开发的重点区域，具有贫困面广、贫困人口多、返贫率高、贫困程度深、致贫原因复杂、集中连片特殊困难地区贫困状况严重等特征。据《青海省"十二五"扶贫发展规划》，全省有国家扶贫开发工作重点县15个，省级扶贫开发工作重点县10个。全省共确定贫困户35.73万户、贫困人口138.36万人，其中，农民贫困户26.35万户、贫困人口104.36万人，牧民贫困户9.38万户、贫困人口34万人。据不完全统计，青海省贫困发生率高于全国平均水平36.6个百分点，高于西部平均水平33.3个百分点。贫困问题是一个严峻的经济问题，成为全面建成小康社会和农牧民实现收入翻番的主要障碍。

（六）科技基础薄弱，自我创新能力不强

青海全社会R&D投入的增长与经济的快速增长不相适应，2011年青海省R&D经费支出仅占GDP的0.75%，落后于全国全面小康目标平均实现程度43.3个百分点；基础性、前瞻性科技研究投入少，科技设施投入过低；科技资源共享机制尚未形成，科研院所缺乏自我生存能力，发展后劲不足；企业自主创新能力薄弱，对外技术依存度较高；科研成果转化率低，实用技术推广应用的广度和深度不够；科技人才缺乏，尤其缺少高层次的科技创新领军人才及经济建设和社会发展急需的学科和技术带头人；科技中介服务体系发展滞后。这些问题成为提高科技创新能力的制约因素，成为增加经济内生动力的瓶颈。

四 对策建议

（一）调整优化产业结构，推动经济持续快速增长

经济持续快速发展是提高城乡居民收入最直接的拉动力，因此提高城乡居民收入首要任务是必须做大做强青海优势产业，打造各类特色产业园区。在特色工业方面，要以盐湖化工、煤炭和石油天然气化工、有色金属、装备制造业、轻工纺织、生物等传统优势产业为主攻方向，推动资源开发向综合化、规模化、集约化、精细化方向转变，着力延伸产业链条，促进产业融合发展。着力培育战略性新兴产业，重点发展太阳能光伏、光热利用、风能、锂离子电池和生物质能产业，构建太阳能风能产业链。以新型电子材料和新型建筑材料为主要发展方向，着力建成具有突出优势和鲜明特色的全国重要新材料产业基地。着力发展民营经济，要大力发展资本市场，进一步对民营经济开放股票市场，发展信贷担保事业和租赁业，实现民营企业规模扩张和技术水平的提高。在农牧业方面要围绕种植业、畜牧业、渔业、农畜产品加工流通业，重点发展油菜、马铃薯、蚕豆、蔬菜、特色果品、中藏药材、牛羊肉、奶牛、毛绒、饲草料十大特色产业生产基地和产业带建设，优化农牧业产业结构，着力发展现代生态农牧业，大力发展农畜产品精深加工，提升农畜产品加工转化能力，引导龙头企业向现代农牧业示范区集聚，带动基地建设和主导产业发展。大力发展高原生态旅游业，充分利用高原生态及民族、宗教文化资源，完善配套基础设施，打造旅游产品和品牌，提高旅游服务素质，使旅游业成为增加城乡居民收入的有效途径。

（二）加快城镇化建设进程，促进高质量就业，提升居民收入增长内生力

城镇化建设是带动区域经济发展和增加农牧民收入的动力源泉。一是要继续加大城镇基础设施建设的投入，尤其要加大城乡集市、医疗、环卫、居住、教育、电力、交通、通信等硬件建设力度，改善城乡群众生产生活环境，创造

二、三产业进一步聚集发展的外部环境，着力改善城乡的综合服务能力，并依托区域内的优势资源发展加工业、旅游业，集中发展优势资源的下游产业（旅游纪念品、特色农畜品、食品、矿产品、民族饰品等）。二是要加速建设城镇农畜产品贸易集市，不断完善以小城镇为中心的农畜产品市场流通体系，加强农畜产品市场监测和相关信息服务，注重发挥农畜产品市场需求的盈亏对农产品价格引导的作用，为农牧民生产提供有力支持。同时，要结合当地发展情况和群众的民族生活习惯，利用各类基础建设、工矿企业项目、园区建设项目、特色农牧业、观光旅游业等开发的良好机遇，调动城乡居民参与的积极性，以点带面，进一步强化自身"造血"功能，不断增强居民提高收入的内生力。三是要加大政策扶持力度，建立面向全体劳动者的免费职业技能培训体系，通过初级技能培训，促进城乡富余劳动力和城镇失业人员尽快实现转移就业和再就业；再通过中高级技能培训，促进已经实现就业的劳动力尽快跨入高层次岗位，成为技能人才；创新培训模式，为技能人才培养、储备、更替搭建良好平台，优先吸收待业大学生，提升企业技能人才队伍的整体素质，面对中高级技能人才建立前置性就业培训机制，改善区域劳动力资源结构的优化水平。

（三）健全城乡居民社会保障体系，稳步提高保障水平

要加速覆盖城乡居民的社会保障体系建设的进度，使城乡居民享有更高水平、基本均等化的社会保障是城乡居民收入翻番的基本保障之一。统筹城乡发展，积极探索城乡居民基本养老、医疗、最低生活保障制度并轨试点，建立动态调整机制，根据物价和经济发展变化不断调整、提高保障标准；采取政府补贴引导、公益捐助、慈善帮扶等措施，帮助断保人员续保缴费；加快建立以低保制度为基础，医疗救助、临时救助、五保供养为主要内容的社会救助体系，将符合条件的城乡困难人口全部纳入社会救助范围，逐步提高救助标准和救助水平。进一步完善社会养老保险制度，继续提高企业退休人员基本养老金和城乡居民社会养老保险基础养老金，探索建立企业职工遗属待遇和病残津贴制度，通过政策激励，重点做好农民工、非公有制经济组织从业人员、灵活就业人员的参保工作；要继续落实支持微小企业、困难企业发展政策，更好地发挥失

业保险基金对稳定就业的作用。完善城乡区域社会保障功能服务体系，引导群众积极参保、长期参保，逐步推进到养老、生育、失业、工伤等方面，缩小与城市的差距。稳步提高以社会保险、社会救助、社会福利为基础，以基本养老、基本医疗、最低生活保障制度为重点，以慈善事业、商业保险为补充的社会保障水平。

（四）营造创业保障环境，提高人均劳动生产率，拓宽居民增收渠道

要健全区域金融服务体系，鼓励金融机构加大对农牧民专业合作社等增收效果明显群体的支持力度，完善融资担保环境，鼓励、引导城乡灵活就业人员、待岗无业人员发挥专长优势，积极参与创业，拓宽居民增收渠道。建立创业政策支撑体系，引导和帮助居民创业，在信贷、税收、技术转化、信息服务、项目申报等多方面有效衔接，并提供支持政策。积极鼓励农牧民、大学生、技术待岗人员自主创业、联合创业，带动更多劳动力转移就业。引导农牧民在现代农牧业、二三产业领域以及通过建设小城镇和新农村创业，建立居民创业的多条绿色通道，提升居民创业的积极性，改善居民增收瓶颈。加强政府宏观指导，培育地区劳务输出的特色品牌。充分利用青海劳动力盈亏周期的特点，认定一批较为成熟的劳务品牌（面匠、泥瓦匠、画匠），结合小城镇特色的劳动力行业优势资源作为产业来培育和发展；利用现有劳动力基础和优势力量，培养当地特色行业人才，以地区特色劳动力专业吸引周边人员取经，创造劳动力行业特色，形成区域优势，在巩固原有劳动力输出市场的基础上，继续向二三产业发达地区拓展劳务输出渠道，提高人均劳动生产率，为进一步提高城乡居民收入打好基础。同时，要加快推进基层就业和社区社会保障服务中心建设，随时为待岗劳动力提供高效、便捷的服务，加强用工合同备案制度，强化监督用工单位劳动合同签订和履行情况。

（五）加大科技投入，建立和完善科技支撑体系

建立和完善科技支撑体系是转变经济发展方式、促进经济发展的前提。一是加大科技投入，建立以政府投入为引导、企业投入为主体、银行贷款为支撑

的社会筹资和引进外资的多层次、多渠道科技融资体系，增加全社会科技投入总量。二是构建管理创新、技术创新、知识创新、科技中介服务 4 个创新体系，充分发挥政府的主导作用，建立以企业为主体、市场为导向、产学研相结合的具有青海地域特色的技术支撑体系，构建面向传统产业和新型产业发展的技术服务平台，注重培养各类科技人才，加强科技队伍建设，加大科研院所的研发能力，完善科技中介服务能力，发挥行业协会在科技创新中的服务和协调作用，使科学技术更好地服务于经济建设。三是加强对基层科技工作的领导，加大对基层科技工作的经费投入，围绕区域特色经济发展，建立科技示范园区，通过园区的示范带动作用推动区域的经济发展。

B.13

BLUE BOOK

推进青海城乡道路客运一体化研究

张旭东 *

摘　要：

本文从推进城乡道路客运一体化工作的意义入手，介绍了青海省推进城乡道路客运一体化工作所取得的成效，分析了工作中存在的问题和困难，并结合青海社会发展需要，进一步明确了推进城乡客运一体化工作的必要性和目标，提出了相应的发展建议和对策。

关键词：

城乡道路　客运　一体化

城乡道路客运与人民群众生产生活息息相关，是联系城乡、服务居民出行的重要纽带，是城乡经济社会一体化发展的重要基础。推进城乡道路客运一体化发展，实现城乡道路客运资源共享、政策协调、布局合理、结构优化、衔接顺畅、服务优质，是实践科学发展观、贯彻中央统筹城乡协调发展战略、落实中央"三农"政策的重要举措，是加快转变城乡道路客运发展方式、提升行业可持续发展能力、发挥行业比较优势的迫切需要，对推进城乡道路客运基本公共服务均等化、加速城乡人员往来和城乡文化融合等具有重要意义。随着青海省经济社会特别是农村公路的快速发展，如何加快实现城乡客运一体化，让广大农民也能像城市人一样享受公交式服务，已经日益受到农村居民的广泛关注。

---

* 张旭东，青海省交通厅运输处主任科员，研究方向：物流服务。

一 青海推进城乡道路客运一体化的做法与成效

城乡客运一体化是指在统筹城乡客运规划布局的前提下，整合城乡客运资源，实现城乡客运交融，逐步达到城乡客运统一资源配置、统一税费政策、统一运价标准、统一服务规范，城乡居民享受同等出行服务的城乡客运管理和运营模式。近年来，在各级政府的大力支持下，青海各地交通运输主管部门和道路运输管理机构创新推动，广大运输企业和从业人员积极奉献，青海城乡道路客运一体化发展步伐加快，成效初现。

（一）农村客运持续健康发展

近年来，全省交通基础设施建设快速发展，农村公路建设取得了突破性进展。按照"路通车通"的原则，各地交通部门在认真调研的基础上，按照先开展线路安全评估再开通农村客运线路的程序，实实在在地解决老百姓的出行问题，农村客运事业呈现持续健康发展的态势。截至2012年底，全省开通农村客运线路532条，经营车辆达到2207辆，日均发班6627.5次。2012年完成农村客运量2381.46万人，客运周转量78237.86万人公里。全省农村客运通乡镇率达到92.6%，建制村（含牧委会）班车通达率达到79.2%。

（二）城乡客运公交化发展和改造取得一定成效

随着青海省公路建设力度的加大和公路通行条件的改善，人民群众对出行的需求越来越高。为满足乘客对交通出行的多层次需求，从2008年开始，具备条件的西宁、海东等部分地区对市际、市内客运班线进行了公交化改造，先后开通了西宁至互助、西宁至平安、西宁至湟中、西宁至湟源、西宁至大通等5条公交化运行线路，实行班线化管理公交化运行、公车公营的经营模式；湟中、湟源、大通、平安、互助、格尔木、共和、贵德、都兰、门源等市县积极探索农村客运班线公交化改造的路子，对部分条件成熟的农村客运线路实行公交化改造，初步形成了以城乡公交为主、农村客运为辅的城乡客运一体化网络，基本实现了广大群众安全、便捷、经济出行的目的。省会西宁及海东部分地区已初步形成高速客运、班线客运、城市公交和城乡公交客运、出租客运为一体的道路客运网络，基本满足了西宁及周边县人民群众更加便捷、更加经济、更加舒适、更加安全的出行需求。截至 2012 年底，全省已开通城际、城乡公交化线路 200 余条，所有公交化运行线路客运票价较原农村客运票价平均下降 20% ~ 40%。全省已有近 200 万人民群众享受到了低票价出行的实惠，班线客运公交化改造受到广大农牧民群众的极大欢迎。

（三）城市公共交通有序推进

近年来，省会西宁市认真落实城市优先发展公共交通工作要求，加大对城市公共交通的扶持力度，城市公共交通得到了快速有序发展。西宁市拥有城市公交线路 78 条、公交车 1867 辆，市民出行公共交通分担率为 30% 以上，城市公共交通万人拥有率达 16.8 标台，万人拥有公共交通标台数已远远超过全国平均水平（全国城市公共交通"十二五"规划纲要明确指出：100 万 ~ 300 万人口的城市，到"十二五"末，万人公共交通车辆拥有量达到 12 标台以上）。2008 年至 2013 年 5 月，全省出租汽车、城市公交、农村客运共获得国家成品油价格改革财政补贴资金 11.8596 亿元，其中出租汽车 5.0284 亿元、城市公交 5.7360 亿元、农村客运 1.0952 亿元。

（四）站点建设取得有效进展

截至 2012 年底，全省共有客运站 293 个，其中等级客运站 92 个（一级站 3 个、二级站 16 个、三级站 28 个、四级站 18 个、五级站 27 个）、简易站及招呼站 201 个，已基本形成了以西宁一级客运站为龙头，以州、县二三级客运站为主体，以乡镇四五级客运站为节点，辐射农村牧区招呼站和停靠站的客运站场体系。初步形成的客运站场体系基本满足了全省城乡客运发展的需求。

二 青海推进城乡道路客运一体化的问题及困难

近年来，各地交通主管部门、道路运输管理机构统筹规划辖区道路旅客运输工作，结合本地实际积极推行城乡客运一体化工作，大部分地区老百姓的出

行问题基本得到了缓解。但是，从全省城乡客运一体化工作进程看，还存在以下问题和困难。

（一）城乡客运发展的扶持政策落实不到位，发展规划相对滞后，制约了城乡客运一体化进程

部分地方政府、交通主管部门对城乡客运一体化工作重视程度不够，"重建设、轻运输"的思想仍较为严重，未能对关系民生的具有公益性质的农村客运和城乡公交发展实施必要的资金、政策扶持，造成部分农村客运线路"开得通、留不住"。各地缺乏较为系统、全面和科学的城乡客运工作发展规划，农村公路的养护投入不到位，公路通畅能力差，出现"路通车不通"现象，使农村客运滞后于农村公路的发展，造成全省城乡客运在发展速度和规模上的不平衡。

（二）城乡客运基础设施相对落后，不能很好地满足发展的需要

有的农村客运站在管理体制上存在企业性质、事业性质、委托管理等多种形式，且多以"自负盈亏"的企业管理方式为主，进站车辆少、车站售票率低等原因造成站务收入少之又少，农村客运站日常运营举步维艰，旅客组织、乘车服务、安全生产源头管理等工作职责很难严格履行。全省大部分地区城市公共交通基础设施落后，城乡公交首末站、停车港湾及候车亭严重缺乏，公交客运停靠站点均没有被纳入城市建设规划中，地方政府在公益性客运站、公交停车场、加气站、停车港湾等基础设施建设及车辆装备的配置更新等方面缺乏必要的财政投入和政策支持。

（三）城乡道路客运服务水平不高，线路覆盖率有待进一步提高

现有城乡客运市场"小、弱、散"局面还未有效改变，企业管理松散，大型客运车辆驾驶员缺乏、客运驾驶职业形不成有效竞争，部分从业人员特别是驾驶员安全行车意识薄弱，为广大乘客服务的意识不到位、服务水平不高，加之经营农村客运线路的车辆内部环境相对较差、车辆舒适度低等因素，部分城乡道路客运工作不能很好地满足旅客的出行需求。在城市发展规划中，缺乏

对公共交通线网规划、线路布设和停车港湾方面的系统长远规划，现有的公共交通站点设置、公交线路覆盖率、公共交通换乘枢纽不能很好地满足乘客的需求，城乡客运线路覆盖率低，换乘困难。特别是农村客运进城与城市公交的衔接方面，站点资源不能共享、无法全面实现"零换乘"等问题比较突出。

（四）城乡客运发展环境和秩序有待进一步规范

目前，青海省农村客运经营者部分为个体经营业户"挂靠"经营，在这种粗放的经营管理模式下，企业缺乏对"挂靠"车辆的有效管理，个体经营者为追逐经济利益最大化，争抢客源、宰客、卖客、甩客等违法违规经营行为时有发生，扰乱了正常的客运市场经营秩序。同时，受农村客运基础条件和服务水平制约及农村消费水平、群众出行需求和就业压力大等因素影响，农用三轮车、摩的、农用运输车等参与非法旅客运输行为屡治不绝。由于其价格低廉，加之部分农民群众乘车安全意识淡薄，给非法运输车辆提供了生存的空间，对乘车群众的生命财产安全构成威胁，扰乱了农村客运市场经营秩序。

三 青海城乡道路客运一体化发展形势及目标

党的十八大报告提出：必须坚持走共同富裕道路，使发展成果更多、更公平惠及全体人民。如何贯彻落实十八大精神，让交通发展成果惠及全体人民，进一步提高城乡道路客运一体化水平，给广大人民群众创造和提供更加安全、便捷、经济的出行条件，是各级交通主管部门和道路运输管理机构当前和今后一段时间内应着重研究和落实的首要任务。

（一）发展形势

城乡道路客运是联系城乡、服务居民出行的重要纽带，是城乡经济社会一体化发展的重要基础，与人民群众生产、生活息息相关。推进城乡道路客运一体化发展，实现城乡道路客运资源共享、政策协调、衔接顺畅、布局合理、结构优化、服务优质，是实践科学发展观、贯彻中央统筹城乡协调发展战略、落实中央"三农"政策的重要举措，是加快转变城乡道路客运发展方式、提升

行业可持续发展能力、发挥行业比较优势的迫切需要，对推进城乡道路客运基本公共服务均等化具有重要意义。交通运输部要求各级交通运输主管部门要深入贯彻落实科学发展观，以推进城乡道路客运基本公共服务均等化和保障城乡居民"行有所乘"基本需求为目标，以转变城乡道路客运发展方式为主线，坚持"公交优先、城乡一体"的发展理念，将统筹城乡道路客运协调发展作为为民办实事的重大工程，充分发挥政府主导和部门联动、政策引导和市场互动的组合作用，积极推进城乡道路客运一体化发展，逐步实现城乡道路客运基本公共服务均等化，努力为城乡居民提供安全、便捷、经济、高效的出行服务。

（二）发展目标

为认真贯彻落实十八大精神，扎实推进城乡客运一体化工作，使交通发展成果更多、更公平地惠及广大人民群众，青海省城乡客运一体化工作应按照以下工作思路推进。按照"以人为本、城乡协调，政府主导、政策引导，因地制宜、分步推进，统筹协调、资源整合"的工作原则，对道路通行安全条件较好、沿途人口居住相对集中、线路长途不超过50公里的已有农村客运班线，可在地方人民政府的领导下，按有关要求实施班线客运公交化改造，让广大老百姓经济、安全、便捷出行。对道路等级低、安全行车条件受限制、线路长度过长和沿途人员居住较分散的已有农村客运班线，要打破原有的经营模式，积极推行赶集班、延伸线路等运行方式，提高农村客运班线覆盖率，在享受国家燃油补贴的基础上，积极争取地方财政在车辆购置、运营亏损补贴等方面的支持，确保已开通的农村客运线路"留得住、有效益"。针对海西等资源富集区，鼓励厂矿企业与省内有资质的旅客运输企业签订运输合同，开通通勤服务等线路，解决职工上下班乘车等出行问题。有群众出行需求但未开通客运线路的，交通部门应组织有关单位对拟开通的线路进行安全评估，明确运营车型、运行时间、运行速度等事宜，在保障广大乘客安全出行的前提下适时开通农村客运班线，坚决不能盲目地推进城乡道路客运一体化工作。

到"十二五"末，全省应实现所有乡镇通客运班车，人员密集、出行方式单一的大部分行政村通客运班车，条件成熟的班车客运线路基本完成客运公交化改造。

四 推进城乡客运一体化工作的对策建议

为了进一步提高道路旅客运输公共服务均等化水平，到 2020 年实现与全国同步跨入小康社会，青海省城乡客运一体化工作应以科学发展观为指导，从完善道路客运基础设施、制定发展规划、落实相关政策、整合道路客运资源等方面统筹考虑，扎实有序推进城乡客运一体化工作。

（一）加快建设城乡客运服务保障网络

1. 各级地方政府应加强规划统筹，优化资源配置

推进城乡道路客运一体化工作政策性强、涉及面广，事关老百姓的切身利益，是一项民生工程，也是系统工程，应当由人民政府主导和协调。因此，各级政府应科学制定城乡客运一体化发展规划，统筹规划城乡客运服务设施和运营线路，合理调控城乡客运资源，综合利用城乡线路资源，整合、优化城乡客运线路走向和站点设置。同时，结合城乡群众的出行规律和客运流量、流向、流时等特点，规划和布局城乡客运的线路走向及站点，形成内外衔接、城乡一体的客运线路布局。

2. 加强城乡客运站场建设

各地方政府应将城乡客运场站作为重要基础设施，在规划建设农村公路时，提前考虑通车标准，完善城乡公交配套设施，因地制宜地在规划的公交运行线路途经乡镇及较大的行政村、旅游景点、中心校区等地建设适应公路客运、公交客运发展需要的港湾站、招呼站、候车亭等，引导形成与城乡布局相协调、方便群众安全便捷出行的城乡客运场站网络，最大限度地满足城乡群众的出行需求。省交通运输主管部门也应紧抓国家支持藏区发展政策和六盘山地区扶贫政策，对客流量大的县级汽车客运站逐步进行改造升级，以满足道路旅客运输业的发展需求。

3. 推进城市公共交通和城市周边短途班线客运相融合

根据城乡毗邻地区居民出行需求特点，充分考虑城市公共交通与城市周边短途客运班线的服务差异，明晰各自功能和服务范围，完善体制机制，消除同

一条线路城市公共交通和短途班线客运并存和不平等竞争的现象，有序推进城市公共交通线网向周边的县城、重点乡镇以及主要人流集散点延伸，逐步实现城市公共交通在城市城区和郊区范围内的全覆盖，为城乡居民提供均等化的公共交通服务。

（二）制定出台城乡客运发展实施规划，加大财政扶持力度

农村客运与城市（乡）公交都属于公益性、服务性行业，应该在税费减免、使用市政公用设施、政府财政补贴等方面与城市公交享受同等的政策待遇。因此，各级政府应对城乡客运制定具体的实施规划和扶持措施，明确任务，落实责任，加强督导，稳步实施，扎实推进城乡客运的健康发展。基于城乡客运公益性和微利性的特点，建议各地坚持"多予少取、扶持搞活"的原则，加大财政资金补助力度，以提高城乡特别是农（牧）区客运公共服务能力和水平，改善农（牧）民群众出行条件，提高农（牧）民群众生活水平，促进城乡客运快速发展。

1. 将城乡客运统筹发展列入国民经济与社会发展计划，建立、健全城乡客运一体化投入和补贴机制

针对农村客运实载率低、经营效益差、开通容易保持难等现状，建议省财政争取国家支持，按省 6 地方 4 的比例出资，建立省地农（牧）村客运发展资金，扶持全省农（牧）村客运发展。主要用途：对从事农牧村客运经营者新购置的客运车辆予以车价 30% 左右的补助；当农村客运实载率低于 50% 时，将经营亏损补贴至实载率达到 70% 的收益。同时，有关部门应贯彻落实好《青海省车船税实施办法》，执行好"农村客运、城乡公共交通车辆免缴纳车船税"政策。

2. 加快完善城乡客运站场体系

根据各地农村、牧区生产、生活、生态的客观条件和需求特点，规划建设标准适宜的乡镇客运站（候车亭、招呼站）。在城乡公路干道沿线规划建设港湾式停靠站、沿途招呼站，并配套完善候车亭、站牌等设施。坚持路、站（亭）、运一体化发展，在新建、改扩建农村公路项目时，将农村客运站（亭）纳入计划并与农村公路同步设计、同步建设、同步交付使用。各级地方政府应

对城乡客运一体化发展所需的公共交通设施建设用地予以无偿划拨。对农村客运站及公交中转换乘站、港湾式停靠站等公交基础配套设施建设，各级财政应给予适当补助。将农村等级客运站站务人员纳入事业编制，人员工资和工作经费纳入地方财政预算，从根本上解决客运站运营的困难。建立农村客运站（亭）管养的长效机制，解决农村客运站特别是简易站和港湾式停靠站建成后的日常养护管理问题。进一步加大对农牧村公路安全保障工程的资金投入力度，大力实施农（牧）村公路安保工程，确保农（牧）村客运车辆运行安全和广大乘客出行安全。

3. 提高城乡客运普遍服务水平

争取政府和有关部门的支持，采取综合措施提高乡镇和建制村班车通达率，解决农村地区居民的基本出行问题；通过新辟、改线、延伸现有农村客运班线，扩大农村客运的覆盖和服务范围，提高建制村通班车率。创新农村客运线路管理方式，本着城乡客运"开得通、留得住、有效益"的原则，鼓励经营者"车头向下"，打破定班、定线、定点发班方式，采用区域循环、赶集班、周班、学生班等多种灵活经营方式，提高农村客运车辆的利用效率和经济效益。

4. 建立科学合理的城乡客运运价体系

各级交通运输部门应积极会同价格部门，综合考虑社会承受能力、企业运营成本和交通供求状况，完善价格形成机制，并根据服务质量、运输距离以及公共交通方式间的换乘等因素，建立多层次、差别化的城乡客运价格体系。结合公共财政补贴补偿情况，建立城市公共交通低票价政策，增强公共交通吸引力，引导群众乘公交出行。城际客运和农村客运票制票价按照《道路运输价格管理规定》和《汽车运价规则》的规定执行，对公交化运行的城际客运和农村客运，可结合地方公共财政补贴情况，实施特定的票价优惠政策，逐步实行城乡客运低票价制度。对于由于低票价、政策性造成的经营性亏损，应争取地方政府专项补贴。

5. 完善农村客运扶持政策

贯彻落实《中共中央国务院关于促进农业稳定发展农民持续增收的若干意见》和《中共中央国务院关于加大统筹城乡发展力度进一步夯实农业农村

发展基础的若干意见》，制定农村客运公共财政保障制度。积极争取公共财政支持，通过以奖代补的方式，鼓励提高农村客运通达深度、广度和服务水平，引导农村客运公司化、集约化、规范化经营，增强农村客运可持续发展能力。

（三）加快推进道路客运经营结构调整，整合现有道路客运资源，因地制宜地推进班线客运公交化改造

一要建立和完善跨区域性城际客运协调机制，探索并完善城际客运公交化运行的管理机制。鼓励在客运量大、距离较近、安全行车条件好的毗邻城市的客运班线运营实行公交化改造，以低票价的公交运行方式运营，方便群众经济、便捷出行，逐步实现客运线网的跨市、跨区融合。

二要按照"以线路为依托，以资产为纽带，按照现代企业制度组建线路股份公司，实行客运线路集约化经营"的思路，由原运营单位共同出资以股份制形式，组建线路公司，采取收购、入股等方式，统一配置人力、运力等生产要素，实行城乡客运规模化、集约化、公司化运营。

三要向城市、城镇周边乡镇（大的行政村）、人口密集地区延伸城市公交服务，逐步发展城乡公交。逐步将城市周边 10～20 公里内区域作为城市（镇）公交的有效延伸，对原有农村客运班线进行公交化改造，实现城乡客流有效衔接、广大乘客经济出行的目标。

（四）加强督促指导，切实体现城乡客运便民惠民的定位和优势

培育骨干运输企业和城乡道路客运一体化服务品牌，形成区域内业务整合、服务统一、组织集约、竞争有序的城乡客运一体化格局。严格规范城乡客运服务标准，督促客运企业树立品牌意识，坚持高标准、严要求，为城乡居民提供优质的交通出行条件。积极探索建立城乡客运市场的准入和退出机制，制定切合本地实际的客运运营监督考核制度，本着公交客运"惠民、便民、利民"和公共服务的原则，科学合理地确定客运票价，并尽快与城市公交各项政策相衔接，创造条件逐步与城市公交客运接轨，真正实现城乡客运的一体化。

以对外文化交流拓展
"大美青海" 品牌研究

付国栋　祁　鑫*

摘　要：

多年来，青海一直致力于"大美青海"品牌建设，"大美青海"
逐渐为世人熟知和认可，并且走向全国、走向世界，成为国内
外认识青海、了解青海、投资青海的金名片。本文认为，推进
特色文化品牌建设，既是青海经济社会发展的客观要求，也是
推动文化大发展大繁荣、建设文化名省的必然要求和重要途径。

关键词：

文化交流　大美青海　品牌建设

庄子曰："天地有大美而不言"。青海，无论自然风光，还是人文特征，
都与"大美"十分贴切。多年来，省委、省政府一直致力于"大美青海"品
牌建设，"大美青海"逐渐为世人熟知和认可，并且走向全国、走向世界，成
为国内外认识青海、了解青海、投资青海的金名片。"大美青海"品牌的核心
是特色文化品牌的建设。推进特色文化品牌建设，既是青海经济社会发展的客
观要求，也是推动文化大发展大繁荣、建设文化名省的必然要求和重要途径。

一　"大美青海"品牌文化建设现状

近年来，青海各地围绕"大美青海"建设，不断打造区域特色文化品牌，

---

* 付国栋，青海省文化和新闻出版厅对外文化联络处处长；祁鑫，青海省文化和新闻出版厅办公
室副主任科员。

使得新青海形象得到了进一步塑造和展示，激励了青海人民热爱青海、建设新青海的豪情壮志，提升了青海在国内外的知名度和美誉度，激发了各族群众的文化自觉和文化自信，推进了建设文化名省、旅游名省的步伐。"大美青海"品牌作为发掘本地文化资源、提升旅游文化品位、打造文化旅游品牌的重要载体，始终全方位、多角度地宣传推介青海文化旅游资源，促进了文化与旅游的融合发展，文化旅游的吸引力、号召力得到明显提升，品牌整合资源、文化提升价值的效果进一步显现。保护好、开发好特色文化资源，拓展"大美青海"文化品牌已成为全省各级党委、政府推动跨越式发展的一个重要着力点。

"十二五"以来，青海在着力打造特色文化品牌工作中取得了一定成绩。一是加快公共文化服务体系建设，夯实特色文化品牌建设的基础。大力实施省、市、州"三馆"建设，县级"两馆"建设等基础设施建设，文化信息资源共享、数字图书馆建设，电子阅览室建设，文化进村入户（进社区），农（牧）家书屋，新闻出版东风工程，免费开放，文化设施维修改造，农村文化建设等重点文化惠民工程。截至2013年底，已累计投入资金近10亿元，基本建成了覆盖全省城乡的省、州、县、乡、村五级公共文化服务体系。二是加强文化遗产保护，筑牢特色文化品牌建设的着力点。累计投入8.2亿元，用于非物质文化遗产保护、大遗址保护、省级文物保护和玉树灾后文物重建等。三是加快文化产业发展，以特色文化产业支撑特色文化品牌建设。累计下达文化产业资金1.31亿元，国开行、农行、建行、中行等各银行累计发放文化产业贷款超过27.74亿元。2012年全省文化产业及相关产业增加值达到35.57亿元。四是推出有影响力的品牌文化活动。成功举办青海国际水与生命音乐之旅——世界防治荒漠化与干旱日主题音乐会、青海湖国际诗歌节、青海文化旅游节等一系列大型文化交流活动，打造了极具地方特色的品牌文化活动，对外宣传、展示了青海省独特的地域民族风情，扩大了"大美青海"的影响力。

二　青海开展对外文化交流助推"大美青海"品牌的成功经验

文化是一个地区的血脉和灵魂。文化品牌是体现地方综合实力、繁荣区域经济文化最直接、最有效的载体，在现代经济社会发展中发挥着越来越重要的作用。要想使"大美青海"品牌具有顽强生命力和勃勃生机，就必须在"文化"上做文章，必须下大气力打造特色文化品牌，把文化资源转化为文化品牌，形成文化产业，从而提升地区综合竞争力，成为推动地区经济社会全面发展的巨大力量。在青海省贯彻省十二次党代会、全省文化改革发展大会精神，实施文化名省建设，全面落实"十二五"文化发展规划和文化建设"八大工程"的今天，深入挖掘利用青海省深厚的文化底蕴和丰富的特色文化资源，打造具有地域特色和时代气息的文化品牌，对于加快青海文化的大发展大繁荣、推动"大美青海"建设具有十分重要的意义。

（一）重大文化活动是提升"大美青海"美誉度的重要手段

2013 年，青海文化"走出去"的步伐坚定，足音铿锵，视野更远，影响更深；"请进来"的力度加大，精心策划，创新方法，效应凸显。在王洛宾先生 100 周年诞辰之际，"2013 青海国际水与生命音乐之旅——世界防治荒漠化和干旱日主题音乐会"在贵德黄河岸边如期举行。江苏省演艺集团交响乐团、爱之旅合唱团及青海省部分优秀花儿歌手共同打造了一台浪漫温馨、充满诗情画意的音乐盛宴。8 月 8 日至 11 日，第四届青海湖国际诗歌节在青海省成功举办，来自阿尔及利亚、西班牙、阿根廷、古巴、哥伦比亚等世界五大洲 48 个国家和地区的 200 位诗人应邀参加了这一世界性诗歌盛会。本届诗歌节以"诗人的个体写作与诗歌的社会性"为主题，举行了高峰论坛、金藏羚羊奖颁奖、交响音乐会、诗歌朗诵会、诗人采风创作等多项活动。尤其是世界 150 余家新闻媒体聚焦青海，使青海湖国际诗歌节的社会影响力不断扩大，"大美青海"的知名度和美誉度不断提升。正如省委常委、宣传部长吉狄马加在开幕式致辞中指出："在青海这片文化富矿上，我们一直致力于保护和弘扬具有鲜明地域和民族特色的文化资源。举办诗歌节，就是希望通过诗人们不同的视角，深化对高原文化的认识，赋予青海更多的文化内涵，让青海成为推动世界诗歌繁荣和发展的精神高地，从而更好地促进美好和谐社会的建设。"同月，以"群众共享文化成果，文化旅游融合发展"为主题的第十一届青海文化旅游节推出了展览、演出、论坛、创意大赛、藏品鉴赏等 11 项主题活动，来自

韩国、马耳他以及我国山西、江苏、浙江等国家和地区 120 余家客商的参展，为青海省文化旅游产业融合发展提供了良好平台。其中，创意文化旅游产品展重点展示了青海省近年来开发的优秀文化旅游产品、省外"非遗"展品以及国外特色文化产品，同时设专区集中展示了 2013 年文化旅游产品创意设计大赛的 252 件参赛作品。精品绣艺展集中展示了青海省极具民族特色的刺绣、盘绣、藏绣、堆绣等作品和山西、四川等省的堆锦、手工土布衣服、蜀绣等民间文化旅游产品。以群众创作为主体的"艺术之星"群众书画作品展和"百工之星"群众工艺美术作品展共征集作品 1000 多幅（件），经过专家筛选，近450 余幅（件）作品参展。特别是来自韩国、马耳他的展览成为展会的亮点，马耳他两位民间艺人带来的工艺复杂的蕾丝手工绣艺吸引了众多观众的目光；而韩国大规模组团参加的"大美青海——中韩缘文化节"展览活动，展出的30 余幅韩国风光照片以及韩国工艺品、民间绘画、木偶、韩纸工艺、传统饰品工艺等传统文化展示和体验活动，使得众多观众，尤其是少年儿童参与其中，自己动手，体验乐趣。来自韩国天安市忠南国乐管弦乐团和 BIBAP 音乐剧的艺术家们与青海省演艺集团共同在省会议中心联袂上演的精彩节目，吸引1000 余人到场观看，随后，韩国演出团又在西宁中心广场演出两场，为西宁观众献上了极具韩国传统与艺术魅力的专场演出。据不完全统计，活动参观群众近 5 万人，产品销售收入 76 万元，订货金额 230 万元，签约 2.37 亿元。

积极组织实施的立足青海独特人文自然资源、面向世界举办的各项大型文化活动，都有大量的外国友人、港澳台同胞和各界嘉宾前来参加，已成为提升"大美青海"美誉度的重要手段，在推动青海文化走向世界方面做出了贡献。

（二）对外文化交流是提升"大美青海"知名度的主要途径

青海深厚的民族民间文化资源，在开展对外文化交流方面具有得天独厚的优势。这种优势，加大了政府和民间组织的对外文化交流力度，营造了良好的外部发展环境，提升了"大美青海"的国际知名度。

2013 年，文化部安排青海省与马耳他中国文化中心开展为期一年的文化交流合作，是青海文化"走出去"的重要活动。6 月，青海非物质文化遗产展在马耳他中国文化中心隆重开幕。马耳他遗产委员会保护司司长约瑟夫·斯基洛、马耳他职业摄影协会主席凯文·卡萨、马耳他艺术制造和商业协会前主席约瑟夫·米苏德、马耳他中国文化中心主任顾洪兴及马耳他各界人士60余人出席开幕式。展览共展出藏绣、藏毯、土族盘绣、皮绣、河湟刺绣、民间剪纸、民间皮影、农民画、堆绣、掐丝唐卡、绘画唐卡11个类别共54件非遗精品。通过展览，青海悠久的历史和文化更加直观地呈现在马耳他观众面前，使马耳他人民更多地了解青海、感知青海高原神秘久远的历史和多元多彩的文化。展览期间举办的"大美青海·幸福家园"讲座以及掐丝唐卡和民间剪纸短期培训班，更是让马耳他人民对青海文化产生了浓厚的兴趣。9月，具有青海地域文化特色的歌舞、国粹京剧和器乐演奏等文艺演出拉开了庆祝马耳他中国文化中心成立十周年活动的序幕，向观众展示了地道的青海民族特色和浓郁的文化底蕴。马耳他前总统阿达米、中国驻马耳他大使蔡金彪和近千名中马各界人士观看了演出。

由青海省与韩国首尔中国文化中心共同主办的"青海藏传佛教艺术精品展"，于2013年5月在韩国首尔中国文化中心举行。展出的80余件青海藏传佛教文化艺术展品是从青海省中国工艺美术大师、国家级非物质文化遗产项目代表性传承人、知名民间艺人中征集的精品，既有古老佛教文化艺术的传承，也有当代艺术佳作的展示。展览以妙彩莲华——绘唐卡展示、巧夺天工——铸造雕塑展示、绚丽奇葩——织锦绣艺展示、秘境仙踪——宗教法器展示四个板块，运用平面和立体两种展示方式，并辅以青海风光民俗宣传片播放和地域风格浓郁的展览背景音乐，全方位、多层面地展现了青海藏传佛教文化艺术的博大与精妙。让韩国广大观众走进青海，了解青海高原独特的历史风貌和世界屋脊深厚的文化底蕴。为了让韩国观众更好地体验青海藏族民俗和文化艺术，青海省中国工艺美术大师、国家级非遗传承人娘本，省级民间工艺大师、国家级非遗传承人夏吾角和省民间工艺师罗美丽还在现场进行了唐卡绘画、掐丝制作、雕塑技艺展示表演，零距离与韩国观众进行互动体验，受到广大观众的喜爱。活动中还开展了藏民族服饰摄影、点燃酥油灯、转动玛尼经筒等互动民俗活动，韩国观众对此产生极大兴趣，纷纷表示，有机会一定要到大美青海，亲身领略其秘境神韵和多元民俗文化。

在官方对外文化交流工作稳步发展的同时，民间对外文化交流也呈现蓬勃

发展的势头。青海省舞蹈家协会德吉民间歌舞团、宗喀歌舞协会,海南州青海湖艺术团共85人,应马来西亚华人公会总部邀请,分别参加了两国中老年才艺展示演出活动。应台湾辜公亮文教基金会邀请,省演艺集团二级演奏员李晟,多次赴台参与基金会剧目的制作、演出活动。省收藏家协会赴韩国参加了"第七届韩中书画国际交流展活动"。青海三江源康朵民间舞蹈艺术团,赴韩国参加2013韩中国际"木槿花奖"音乐舞蹈艺术大赛。应美国密西根大学孔子学院邀请,青海省3名花儿艺人赴美国参加安娜堡校园"花儿"演唱会。据统计,截至9月,共有11批190人次出访10个国家和地区开展民间对外文化交流活动。

(三)艺术精品和文化产品是提升"大美青海"认可度的有效方式

大型音画歌舞史诗《秘境青海》,青海花儿音乐诗剧《雪白的鸽子》,大型民族歌舞《中国·撒拉尔》,现代少儿京剧《藏羚羊》,舞蹈诗剧《风从青海来》,话剧《春回玉树》、《藏舞京典》和汉藏双语原创动漫作品《寻找智慧精灵》(5集)、《藏羚羊》(5集)以及对外文化交流活动的文艺演出等,受到了海内外观众的高度赞扬与喜爱,现已成为青海省进行对外文化交流和"大美青海"推介的知名品牌。同时,热贡艺术、昆仑玉、藏医药、藏毯、手工皮雕、撒拉族刺绣、掐丝唐卡、黄河石艺、丹噶尔皮绣、贵德香包等共百余种、万余件文化产品,以多姿多彩的展演活动亮相中国(深圳)国际文化产业博览会、中国北京国际文化创意产业博览会、西部文化产业博览会和"青洽会"、"藏毯会"、"清真食品节"、"三江源国际摄影节"、"环湖赛"、"黄河挑战赛"、"攀岩赛"等大型节会和赛事活动。以"文化创意"带动了相关产业发展,对外宣传了青海文化,展示了青海省独特的民族民俗风情,达到了宣传青海、提升青海知名度、扩大青海影响、树立"大美青海"品牌的目的。

三 "大美青海"品牌建设面临的问题与困难

虽然青海省近年来在"大美青海"品牌建设工作中取得了长足进步,但

"大美青海"特色文化品牌建设与青海省经济社会发展水平以及社会各界的期盼还有一定距离。

（一）思想认识和重视程度不足

虽然青海省对"大美青海"品牌建设做了许多有益的探索实践，政府和社会各界在实际工作中也能主动而为，但相对于国内其他省、区对经济发展、招商引资、城市建设、生态文明等工作的重视，青海省的文化品牌建设工作受到的重视程度还不足，对品牌在地区核心竞争力构筑方面的重要作用，思想认识上还需进一步提高。

（二）领导体制和协调机制有待加强

目前青海省的文化品牌建设工作还缺乏一个全省性的领导机构，在省级层面，省文化和新闻出版厅、省旅游局只承担了一部分"大美青海"总体形象和品牌建设方面的协调组织工作，其他各部门只是自发自觉地实施品牌化推广的工作，还没有建立起有效的协调统筹机制。在制度建设方面，青海省也还没有具有约束效力的文件或规章制度，同时也没有可持续的专项资金的支持。

（三）文化与旅游融合的深度不够

由于多年来形成的管理模式，文化、旅游部门存在着行业合作领域不宽、合作机制不畅、政策扶持不到位等诸多问题，青海省文化旅游融合发展的现状与建设富裕文明和谐新青海的目标要求还不能完全适应。另外，虽然青海省知名文化旅游景点众多，但大多数地处偏远，点多线长，高度分散，景点景区基础设施条件差，旅游饭店、宾馆，尤其是涉外宾馆的建设和接待能力与全国其他省份相比较为落后，在一定程度上影响了旅游目的地的形象和品牌价值。

（四）品牌营销和媒体作用发挥不足

目前"大美青海"特色文化品牌塑造比较注重品牌的整合传播，而忽视

了其他重要环节，比如品牌的定位、品牌的形象设计、品牌的营销策略、品牌管理等，而且在整合传播过程中缺乏重点。传播手段较为传统，缺乏多样性，对外部媒体的运用程度相对较低，无论是电视台，还是报纸，对受众的覆盖率都不高，难以达到理想的宣传效果。广播媒体未能得到充分重视，网络媒体的宣传质量和宣传力度还有待加强。对户外媒体、列车媒体及电子类新媒体的利用率还很低。

四　进一步以对外交流促进"大美青海"品牌建设的建议

按照青海多民族多元文化体系的定位要求，充分体现历史文化、民族文化、宗教文化、当代文化等资源品牌的优质性、唯一性和稀缺性，使"大美青海"特色文化品牌成为欠发达地区实践科学发展成功之路的有力载体和转变发展方式的有效手段与路径。

（一）完善文化产业布局

把河湟文化、青海湖文化、三江源文化、柴达木文化等区域性文化品牌，史前文化、古羌文化、彩陶文化、唐蕃古道文化、南丝路文化等历史文化品牌，十世班禅大师、宗喀巴、文成公主、根敦群培、王洛宾等名人文化和格萨尔、吐谷浑、大禹、西王母等历史传说人物品牌，民族歌舞、青海"花儿"、藏戏、土族纳顿等民族文化品牌，热贡艺术、昆仑玉文化、藏毯、民族服饰、刺绣、堆绣、盘绣、皮绣、皮影、农民画、木雕、排灯、金银铜器、奇石等民族民俗民间工艺文化品牌，原子城、西路军纪念馆、班玛红军沟等红色文化旅游品牌，塔尔寺、东关清真大寺、瞿昙寺等宗教文化品牌，青海湖国际诗歌节、青海国际水与生命音乐会、青海文化旅游节、三江源国际摄影节、世界山地纪录片节等会展节庆文化品牌整合成为"大美青海"构成要素。以区域为单位的特色文化品牌建设，形成以"大美青海"品牌为统领，"欢乐夏都、风情海东、圣洁海南、魅力海西、浪漫海北、秘境黄南、雪域果洛、天上玉树"等地标性文化品牌全方位展示的格局。

（二）充分发挥文化产业载体作用

国家级热贡文化生态保护区、西宁城南文化产业聚集区、西宁生物园区博物馆群建设、西宁市文化生态公园、海东地区河湟文化走廊、海南州藏文化创意产业园、海北州"中国原子城"红色旅游基地和民族音乐城、海西州昆仑文化园、果洛州格萨尔文化展示园、玉树州康巴文化风情园等以民族工艺美术、歌舞演艺、艺术培训、出版印刷、音像制品、文化旅游为内容的省、州级重点文化产业园区、聚集区逐步建成，青海省民族民间、历史、宗教等文化资源成为文化产业的开发重点。以文化创意为基础，以特色文化资源为依托，创造出更加丰富多彩的具有自主知识产权和民族地域特色的文化产品，在国内外扩大青海文化的影响力。

（三）借助平台大力推进对外文化交流

不断创新的文化开放交流模式，为文化繁荣发展提供强大动力。逐步建立"政府主导、社会参与、多种方式运作"的工作模式，充分发挥政府和民间两个积极性，丰富对外文化交流的内容。提高运用国际国内两个市场、两种资源的能力。引导和推动青海省文化企业积极参与国际合作和市场竞争。利用中国（深圳）国际文化产业博览交易会、北京国际文化创意产业博览会、北京国际图书博览会等合作平台，逐步拓宽青海省文化交流合作渠道。同时，青海湖国际诗歌节、青海国际水与生命音乐会、青海国际唐卡艺术与文化遗产博览会等重大文化活动的进一步做大做强，使其成为对外文化交流的知名品牌，以对宣传展示"大美青海"及特色文化、不断扩大青海文化的宣传力和影响力发挥积极的作用。

B.15

青海省农（牧）家书屋发展现状及趋势分析

王丽莉　刘　峻　崔俊杰*

摘　要：

建设农（牧）家书屋是党和国家公共文化服务体系建设的重大举措，也是一项德政和民心工程，丰富了农（牧）村群众文化生活，成为社会主义新农村建设的重要组成部分。青海省是个多民族、多宗教省份，地域辽阔，地广人稀，交通线长，民族众多，经济发展相对滞后，在农（牧）家书屋建设上存在着书屋管理与发展机制不完善、管理人员素质有待提高、出版物的配备相对不合理、后续资金投入不足、管理创新意识薄弱、图书资源利用不高、整体意识和整合观念不强等问题。为使农（牧）家书屋有序发展，应当以立足农（牧）民需求为方向，创新服务模式，实行可持续发展，依托图书馆数据网络支持向智能化转化，起到农牧村文化经济发展的助推作用，以提高青海省农（牧）家书屋功能的充分发挥。

关键词：

农（牧）家书屋　发展现状　政策建议

一　青海农（牧）家书屋发展现状及特点

青海地域辽阔、地广人稀、交通线长、民族众多、经济发展相对滞后，决

---

* 王丽莉，青海省社会科学院文献信息中心副研究馆员，研究方向：图书馆学；刘峻，中国人民银行西宁中心支行经济师，研究方向：农村经济、区域金融；崔俊杰，青海省文化新闻出版厅社会文化处，研究方向：农（牧）家书屋。

定了在农（牧）家书屋建设上有许多不同于其他地区的地方。根据党中央、国务院确定的文化惠民工程，青海省委、省政府将农（牧）家书屋确定为十大惠民工程，确定了"立足省情，突出地区和民族特点，因地制宜、先易后难、分类指导、稳步推进"的原则。从2007年农（牧）家书屋开始试点以来，取得了显著的成效。截至2012年，全省提前三年建成达到统一标准的农（牧）家书屋4169个，投入财政资金8338万元（见表1），其中中央财政拨付6670.4万元①，省财政配套1667.6万元，共配备图书626万册、报刊5.9万份、音像制品和电子出版物42万张、书柜16676个、报刊架4169个、制度牌8338个、牌匾4169个、书屋标识3.3万条，全面覆盖了全省行政村。其中，建设了1125家藏文书屋，选配了500多种藏文图书和40种音像制品；81家蒙文书屋，选配了100种蒙文图书。农（牧）家书屋在不同层次、不同方面、不同地区基本满足了少数民族群众的阅读需求，特别是玉树地震后，政府加大投入力度，使农（牧）家书屋得到了一定的发展。总之，青海农（牧）家书屋在地区建设进度、覆盖范围、参与人数方面呈现不同的发展态势。

（一）各具特色的农（牧）家书屋

1. 西宁市农家书屋满足农民需求

湟源县依托农家书屋开展普法宣传教育活动，充分利用书屋法制宣传角，将"六五"普法主阵地移至书屋，担当新农村建设的"稳定器"。将《土地法》、《合同法》、《信访条例》等和农民日常生活息息相关的有关法律、法规印成宣传资料，提高村民知法、守法的主动性和积极性，营造和谐安定的新农村建设环境。西宁市大堡子镇艺柏花卉种植合作社社长、花卉大王赵奎，在书屋里寻找到解决花卉种植、市场行情、销售模式等问题的答案。大堡子镇陶南村村民李玉才说："我爱看书，特别是有关温室大棚蔬菜种植方面的书籍，自从我们村有了书屋，我就天天来看这方面的书。农家书屋真是我们合作社的参谋部。"另外，城北区大堡子镇朱北村农家书屋、湟源县和平乡小高陵村农家书屋工作人员分别获得了国家新闻出版总署颁发的先进个人荣誉证书，大通回

---

① 《青海提前完成农家书屋工程建设覆盖全省》，中广网，2013年11月19日。

族土族自治县桥头镇煤洞村农家书屋、湟中县鲁沙尔镇徐家寨村农家书屋获得先进集体荣誉称号。

表 1　青海省农（牧）家书屋建设一览

单位：个，万元

地区	2007 年		2008 年		2009 年		2010 年		2011 年		2012 年		合计	
	数量	资金	数量	资金	数量	资金	数量	资金	数量	资金	数量	资金	数量	资金
西宁市	4	8	156	312	217	434	152	304	200	400	202	404	931	1862
海东市	5	10	195	390	153	306	519	1038	357	714	360	1949	1589	1949
海西州	3	6	60	120	146	292	97	194	—	—	—	—	306	612
海北州	5	10	50	100	84	168	75	150	—	—	—	—	214	428
海南州	3	6	46	92	116	232	258	516	—	—	—	—	423	846
黄南州	—	—	31	62	128	256	99	198	—	—	—	—	258	516
玉树州	—	—	31	62	229	458	—	—	—	—	—	—	260	520
果洛州	—	—	31	62	157	314	—	—	—	—	—	—	188	376
合　计	20	80	600	1200	1230	2460	1200	2400	557	1114	562	1124	4169	8338

2. 海东市农（牧）家书屋发展规模逐步扩大

海东市有农家书屋 1589 个，2012 年新增 360 个。化隆县在 128 个的基础上，2012 年新增 87 个。化隆回族自治县水车村村民祁永奋利用网箱养鱼，几年下来成了远近闻名的致富能人。他创业致富的途径归功于村里的农（牧）家书屋。他经常往返于农（牧）家书屋查阅书籍，思想观念发生了翻天覆地的变化，掌握了致富技能，学到了真实本领；海东市平安县将农（牧）家书屋和农牧村党员干部远程教育资源结合起来，发挥其优势，互相补充，同步发展推进，资源整合，共享成果。充分利用农（牧）家书屋的知识资源优势，党的路线方针政策得以广泛开展，通过学习共产党员优秀先进事迹，党员意识得以强化，党性修养得以锤炼。

3. 青南地区农（牧）家书屋书籍内容不断丰富

海南藏族自治州 423 个"农家书屋"变身消防"加油站"。海南州消防支队依托全州 423 个"农家书屋"覆盖了全州所有的乡、镇、行政村的平台，使广大农牧民群众在学习相关文化知识的同时，深入了解了消防知识，学习了农牧村防火的基础要领，实现了丰富农牧民群众文化需求与提升消防安全意识

"双赢"的最终目标；门源回族自治县大沟脑村的张维林是牛羊育肥户，对于农家书屋带来的好处，他说："自从有了农（牧）家书屋后，我就省了许多事，遇到难题就到书屋查资料，不但省下了找兽医的钱，而且能做到科学育肥，增加了收入"。

4. 玉树灾后农（牧）家书屋得到稳序发展

玉树地震前，所有乡镇，以及具备条件的村落和较大的牧民定居点，都建立了农（牧）家书屋，并均配备了一定数量的各类书籍。同时开展一系列的书籍进寺院活动，对管理宗教事务发挥了作用。为进一步了解书籍配送情况，调研组先后在玉树县结古镇代格村、结古镇西杭街道办事处等地进行座谈，认为围绕藏区牧民和宗教寺院独特性，除了配备了汉文书籍还配备了众多的藏文书，内容涵盖了政策法规、科普文化、娱乐小说等，受到了读者的欢迎。尤其是"送书籍进寺院"活动的开展，对宣传党的方针政策，维护社会稳定、民族团结起到了引导作用。在建设的同时，存在着薄弱环节，一是从整体布局看，玉树州较为发达的东三县情况要好于西三县，社会经济的发展质量关乎农（牧）家书屋的建设程度。二是从配备的书籍质量看，存在着内容与实际脱节，如有些募捐书籍是关于南方的植物与农作物养殖、沿海的水产品养殖等，与玉树当地实际情况相差甚远。三是藏文书籍依然偏少。在藏族人口占绝大多数的玉树，尤其是乡镇牧民懂汉文的人不多，有的牧家书屋和寺院，都是翻译后才使用，最受欢迎的是藏汉两种语言的书籍。玉树受灾后，农（牧）家书屋损失严重，在结古镇周围，书屋几乎损失殆尽。在重建工作中，玉树州接受捐赠共计560万元用于建设农（牧）家书屋和社区书屋。建设农（牧）家书屋260个、社区书屋20个，目前已建好204个牧家书屋和4个爱心书屋。农（牧）家书屋的建设解决了灾区民众"买书难、借书难、看书难"的问题，发挥了安抚灾区民众去除灾后阴影、温暖人们心灵的特殊作用。经过三年的重建与完善，震中受损的书屋部分已经恢复，大多数仍有待于继续恢复与重建。

二 青海农（牧）家书屋建设存在的主要问题

当前，农家书屋建设工程覆盖了全省各乡村，提高了农牧民的精神文化生

活，初步实现了文化发展的软实力。然而，与发展目标相比，还有一定的差距，有些地方处于起步阶段，未形成规模效益，社会功能和价值没有得到充分的显现。在推广和为当地农牧民服务方面出现诸多问题，存在着管理与发展机制不完善、管理人员素质不高、资源优势整合不够、文化氛围缺乏创新等问题。

（一）农（牧）家书屋管理与发展机制尚未建立

目前，书屋管理与发展机制尚未真正建立，乡镇组织对农（牧）家书屋建设和管理积极性不高，书屋基本上都设在村委会、文化中心及村书记家，没有专人管理，主要由村书记兼管。有专人管理的又受到各种条件限制，如管理人员文化水平较低、责任心不强、管理技能欠缺等。有的书屋管理者缺乏必要的书屋管理知识，不具备分类技能，导致书屋管理混乱，有少部分书屋图书甚至还没上架，服务方式简单，形式单一，宣传力度不够，使很多农牧民不了解书屋，甚至不知道什么是书屋，发挥不了知识咨询和管理服务的作用，主要原因是管理与发展的机制未制度化，操作性的流程缺乏，管理上缺乏总体把握。

（二）农（牧）家书屋建设资金投入不足

农（牧）家书屋发展经费投入未形成制度，在书屋建设时期，部省级政府投资，由农牧民自我管理，经过一段时间的发展，后续资金没有保障，缺乏发展的补给，在一定程度上影响了农（牧）家书屋的管理和可持续发展。尽管政府以财政投入为主，逐年增加一定经费，但与实际需要相关甚远。社会、企事业单位、团体、个人等赞助和捐资捐书十分有限，某些方面保证不了农（牧）家书屋的基本需要，与改善农牧民阅读环境、提高管理员服务管理水平、促进农（牧）家书屋的稳步发展还相去甚远。

（三）农（牧）家书屋图书选配缺乏特色

立足省情、州情、县情的农（牧）家书屋能否真正发挥实效，农牧民能否真正受益，关键在于各种出版物选配。目前，存在着书屋的图书配备没有考虑到农牧民的接受水平和实际需求，与农牧民的阅读能力、实际需求还存在差距。实用图书种类偏少，内容有限，更新速度较慢，层次普遍较低，同农牧民实际状况衔接不足，吸引农牧村群众阅读的书籍较少，注重成人阅读，青少年读物不多。

（四）农（牧）家书屋管理人员创新发展意识薄弱

农（牧）家书屋管理中资源利用率不高，缺乏整体意识和整合观念。目前，从课题调研的情况看，农（牧）家书屋在物质、精神文化层面，处于一种比较薄弱、落后的状态。书籍资源整合不充分，缺乏创新管理意识，建设受到限制，表现为各自为政、相对分散。绝大多数的农（牧）家书屋局限于地域化和封闭性倾向，管理方式保守，管理与发展的创新能力较弱。农（牧）家书屋管理的专业性和规范性不高，不同程度地影响着农（牧）家书屋的可持续发展。

三 政策建议

在经济转型的关键时期，农（牧）家书屋既面临着重要挑战，也面临着难得的发展机遇。农（牧）家书屋工程是公共文化服务体系建设之一，实现了农牧民在家门口就能学习知识、获取信息、增强能力。为进一步推进农（牧）家书屋工程，使之稳定有序地发展，保障新农牧村建设的有效推进，需要创新服务模式、延伸服务功能，真正让农（牧）家书屋扎根农牧乡村，惠农乐牧。对此，应当从多方面、多层次、多角度，因地制宜，整合资源，发挥优势，为当地农牧民服务，为农村经济社会发展服务，使农（牧）家书屋发挥知识咨询与服务的功能，产生农（牧）家书屋的社会价值，促进新农村、新牧区建设，实现农村牧区文化的大发展、大繁荣。

（一）从初级建设到制度规范的发展

1. 加大投入，多方共同参与农（牧）家书屋建设

农（牧）家书屋的建设、管理与发展，必须有一定的经费投入作为保障。

要以政府财政投入为主，覆盖农村，了解农民对农（牧）家书屋的具体需求，每年安排一定比例的图书专项经费，并做到逐年有所增加，保证农（牧）家书屋的基本需要，改善农牧民服务环境及内部办公环境，提高管理员服务质量。政府作为农（牧）家书屋建设的主导者，农民作为农（牧）家书屋建设的参与者，两者在农（牧）家书屋的发展中应协同共进。同时，积极鼓励社会、企事业单位、团体、个人捐资和捐书，促进农（牧）家书屋的健康发展。

2. 切合省情，做好图书选配工作

农（牧）家书屋要得以持续发展，就必须充分考虑到农牧民读者的不同文化、年龄和生活、致富需求，选配出版物更要兼顾趣味性、实用性、娱乐性和知识性，满足农牧民多层次、多样化需求，满足地方性图书特点。在图书、报刊和音像制品配置上，农家书屋应以汉文为主，牧家书屋以少数民族文字为主。根据民族地区农牧村老中青、少儿人口比例及各年龄段的需求，配置图书、期刊，满足不同地区不同年龄段农牧民的真正需求。购置的图书，要适合本地区经济文化发展。在多民族聚居的地区，必须考虑到民族禁忌和宗教信仰需求。农（牧）家书屋与农委、科协、教委、卫生、民政等部门结对共建，动态调整完善书籍种类和结构，不断满足农牧区群众的多样化、个性化、民族化需求。

3. 着眼长远，健全书屋制度

建立和制定《农（牧）家书屋管理制度》、《图书管理员工作制度》、《图书借阅制度》等各项规章，建立书屋规范化管理制度，采取对配置的图书、报刊和音像制品电脑存档，进行系统分类、编码、贴签、陈列，多视角醒目粘贴书籍分类标识。改善阅读环境，分区摆放，提升服务水平。更新书屋管理员知识结构，实现农（牧）家书屋管理的规范化、制度化。青海省农（牧）家书屋管理者大部分是村书记、乡长，为了保障书屋的持续发展，应该将村书记、乡长为主的书屋管理，纳入年度考核范围，并采取以大学生志愿者、万名下乡干部为辅的管理模式，以保证书屋的长效负责制。

4. 加强培训，提高管理人员素质

重点培养复合性的农（牧）家书屋管理专业人才。每年组织农（牧）家书屋管理员参加基层文化指导员培训和上级图书馆"点对点"农（牧）家书屋管理业务知识技能培训，按照农（牧）家书屋管理员的"四心"标准严格要求，用"三心管理"好图书。将各乡镇文广站长和农（牧）家书屋管理员组成观摩团，对升级农（牧）家书屋示范点进行观摩，现场进行文化信息资源共享工程培训，使农（牧）家书屋管理员队伍素质得到提高，由基础的咨询服务向深度的知识服务过渡，以适应农牧民对知识服务的多元需求。

5. 整合资源，提高书屋利用率

在农（牧）家书屋管理上，应充分利用并发挥上级图书情报系统图书和网络资源的作用，实行网络资源共享、图书交换。上级图书情报系统应充分发挥自身的优势，帮助农（牧）家书屋搞好书籍的分类、编码及管理工作，并结合镇乡实际，利用自己丰富的馆藏资料，开发利用二次、三次文献。根据各地的特色产业（乡镇企业和农村种植、养殖专业户）发展情况，专门购置相应的图书，提高文献质量和产品品质，让农牧民得到实惠。将上级图书情报机构、新华书店、乡镇文化站、农（牧）家书屋统一布局，构建起资源有效流动的信息网络，有效地发挥农（牧）家书屋的作用。

6. 创新服务方式，发挥农（牧）家书屋的作用

农（牧）家书屋要紧密结合农牧村生产、生活实际，开展丰富多彩的阅读咨询活动，取得良好的服务效益和社会影响力。如开展"阅读讲演"、"读书日"、"征文"等活动，激发农牧民群众的读书热情，在农（牧）村和广大农牧民群众中营造浓厚的阅读氛围，使农（牧）家书屋成为农牧民的精神家园。在服务手段上采取"走出去、请进来"的方式，以农（牧）家书屋为主阵地，邀请农技专家和种养殖大户、致富能手、返乡农民工等为主讲人，为民族地区农牧民讲解如何科学种田、传递市场信息、传授增收致富绝招和防控疫病秘诀，在农牧民与农技专家或致富能手之间搭建起沟通的平台。通过创新管理模式和服务方式，使农（牧）家书屋真正发挥其知识咨询作用。

（二）从获取知识到促进文化发展

1. 立足省情，发挥书屋的正能量

十八大召开后，农牧村文化大发展将更加广阔，伴随城乡经济一体化发展的不断深入推进，积极的经济因素将越来越多地汇集到农牧区，以经济促社会

文化事业发展的正面效应会逐渐显现。青海农（牧）家书屋应紧紧抓住这一难得的历史机遇，与农牧村经济文化发展伟业共兴共荣。按"四区两带一线"的整体要求，以促进区域经济发展的思路，构建青海省西宁市、海东市的农（牧）家书屋建设以工业化背景为主，海南州、海北州、海西州、黄南州以特色产业和旅游业背景为主，果洛州和玉树州以生态保护背景为主的三级模式。优先使经济条件好的地区的农（牧）家书屋逐渐发展为农（牧）村的小型标准化图书馆，待时机成熟后在全省铺开，以"先进"带动"后发"。

2. 整合资源，促进城乡一体化发展

农（牧）家书屋作为社会文化事业是城乡经济社会一体化发展的重要组成部分。随着城市与农村的发展，"二元"性特征逐渐产生，农村牧区文化发展相对滞后，制约了经济社会的一体化发展。根据青海省农（牧）家书屋的特殊性，应积极选择切入点，发挥图书资源的作用。农（牧）家书屋要成为基层的中小型图书馆，其切入点应着眼于其拥有的各类文献资源，以现代化文化文献信息服务为依托，为农牧村经济文化发展的研究规划工作提供详尽资料。

3. 加强信息化建设，促进农牧村文化经济发展

按照市场经济的规律，充分利用自身丰富的文献信息资源，进行知识和信息的再开发、再研究，运用现代化的信息技术手段，加快涉农涉牧等高新科技信息的传播，使农（牧）家书屋在农牧村经济文化发展中显示巨大的活力。在不断充实各类文献信息资源的同时，多渠道开拓网络信息通道，全面加强书屋的现代化信息化建设，使之真正成为农牧村经济文化发展的"先锋官"，为农牧村地区经济、科技、文化和教育新的起点的总体开发提供准确、经济、高效的各类图书信息服务。加强农（牧）家书屋局域网点建设，按照地区和馆藏优势，开发书屋的特色资源，通过与政府、高校等的网络融合，向区域内和区域外全面提供信息交流和资源共享的服务。

（三）从数据网络支持向智能化方向发展

1. 建立网格化管理，形成网络图书馆超市

在主管机构指导下，综合利用人、财、技等资源优势，逐步建立省级—地

权威·前沿·原创

社会科学文献出版社

皮 书 系 列

2014年

盘点年度资讯　预测时代前程

社会科学文献出版社 学术传播中心 编制

社会科学文献出版社
SOCIAL SCIENCES ACADEMIC PRESS (CHINA)

社会科学文献出版社成立于1985年，是直属于中国社会科学院的人文社会科学专业学术出版机构。

成立以来，特别是1998年实施第二次创业以来，依托于中国社会科学院丰厚的学术出版和专家学者两大资源，坚持"创社科经典，出传世文献"的出版理念和"权威、前沿、原创"的产品定位，社科文献立足内涵式发展道路，从战略层面推动学术出版的五大能力建设，逐步走上了学术产品的系列化、规模化、数字化、国际化、市场化经营道路。

先后策划出版了著名的图书品牌和学术品牌"皮书"系列、"列国志"、"社科文献精品译库"、"中国史话"、"全球化译丛"、"气候变化与人类发展译丛""近世中国"等一大批既有学术影响又有市场价值的系列图书。形成了较强的学术出版能力和资源整合能力，年发稿3.5亿字，年出版新书1200余种，承印发行中国社科院院属期刊近70种。

2012年，《社会科学文献出版社学术著作出版规范》修订完成。同年10月，社会科学文献出版社参加了由新闻出版总署召开加强学术著作出版规范座谈会，并代表50多家出版社发起实施学术著作出版规范的倡议。2013年，社会科学文献出版社参与新闻出版总署学术著作规范国家标准的起草工作。

依托于雄厚的出版资源整合能力，社会科学文献出版社长期以来一直致力于从内容资源和数字平台两个方面实现传统出版的再造，并先后推出了皮书数据库、列国志数据库、中国田野调查数据库等一系列数字产品。

在国内原创著作、国外名家经典著作大量出版，数字出版突飞猛进的同时，社会科学文献出版社在学术出版国际化方面也取得了不俗的成绩。先后与荷兰博睿等十余家国际出版机构合作面向海外推出了《经济蓝皮书》《社会蓝皮书》等十余种皮书的英文版、俄文版、日文版等。

此外，社会科学文献出版社积极与中央和地方各类媒体合作，联合大型书店、学术书店、机场书店、网络书店、图书馆，逐步构建起了强大的学术图书的内容传播力和社会影响力，学术图书的媒体曝光率居全国之首，图书馆藏率居于全国出版机构前十位。

作为已经开启第三次创业梦想的人文社会科学学术出版机构，社会科学文献出版社结合社会需求、自身的条件以及行业发展，提出了新的创业目标：精心打造人文社会科学成果推广平台，发展成为一家集图书、期刊、声像电子和数字出版物为一体，面向海内外高端读者和客户，具备独特竞争力的人文社会科学内容资源供应商和海内外知名的专业学术出版机构。

我们是图书出版者，更是人文社会科学内容资源供应商；

我们背靠中国社会科学院，面向中国与世界人文社会科学界，坚持为人文社会科学的繁荣与发展服务；

我们精心打造权威信息资源整合平台，坚持为中国经济与社会的繁荣与发展提供决策咨询服务；

我们以读者定位自身，立志让爱书人读到好书，让求知者获得知识；

我们精心编辑、设计每一本好书以形成品牌张力，以优秀的品牌形象服务读者，开拓市场；

我们始终坚持"创社科经典，出传世文献"的经营理念，坚持"权威、前沿、原创"的产品特色；

我们"以人为本"，提倡阳光下创业，员工与企业共享发展之成果；

我们立足于现实，认真对待我们的优势、劣势，我们更着眼于未来，以不断的学习与创新适应不断变化的世界，以不断的努力提升自己的实力；

我们愿与社会各界友好合作，共享人文社会科学发展之成果，共同推动中国学术出版乃至内容产业的繁荣与发展。

社会科学文献出版社社长
中国社会学会秘书长

2014 年 1 月

　　"皮书"起源于十七、十八世纪的英国，主要指官方或社会组织正式发表的重要文件或报告，多以"白皮书"命名。在中国，"皮书"这一概念被社会广泛接受，并被成功运作、发展成为一种全新的出版形态，则源于中国社会科学院社会科学文献出版社。

　　皮书是对中国与世界发展状况和热点问题进行年度监测，以专家和学术的视角，针对某一领域或区域现状与发展态势展开分析和预测，具备权威性、前沿性、原创性、实证性、时效性等特点的连续性公开出版物，由一系列权威研究报告组成。皮书系列是社会科学文献出版社编辑出版的蓝皮书、绿皮书、黄皮书等的统称。

　　皮书系列的作者以中国社会科学院、著名高校、地方社会科学院的研究人员为主，多为国内一流研究机构的权威专家学者，他们的看法和观点代表了学界对中国与世界的现实和未来最高水平的解读与分析。

　　自20世纪90年代末推出以经济蓝皮书为开端的皮书系列以来，至今已出版皮书近1000余部，内容涵盖经济、社会、政法、文化传媒、行业、地方发展、国际形势等领域。皮书系列已成为社会科学文献出版社的著名图书品牌和中国社会科学院的知名学术品牌。

　　皮书系列在数字出版和国际出版方面成就斐然。皮书数据库被评为"2008~2009年度数字出版知名品牌"；经济蓝皮书、社会蓝皮书等十几种皮书每年还由国外知名学术出版机构出版英文版、俄文版、韩文版和日文版，面向全球发行。

　　2011年，皮书系列正式列入"十二五"国家重点出版规划项目，一年一度的皮书年会升格由中国社会科学院主办；2012年，部分重点皮书列入中国社会科学院承担的国家哲学社会科学创新工程项目。

经 济 类

经济类皮书涵盖宏观经济、城市经济、大区域经济，
提供权威、前沿的分析与预测

经济蓝皮书

2014 年中国经济形势分析与预测（赠阅读卡）

李　扬 / 主编　　2013 年 12 月出版　　估价 :69.00 元

◆　本书课题为"总理基金项目"，由著名经济学家李扬领衔，
联合数十家科研机构、国家部委和高等院校的专家共同撰写，
对 2013 年中国宏观及微观经济形势，特别是全球金融危机及
其对中国经济的影响进行了深入分析，并且提出了 2014 年经
济走势的预测。

世界经济黄皮书

2014 年世界经济形势分析与预测（赠阅读卡）

王洛林　张宇燕 / 主编　　2014 年 1 月出版　　估价 :69.00 元

◆　2013 年的世界经济仍旧行进在坎坷复苏的道路上。发达
经济体经济复苏继续巩固，美国和日本经济进入低速增长通
道，欧元区结束衰退并呈复苏迹象。本书展望 2014 年世界经济，
预计全球经济增长仍将维持在中低速的水平上。

工业化蓝皮书

中国工业化进程报告（2014）（赠阅读卡）

黄群慧 吕　铁 李晓华 等 / 著　　2014 年 11 月出版　　估价 :89.00 元

◆　中国的工业化是事关中华民族复兴的伟大事业，分析跟踪
研究中国的工业化进程，无疑具有重大意义。科学评价与客
观认识我国的工业化水平，对于我国明确自身发展中的优势
和不足，对于经济结构的升级与转型，对于制定经济发展政策，
从而提升我国的现代化水平具有重要作用。

金融蓝皮书

中国金融发展报告（2014）（赠阅读卡）

李　扬　王国刚 / 主编　2013 年 12 月出版　　定价 :69.00 元

◆　由中国社会科学院金融研究所组织编写的《中国金融发展报告（2014）》，概括和分析了 2013 年中国金融发展和运行中的各方面情况，研讨和评论了 2013 年发生的主要金融事件。本书由业内专家和青年精英联合编著，有利于读者了解掌握 2013 年中国的金融状况，把握 2014 年中国金融的走势。

城市竞争力蓝皮书

中国城市竞争力报告 No.12（赠阅读卡）

倪鹏飞 / 主编　　2014 年 5 月出版　　估价 :89.00 元

◆　本书由中国社会科学院城市与竞争力研究中心主任倪鹏飞主持编写，汇集了众多研究城市经济问题的专家学者关于城市竞争力研究的最新成果。本报告构建了一套科学的城市竞争力评价指标体系，采用第一手数据材料，对国内重点城市年度竞争力格局变化进行客观分析和综合比较、排名，对研究城市经济及城市竞争力极具参考价值。

中国省域竞争力蓝皮书

中国省域经济综合竞争力发展报告（2012~2013）（赠阅读卡）

李建平　李闽榕　高燕京 / 主编　　2014 年 3 月出版　估价 :188.00 元

◆　本书充分运用数理分析、空间分析、规范分析与实证分析相结合、定性分析与定量分析相结合的方法，建立起比较科学完善、符合中国国情的省域经济综合竞争力指标评价体系及数学模型，对 2011~2012 年中国内地 31 个省、市、区的经济综合竞争力进行全面、深入、科学的总体评价与比较分析。

农村经济绿皮书

中国农村经济形势分析与预测 (2013~2014)（赠阅读卡）

中国社会科学院农村发展研究所　国家统计局农村社会经济调查司 / 著

2014 年 4 月出版　　估价 :59.00 元

◆　本书对 2013 年中国农业和农村经济运行情况进行了系统的分析和评价，对 2014 年中国农业和农村经济发展趋势进行了预测，并提出相应的政策建议，专题部分将围绕某个重大的理论和现实问题进行多维、深入、细致的分析和探讨。

西部蓝皮书

中国西部经济发展报告（2014）（赠阅读卡）

姚慧琴　徐璋勇／主编　　2014 年 7 月出版　　估价：69.00 元

◆　　本书由西北大学中国西部经济发展研究中心主编，汇集了源自西部本土以及国内研究西部问题的权威专家的第一手资料，对国家实施西部大开发战略进行年度动态跟踪，并对 2014 年西部经济、社会发展态势进行预测和展望。

气候变化绿皮书

应对气候变化报告（2014）（赠阅读卡）

王伟光　郑国光／主编　　2014 年 11 月出版　　估价：79.00 元

◆　　本书由社科院城环所和国家气候中心共同组织编写，各篇报告的作者长期从事气候变化科学问题、社会经济影响，以及国际气候制度等领域的研究工作，密切跟踪国际谈判的进程，参与国家应对气候变化相关政策的咨询，有丰富的理论与实践经验。

就业蓝皮书

2014 年中国大学生就业报告（赠阅读卡）

麦可思研究院／编著　　王伯庆　郭　娇／主审
2014 年 6 月出版　　估价：98.00 元

◆　　本书是迄今为止关于中国应届大学毕业生就业、大学毕业生中期职业发展及高等教育人口流动情况的视野最为宽广、资料最为翔实、分类最为精细的实证调查和定量研究；为我国教育主管部门的教育决策提供了极有价值的参考。

企业社会责任蓝皮书

中国企业社会责任研究报告（2014）（赠阅读卡）

黄群慧　彭华岗　钟宏武　张　蒽／编著
2014 年 11 月出版　　估价：69.00 元

◆　　本书系中国社会科学院经济学部企业社会责任研究中心组织编写的《企业社会责任蓝皮书》2014 年分册。该书在对企业社会责任进行宏观总体研究的基础上，根据 2013 年企业社会责任及相关背景进行了创新研究，在全国企业中观层面对企业健全社会责任管理体系提供了弥足珍贵的丰富信息。

社会政法类

社会政法类皮书聚焦社会发展领域的热点、难点问题，
提供权威、原创的资讯与视点

社会蓝皮书

2014年中国社会形势分析与预测（赠阅读卡）

李培林　陈光金　张　翼／主编　2013年12月出版　估价：69.00元

◆　本报告是中国社会科学院"社会形势分析与预测"课题组2014年度分析报告，由中国社会科学院社会学研究所组织研究机构专家、高校学者和政府研究人员撰写。对2013年中国社会发展的各个方面内容进行了权威解读，同时对2014年社会形势发展趋势进行了预测。

法治蓝皮书

中国法治发展报告No.12（2014）（赠阅读卡）

李　林　田　禾／主编　2014年2月出版　估价：98.00元

◆　本年度法治蓝皮书一如既往秉承关注中国法治发展进程中的焦点问题的特点，回顾总结了2013年度中国法治发展取得的成就和存在的不足，并对2014年中国法治发展形势进行了预测和展望。

民间组织蓝皮书

中国民间组织报告（2014）（赠阅读卡）

黄晓勇／主编　2014年8月出版　估价：69.00元

◆　本报告是中国社会科学院"民间组织与公共治理研究"课题组推出的第五本民间组织蓝皮书。基于国家权威统计数据、实地调研和广泛搜集的资料，本报告对2012年以来我国民间组织的发展现状、热点专题、改革趋势等问题进行了深入研究，并提出了相应的政策建议。

社会保障绿皮书

中国社会保障发展报告（2014）No.6（赠阅读卡）

王延中 / 主编　2014 年 9 月出版　估价 :69.00 元

◆　社会保障是调节收入分配的重要工具，随着社会保障制度的不断建立健全、社会保障覆盖面的不断扩大和社会保障资金的不断增加，社会保障在调节收入分配中的重要性不断提高。本书全面评述了 2013 年以来社会保障制度各个主要领域的发展情况。

环境绿皮书

中国环境发展报告（2014）（赠阅读卡）

刘鉴强 / 主编　　2014 年 4 月出版　　估价 :69.00 元

◆　本书由民间环保组织"自然之友"组织编写，由特别关注、生态保护、宜居城市、可持续消费以及政策与治理等版块构成，以公共利益的视角记录、审视和思考中国环境状况，呈现 2013 年中国环境与可持续发展领域的全局态势，用深刻的思考、科学的数据分析 2013 年的环境热点事件。

教育蓝皮书

中国教育发展报告（2014）（赠阅读卡）

杨东平 / 主编　2014 年 3 月出版　估价 :69.00 元

◆　本书站在教育前沿，突出教育中的问题，特别是对当前教育改革中出现的教育公平、高校教育结构调整、义务教育均衡发展等问题进行了深入分析，从教育的内在发展谈教育，又从外部条件来谈教育，具有重要的现实意义，对我国的教育体制的改革与发展具有一定的学术价值和参考意义。

反腐倡廉蓝皮书

中国反腐倡廉建设报告 No.3（赠阅读卡）

中国社会科学院中国廉政研究中心 / 主编
2013 年 12 月出版　　估价 :79.00 元

◆　本书抓住了若干社会热点和焦点问题，全面反映了新时期新阶段中国反腐倡廉面对的严峻局面，以及中国共产党反腐倡廉建设的新实践新成果。根据实地调研、问卷调查和舆情分析，梳理了当下社会普遍关注的与反腐败密切相关的热点问题。

行 业 报 告 类

 行业报告类皮书立足重点行业、新兴行业领域，
提供及时、前瞻的数据与信息

房地产蓝皮书

中国房地产发展报告 No.11（赠阅读卡）

魏后凯　李景国 / 主编　　2014 年 4 月出版　　估价 :79.00 元

◆　本书由中国社会科学院城市发展与环境研究所组织编写，秉承客观公正、科学中立的原则，深度解析 2013 年中国房地产发展的形势和存在的主要矛盾，并预测 2014 年及未来 10 年或更长时间的房地产发展大势。观点精辟，数据翔实，对关注房地产市场的各阶层人士极具参考价值。

旅游绿皮书

2013~2014 年中国旅游发展分析与预测（赠阅读卡）

宋 瑞 / 主编　　2013 年 12 月出版　　定价 :69.00 元

◆　如何从全球的视野理性审视中国旅游，如何在世界旅游版图上客观定位中国，如何积极有效地推进中国旅游的世界化，如何制定中国实现世界旅游强国梦想的线路图？本年度开始，《旅游绿皮书》将围绕"世界与中国"这一主题进行系列研究，以期为推进中国旅游的长远发展提供科学参考和智力支持。

信息化蓝皮书

中国信息化形势分析与预测（2014）（赠阅读卡）

周宏仁 / 主编　　2014 年 7 月出版　　估价 :98.00 元

◆　本书在以中国信息化发展的分析和预测为重点的同时，反映了过去一年间中国信息化关注的重点和热点，视野宽阔，观点新颖，内容丰富，数据翔实，对中国信息化的发展有很强的指导性，可读性很强。

企业蓝皮书

中国企业竞争力报告（2014）（赠阅读卡）

金 碚/主编　　2014年11月出版　　估价：89.00元

◆ 中国经济正处于新一轮的经济波动中，如何保持稳健的经营心态和经营方式并进一步求发展，对于企业保持并提升核心竞争力至关重要。本书利用上市公司的财务数据，研究上市公司竞争力变化的最新趋势，探索进一步提升中国企业国际竞争力的有效途径，这无论对实践工作者还是理论研究者都具有重大意义。

食品药品蓝皮书

食品药品安全与监管政策研究报告（2014）（赠阅读卡）

唐民皓/主编　　2014年7月出版　　估价：69.00元

◆ 食品药品安全是当下社会关注的焦点问题之一，如何破解食品药品安全监管重点难点问题是需要以社会合力才能解决的系统工程。本书围绕安全热点问题、监管重点问题和政策焦点问题，注重于对食品药品公共政策和行政监管体制的探索和研究。

流通蓝皮书

中国商业发展报告（2013~2014）（赠阅读卡）

荆林波/主编　　2014年5月出版　　估价：89.00元

◆《中国商业发展报告》是中国社会科学院财经战略研究院与香港利丰研究中心合作的成果，并且在2010年开始以中英文版同步在全球发行。蓝皮书从关注中国宏观经济出发，突出中国流通业的宏观背景反映了本年度中国流通业发展的状况。

住房绿皮书

中国住房发展报告（2013~2014）（赠阅读卡）

倪鹏飞/主编　　2013年12月出版　　估价：79.00元

◆ 本报告从宏观背景、市场主体、市场体系、公共政策和年度主题五个方面，对中国住宅市场体系做了全面系统的分析、预测与评价，并给出了相关政策建议，并在评述2012~2013年住房及相关市场走势的基础上，预测了2013~2014年住房及相关市场的发展变化。

国别与地区类

国别与地区类皮书关注全球重点国家与地区，提供全面、独特的解读与研究

亚太蓝皮书

亚太地区发展报告（2014）（赠阅读卡）

李向阳/主编   2013年12月出版   定价:69.00元

◆   本书是由中国社会科学院亚太与全球战略研究院精心打造的又一品牌皮书，关注时下亚太地区局势发展动向里隐藏的中长趋势，剖析亚太地区政治与安全格局下的区域形势最新动向以及地区关系发展的热点问题，并对2014年亚太地区重大动态作出前瞻性的分析与预测。

日本蓝皮书

日本研究报告（2014）（赠阅读卡）

李 薇/主编   2014年2月出版   估价:69.00元

◆   本书由中华日本学会、中国社会科学院日本研究所合作推出，是以中国社会科学院日本研究所的研究人员为主完成的研究成果。对2013年日本的政治、外交、经济、社会文化作了回顾、分析与展望，并收录了该年度日本大事记。

欧洲蓝皮书

欧洲发展报告(2013~2014)（赠阅读卡）

周 弘/主编   2014年3月出版   估价:89.00元

◆   本年度的欧洲发展报告，对欧洲经济、政治、社会、外交等面的形式进行了跟踪介绍与分析。力求反映作为一个整体的欧盟及30多个欧洲国家在2013年出现的各种变化。

拉美黄皮书

拉丁美洲和加勒比发展报告（2013~2014）（赠阅读卡）

吴白乙 / 主编　2014 年 4 月出版　估价：89.00 元

◆　本书是中国社会科学院拉丁美洲研究所的第 13 份关于拉丁美洲和加勒比地区发展形势状况的年度报告。本书对 2013 年拉丁美洲和加勒比地区诸国的政治、经济、社会、外交等方面的发展情况做了系统介绍，对该地区相关国家的热点及焦点问题进行了总结和分析，并在此基础上对该地区各国 2014 年的发展前景做出预测。

澳门蓝皮书

澳门经济社会发展报告（2013~2014）（赠阅读卡）

吴志良　郝雨凡 / 主编　2014 年 3 月出版　估价：79.00 元

◆　本书集中反映 2013 年本澳各个领域的发展动态，总结评价近年澳门政治、经济、社会的总体变化，同时对 2014 年社会经济情况作初步预测。

日本经济蓝皮书

日本经济与中日经贸关系研究报告（2014）（赠阅读卡）

王洛林　张季风 / 主编　2014 年 5 月出版　估价：79.00 元

◆　本书对当前日本经济以及中日经济合作的发展动态进行了多角度、全景式的深度分析。本报告回顾并展望了 2013~2014 年度日本宏观经济的运行状况。此外，本报告还收录了大量来自于日本政府权威机构的数据图表，具有极高的参考价值。

美国蓝皮书

美国问题研究报告（2014）（赠阅读卡）

黄平　倪峰 / 主编　2014 年 6 月出版　估价：89.00 元

◆　本书是由中国社会科学院美国所主持完成的研究成果，它回顾了美国 2013 年的经济、政治形势与外交战略，对 2013 年以来美国内政外交发生的重大事件以及重要政策进行了较为全面的回顾和梳理。

地方发展类

地方发展类皮书关注大陆各省份、经济区域，
提供科学、多元的预判与咨政信息

社会建设蓝皮书

2014 年北京社会建设分析报告（赠阅读卡）

宋贵伦／主编　2014 年 4 月出版　估价：69.00 元

◆　本书依据社会学理论框架和分析方法，对北京市的人口、就业、分配、社会阶层以及城乡关系等社会学基本问题进行了广泛调研与分析，对广受社会关注的住房、教育、医疗、养老、交通等社会热点问题做了深刻了解与剖析，对日益显现的征地搬迁、外籍人口管理、群体性心理障碍等进行了有益探讨。

温州蓝皮书

2014 年温州经济社会形势分析与预测（赠阅读卡）

潘忠强　王春光　金浩／主编　2014 年 4 月出版　估价：69.00 元

◆　本书是由中共温州市委党校与中国社会科学院社会学研究所合作推出的第七本"温州经济社会形势分析与预测"年度报告，深入全面分析了 2013 年温州经济、社会、政治、文化发展的主要特点、经验、成效与不足，提出了相应的政策建议。

上海蓝皮书

上海资源环境发展报告（2014）（赠阅读卡）

周冯琦　汤庆合　王利民／著　2014 年 1 月出版　估价：59.00 元

◆　本书在上海所面临资源环境风险的来源、程度、成因、对策等方面作了些有益的探索，希望能对有关部门完善上海的资源环境风险防控工作提供一些有价值的参考，也让普通民众更全面地了解上海资源环境风险及其防控的图景。

广州蓝皮书

2014 年中国广州社会形势分析与预测（赠阅读卡）

易佐永　杨　秦　顾涧清 / 主编　　2014 年 5 月出版　　估价 :65.00 元

◆　本书由广州大学与广州市委宣传部、广州市人力资源和社会保障局联合主编，汇集了广州科研团体、高等院校和政府部门诸多社会问题研究专家、学者和实际部门工作者的最新研究成果，是关于广州社会运行情况和相关专题分析与预测的重要参考资料。

河南经济蓝皮书

2014 年河南经济形势分析与预测（赠阅读卡）

胡五岳 / 主编　　2014 年 4 月出版　估价 :59.00 元

◆　本书由河南省统计局主持编纂。该分析与展望以 2013 年最新年度统计数据为基础，科学研判河南经济发展的脉络轨迹、分析年度运行态势；以客观翔实、权威资料为特征，突出科学性、前瞻性和可操作性，服务于科学决策和科学发展。

陕西蓝皮书

陕西社会发展报告（2014）（赠阅读卡）

任宗哲　石　英　江　波 / 主编　　2014 年 1 月出版　估价 :65.00 元

◆　本书系统而全面地描述了陕西省 2013 年社会发展各个领域所取得的成就、存在的问题、面临的挑战及其应对思路，为更好地思考 2014 年陕西发展前景、政策指向和工作策略等方面提供了一个较为简洁清晰的参考蓝本。

上海蓝皮书

上海经济发展报告（2014）（赠阅读卡）

沈开艳 / 主编　　2014 年 1 月出版　估价 :69.00 元

◆　本书系上海社会科学院系列之一，报告对 2014 年上海经济增长与发展趋势的进行了预测，把握了上海经济发展的脉搏和学术研究的前沿。

广州蓝皮书

广州经济发展报告（2014）（赠阅读卡）

李江涛 刘江华 / 主编　　2014 年 6 月出版　　估价 :65.00 元

◆　　本书是由广州市社会科学院主持编写的"广州蓝皮书"系列之一，本报告对广州 2013 年宏观经济运行情况作了深入分析，对 2014 年宏观经济走势进行了合理预测，并在此基础上提出了相应的政策建议。

文 化 传 媒 类

 文化传媒类皮书透视文化领域、文化产业，探索文化大繁荣、大发展的路径

新媒体蓝皮书

中国新媒体发展报告 No.4(2013)（赠阅读卡）

唐绪军 / 主编　　　2014 年 6 月出版　　　估价 :69.00 元

◆　　本书由中国社会科学院新闻与传播研究所和上海大学合作编写，在构建新媒体发展研究基本框架的基础上，全面梳理 2013 年中国新媒体发展现状，发表最前沿的网络媒体深度调查数据和研究成果，并对新媒体发展的未来趋势做出预测。

舆情蓝皮书

中国社会舆情与危机管理报告（2014）（赠阅读卡）

谢耘耕 / 主编　　2014 年 8 月出版　　估价 :85.00 元

◆　　本书由上海交通大学舆情研究实验室和危机管理研究中心主编，已被列入教育部人文社会科学研究报告培育项目。本书以新媒体环境下的中国社会为立足点，对 2013 年中国社会舆情、分类舆情等进行了深入系统的研究，并预测了 2014 年社会舆情走势。

经济类

产业蓝皮书
中国产业竞争力报告（2014）No.4
著(编)者:张其仔　2014年5月出版 / 估价:79.00元

长三角蓝皮书
2014年率先基本实现现代化的长三角
著(编)者:刘志彪　2014年6月出版 / 估价:120.00元

城市竞争力蓝皮书
中国城市竞争力报告No.12
著(编)者:倪鹏飞　2014年5月出版 / 估价:89.00元

城市蓝皮书
中国城市发展报告No.7
著(编)者:潘家华 魏后凯　2014年7月出版 / 估价:69.00元

城市群蓝皮书
中国城市群发展指数报告(2014)
著(编)者:刘士林 刘新静　2014年10月出版 / 估价:59.00元

城乡统筹蓝皮书
中国城乡统筹发展报告（2014）
著(编)者:程志强、潘晨光　2014年3月出版 / 估价:59.00元

城乡一体化蓝皮书
中国城乡一体化发展报告（2014）
著(编)者:汝信 付崇兰　2014年8月出版 / 估价:59.00元

城镇化蓝皮书
中国城镇化健康发展报告（2014）
著(编)者:张占斌　2014年10月出版 / 估价:69.00元

低碳发展蓝皮书
中国低碳发展报告（2014）
著(编)者:齐晔　2014年7月出版 / 估价:69.00元

低碳经济蓝皮书
中国低碳经济发展报告（2014）
著(编)者:薛进军 赵忠秀　2014年5月出版 / 估价:79.00元

东北蓝皮书
中国东北地区发展报告（2014）
著(编)者:鲍振东 曹晓峰　2014年8月出版 / 估价:79.00元

发展和改革蓝皮书
中国经济发展和体制改革报告No.7
著(编)者:邹东涛　2014年7月出版 / 估价:79.00元

工业化蓝皮书
中国工业化进程报告（2014）
著(编)者:黄群慧 吕铁 李晓华 等
2014年11月出版 / 估价:89.00元

国际城市蓝皮书
国际城市发展报告（2014）
著(编)者:屠启宇　2014年1月出版 / 估价:69.00元

国家创新蓝皮书
国家创新发展报告（2013~2014）
著(编)者:陈劲　2014年3月出版 / 估价:69.00元

国家竞争力蓝皮书
中国国家竞争力报告No.2
著(编)者:倪鹏飞　2014年10月出版 / 估价:98.00元

宏观经济蓝皮书
中国经济增长报告（2014）
著(编)者:张平 刘霞辉　2014年10月出版 / 估价:69.00元

减贫蓝皮书
中国减贫与社会发展报告
著(编)者:黄承伟　2014年7月出版 / 估价:69.00元

金融蓝皮书
中国金融发展报告（2014）
著(编)者:李扬 王国刚　2013年12月出版 / 定价:69.00元

经济蓝皮书
2014年中国经济形势分析与预测
著(编)者:李扬　2013年12月出版 / 估价:69.00元

经济蓝皮书春季号
中国经济前景分析——2014年春季报告
著(编)者:李扬　2014年4月出版 / 估价:59.00元

经济信息绿皮书
中国与世界经济发展报告（2014）
著(编)者:王长胜　2013年12月出版 / 定价:69.00元

就业蓝皮书
2014年中国大学生就业报告
著(编)者:麦可思研究院　2014年6月出版 / 估价:98.00元

民营经济蓝皮书
中国民营经济发展报告No.10（2013~2014）
著(编)者:黄孟复　2014年9月出版 / 估价:69.00元

民营企业蓝皮书
中国民营企业竞争力报告No.7（2014）
著(编)者:刘迎秋　2014年1月出版 / 估价:79.00元

农村绿皮书
中国农村经济形势分析与预测（2014）
著(编)者:中国社会科学院农村发展研究所
　　　　国家统计局农村社会经济调查司 著
2014年4月出版 / 估价:59.00元

企业公民蓝皮书
中国企业公民报告No.4
著(编)者:邹东涛　2014年7月出版 / 估价:69.00元

企业社会责任蓝皮书
中国企业社会责任研究报告（2014）
著(编)者:黄群慧 彭华岗 钟宏武 等
2014年11月出版 / 估价:59.00元

气候变化绿皮书
应对气候变化报告（2014）
著(编)者:王伟光 郑国光　2014年11月出版 / 估价:79.00元

区域蓝皮书
中国区域经济发展报告（2014）
著(编)者:梁昊光　2014年4月出版 / 估价:69.00元

人口与劳动绿皮书
中国人口与劳动问题报告No.15
著(编)者:蔡昉　2014年6月出版 / 估价:69.00元

生态经济(建设)绿皮书
中国经济(建设)发展报告(2013~2014)
著(编)者:黄浩涛 李周　2014年10月出版 / 估价:69.00元

世界经济黄皮书
2014年世界经济形势分析与预测
著(编)者:王洛林 张宇燕　2014年1月出版 / 估价:69.00元

西北蓝皮书
中国西北发展报告(2014)
著(编)者:张进海 陈冬红 段庆林　2014年1月出版 / 定价:65.00元

西部蓝皮书
中国西部发展报告(2014)
著(编)者:姚慧琴 徐璋勇　2014年7月出版 / 估价:69.00元

新型城镇化蓝皮书
新型城镇化发展报告(2014)
著(编)者:沈体雁 李伟 宋敏　2014年3月出版 / 估价:69.00元

新兴经济体蓝皮书
金砖国家发展报告(2014)
著(编)者:林跃勤 周文　2014年3月出版 / 估价:79.00元

循环经济绿皮书
中国循环经济发展报告(2013~2014)
著(编)者:齐建国　2014年12月出版 / 估价:69.00元

中部竞争力蓝皮书
中国中部经济社会竞争力报告(2014)
著(编)者:教育部人文社会科学重点研究基地
　　　　南昌大学中国中部经济社会发展研究中心
2014年7月出版 / 估价:59.00元

中部蓝皮书
中国中部地区发展报告(2014)
著(编)者:朱有志　2014年10月出版 / 估价:59.00元

中国科技蓝皮书
中国科技发展报告(2014)
著(编)者:陈劲　2014年4月出版 / 估价:69.00元

中国省域竞争力蓝皮书
中国省域经济综合竞争力发展报告(2012~2013)
著(编)者:李建平 李闽榕 高燕京　2014年3月出版 / 估价:188.00元

中三角蓝皮书
长江中游城市群发展报告(2013~2014)
著(编)者:秦尊文　2014年6月出版 / 估价:69.00元

中小城市绿皮书
中国中小城市发展报告(2014)
著(编)者:中国城市经济学会中小城市经济发展委员会
　　　　《中国中小城市发展报告》编纂委员会
2014年10月出版 / 估价:98.00元

中原蓝皮书
中原经济区发展报告(2014)
著(编)者:刘怀廉　2014年6月出版 / 估价:68.00元

社会政法类

殡葬绿皮书
中国殡葬事业发展报告(2014)
著(编)者:朱勇 副主编 李伯森　2014年3月出版 / 估价:59.00元

城市创新蓝皮书
中国城市创新报告(2014)
著(编)者:周天勇 旷建伟　2014年7月出版 / 估价:69.00元

城市管理蓝皮书
中国城市管理报告2014
著(编)者:谭维克 刘林　2014年7月出版 / 估价:98.00元

城市生活质量蓝皮书
中国城市生活质量指数报告(2014)
著(编)者:张平　2014年7月出版 / 估价:59.00元

城市政府能力蓝皮书
中国城市政府公共服务能力评估报告(2014)
著(编)者:何艳玲　2014年7月出版 / 估价:59.00元

创新蓝皮书
创新型国家建设报告(2014)
著(编)者:詹正茂　2014年7月出版 / 估价:69.00元

慈善蓝皮书
中国慈善发展报告(2014)
著(编)者:杨团　2014年6月出版 / 估价:69.00元

法治蓝皮书
中国法治发展报告No.12(2014)
著(编)者:李林 田禾　2014年2月出版 / 估价:98.00元

反腐倡廉蓝皮书
中国反腐倡廉建设报告No.3
著(编)者:李秋芳　2013年12月出版 / 估价:79.00元

非传统安全蓝皮书
中国非传统安全研究报告(2014)
著(编)者:余潇枫　2014年5月出版 / 估价:69.00元

妇女发展蓝皮书
福建省妇女发展报告（2014）
著(编)者:刘群英　2014年10月出版 / 估价:58.00元

妇女发展蓝皮书
中国妇女发展报告No.5
著(编)者:王金玲 高小贤　2014年5月出版 / 估价:65.00元

妇女教育蓝皮书
中国妇女教育发展报告No.3
著(编)者:张李玺　2014年10月出版 / 估价:69.00元

公共服务满意度蓝皮书
中国城市公共服务评价报告（2014）
著(编)者:胡伟　2014年11月出版 / 估价:69.00元

公共服务蓝皮书
中国城市基本公共服务力评价（2014）
著(编)者:侯惠勤 辛向阳 易定宏
2014年10月出版 / 估价:55.00元

公民科学素质蓝皮书
中国公民科学素质调查报告（2013~2014）
著(编)者:李群 许佳军　2014年2月出版 / 估价:69.00元

公益蓝皮书
中国公益发展报告（2014）
著(编)者:朱健刚　2014年5月出版 / 估价:78.00元

国际人才蓝皮书
中国海归创业发展报告（2014）No.2
著(编)者:王辉耀 路江涌　2014年10月出版 / 估价:69.00元

国际人才蓝皮书
中国留学发展报告（2014）No.3
著(编)者:王辉耀　2014年9月出版 / 估价:59.00元

行政改革蓝皮书
中国行政体制改革报告（2014）No.3
著(编)者:魏礼群　2014年3月出版 / 估价:69.00元

华侨华人蓝皮书
华侨华人研究报告（2014）
著(编)者:丘进　2014年5月出版 / 估价:128.00元

环境竞争力绿皮书
中国省域环境竞争力发展报告（2014）
著(编)者:李建平 李闽榕 王金南
2014年12月出版 / 估价:148.00元

环境绿皮书
中国环境发展报告（2014）
著(编)者:刘鉴强　2014年4月出版 / 估价:69.00元

基本公共服务蓝皮书
中国省级政府基本公共服务发展报告（2014）
著(编)者:孙德超　2014年1月出版 / 估价:69.00元

基金会透明度蓝皮书
中国基金会透明度发展研究报告（2014）
著(编)者:基金会中心网　2014年7月出版 / 估价:79.00元

教师蓝皮书
中国中小学教师发展报告（2014）
著(编)者:曾晓东　2014年4月出版 / 估价:59.00元

教育蓝皮书
中国教育发展报告（2014）
著(编)者:杨东平　2014年3月出版 / 估价:69.00元

科普蓝皮书
中国科普基础设施发展报告（2014）
著(编)者:任福君　2014年6月出版 / 估价:79.00元

口腔健康蓝皮书
中国口腔健康发展报告（2014）
著(编)者:胡德渝　2014年12月出版 / 估价:59.00元

老龄蓝皮书
中国老龄事业发展报告（2014）
著(编)者:吴玉韶　2014年2月出版 / 估价:59.00元

连片特困区蓝皮书
中国连片特困区发展报告（2014）
著(编)者:丁建军 冷志明 游俊　2014年3月出版 / 估价:79.00元

民间组织蓝皮书
中国民间组织报告（2014）
著(编)者:黄晓勇　2014年8月出版 / 估价:69.00元

民族发展蓝皮书
中国民族区域自治发展报告（2014）
著(编)者:郝时远　2014年6月出版 / 估价:98.00元

女性生活蓝皮书
中国女性生活状况报告No.8（2014）
著(编)者:韩湘景　2014年3月出版 / 估价:78.00元

汽车社会蓝皮书
中国汽车社会发展报告（2014）
著(编)者:王俊秀　2014年1月出版 / 估价:59.00元

青年蓝皮书
中国青年发展报告（2014）No.2
著(编)者:廉思　2014年6月出版 / 估价:59.00元

全球环境竞争力绿皮书
全球环境竞争力发展报告（2014）
著(编)者:李建平 李闽榕 王金南　2014年11月出版 / 估价:69.00元

青少年蓝皮书
中国未成年人新媒体运用报告（2014）
著(编)者:李文革 沈杰 季为民　2014年6月出版 / 估价:69.00元

区域人才蓝皮书
中国区域人才竞争力报告No.2
著(编)者:桂昭明 王辉耀　2014年6月出版 / 估价:69.00元

人才蓝皮书
中国人才发展报告（2014）
著(编)者:潘晨光　2014年10月出版 / 估价:79.00元

人权蓝皮书
中国人权事业发展报告No.4（2014）
著(编)者:李君如　2014年7月出版 / 估价:98.00元

世界人才蓝皮书
全球人才发展报告No.1
著(编)者:孙学玉 张冠梓　2013年12月出版 / 估价:69.00元

社会保障绿皮书
中国社会保障发展报告（2014）No.6
著(编)者:王延中　2014年4月出版 / 估价:69.00元

社会工作蓝皮书
中国社会工作发展报告（2013~2014）
著(编)者:王杰秀 邹文开　2014年8月出版 / 估价:59.00元

社会管理蓝皮书
中国社会管理创新报告No.3
著(编)者:连玉明　2014年9月出版 / 估价:79.00元

社会蓝皮书
2014年中国社会形势分析与预测
著(编)者:李培林 陈光金 张翼　2013年12月出版 / 估价:69.00元

社会体制蓝皮书
中国社会体制改革报告（2014）No.2
著(编)者:龚维斌　2014年5月出版 / 估价:59.00元

社会心态蓝皮书
2014年中国社会心态研究报告
著(编)者:王俊秀 杨宜音　2014年1月出版 / 估价:59.00元

生态城市绿皮书
中国生态城市建设发展报告（2014）
著(编)者:李景源 孙伟平 刘举科　2014年6月出版 / 估价:128.00元

生态文明绿皮书
中国省域生态文明建设评价报告（ECI 2014）
著(编)者:严耕　2014年9月出版 / 估价:98.00元

世界创新竞争力黄皮书
世界创新竞争力发展报告（2014）
著(编)者:李建平 李闽榕 赵新力　2014年11月出版 / 估价:128.00元

水与发展蓝皮书
中国水风险评估报告（2014）
著(编)者:苏杨　2014年9月出版 / 估价:69.00元

危机管理蓝皮书
中国危机管理报告（2014）
著(编)者:文学国 范正青　2014年8月出版 / 估价:79.00元

小康蓝皮书
中国全面建设小康社会监测报告（2014）
著(编)者:潘璠　2014年11月出版 / 估价:59.00元

形象危机应对蓝皮书
形象危机应对研究报告（2014）
著(编)者:唐钧　2014年9月出版 / 估价:118.00元

政治参与蓝皮书
中国政治参与报告（2014）
著(编)者:房宁　2014年7月出版 / 估价:58.00元

政治发展蓝皮书
中国政治发展报告（2014）
著(编)者:房宁 杨海蛟　2014年6月出版 / 估价:98.00元

宗教蓝皮书
中国宗教报告（2014）
著(编)者:金泽 邱永辉　2014年8月出版 / 估价:59.00元

社会组织蓝皮书
中国社会组织评估报告（2014）
著(编)者:徐家良　2014年3月出版 / 估价:69.00元

政府绩效评估蓝皮书
中国地方政府绩效评估报告（2014）
著(编)者:贠杰　2014年9月出版 / 估价:69.00元

行业报告类

保健蓝皮书
中国保健服务产业发展报告No.2
著(编)者:中国保健协会 中共中央党校
2014年7月出版 / 估价:198.00元

保健蓝皮书
中国保健食品产业发展报告No.2
著(编)者:中国保健协会
　　　中国社会科学院食品药品产业发展与监管研究中心
2014年7月出版 / 估价:198.00元

保健蓝皮书
中国保健用品产业发展报告No.2
著(编)者:中国保健协会　2014年3月出版 / 估价:198.00元

保险蓝皮书
中国保险业竞争力报告（2014）
著(编)者:罗忠敏　2014年1月出版 / 估价:98.00元

餐饮产业蓝皮书
中国餐饮产业发展报告（2014）
著(编)者:中国烹饪协会 中国社会科学院财经战略研究院
2014年5月出版 / 估价:59.00元

测绘地理信息蓝皮书
中国地理信息产业发展报告（2014）
著(编)者:徐德明　2014年12月出版 / 估价:98.00元

茶业蓝皮书
中国茶产业发展报告（2014）
著(编)者:李闽榕 杨江帆　2014年4月出版 / 估价:79.00元

产权市场蓝皮书
中国产权市场发展报告（2014）
著(编)者:曹和平　2014年1月出版 / 估价:69.00元

产业安全蓝皮书
中国出版与传媒安全报告（2014）
著(编)者:北京交通大学中国产业安全研究中心
2014年1月出版 / 估价:59.00元

产业安全蓝皮书
中国医疗产业安全报告（2014）
著(编)者:北京交通大学中国产业安全研究中心
2014年1月出版 / 估价:59.00元

产业安全蓝皮书
中国医疗产业安全报告（2014）
著(编)者:李孟刚　2014年7月出版 / 估价:69.00元

产业安全蓝皮书
中国文化产业安全蓝皮书(2013~2014)
著(编)者:高海涛 刘益　2014年3月出版 / 估价:69.00元

产业安全蓝皮书
中国出版传媒产业安全报告（2014）
著(编)者:孙万军 王玉海　2014年12月出版 / 估价:69.00元

典当业蓝皮书
中国典当行业发展报告（2013~2014）
著(编)者:黄育华 王力 张红地
2014年10月出版 / 估价:69.00元

电子商务蓝皮书
中国城市电子商务影响力报告（2014）
著(编)者:荆林波　2014年5月出版 / 估价:69.00元

电子政务蓝皮书
中国电子政务发展报告（2014）
著(编)者:洪毅 王长胜　2014年2月出版 / 估价:59.00元

杜仲产业绿皮书
中国杜仲橡胶资源与产业发展报告（2014）
著(编)者:杜红岩 胡文臻 俞瑞
2014年9月出版 / 估价:99.00元

房地产蓝皮书
中国房地产发展报告No.11
著(编)者:魏后凯 李景国　2014年4月出版 / 估价:79.00元

服务外包蓝皮书
中国服务外包产业发展报告（2014）
著(编)者:王晓红 李皓　2014年4月出版 / 估价:89.00元

高端消费蓝皮书
中国高端消费市场研究报告
著(编)者:依绍华 王雪峰　2013年12月出版 / 估价:69.00元

会展经济蓝皮书
中国会展经济发展报告（2014）
著(编)者:过聚荣　2014年9月出版 / 估价:65.00元

会展蓝皮书
中外会展业动态评估年度报告（2014）
著(编)者:张敏　2014年8月出版 / 估价:68.00元

基金会绿皮书
中国基金会发展独立研究报告（2014）
著(编)者:基金会中心网　2014年8月出版 / 估价:58.00元

交通运输蓝皮书
中国交通运输服务发展报告（2014）
著(编)者:林晓言 卜伟 武剑红
2014年10月出版 / 估价:69.00元

金融监管蓝皮书
中国金融监管报告（2014）
著(编)者:胡滨　2014年9月出版 / 估价:65.00元

金融蓝皮书
中国金融中心发展报告（2014）
著(编)者:中国社会科学院金融研究所
　　　　中国博士后特华科研工作站 王力 黄育华
2014年10月出版 / 估价:59.00元

金融蓝皮书
中国商业银行竞争力报告（2014）
著(编)者:王松奇　2014年5月出版 / 估价:79.00元

金融蓝皮书
中国金融发展报告（2014）
著(编)者:李扬 王国刚　2013年12月出版 / 估价:69.00元

金融蓝皮书
中国金融法治报告（2014）
著(编)者:胡滨 全先银　2014年3月出版 / 估价:65.00元

金融蓝皮书
中国金融产品与服务报告（2014）
著(编)者:殷剑峰　2014年6月出版 / 估价:59.00元

金融信息服务蓝皮书
金融信息服务业发展报告（2014）
著(编)者:鲁广锦　2014年11月出版 / 估价:69.00元

抗衰老医学蓝皮书
抗衰老医学发展报告（2014）
著(编)者:罗伯特·高德曼 罗纳德·科莱兹
　　　　尼尔·布什 朱敏 金大鹏 郭弋
2014年3月出版 / 估价:69.00元

客车蓝皮书
中国客车产业发展报告（2014）
著(编)者:姚蔚　2014年12月出版 / 估价:69.00元

科学传播蓝皮书
中国科学传播报告（2014）
著(编)者:詹正茂　2014年4月出版 / 估价:69.00元

流通蓝皮书
中国商业发展报告（2014）
著(编)者:荆林波　2014年5月出版 / 估价:89.00元

旅游安全蓝皮书
中国旅游安全报告（2014）
著(编)者:郑向敏 谢朝武　2014年6月出版 / 估价:79.00元

旅游绿皮书
2013~2014年中国旅游发展分析与预测
著(编)者:宋瑞　2013年12月出版 / 估价:69.00元

旅游城市绿皮书
世界旅游城市发展报告（2013~2014）
著(编)者:张辉　2014年1月出版 / 估价:69.00元

贸易蓝皮书
中国贸易发展报告（2014）
著(编)者:荆林波　2014年5月出版 / 估价:49.00元

民营医院蓝皮书
中国民营医院发展报告（2014）
著(编)者:朱幼棣　2014年10月出版 / 估价:69.00元

闽商蓝皮书
闽商发展报告（2014）
著(编)者:李闽榕 王日根　2014年12月出版 / 估价:69.00元

能源蓝皮书
中国能源发展报告（2014）
著(编)者:崔民选 王军生 陈义和
2014年10月出版 / 估价:59.00元

农产品流通蓝皮书
中国农产品流通产业发展报告（2014）
著(编)者:贾敬敦 王炳南 张玉玺 张鹏毅 陈丽华
2014年9月出版 / 估价:89.00元

期货蓝皮书
中国期货市场发展报告（2014）
著(编)者:荆林波　2014年6月出版 / 估价:98.00元

企业蓝皮书
中国企业竞争力报告（2014）
著(编)者:金碚　2014年11月出版 / 估价:89.00元

汽车安全蓝皮书
中国汽车安全发展报告（2014）
著(编)者:赵福全 孙小端 等　2014年1月出版 / 估价:69.00元

汽车蓝皮书
中国汽车产业发展报告（2014）
著(编)者:国务院发展研究中心产业经济研究部
　　　　中国汽车工程学会 大众汽车集团（中国）
2014年7月出版 / 估价:79.00元

清洁能源蓝皮书
国际清洁能源发展报告（2014）
著(编)者:国际清洁能源论坛（澳门）
2014年9月出版 / 估价:89.00元

人力资源蓝皮书
中国人力资源发展报告（2014）
著(编)者:吴江　2014年9月出版 / 估价:69.00元

软件和信息服务业蓝皮书
中国软件和信息服务业发展报告（2014）
著(编)者:洪京一 工业和信息化部电子科学技术情报研究所
2014年6月出版 / 估价:98.00元

商会蓝皮书
中国商会发展报告 No.4（2014）
著(编)者:黄孟复　2014年4月出版 / 估价:59.00元

商品市场蓝皮书
中国商品市场发展报告（2014）
著(编)者:荆林波　2014年7月出版 / 估价:59.00元

上市公司蓝皮书
中国上市公司非财务信息披露报告（2014）
著(编)者:钟宏武 张旺 张蒽 等
2014年12月出版 / 估价:59.00元

食品药品蓝皮书
食品药品安全与监管政策研究报告（2014）
著(编)者:唐民皓　2014年7月出版 / 估价:69.00元

世界能源蓝皮书
世界能源发展报告（2014）
著(编)者:黄晓勇　2014年9月出版 / 估价:99.00元

私募市场蓝皮书
中国私募股权市场发展报告（2014）
著(编)者:曹和平　2014年4月出版 / 估价:69.00元

体育蓝皮书
中国体育产业发展报告（2014）
著(编)者:阮伟 钟秉枢　2013年2月出版 / 估价:69.00元

体育蓝皮书·公共体育服务
中国公共体育服务发展报告（2014）
著(编)者:戴健　2014年12月出版 / 估价:69.00元

投资蓝皮书
中国投资发展报告（2014）
著(编)者:杨庆蔚　2014年4月出版 / 估价:79.00元

投资蓝皮书
中国企业海外投资发展报告（2013~2014）
著(编)者:陈文晖　薛誉华　2013年12月出版 / 估价:69.00元

物联网蓝皮书
中国物联网发展报告（2014）
著(编)者:龚六堂　2014年1月出版 / 估价:59.00元

西部工业蓝皮书
中国西部工业发展报告（2014）
著(编)者:方行明　刘方健　姜凌等
2014年9月出版 / 估价:69.00元

西部金融蓝皮书
中国西部金融发展报告（2014）
著(编)者:李忠民　2014年10月出版 / 估价:69.00元

新能源汽车蓝皮书
中国新能源汽车产业发展报告（2014）
著(编)者:中国汽车技术研究中心
　　　　日产（中国）投资有限公司
　　　　东风汽车有限公司
2014年9月出版 / 估价:69.00元

信托蓝皮书
中国信托业研究报告（2014）
著(编)者:中建投信托研究中心　中国建设建投研究院
2014年9月出版 / 估价:59.00元

信托蓝皮书
中国信托投资报告（2014）
著(编)者:杨金龙　刘屹　2014年7月出版 / 估价:69.00元

信息化蓝皮书
中国信息化形势分析与预测（2014）
著(编)者:周宏仁　2014年7月出版 / 估价:98.00元

信用蓝皮书
中国信用发展报告（2014）
著(编)者:章政　田侃　2014年4月出版 / 估价:69.00元

休闲绿皮书
2014年中国休闲发展报告
著(编)者:刘德谦　唐兵　宋瑞
2014年6月出版 / 估价:59.00元

养老产业蓝皮书
中国养老产业发展报告（2013~2014年）
著(编)者:张车伟　2014年1月出版 / 估价:69.00元

移动互联网蓝皮书
中国移动互联网发展报告（2014）
著(编)者:官建文　2014年5月出版 / 估价:79.00元

医药蓝皮书
中国药品市场报告（2014）
著(编)者:程锦锥　朱恒鹏　2014年12月出版 / 估价:79.00元

中国林业竞争力蓝皮书
中国省域林业竞争力发展报告No.2（2014）（上下册）
著(编)者:郑传芳　李闽榕　张春霞　张会儒
2014年8月出版 / 估价:139.00元

中国农业竞争力蓝皮书
中国省域农业竞争力发展报告No.2（2014）
著(编)者:郑传芳　宋洪远　李闽榕　张春霞
2014年7月出版 / 估价:128.00元

中国信托市场蓝皮书
中国信托业市场报告（2013~2014）
著(编)者:李旸　2014年10月出版 / 估价:69.00元

中国总部经济蓝皮书
中国总部经济发展报告（2014）
著(编)者:赵弘　2014年9月出版 / 估价:69.00元

珠三角流通蓝皮书
珠三角商圈发展研究报告（2014）
著(编)者:王先庆　林至颖　2014年8月出版 / 估价:69.00元

住房绿皮书
中国住房发展报告（2013~2014）
著(编)者:倪鹏飞　2013年12月出版 / 估价:79.00元

资本市场蓝皮书
中国场外交易市场发展报告（2014）
著(编)者:高峦　2014年3月出版 / 估价:79.00元

资产管理蓝皮书
中国信托业发展报告（2014）
著(编)者:智信资产管理研究院　2014年7月出版 / 估价:69.00元

支付清算蓝皮书
中国支付清算发展报告（2014）
著(编)者:杨涛　2014年4月出版 / 估价:45.00元

文化传媒类

传媒蓝皮书
中国传媒产业发展报告（2014）
著(编)者:崔保国　2014年4月出版 / 估价:79.00元

传媒竞争力蓝皮书
中国传媒国际竞争力研究报告（2014）
著(编)者:李本乾　2014年9月出版 / 估价:69.00元

创意城市蓝皮书
武汉市文化创意产业发展报告（2014）
著(编)者:张京成　黄永林　2014年10月出版 / 估价:69.00元

电视蓝皮书
中国电视产业发展报告（2014）
著(编)者:卢斌　2014年4月出版 / 估价:79.00元

电影蓝皮书
中国电影出版发展报告（2014）
著(编)者:卢斌　2014年4月出版 / 估价:79.00元

动漫蓝皮书
中国动漫产业发展报告（2014）
著(编)者:卢斌　郑玉明　牛兴侦　2014年4月出版 / 估价:79.00元

广电蓝皮书
中国广播电影电视发展报告（2014）
著(编)者:庞井君　杨明品　李岚
2014年6月出版 / 估价:88.00元

广告主蓝皮书
中国广告主营销传播趋势报告N0.8
著(编)者:中国传媒大学广告主研究所
　　　　中国广告主营销传播创新研究课题组
　　　　黄升民　杜国清　邵华冬等
2014年5月出版 / 估价:98.00元

国际传播蓝皮书
中国国际传播发展报告（2014）
著(编)者:胡正荣　李继东　姬德强
2014年1月出版 / 估价:69.00元

纪录片蓝皮书
中国纪录片发展报告（2014）
著(编)者:何苏六　2014年10月出版 / 估价:89.00元

两岸文化蓝皮书
两岸文化产业合作发展报告（2014）
著(编)者:胡惠林　肖夏勇　2014年6月出版 / 估价:59.00元

媒介与女性蓝皮书
中国媒介与女性发展报告（2014）
著(编)者:刘利群　2014年8月出版 / 估价:69.00元

全球传媒蓝皮书
全球传媒产业发展报告（2014）
著(编)者:胡正荣　2014年12月出版 / 估价:79.00元

视听新媒体蓝皮书
中国视听新媒体发展报告（2014）
著(编)者:庞井君　2014年6月出版 / 估价:148.00元

文化创新蓝皮书
中国文化创新报告（2014）No.5
著(编)者:于平　傅才武　2014年7月出版 / 估价:79.00元

文化科技蓝皮书
文化科技融合与创意城市发展报告（2014）
著(编)者:李凤亮　于平　2014年7月出版 / 估价:79.00元

文化蓝皮书
2014年中国文化产业发展报告
著(编)者:张晓明　胡惠林　章建刚
2014年3月出版 / 估价:69.00元

文化蓝皮书
中国文化产业供需协调增长测评报（2013）
著(编)者:高书生　王亚楠　2014年5月出版 / 估价:79.00元

文化蓝皮书
中国城镇文化消费需求景气评价报告（2014）
著(编)者:王亚南　张晓明　祁述裕
2014年5月出版 / 估价:79.00元

文化蓝皮书
中国公共文化服务发展报告（2014）
著(编)者:于群　李国新　2014年10月出版 / 估价:98.00元

文化蓝皮书
中国文化消费需求景气评价报告（2014）
著(编)者:王亚南　2014年5月出版 / 估价:79.00元

文化蓝皮书
中国乡村文化消费需求景气评价报告（2014）
著(编)者:王亚南　2014年5月出版 / 估价:79.00元

文化蓝皮书
中国中心城市文化消费需求景气评价报告（2014）
著(编)者:王亚南　2014年5月出版 / 估价:79.00元

文化蓝皮书
中国少数民族文化发展报告（2014）
著(编)者:武翠英　张晓明　张学进
2014年3月出版 / 估价:69.00元

文化建设蓝皮书
中国文化建设发展报告（2014）
著(编)者:江畅 孙伟平　2014年3月出版 / 估价:69.00元

文化品牌蓝皮书
中国文化品牌发展报告（2014）
著(编)者:欧阳友权　2014年5月出版 / 估价:75.00元

文化软实力蓝皮书
中国文化软实力研究报告（2014）
著(编)者:张国祚　2014年7月出版 / 估价:79.00元

文化遗产蓝皮书
中国文化遗产事业发展报告（2014）
著(编)者:刘世锦　2014年3月出版 / 估价:79.00元

文学蓝皮书
中国文情报告（2014）
著(编)者:白烨　2014年5月出版 / 估价:59.00元

新媒体蓝皮书
中国新媒体发展报告No.5（2014）
著(编)者:唐绪军　2014年6月出版 / 估价:69.00元

移动互联网蓝皮书
中国移动互联网发展报告（2014）
著(编)者:官建文　2014年4月出版 / 估价:79.00元

游戏蓝皮书
中国游戏产业发展报告（2014）
著(编)者:卢斌　2014年4月出版 / 估价:79.00元

舆情蓝皮书
中国社会舆情与危机管理报告（2014）
著(编)者:谢耘耕　2014年8月出版 / 估价:85.00元

粤港澳台文化蓝皮书
粤港澳台文化创意产业发展报告（2014）
著(编)者:丁未　2014年4月出版 / 估价:69.00元

地方发展类

安徽蓝皮书
安徽社会发展报告（2014）
著(编)者:程桦　2014年4月出版 / 估价:79.00元

安徽社会建设蓝皮书
安徽社会建设分析报告（2014）
著(编)者:黄家海 王开玉 蔡宪　2014年4月出版 / 估价:69.00元

北京蓝皮书
北京城乡发展报告（2014）
著(编)者:黄序　2014年4月出版 / 估价:59.00元

北京蓝皮书
北京公共服务发展报告（2014）
著(编)者:张耘　2014年3月出版 / 估价:65.00元

北京蓝皮书
北京经济发展报告（2014）
著(编)者:赵弘　2014年4月出版 / 估价:59.00元

北京蓝皮书
北京社会发展报告（2014）
著(编)者:缪青　2014年10月出版 / 估价:59.00元

北京蓝皮书
北京文化发展报告（2014）
著(编)者:李建盛　2014年5月出版 / 估价:69.00元

北京蓝皮书
中国社区发展报告（2014）
著(编)者:于燕燕　2014年8月出版 / 估价:59.00元

北京蓝皮书
北京公共服务发展报告（2014）
著(编)者:施昌奎　2014年8月出版 / 估价:59.00元

北京旅游绿皮书
北京旅游发展报告（2014）
著(编)者:鲁勇　2014年7月出版 / 估价:98.00元

北京律师蓝皮书
北京律师发展报告No.2（2014）
著(编)者:王隽 周塞军　2014年9月出版 / 估价:79.00元

北京人才蓝皮书
北京人才发展报告（2014）
著(编)者:于淼　2014年10月出版 / 估价:89.00元

城乡一体化蓝皮书
中国城乡一体化发展报告·北京卷（2014）
著(编)者:张宝秀 黄序　2014年6月出版 / 估价:59.00元

创意城市蓝皮书
北京文化创意产业发展报告（2014）
著(编)者:张京成 王国华　2014年10月出版 / 估价:69.00元

创意城市蓝皮书
青岛文化创意产业发展报告（2014）
著(编)者:马达　2014年5月出版 / 估价:69.00元

创意城市蓝皮书
无锡文化创意产业发展报告（2014）
著(编)者:庄若江 张鸣年　2014年8月出版 / 估价:75.00元

服务业蓝皮书
广东现代服务业发展报告（2014）
著(编)者:祁明 程晓　　2014年1月出版 / 估价:69.00元

甘肃蓝皮书
甘肃舆情分析与预测（2014）
著(编)者:陈双梅 郝树声　　2014年1月出版 / 估价:69.00元

甘肃蓝皮书
甘肃县域社会发展评价报告（2014）
著(编)者:魏胜文　　2014年1月出版 / 估价:69.00元

甘肃蓝皮书
甘肃经济发展分析与预测（2014）
著(编)者:魏胜文　　2014年1月出版 / 估价:69.00元

甘肃蓝皮书
甘肃社会发展分析与预测（2014）
著(编)者:安文华　　2014年1月出版 / 估价:69.00元

甘肃蓝皮书
甘肃文化发展分析与预测（2014）
著(编)者:周小华　　2014年1月出版 / 估价:69.00元

广东蓝皮书
广东省电子商务发展报告（2014）
著(编)者:黄建明 祁明　　2014年11月出版 / 估价:69.00元

广东蓝皮书
广东社会工作发展报告（2014）
著(编)者:罗观翠　　2013年12月出版 / 估价:69.00元

广东外经贸蓝皮书
广东对外经济贸易发展研究报告（2014）
著(编)者:陈万灵　　2014年3月出版 / 估价:65.00元

广西北部湾经济区蓝皮书
广西北部湾经济区开放开发报告（2014）
著(编)者:广西北部湾经济区规划建设管理委员会办公室
　　　　广西社会科学院 广西北部湾发展研究院
2014年7月出版 / 估价:69.00元

广州蓝皮书
2014年中国广州经济形势分析与预测
著(编)者:庾建设 郭志勇 沈奎　　2014年6月出版 / 估价:69.00元

广州蓝皮书
2014年中国广州社会形势分析与预测
著(编)者:易佐永 杨秦 顾涧清　　2014年5月出版 / 估价:65.00元

广州蓝皮书
广州城市国际化发展报告（2014）
著(编)者:朱名宏　　2014年9月出版 / 估价:59.00元

广州蓝皮书
广州创新型城市发展报告（2014）
著(编)者:李江涛　　2014年8月出版 / 估价:59.00元

广州蓝皮书
广州经济发展报告（2014）
著(编)者:李江涛 刘江华　　2014年6月出版 / 估价:65.00元

广州蓝皮书
广州农村发展报告（2014）
著(编)者:李江涛 汤锦华　　2014年8月出版 / 估价:59.00元

广州蓝皮书
广州青年发展报告（2014）
著(编)者:魏国华 张强　　2014年9月出版 / 估价:65.00元

广州蓝皮书
广州汽车产业发展报告（2014）
著(编)者:李江涛 杨再高　　2014年10月出版 / 估价:69.00元

广州蓝皮书
广州商贸业发展报告（2014）
著(编)者:陈家成 王旭东 荀振英
2014年7月出版 / 估价:69.00元

广州蓝皮书
广州文化创意产业发展报告（2014）
著(编)者:甘新　　2014年10月出版 / 估价:59.00元

广州蓝皮书
中国广州城市建设发展报告（2014）
著(编)者:董皞 冼伟雄 李俊夫
2014年8月出版 / 估价:69.00元

广州蓝皮书
中国广州科技与信息化发展报告（2014）
著(编)者:庾建设 谢学宁　　2014年8月出版 / 估价:59.00元

广州蓝皮书
中国广州文化创意产业发展报告（2014）
著(编)者:甘新　　2014年10月出版 / 估价:59.00元

广州蓝皮书
中国广州文化发展报告（2014）
著(编)者:徐俊忠 汤应武 陆志强
2014年8月出版 / 估价:69.00元

贵州蓝皮书
贵州法治发展报告（2014）
著(编)者:吴大华　　2014年3月出版 / 估价:69.00元

贵州蓝皮书
贵州社会发展报告（2014）
著(编)者:王兴骥　　2014年3月出版 / 估价:59.00元

贵州蓝皮书
贵州农村扶贫开发报告（2014）
著(编)者:王朝新 宋明　　2014年3月出版 / 估价:69.00元

贵州蓝皮书
贵州文化产业发展报告（2014）
著(编)者:李建国　　2014年3月出版 / 估价:69.00元

海淀蓝皮书
海淀区文化和科技融合发展报告（2014）
著(编)者:陈名杰 孟景伟　2014年5月出版 / 估价:75.00元

海峡经济区蓝皮书
海峡经济区发展报告（2014）
著(编)者:李闽榕 王秉安 谢明辉（台湾）
2014年10月出版 / 估价:78.00元

海峡西岸蓝皮书
海峡西岸经济区发展报告（2014）
著(编)者:福建省人民政府发展研究中心
2014年9月出版 / 估价:85.00元

杭州蓝皮书
杭州市妇女发展报告（2014）
著(编)者:魏颖 揭爱花　2014年2月出版 / 估价:69.00元

河北蓝皮书
河北省经济发展报告（2014）
著(编)者:马树强 张贵　2013年12月出版 / 估价:69.00元

河北蓝皮书
河北经济社会发展报告（2014）
著(编)者:周文夫　2013年12月出版 / 估价:69.00元

河南经济蓝皮书
2014年河南经济形势分析与预测
著(编)者:胡五岳　2014年3月出版 / 估价:65.00元

河南蓝皮书
2014年河南社会形势分析与预测
著(编)者:刘道兴 牛苏林　2014年1月出版 / 估价:59.00元

河南蓝皮书
河南城市发展报告（2014）
著(编)者:林宪斋 王建国　2014年1月出版 / 估价:69.00元

河南蓝皮书
河南经济发展报告（2014）
著(编)者:喻新安　2014年1月出版 / 估价:59.00元

河南蓝皮书
河南文化发展报告（2014）
著(编)者:谷建全 卫绍生　2014年1月出版 / 估价:69.00元

河南蓝皮书
河南工业发展报告（2014）
著(编)者:龚绍东　2014年1月出版 / 估价:59.00元

黑龙江产业蓝皮书
黑龙江产业发展报告（2014）
著(编)者:于渤　2014年10月出版 / 估价:79.00元

黑龙江蓝皮书
黑龙江经济发展报告（2014）
著(编)者:曲伟　2014年1月出版 / 估价:59.00元

黑龙江蓝皮书
黑龙江社会发展报告（2014）
著(编)者:艾书琴　2014年1月出版 / 估价:69.00元

湖南城市蓝皮书
城市社会管理
著(编)者:罗海藩　2014年10月出版 / 估价:59.00元

湖南蓝皮书
2014年湖南产业发展报告
著(编)者:梁志峰　2014年5月出版 / 估价:89.00元

湖南蓝皮书
2014年湖南法治发展报告
著(编)者:梁志峰　2014年5月出版 / 估价:79.00元

湖南蓝皮书
2014年湖南经济展望
著(编)者:梁志峰　2014年5月出版 / 估价:79.00元

湖南蓝皮书
2014年湖南两型社会发展报告
著(编)者:梁志峰　2014年5月出版 / 估价:79.00元

湖南县域绿皮书
湖南县域发展报告No.2
著(编)者:朱有志 袁准 周小毛　2014年7月出版 / 估价:69.00元

沪港蓝皮书
沪港发展报告（2014）
著(编)者:尤安山　2014年9月出版 / 估价:89.00元

吉林蓝皮书
2014年吉林经济社会形势分析与预测
著(编)者:马克　2014年1月出版 / 估价:69.00元

江苏法治蓝皮书
江苏法治发展报告No.3（2014）
著(编)者:李力 龚廷泰 严海良　2014年8月出版 / 估价:88.00元

京津冀蓝皮书
京津冀区域一体化发展报告（2014）
著(编)者:文魁 祝尔娟　2014年3月出版 / 估价:89.00元

经济特区蓝皮书
中国经济特区发展报告（2014）
著(编)者:陶一桃　2014年3月出版 / 估价:89.00元

辽宁蓝皮书
2014年辽宁经济社会形势分析与预测
著(编)者:曹晓峰 张晶 张卓民　2014年1月出版 / 估价:69.00元

流通蓝皮书
湖南省商贸流通产业发展报告No.2
著(编)者:柳思维　2014年10月出版 / 估价:75.00元

内蒙古蓝皮书
内蒙古经济发展蓝皮书(2013~2014)
著(编)者:黄育华　2014年7月出版 / 估价:69.00元

内蒙古蓝皮书
内蒙古反腐倡廉建设报告No.1
著(编)者:张志华 无极　2013年12月出版 / 估价:.09.00元

浦东新区蓝皮书
上海浦东经济发展报告（2014）
著(编)者:左学金 陆沪根　2014年1月出版 / 估价:59.00元

侨乡蓝皮书
中国侨乡发展报告（2014）
著(编)者:郑一省　2013年12月出版 / 估价:69.00元

青海蓝皮书
2014年青海经济社会形势分析与预测
著(编)者:赵宗福　2014年2月出版 / 估价:69.00元

人口与健康蓝皮书
深圳人口与健康发展报告（2014）
著(编)者:陆杰华 江捍平　2014年10月出版 / 估价:98.00元

山西蓝皮书
山西资源型经济转型发展报告（2014）
著(编)者:李志强 容和平　2014年3月出版 / 估价:79.00元

陕西蓝皮书
陕西经济发展报告（2014）
著(编)者:任宗哲 石英 裴成荣　2014年3月出版 / 估价:65.00元

陕西蓝皮书
陕西社会发展报告（2014）
著(编)者:任宗哲 石英 江波　2014年1月出版 / 估价:65.00元

陕西蓝皮书
陕西文化发展报告（2014）
著(编)者:任宗哲 石英 王长寿　2014年3月出版 / 估价:59.00元

上海蓝皮书
上海传媒发展报告（2014）
著(编)者:强荧 焦雨虹　2014年1月出版 / 估价:59.00元

上海蓝皮书
上海法治发展报告（2014）
著(编)者:潘世伟 叶青　2014年1月出版 / 估价:59.00元

上海蓝皮书
上海经济发展报告（2014）
著(编)者:沈开艳　2014年1月出版 / 估价:69.00元

上海蓝皮书
上海社会发展报告（2014）
著(编)者:卢汉龙 周海旺　2014年1月出版 / 估价:59.00元

上海蓝皮书
上海文化发展报告（2014）
著(编)者:蒯大申　2014年1月出版 / 估价:59.00元

上海蓝皮书
上海文学发展报告（2014）
著(编)者:陈圣来　2014年1月出版 / 估价:59.00元

上海蓝皮书
上海资源环境发展报告（2014）
著(编)者:周冯琦 汤庆合 王利民　2014年1月出版 / 估价:59.00元

上海社会保障绿皮书
上海社会保障改革与发展报告（2013~2014）
著(编)者:汪泓　2014年1月出版 / 估价:65.00元

社会建设蓝皮书
2014年北京社会建设分析报告
著(编)者:宋贵伦　2014年4月出版 / 估价:69.00元

深圳蓝皮书
深圳经济发展报告（2014）
著(编)者:吴忠　2014年6月出版 / 估价:69.00元

深圳蓝皮书
深圳劳动关系发展报告（2014）
著(编)者:汤庭芬　2014年6月出版 / 估价:69.00元

深圳蓝皮书
深圳社会发展报告（2014）
著(编)者:吴忠 余智晟　2014年7月出版 / 估价:69.00元

四川蓝皮书
四川文化产业发展报告（2014）
著(编)者:向宝云　2014年1月出版 / 估价:69.00元

温州蓝皮书
2014年温州经济社会形势分析与预测
著(编)者:潘忠强 王春光 金浩　2014年4月出版 / 估价:69.00元

温州蓝皮书
浙江温州金融综合改革试验区发展报告（2013~2014）
著(编)者:钱水土 王去非 李义超
2014年4月出版 / 估价:69.00元

扬州蓝皮书
扬州经济社会发展报告（2014）
著(编)者:张爱军　2014年1月出版 / 估价:78.00元

义乌蓝皮书
浙江义乌市国际贸易综合改革试验区发展报告（2013~2014）
著(编)者:马淑琴 刘文革 周松强
2014年4月出版 / 估价:69.00元

云南蓝皮书
中国面向西南开放重要桥头堡建设发展报告（2014）
著(编)者:刘绍怀　2014年12月出版 / 估价:69.00元

长株潭城市群蓝皮书
长株潭城市群发展报告（2014）
著(编)者:张萍　2014年10月出版 / 估价:69.00元

郑州蓝皮书
2014年郑州文化发展报告
著(编)者:王哲　2014年7月出版 / 估价:69.00元

中国省会经济圈蓝皮书
合肥经济圈经济社会发展报告No.4(2013~2014)
著(编)者:董昭礼　2014年4月出版 / 估价:79.00元

国别与地区类

G20国家创新竞争力黄皮书
二十国集团(G20)国家创新竞争力发展报告(2014)
著(编)者:李建平 李闽榕 赵新力
2014年9月出版 / 估价:118.00元

澳门蓝皮书
澳门经济社会发展报告(2013~2014)
著(编)者:吴志良 郝雨凡　2014年3月出版 / 估价:79.00元

北部湾蓝皮书
泛北部湾合作发展报告(2014)
著(编)者:吕余生　2014年7月出版 / 估价:79.00元

大湄公河次区域蓝皮书
大湄公河次区域合作发展报告(2014)
著(编)者:刘稚　2014年8月出版 / 估价:79.00元

大洋洲蓝皮书
大洋洲发展报告(2014)
著(编)者:魏明海 喻常森　2014年7月出版 / 估价:69.00元

德国蓝皮书
德国发展报告(2014)
著(编)者:李乐曾 郑春荣等　2014年5月出版 / 估价:69.00元

东北亚黄皮书
东北亚地区政治与安全报告(2014)
著(编)者:黄凤志 刘雪莲　2014年6月出版 / 估价:69.00元

东盟黄皮书
东盟发展报告(2014)
著(编)者:黄兴球 庄国土　2014年12月出版 / 估价:68.00元

东南亚蓝皮书
东南亚地区发展报告(2014)
著(编)者:王勤　2014年11月出版 / 估价:59.00元

俄罗斯黄皮书
俄罗斯发展报告(2014)
著(编)者:李永全　2014年7月出版 / 估价:79.00元

非洲黄皮书
非洲发展报告No.15(2014)
著(编)者:张宏明　2014年7月出版 / 估价:79.00元

港澳珠三角蓝皮书
粤港澳区域合作与发展报告(2014)
著(编)者:梁庆寅 陈广汉　2014年6月出版 / 估价:59.00元

国际形势黄皮书
全球政治与安全报告(2014)
著(编)者:李慎明 张宇燕　2014年1月出版 / 估价:69.00元

韩国蓝皮书
韩国发展报告(2014)
著(编)者:牛林杰 刘宝全　2014年6月出版 / 估价:69.00元

加拿大蓝皮书
加拿大国情研究报告(2014)
著(编)者:仲伟合 唐小松　2013年12月出版 / 估价:69.00元

柬埔寨蓝皮书
柬埔寨国情报告(2014)
著(编)者:毕世鸿　2014年6月出版 / 估价:79.00元

拉美黄皮书
拉丁美洲和加勒比发展报告(2014)
著(编)者:吴白乙 刘维广　2014年4月出版 / 估价:89.00元

老挝蓝皮书
老挝国情报告(2014)
著(编)者:卢光盛 方芸 吕星　2014年6月出版 / 估价:79.00元

美国蓝皮书
美国问题研究报告(2014)
著(编)者:黄平 倪峰　2014年5月出版 / 估价:79.00元

缅甸蓝皮书
缅甸国情报告(2014)
著(编)者:李晨阳　2014年4月出版 / 估价:79.00元

欧亚大陆桥发展蓝皮书
欧亚大陆桥发展报告(2014)
著(编)者:李忠民　2014年10月出版 / 估价:59.00元

欧洲蓝皮书
欧洲发展报告(2014)
著(编)者:周弘　2014年3月出版 / 估价:79.00元

葡语国家蓝皮书
巴西发展与中巴关系报告2014（中英文）
著(编)者:张曙光　David T. Ritchie
2014年8月出版 / 估价:69.00元

日本经济蓝皮书
日本经济与中日经贸关系发展报告（2014）
著(编)者:王洛林 张季风　2014年5月出版 / 估价:79.00元

日本蓝皮书
日本发展报告（2014）
著(编)者:李薇　2014年2月出版 / 估价:69.00元

上海合作组织黄皮书
上海合作组织发展报告（2014）
著(编)者:李进峰 吴宏伟 李伟　2014年9月出版 / 估价:98.00元

世界创新竞争力黄皮书
世界创新竞争力发展报告（2014）
著(编)者:李建平　2014年1月出版 / 估价:148.00元

世界能源黄皮书
世界能源分析与展望（2013~2014）
著(编)者:张宇燕 等　2014年1月出版 / 估价:69.00元

世界社会主义黄皮书
世界社会主义跟踪研究报告（2014）
著(编)者:李慎明　2014年5月出版 / 估价:189.00元

泰国蓝皮书
泰国国情报告（2014）
著(编)者:邹春萌　2014年6月出版 / 估价:79.00元

亚太蓝皮书
亚太地区发展报告（2014）
著(编)者:李向阳　2013年12月出版 / 估价:69.00元

印度蓝皮书
印度国情报告（2014）
著(编)者:吕昭义　2014年1月出版 / 估价:69.00元

印度洋地区蓝皮书
印度洋地区发展报告（2014）
著(编)者:汪戎 万广华　2014年6月出版 / 估价:79.00元

越南蓝皮书
越南国情报告（2014）
著(编)者:吕余生　2014年8月出版 / 估价:65.00元

中东黄皮书
中东发展报告No.15（2014）
著(编)者:杨光　2014年10月出版 / 估价:59.00元

中欧关系蓝皮书
中国与欧洲关系发展报告（2014）
著(编)者:周弘　2013年12月出版 / 估价:69.00元

中亚黄皮书
中亚国家发展报告（2014）
著(编)者:孙力　2014年9月出版 / 估价:79.00元

中国皮书网
www.pishu.cn

栏目设置：

□ 资讯：皮书动态、皮书观点、皮书数据、 皮书报道、皮书新书发布会、电子期刊

□ 标准：皮书评价、皮书研究、皮书规范、皮书专家、编撰团队

□ 服务：最新皮书、皮书书目、重点推荐、在线购书

□ 链接：皮书数据库、皮书博客、皮书微博、出版社首页、在线书城

□ 搜索：资讯、图书、研究动态

□ 互动：皮书论坛

皮书大事记

☆ 2012年12月，《中国社会科学院皮书资助规定（试行）》由中国社会科学院科研局正式颁布实施。

☆ 2011年，部分重点皮书纳入院创新工程。

☆ 2011年8月，2011年皮书年会在安徽合肥举行，这是皮书年会首次由中国社会科学院主办。

☆ 2011年2月，"2011年全国皮书研讨会"在北京京西宾馆举行。王伟光院长（时任常务副院长）出席并讲话。本次会议标志着皮书及皮书研创出版从一个具体出版单位的出版产品和出版活动上升为由中国社会科学院牵头的国家哲学社会科学智库产品和创新活动。

☆ 2010年9月，"2010年中国经济社会形势报告会暨第十一次全国皮书工作研讨会"在福建福州举行，高全立副院长参加会议并做学术报告。

☆ 2010年9月，皮书学术委员会成立，由我院李扬副院长领衔，并由在各个学科领域有一定的学术影响力、了解皮书编创出版并持续关注皮书品牌的专家学者组成。皮书学术委员会的成立为进一步提高皮书这一品牌的学术质量、为学术界构建一个更大的学术出版与学术推广平台提供了专家支持。

☆ 2009年8月，"2009年中国经济社会形势分析与预测暨第十次皮书工作研讨会"在辽宁丹东举行。李扬副院长参加本次会议，本次会议颁发了首届优秀皮书奖，我院多部皮书获奖。

皮书数据库
www.pishu.com.cn

皮书数据库三期即将上线

- 皮书数据库（SSDB）是社会科学文献出版社整合现有皮书资源开发的在线数字产品，全面收录"皮书系列"的内容资源，并以此为基础整合大量相关资讯构建而成。

- 皮书数据库现有中国经济发展数据库、中国社会发展数据库、世界经济与国际政治数据库等子库，覆盖经济、社会、文化等多个行业、领域，现有报告30000多篇，总字数超过5亿字，并以每年4000多篇的速度不断更新累积。2009年7月，皮书数据库荣获"2008～2009年中国数字出版知名品牌"。

- 2011年3月，皮书数据库二期正式上线，开发了更加灵活便捷的检索系统，可以实现精确查找和模糊匹配，并与纸书发行基本同步，可为读者提供更加广泛的资讯服务。

更多信息请登录

中国皮书网
http://www.pishu.cn

中国皮书网的BLOG [编辑]
http://blog.sina.com.cn/pishu

中国皮书网	皮书微博	皮书博客	皮书微信
http://www.pishu.cn	http://weibo.com/pishu	http://blog.sina.com.cn/pishu	皮书说

请到各地书店皮书专架/专柜购买，也可办理邮购

咨询/邮购电话：010-59367028　59367070　　　邮　　箱：duzhe@ssap.cn
邮购地址：北京市西城区北三环中路甲29号院3号楼华龙大厦13层读者服务中心
邮　　编：100029
银行户名：社会科学文献出版社
开户银行：中国工商银行北京北太平庄支行
账　　号：0200010019200365434
网上书店：010-59367070　qq：1265056568
网　　址：www.ssap.com.cn　　www.pishu.cn

（市）级—区（县）级—各乡镇农（牧）家书屋构成的四级网络图书馆超市，将省、市、县的图书馆数据信息资源共享到农（牧）家书屋，共享省、市、县图书馆与农（牧）家书屋间的馆藏信息，逐步实现通借通还。在农（牧）家书屋建设比较成熟的北京和辽宁已率先实现四级网络图书馆超市，青海省可以研究效仿。初步以青海现有的省（市）图书馆为龙头，实现西宁市所辖湟中县、大通县、湟源县图书馆与乡级农（牧）家书屋联网，图书"通借通还"，一证多用，实现图书资源的四级共享，使农（牧）民获得与城市居民均等化的文化基础性服务。

2. 加强管理人员的培训，适应农（牧）家书屋整体需求

在推动青海省城市化建设过程中，现代信息技术日新月异，知识整体更新速度越来越快。农（牧）家书屋的各级管理员不应仅仅是书屋的简单管理者，还应是农牧民阅读的引导者、书屋资源建设的策略制定者及书屋文化活动的组织者。所以，农（牧）家书屋管理员仅仅具备基本的图书管理知识是远远不够的，还要对其进行专业化复合型教育，提高其综合素质。

3. 实现农（牧）家书屋的管理向信息化、智能化方向发展

应当增加高科技含量，集中培训有关图书馆的基础知识和计算机网络操作技术以及荐书导读和收集反馈信息等，培养复合型农（牧）家书屋管理员。

特色篇

Special Reports

B.16

青海在实现"中国梦"中的
重要价值研究

赵宗福　鲁顺元　鄂崇荣　张生寅*

摘　要:

准确认知青海在实现"中国梦"中的重要价值，对于我们认清形势、摆正位置进而激励全省上下奋发有为、实现"两新"目标、推进"三区建设"，具有重大的现实意义。本文从政治稳定功能、生态保护屏障、社会建设典型、资源支撑作用、文化发展活力等重要方面，全面梳理了青海在实现"中国梦"中已经存在并将可能继续衍生的价值，并从青海各族人民与全国同步建成小康、共同推动实现中华民族伟大复兴的角度，提出了在

* 赵宗福，青海省社会科学院党组书记、院长、教授，研究方向：民俗学、民间文艺学；鲁顺元，青海省社会科学院科研组织处副处长、研究员，研究方向：民族社会学、环境社会学；鄂崇荣，青海省社会科学院民族宗教研究所副所长、研究员，研究方向：宗教人类学；张生寅，青海省社会科学院文史研究所研究员，研究方向：社会史学。

发展中求稳定、在保护中寻跨越、在创新中谋突破、在多样中立主导、在核心中增活力的思路。

关键词:

青海　"中国梦"　价值　贡献

"中国梦"是中华民族的伟大复兴梦,其基本内涵是实现国家富强、民族振兴、人民幸福。习近平总书记指出,实现"中国梦"必须走中国道路、必须弘扬中国精神、必须凝聚中国力量,实现生活在我们伟大祖国和伟大时代的中国人民,共同享有人生出彩的机会,共同享有梦想成真的机会,共同享有同祖国和时代一起成长与进步的机会。青海虽为欠发达的边远省份,但在这片热土上,各族人民创造了丰富多彩的民族精神,也同样需要共享改革发展成果,在实现"中国梦"中的价值重要而独特。共筑"中国梦",既要青海各族人民共同参与,也要凝聚青海各族人民、各个地区的力量。因此,准确认知青海在实现"中国梦"中的重要价值,对于我们认清形势、摆正位置进而激励全省上下奋发有为、实现"两新"目标、推进"三区建设",具有重大的现实意义。

一　青海为实现"中国梦"发挥独特的政治稳定功能

(一)青海在稳定西部边疆方面作用愈加突出

青海地处我国西北内陆,是我国西北、西南边疆的战略后方,不仅是历代中央政府稳定西部边疆的战略枢纽区,也是遏制"藏独"、打击"东突"的前沿阵地。在达赖集团和"东突"势力分裂国家之心不死、国际形势错综复杂的大背景下,保持青海藏区的繁荣稳定就是对藏独疆独分裂势力的直接打击。同时,青海作为连接我国西南、西北的交通枢纽地区,自古就是东西方文化交流和兵家必争的战略要地,元明清以来更成为历代中央政府经营控御广大蒙藏地区的重要战略枢纽,为稳定西部边疆和维护国家统一做出了重

要贡献。新中国成立后，国家相继修筑的青藏公路、青藏铁路和格尔木至拉萨输油管线，承担着西藏地区85%以上的物资运输任务。而且，随着兰新铁路第二复线工程、格尔木至拉萨输变电工程的开工建设和格尔木至敦煌、库尔勒、成都等铁路陆续规划建设，青海作为西北地区重要交通枢纽和欧亚、南亚大陆桥的重要通道的地位也将越来越突出，在稳定我国西部边疆方面的地位也将愈加突出。

（二）青海将为欠发达地区践行科学发展观提供科学范式

20世纪五六十年代，青海在党的领导下坚持全心全意为人民服务的执政理念，创造性地贯彻执行党的民族政策，在牧业区取得了宝贵的执政新经验，为丰富党的执政理论、更好地推进民族区域自治政策的施行做出了独特而重要的贡献。改革开放之初，青海基于"资源大省、人口小省、经济穷省"的省情认识，提出了"深化改革、治穷致富、开发资源、振兴青海"的发展目标，推进资源开发战略，取得了经济建设的良好成就。进入新世纪、尤其是党的十七大以来，省委、省政府立足青海实际，在以科学发展观为集中体现的党的执政新理念的指引下，紧紧围绕科学发展、保护生态、改善民生三大历史任务，积极探索具有青海特点的科学发展模式，全力建设国家循环经济发展先行区、生态文明先行区和民族团结进步先进区。"三区"建设牢牢把握了发展这个第一要务，是一条经济加快发展、社会全面进步、资源永续利用、环境不断改善、生态良性循环的发展路径，是党执政青海以来不断更新发展理念、不断深化青海发展规律认识的创新性成果，为欠发达地区推进科学发展提供了有益的模式参考。

（三）青海在维护区域社会稳定方面地位更加重要

青海很早以来就是多民族聚居之地，数千年来繁衍生息于此的各民族交错杂居、互相依存、相互通婚，不仅在经济生产上分工合作、相互学习、互通有无，而且在语言文字、价值取向、审美观念、文学艺术、宗教文化等方面形成文化共享的格局，形成了我中有你、你中有我的亲密关系，使青海在比较长的历史时期里保持了民族和谐、社会稳定的良好局面，为西部地区乃至全国的民族交流和社会稳定做出了重要贡献。进入 21 世纪以来，青海省委、省政府紧紧抓住影响社会和谐稳定的源头性、基础性问题，以"平安青海"建设、民族团结进步创建活动、"平安寺院"建设等为有效抓手，着力推动维稳工作由应急状态向常态建设转变，创造性地推进社会治理工作。拉萨"3·14"事件和乌鲁木齐"7·5"事件发生后，同为多民族聚居区和外国敌对势力分裂、渗透重点区的青海，阻止了西藏、新疆分裂势力向内地的渗透和蔓延，有力维护了民族团结的大好局面。各民族长期形成的团结基础和各级党委、政府对民族团结工作的高度重视，使青海在维护西部多民族地区社会稳定方面的作用将更加重要。

二 青海为实现"中国梦"提供重要的生态保护屏障

（一）青海特殊的生态地位对维护生态平衡将产生更重要的影响

青海属于我国第一级地势阶梯的重要组成部分，对大气环流起着强大的热力作用和动力作用，影响青藏高原周围、东亚乃至东半球的气候形成与变化。青海西北部连接亚洲内陆的干旱荒漠区，东部毗邻湿润季风区，高原腹地的雪山冰川成为中国著名江河的发源地，被誉为"中华水塔"。长江、黄河和澜沧江、河西走廊内流水系诸河流均发源于青海。全国最大湖泊青海湖、世界著名内陆盐湖察尔汗盐湖，均在青海境内。千百年来，青海山脉、雪水、河流无私地滋润着中华大地，构成了中华民族生存繁衍和中华文明形成发展的地理空间①，保障了华夏文明生生不息。青海独特的生态环境造就了全球高海拔地区稀有的大面积湿地生态系统。青海被誉为高寒生物自然物种资源库，是全球高海拔地区物种多样性、基因多样性、遗传多样性和生物多样性最集中的地区，在维护高原自然生态平衡等方面发挥着独特的价值。青海生态脆弱区人类活动影响着整个中国生态环境乃至中华民族的生存发展。

---

① 强卫：《提高文化自觉　增强文化自信　实现文化自强》，《求是》2012 年第 6 期。

（二）青海地方性生态智慧会极大地丰富生态保护理念

人类所创造的生态知识与所处的地理和人文环境紧密相关。青海各族人民在青藏高原这块特殊的土地上形成特有的地方性生态智慧，蕴涵着在脆弱敏感的青藏高原如何保护环境、珍惜有限的生态资源等生态理念，体现着生命的平等观、自由观和尊重生命、尊重自然的观念。藏族、土族、蒙古族对土地、水源的珍惜，禁止或有限挖掘高原资源的禁忌或所持的态度，保护了其周围生存环境生物的多样性，保护了青藏高原生态系统的完整性。信仰伊斯兰教的回族、撒拉族根据《古兰经》等伊斯兰教经典中劝规，认为土地等万物都为真主所有，人仅有替真主保管的权利；人类只能合理、有节制地开发、利用自然，享受真主的恩赐。这些不以人为中心，追求人与自然和谐相处的生态理念已逐渐被人们所认同，并日益发挥出重要作用。对青海地方性生态智慧的正确理解和深度挖掘梳理，并使之在现代社会实现创造性转化，将极大地丰富当代生态保护理念，可进一步促进人与自然的和谐关系，促进各民族文化理解和共同发展。

（三）青海当代生态建设实践将为全国生态保护提供借鉴

生态兴则文明兴，文明兴则国家兴。近年来，青海省委、省政府为了国家和地方生态安全，大力实施生态立省战略，在保护中开发、在开发中保护。从20世纪80年代中期开始，青海加强了对普氏原羚、藏羚羊、野牦牛等珍稀野生动物的保护。2008年又率先在全国确立了生态立省战略①，2012年又提出将青海努力建成"全国生态文明先行区"的目标。2005年8月实施了以三江源生态保护与建设工程为重点的"中国生态一号工程"，经过几年的努力，青海水源涵养能力整体提高，农牧民生产生活条件得到改善。为保护三江源、可可西里、青海湖区、祁连山等重点区域的生态环境，青海省委、省政府从2004年开始对三江源地区不再考核GDP指标，在保护区采取退耕（牧）还林（草），降低牧草载畜量，保护水资源和野生动物，放弃工业发展，实施生态移民及限制采挖冬虫夏草、雪莲等珍稀物种等措施。至2011年青海省生态保护区减去10%的牲畜，三

---

① 本课题组：《青海对全国发展的重要贡献研究》，《青海社会科学》2011年第5期。

江源区因保护生态环境而限制经济发展直接失去的机会成本每年高达 20 亿元以上，间接造成的经济损失约为 6 亿元。青海当代生态保护与实践为全国生态保护工作提供了借鉴。青海各族人民为保障中华民族生态安全和可持续发展，牺牲地区发展和切实利益，其精神和贡献将永载史册，在共筑"中国梦"中发扬光大。

三 青海为实现"中国梦"提供可资借鉴的社会建设典型

（一）青海"三位一体"社会转型能为建设新型城乡关系提供经验

青海区域社会结构具有独特性，以西宁、格尔木市及州地、县所在地为代表的城市，以东部农业区为代表的乡村，占国土面积 90% 以上、少数民族聚居、生态脆弱而显要的广大牧业区，其社会各具特性且发展程度、现代化水平差距十分明显。这种地区社会结构的"三元"特征，给青海提高自我发展水平造成巨大困难。针对此，青海大力促进以工促农、城市反哺农牧区，在加速城乡（牧）发展一体化上作出了艰难探索。经过不懈努力，青海城市化率已经接近 50%，城乡牧发展差距在逐步缩小，青海社会结构正在朝着"三位一体"的方向加速转型。这种社会转型实践，必将为全国各地特别是西部地区建设新型城乡关系、共筑"中国梦"提供经验。

（二）青海民生建设实践能为化解欠发达地区社会问题做出示范

青海民生基础薄弱，主要表现在：现代教育资源贫乏，特别是农牧民现代教育理念不足，因居住分散而办学条件落后、教育成本极高；全省人均预期寿命低①，高原疾病、慢性病患病人数占比高②，大病统筹的压力大；倚重工矿

---

① 根据第六次人口普查资料计算，2010 年青海全省人口平均预期寿命为 69.96 岁，比 2000 年的 68.5 岁提高了 1.46 岁，但仍低于全国水平（73.47 岁）。
② 卫生部病症预防控制局、中国病症预防控制中心《中国慢性病报告》（2006 年）称：青海高原居民慢性病患病率逐年上升，心脑血管、消化系统疾病和恶性肿瘤的患病率分别从 2001 年的 14.17%、13.10%、0.06% 上升到 2005 年的 27.27%、28.74%、0.23%。死因顺位中居前三位的分别是心脑血管病、恶性肿瘤和呼吸系统疾病。

资源开采型的产业结构，对未就业人口的吸纳力弱，稳定就业的任务重；住房建设成本大，资源、环境等问题突出。面对诸多不利因素，青海仍然坚持把改善民生作为当务之急，根据以"小财政办大民生"的工作思路，努力做到项目、资金向基层、农牧区、困难群众倾斜。在民生建设中，加大顶层设计，以改革促发展，突破教育、医疗卫生、就业、住房建设等领域存在的体制机制障碍，使民生水平得到大幅度提升。民生事业的大力推进，促进了城乡牧统筹协调运行，起到化解社会矛盾、释放民众紧张情绪、夯实稳定发展社会基础的作用，为欠发达地区化解社会问题作出了示范。

（三）玉树抗震救援与灾后重建经验丰富了中华民族精神的内涵

玉树"4·14"地震灾区海拔高、空气稀薄、天气寒冷、交通不便，救灾工作难度前所未有。加之，有效施工期短、建材全部依靠外运，灾后重建是迄今为止人类在高海拔地区开展的规模最大、制约条件最多的灾后重建。面对这场灾难，青海迅速组织开展了一场在高原高寒地带规模最大、成效最显著的救援活动，创造了"玉树速度"、"玉树奇迹"。在重建中，研究落实并制定了财税、土地、金融等17项配套政策，细化了灾后重建的政策支撑。到2013年11月，在实际不到2年的有效施工期内，实现了居民拥有新家园、生态迈上新台阶、设施得到新改善、城乡呈现新面貌、社会和谐新局面的重建目标①。玉树救灾重建创造的人间奇迹，是对中国力量的最佳诠释；其中诞生的玉树抗震救灾精神，极大地丰富了中华民族精神，是青海各族人民共筑"中国梦"的强大精神动力。

四 青海为实现"中国梦"提供重要的资源支撑

（一）青海为实现现代化建设提供有力的能源保障

青海拥有丰富的水电、煤炭、太阳能、风能、石油天然气等能源资源，且

---

① 骆惠宁：《在玉树各族群众庆祝灾后重建竣工大会上的讲话》，《青海日报》2013年11月4日。

开发条件较好，是支撑我国未来经济社会发展的重要后续能源基地。近年来，随着青海能源资源勘探开发力度的加大，青海在全国能源供应中的比重进一步提升。2005～2009年，青海累计能源生产量为11557.36万吨标准煤，累计剩余能源1261.27万吨标准煤，累计向省外输出能源1194.22万吨标准煤①。2008年，科学家在青海祁连山南缘永久冻土带成功钻获被世界各国公认为"后石油时代"首选替代能源的"可燃冰"，使我国成为世界上第一次在中低纬度冻土区发现天然气水合物的国家。据粗略估计，青海"可燃冰"储量有近100亿吨油当量，约占全国"可燃冰"资源总量的1/4。由此可见，青海在保障国家能源安全中的作用日益重要，必将为全国现代化建设提供更有力的能源保障。

（二）青海为实现经济可持续发展提供重要的矿产资源保障

青海矿产资源十分丰富，在已探明的矿藏保有储量中，有58个矿种居全国前10位，有26种排在前3位，镁、钾、锂、锶、石棉、芒硝、电石用灰岩、化肥用蛇纹岩、冶金用石英岩、玻璃用石英岩等10种矿产储量居全国第1位。全省矿产资源储量潜在总值达17.25万亿元，占全国的13.6%。特别是素有"聚宝盆"之称的柴达木盆地，蕴藏着世界最大的盐矿资源，在已经进入国家矿产资源储量表的主要矿藏保有储量中，盐矿3317亿吨，占全国总储量的25.71%；镁矿59亿吨，占96.69%；锶矿2682万吨，占80.89%；锂矿1838.2万吨，占85.38%；钾矿7.6亿吨，占56.94%；硼矿1657万吨，占23.47%；芒硝98.3亿吨，占75.16%②。"十二五"期间，青海还将通过各项地质工作的实施，计划新增矿产资源储量铁1亿吨、铜100万吨、铅锌200万吨、金200吨、氯化钾1亿吨，力争到2015年矿产资源开发总量达到1.5亿吨。届时，青海的各种矿产品不仅将为我国工业发展提供重要的原材料支撑，而且将为全国的经济可持续发展提供坚实的矿产资源保障。

---

① 本课题组：《青海对全国发展的重要贡献》，《青海社会科学》2011年第5期。
② 青海省人民政府办公厅：《青海概览·地理和自然状况》，青海省人民政府门户网站，2013年4月12日。

（三）青海为实现农牧现代化提供丰富的后续资源保障

青海是我国五大牧区之一，有可利用牧草地面积4033.33万公顷，占全省土地面积的56.2%。青海独特的地理环境和特殊的气候条件孕育了具有高原特色的生物区系，这里是世界上高海拔地区生物多样性最集中的地区，有着"高原生物自然物种资源库"、"世界四大无公害超净区之一"的美称。它给青海农牧业发展提供了得天独厚的优势条件，集聚了后来发展成为全国重要绿色农畜产品生产基地的巨大潜能，也为实现全国农牧现代化提供了丰富的后续资源保障。此外，中国既是一个农业大国，又是一个缺钾大国，每年全国钾肥需求量中约有一半需要从国外进口。青海拥有丰富的氯化钾资源，在柴达木盆地已初步探明氯化钾储量达4.4亿吨，占全国已探明储量的90%以上。20世纪50年代开始探索钾肥生产，经过数十年艰苦卓绝的开发，奠定了青海柴达木盆地中国钾肥工业的基础。目前，青海钾肥在促进全国农业生产、保障国家化肥供应安全和制衡国际垄断等方面发挥着不可替代的重要作用。

五 青海为实现"中国梦"增强文化发展活力

（一）青海多样性文化为中华文化复兴贡献创新基因

实现"中国梦"，需要中华文化伟大复兴。历史上东西方文明，多民族、多宗教文化在青海相遇碰撞、交流发展、融合辐射。自古至今，先后有戎、氐、羌、汉、匈奴、月氏、鲜卑、吐蕃等20多个民族在青海迁徙驻足，相互融合，形成了世居青海的汉、藏、回、土、蒙古、撒拉6个民族。昆仑文化、儒家文化、佛教文化、道家文化、伊斯兰文化、民间信仰文化等宗教文化也交相辉映。不同的宗教文化、民族文化、地域文化展现出青海文化多样之美。此外，同一文化内部也存在差异，包含着多元文化元素。昆仑文化被誉为中华民族的文脉之根、灵魂之乡；青海是藏传佛教后弘期法源地之一；昆仑山被视为万山之祖、龙祖之脉、道教圣地。世界上最长的史诗之一《格萨尔王传》，至今在青海活态传承；世界上最长的狂欢节土族的"纳顿节"仍被原真性保留；

热贡艺术已发扬光大，走向世界。传承和弘扬优秀民族文化是实现"文化梦"的必然要求，青海多样性文化为中华文化复兴贡献不可分离的文化创新基因。

（二）青海多元文化和美共荣为壮大中国力量提供整合路径

多元文化在青海呈现和美共荣的绚丽画卷，各民族既坚持自身文化的特点和独立性，又能够对异文化进行合理的吸纳借鉴。在青海，中原、西藏、西域、北方草原民族四大文化圈相互交融。汉族、藏族、回族、土族、撒拉族和蒙古族在城乡各地毗邻而居，和睦相处，相濡以沫。藏传佛教寺院、伊斯兰教寺院、道教等宗教寺院交错分布，和平共处。近年来，青海社会稳定、民族团结，实现了宗教共生共荣、多民族和睦共处、多元文化和美共荣。青海多元文化的这种场景和实践，为增强各民族的中华民族认同、增强文化向心力和文化归属感、维护民族团结和各民族共同繁荣发展提供了整合路径。

（三）青海当代文化能为中华民族自强注入时代音符

青海各族干部和群众在开发青海、建设青海的历程中，先后孕育形成了"两弹一星"精神、柴达木精神、"五个特别"青藏高原精神等众多的优秀精神。在深入践行科学发展观进程中，在众多优秀精神基础上构筑了以"自信开放创新"的青海意识、"人一之，我十之"的实干精神、"大爱同心、坚韧不拔、挑战极限、感恩奋进"的玉树抗震救灾精神为主要内涵的"新青海精神"，成为青海"三区"建设的强大精神力量。这些精神丰富和发展了社会主义核心价值体系，为中华民族自强注入了时代音符。与此同时，对中华根母文化——昆仑文化的挖掘，对格萨尔、热贡艺术等非物质文化遗产的抢救，促进了青海各民族文化自觉、自信和自强，提升着青海文化在国内外的影响力。

六　深挖潜力，继续为共筑"中国梦"贡献青海力量

（一）在发展中求稳定：不断提升自我发展能力以增强民族—国家认同

需要扭转就维稳而维稳的做法，坚定地以经济建设为中心，在不断提升自

我发展能力的过程中，逐步消除影响稳定发展的因素。一要从全国区域经济布局中探寻有助于发挥青海后发优势、环境文化资源优势的主导产业，加快调整优化经济产业结构步伐，不断提升自我发展能力。二要从历史经验中寻找路径，通过经济产业布局调整，增强青海不同区域之间、青海与中东部地区的经济产业互补性，以进一步增强民众特别是地处偏远地区的少数民族群体对中华民族和祖国的归属感及强烈的民族—国家认同。三要积极鼓励扶持有利于不同民族在竞争中协作交流、在良性交流中求同存异的经济形态，以逐步消弭民族之间因缺乏了解所形成的刻板印象甚至误解，实现各民族共同团结进步、共同繁荣发展。只有这样，才能为青海各族人民共筑"中国梦"贡献力量打牢物质文化基础。

（二）在保护中寻跨越：在坚实的生态环境基础上谋求经济又好又快发展

在树立尊重自然、顺应自然、保护自然的生态文明理念的基础上，进一步加强青海生态环境保护与建设，筑牢国家生态安全屏障，实现中华民族永续发展。在充分发掘和利用地方性生态智慧基础上，广泛吸取国内外生态建设成果，依靠和发挥科技力量，加快建立健全现代生态文明制度。推进绿色、循环和低碳的发展方式，形成节约资源和保护环境的产业结构、空间布局、生产方式、生活方式。节约集约利用资源，支持节能低碳产业和新能源、可再生能源发展，深入推进生态修复工程，促进生物多样性保护。深化细化生态文明宣传教育，进一步提高公民生态意识、节约意识和环保意识，形成人人关爱生态环境的良好氛围。

（三）在创新中谋突破：通过社会治理营造政治经济生态良性运行的有利环境

创新是一个民族进步的灵魂，是国家兴旺发达的不竭动力。对于经济欠发达、牧业区面积占比大、社会发育程度较低的青海省而言，如果缺乏创新精神和敢为人先的魄力，不太可能为实现"中国梦"贡献更多的正能量。因此，一要深入谋划核心竞争力和价值创造核心，预知人无我有、人有我特、人特我奇的内容，正确认识自身优势，努力创新，在经济某个领域或方面寻求突破，赢得主动权、主导性。二要按照党的十八届三中全会精神，通过坚持系统治理、依法治理、综合治理、源头治理，健全公共安全体系，激发社会组织活力，以不断创新社会治理体制，为政治经济生态良性运行营造有利环境。三要总结并发扬青海在民生领域的创新做法和经验，继续在教育、就业创业、收入分配、社会保障、医疗卫生等方面寻求体制机制创新，解决好人民最关心、最直接、最现实的利益问题，以此充分激发群众置身改革创新的积极性、创造性，为实现"中国梦"调动最广泛的群众参与。

（四）在多样中立主导：以社会主义核心价值体系引领青海多民族文化发展

青海多民族聚居、多宗教并存、多元文化共生等特点，决定了必须要在多样中立主导，以社会主义核心价值体系引领青海多民族文化发展。将社会主义核心价值体系建设融入到各种形式的文化产品和服务体系领域。大力弘扬时代精神，积极培育社会主义核心价值观。深入开展理想信念教育、国情省情教育、民族团结教育等多种思想教育，增强青海各族人民对伟大祖国和中华民族的认同、对中华文化和中国特色社会主义道路的认同。通过民族团结进步先进区建设，争创民族团结进步示范州、县、乡、村、社区，促进社会和谐、民族团结。在满足各族人民多样化精神文化需求的同时，注重教育和引导民众思想，有效引领社会思潮。在各种文化服务建设环节中，宣传社会主义核心价值观，凝聚社会共识，引导群众思想。

（五）在核心中增活力：在尊重差异包容多样的基础上促进多民族文化交流

实现中国文化复兴梦，需增强全民族文化创造活力，开创全民族文化创造活力持续迸发的新局面。"青海梦"是"中国梦"的一个组成部分，青海文化建设在多元中立主导的同时，需要更加尊重、包容多元文化，实现各群体文化创造的自由。需更加尊重各个群体、个体的文化创造个性和积极性，增进不同地区、国家间交流与合作，在保护文化的完整性和突破路径方法等方面进行跨

文化的相互交流。引导鼓励民众在法律、道德和良俗框架中，激情创意，迸发思想活力，营造积极文化生活方式，共创这个时代的文化精神和产品。

参考文献

胡锦涛：《坚定不移沿着中国特色社会主义道路前进为全面建成小康社会而奋斗——在中国共产党第十八次全国代表大会上的报告》（单行本），人民出版社，2012。

《习近平总书记阐释"中国梦"》，新华网，2013 年 5 月 8 日。

《中共中央关于全面深化改革若干重大问题的决定》，《青海日报》2013 年 11 月 16 日。

骆惠宁：《政府工作报告》，《青海日报》2013 年 2 月 1 日。

骆惠宁：《把中国特色社会主义在青海坚持好拓展好——学习习近平同志系列重要讲话精神体会》，《求是》2013 年第 22 期。

本课题组：《青海对全国发展的重要贡献研究》，《青海社会科学》2011 年第 5 期。

崔永红等主编《青海通史》，青海人民出版社，1989。

B.17

青海建设国家循环经济发展先行区探析

孙发平　冀康平　曲　波*

摘　要：

青海省十二次党代会提出建设国家循环经济发展先行区的重大战略部署，体现了青海省经济与人口、资源、环境相适应的可持续发展要求，是一条经济加快发展、资源永续利用、环境不断改善、生态良性循环的发展道路。青海省是首批建设循环经济实验区的省份之一，在循环经济发展实践中积累了一定的经验，本文依据柴达木循环经济试验区发展的基本经验，结合正在制定的《青海省创建全国循环经济发展先行区行动方案》，就建设循环经济发展先行区的总体思路、发展模式的基本框架、支撑体系和对策建议进行了初步探讨。

关键词：

循环经济　先行区　思路　模式　体系　建议

循环经济作为一种新型的经济形态，是一种新的发展理念、新的增长方式、新的污染治理模式。青海省十二次党代会提出建设国家循环经济发展先行区的重大战略部署，是对青海未来发展的高层次谋划和全局性顶层设计，是对青海发展规律的深刻总结，是对省情认识的质的提升，彰显了青海在全国发展大局中的战略地位和特殊作用，对青海实现跨越发展、与全国同步建成全面小康社会具有重大的现实意义。

---

* 孙发平，青海省社会科学院副院长、研究员，研究方向：区域经济；冀康平，青海省社会科学院经济研究所研究员，研究方向：资源经济；曲波，青海大学财经学院副教授，研究方向：制度法规。

建设国家循环经济发展先行区，将循环经济理念贯穿于经济社会发展的各领域、各环节，建立和完善整体区域空间的全社会资源循环利用体系，体现了当今世界经济发展的方向和潮流，体现了绿色发展、转型发展、创新发展、高效发展的必然要求与本质规定，体现了经济与人口、资源、环境相适应的可持续发展要求，是一条经济加快发展、资源永续利用、环境不断改善、生态良性循环的发展道路，必将在更大范围、更广领域、更高层次拓展全省经济发展的内涵和视野，极大地推动经济发展方式的科学转型，有力地提升青海的产业发展水平和综合竞争实力，实现资源型地区的可持续发展。

一　建设循环经济发展先行区的总体思路

（一）突出一条主线

突出发展循环经济这一主线，在生产、流通和消费等过程中全面提倡循环经济理念和行为，突出循环经济的三大操作原则（3R 原则），走循环经济发展的道路，坚持可持续发展，逐步建成资源节约型和环境友好型社会，实现建设国家循环经济发展先行区的目标。

（二）构建五种发展模式

建设国家循环经济发展先行区是在全省的区域空间内实施的循环经济，不论是各个产业、各个企业、各个园区，还是社会公众，都是循环经济的主体和地域空间载体。因此，建设循环经济发展先行区必须在全省区域空间内构建循环型工业、循环型农业、循环型服务业、循环型园区和循环型社会五种发展模式的基本框架。

（三）形成三个发展层次

第一层次，清洁生产是途径。即在单个企业推行清洁生产，从生产的源头和全过程实现从末端治理为主向全过程预防为主的根本转变。鼓励企业推行"资源—产品—再生资源"的闭环式流程，促进企业降低资源和能源消耗强度，控制污染排放。第二层次，相辅相成的循环产业链，即工业集中的企业在清洁生产的基础上，通过企业间共生合作，建立工业生态系统"食物链"，相互联系，共同发展，实现污染物零排放。第三层次，良性发展的循环型社会。即全社会各层次以循环经济运行模式为核心，实现社会物质资源循环利用，经济系统高效良性循环，相得益彰。

（四）建立七大支撑体系

循环经济作为新生事物，必须按生态规律和经济学规律安排人类经济活动。从传统经济发展模式向循环经济的转变是一个复杂的系统工程，只有克服传统经济运行环境下的某些运行方式和规则的阻力，循环经济才能发展。因此，建设国家循环经济发展先行区要在全社会构建科学的、符合青海省情实际的推动循环经济发展的一系列支撑体系。主要包括资源节约利用、资源综合利用、资源再生利用、技术服务、金融支持、组织管理和示范推广等7个方面的支撑体系，从而形成全社会促进发展循环经济的政策、制度、体制、管理等方面的保障与合力。

（五）实现四个国内领先

建设国家循环经济发展先行区，其"先行"如何体现？我们认为，必须根据全省循环经济发展的比较优势和现实基础，在四个方面要处于全国领先水平。一是循环经济主体产业工业增加值占比处于国内领先。青海省循环经济发展主体是工业，柴达木循环经济实验区、西宁国家经济技术开发区、正在建设的海东工业园区，是青海省工业布局的主要区域，也是青海省工业循环经济的基本产业体系，应将其打造成为全省循环经济发展的主体。在三个园区内大力发展循环经济，加快循环型工业企业建设，提高工业企业中循环型工业企业数在全省的比例，使其增加值占比处于国内领先水平。二是资源循环利用产业处于国内领先。国务院印发的《"十二五"国家战略新兴产业发展规划的通知》中明确指出了我国的资源循环利用产业属于"十二五"国家战略性新兴产业之一，要大力发展，推进其产业化。近年来，全省矿产资源循环利用取得较大成就，被国土资源部列为矿产资源综合利用示范建设基地，并给予项目支持。

青海省应充分利用资源优势和国家大力支持的发展机遇，加快建设和发展以盐湖资源、煤炭、油气为代表的资源循环利用产业，达到国内领先水平。三是绿色低碳发展处于国内领先。绿色发展指数包含 3 个一级指标，即经济增长绿化度、资源环境承载潜力和政府政策支持度。近年来，全省绿色发展指数一直走在国内前列，其主要原因是资源环境承载潜力排名高，而经济增长绿化度和政府政策支持度相对较低。在未来发展中，通过建设国家循环经济发展先行区，保持和提高资源环境承载力，提高经济增长绿化度，加强政府政策支持力度，必将保持绿色低碳发展继续处于国内领先地位。四是以太阳能发电为代表的新能源建设继续保持国内领先。青海作为西部省份，拥有得天独厚的太阳能资源，太阳能综合开发利用条件居全国之首，已成为调结构、促转型的亮点。全省太阳能发电上网条件、区位、资源等综合优势，有力地吸引了国电龙源、国投华靖、华能、省发投、中国协合、中节能等各大发电集团纷纷西上"追日"。太阳能发电并网创造了多个"世界之最"。当前，总装机容量在国内已占据"半壁江山"，达到 203 万千瓦，领跑全国，在未来的发展中必将继续保持国内领先水平。

（六）完成两个根本转变

当前青海经济发展中存在的一些突出困难和问题无一不与落后的经济发展方式有关，经济发展方式的转变将成为破解这些发展难题的关键。所以，建设循环经济发展先行区，还应在"两个根本转变"上体现"先行"。一是完成经济发展方式的根本性转变。要把加快发展循环经济作为转变经济发展方式、调整产业结构的重要途径和战略调整方向，使经济发展从数量型增长方式向质量型增长方式转变。二是完成消费环节模式的根本性转变。引导文明、节约、绿色、低碳生活方式和消费模式，完成社会生活消费从传统消费模式向现代消费模式的转变。

二　建设循环经济发展先行区的循环模式

（一）循环型工业

建设青海循环型工业，必须以减量化、再使用、再循环作为行为原则，以废物的终端处理及达标排放、清洁生产、企业共生（生态工业）三种层次作为工业经济可持续发展模式。在建设国家循环经济发展先行区的过程中，应重点培育发展以下两种工业循环模式。

1. 链条延伸模式

一是环形循环延长产品链条或生产链条，把排放物变成新资源，过程中没有废物的概念，物质和能量都得到循环反复利用，把经济活动对自然的影响降低到尽可能小的程度，如青海金属镁一体化项目。二是线性循环延长产品链条或生产链条，充分利用每一个生产环节的废料作为下个环节的或另一部门的原料，实现物料的循环利用或再利用，如钾、锂资源的系列产品开发。

2. 技术驱动模式

以技术创新和技术改造保障企业实现生态化生产，通过大力发展相关的生态化技术载体，提高企业清洁生产水平，提升产品档次和技术含量，实现产品绿色化和生产过程中资源、能源的消耗向零排放迈进，如虫草、枸杞、沙棘等精深加工。

（二）循环型农业

循环型农业以实现农业资源投入的减量化，产品的初始形式多次使用和农业生产中废物的资源化、无害化为目的，用环状反馈式循环理念重构经济增长方式和运行过程，把农业生态系统的食物链和农业经济系统的投入产出链科学地结合为一体，实现物质多级循环利用，最终在区域内构建并实现"最适量资源—最适生产—最适量产品—最适消费—最适量再生资源"的循环型农业体系。在建设国家循环经济发展先行区过程中，必须大力发展和推广以农产品资源为基础的"种植→养殖→加工"工农业复合循环产业链，以农业废弃物资源化利用为基础的"秸秆→汽化→废弃物制肥"产业链，以及粮油产业化工程和畜产品产业化工程。

（三）循环型服务业

目前，国内外循环型服务业还没有完全统一的模式和标准，但青海仍然可以将循环经济的"3R"原则作为循环型服务业发展的基本遵循和依据，在循

环型服务业产品的生产过程和消费过程中减少资源耗费量,减少生产和消费过程中流动的物质量,从源头上达到减少水、电、煤、油等资源的消耗量。如酒店产业中要减少对水、电、煤、油等资源的消耗量。由于循环型服务业覆盖面广,在建设国家循环经济发展先行区过程中,青海应主要发展旅游业、物流业和信息业方面的循环。

1. 旅游业循环发展模式

以保护旅游环境和可持续发展为目的,在建设国家循环经济发展先行区过程中,青海要以循环经济思想作为指导,优化旅游资源利用方式,保护性开发旅游资源,减少旅游资源消耗,消除旅游企业、旅游参与者对环境的直接与间接的负面影响,提高旅游目的地资源利用率,将旅游对目的地的负面影响降到最低,实现对旅游环境恰当的保护。

2. 物流业循环发展模式

立足于循环经济的"无害化"和"3R"原则,重视正向物流和逆向物流,使物流资源消耗减少,能够被重复利用,提高资源利用效率。青海建设物流业循环模式不仅要关注物流过程对环境的影响,而且强调对资源的节约,以最小的代价或最少的资源消耗保障物流活动持续发展。

3. 信息业循环经济发展模式

这种模式对进入信息业的物质和能源的整个流通过程,即从加工、运输、使用、再生循环、最终处置五个环节,对信息业的资源消耗和污染排放进行控制。循环型信息产业发展模式一般具备以下特征:生产流程"循环"化设计、环境目标与经济目标相互依存、低污染甚至零污染排放。建设国家循环经济发展先行区,青海必须实现电信、计算机和电视这三种技术在业务、市场、行业、网络、终端的融合,实现资源节约与高效利用。循环型信息业不同于一般的产业,不仅要注重内部循环,还要重视向其他产业的高渗透性,因此,在青海发展循环型信息业,还需要重视信息技术在促进其他产业发展中的促进作用。

(四)循环型园区

1. 循环型农业园区

循环型农业园区是有效集聚土地、资金、科技、人才等要素,加快发展现代农业的重要载体。在建设国家循环经济发展先行区的过程中，根据不同的经营主体，青海应主要发展三种类型的循环型农业园区，即循环型农业科技园区、农业产业园区、种植—旅游观光一体模式的农业旅游休闲园区。农业科技园区以农业高新技术引进、产品研究开发与生产加工为主，实行产学研紧密结合，建立相关农业技术体系，加快农业产业化拓展和推广；农业产业园区以一类农产品为核心，以一个明确的特色和优势产业为龙头，以一个或一批实力较强的企业为支撑，形成明显的产业聚集，辐射带动与其密切相关的配套产业发展，形成循环农业产业体系；种植—旅游观光一体模式的农业旅游休闲园区以农业资源、农村特色、农村自然景观为内容，发展生态型观光农业模式，把农业与第三产业结合，尤其是结合观赏、体验农作、品尝、购物、休闲、娱乐、度假等各种旅游活动，不仅获得良好的生态经济效益，而且提高了全社会对农业尤其是生态农业的认识。

2. 循环型生态工业园区

近年来，我国各地在工业企业相对集中的地区，创建了生态工业园试点。在构建循环型生态工业园区的过程中，青海应重点发展两种类型的循环园区。一是企业内部的清洁生产模式。对于单个企业，企业的清洁生产模式是以循环经济的"3R"原则为指导，在生产过程中强调生产资料和生产能源的高效、重复循环利用，企业层面的清洁生产模式是通过技术革新、产业链延伸实现节能、环保、零污染、零排放的绿色发展末端治理小循环模式，如著名的杜邦化学公司模式。二是企业之间的产业链延伸模式。这种模式要求在园区内集中的企业与社会组织的经济利益和环境，在产业链条上能形成交互关联的共生关系，实现循环经济的理念，使工业园区内的各企业之间形成高效率的闭环生产系统，即一家工厂产生的废弃物将是另一家工厂的生产原料，使园区内的企业之间建立起互为依存的生产网络，达到节约资源和零污染排放的目的，延长企业间的生产链条，如丹麦卡伦堡生态工业园的卡伦堡模式、中国贵港生态工业园。

（五）循环型社会

从本质上讲，循环型社会是一种生态社会，不同于传统的工业社会，要求

尽量高效率地使用自然资源及其产品，促进再生资源的循环利用，按照生态规律来确定人类的活动方式，实现经济活动的生态化。在建设国家循环经济发展先行区的过程中，青海应重点从中观和微观两个层面培育和发展循环型社会。

从中观循环型模式来看，这种模式从区域经济结构分析入手，积极调整社会、经济系统与生态系统的关系，转变经济增长模式，建立社会层面的循环经济框架，在社会、经济发展总体规划，经济运行机制，政府行为，重大决策中纳入循环经济的理念和原则，在社会关系整体协调、平稳运行中，推进不可持续的生产模式和消费模式向实现人与自然和谐共存和持续发展转变。如通过政府的积极引导和有效干预，以循环经济模式为核心，用循环经济思想引导社会和经济运行机制，形成各种要素投入的保障体系。

从微观循环型模式来看，这种模式要求社会各组成单元要按照循环经济理念来配置生产要素，建立一个能够促进物质的减量化、再利用、再循环为目标的社会生产和消费模式，为循环经济社会发展提供物质基础和技术保障，在循环经济的资源开发主体、生产主体、消费主体和废弃物处理主体中，最大限度地实现生态化、可持续化，实现经济社会可持续发展。

三　构建循环经济发展先行区的支撑体系

建设国家循环经济发展先行区是一个系统工程，不仅要在全社会搭建科学的符合青海省情实际的基本框架，还要构建推动循环经济发展的一系列支撑体系。

（一）资源节约集约利用体系

建设国家循环经济发展先行区，加强资源节约集约利用，构建资源节约集约利用体系十分必要。青海省资源利用方式总体上还相对粗放，必须把节约集约利用资源放在第一位，促进资源利用方式加快转变，在工农业生产中降低物资和能源消耗，鼓励能源、水资源梯级利用，提高资源节约集约利用效率。编制生产生活，城市建设用水、用能、用地的总体规划，建立"减量化"资源节约集约化利用原则，制定有利于资源节约集约化利用的政策，运用政策、经济手段支持、激励全社会提高资源节约与集约利用水平，逐步建成资源节约集约利用体系。

（二）资源综合利用体系

青海省的资源综合利用工作有较大空间，在建设国家循环经济发展先行区的过程中，要加大工作力度，拓展资源综合利用领域，制定资源综合利用有关意见或办法，积极构建资源综合利用体系，提高资源综合利用效率。把制度建设作为推进资源综合利用的重要工作保障，通过制度创新，完善激励引导机制，强化监督管理，建立集信息交流、技术推广、咨询服务、在线交易四大功能为一体的资源综合利用信息化综合服务平台，全面推进资源综合利用工作。

（三）资源再利用体系

紧紧围绕国家循环经济先行区建设的总体目标，在充分利用、规范和整合现有再生资源回收渠道的基础上，统一规划，合理布局。规范"再利用"实施细则，强化再生资源回收利用基础工作，逐步构建以回收站（点）为基础、以分拣中心（基地、园区）为枢纽、以集散交易市场为核心、以加工利用为目的的再生资源回收利用网络体系，不断提高全省再生资源回收的市场化水平和产业化水平。

（四）技术服务体系

一是结合省内实际，有针对性地选择开发引进一些有望引领循环经济发展方向的技术。二是加大技术创新力度，提升现有产业的科技水平。推动建立以企业为主体、产学研相结合的循环经济技术创新与成果转化体系，促进节能新技术、新工艺、新设备、新产品在工业企业中的推广普及和应用。三是将资源节约、循环利用关键性技术的研发，纳入科技开发计划和产业发展计划。四是创新合作模式，加强企业、高校、科研机构、行业、区域之间以及国内外循环经济技术横向合作和联合攻关，引进、消化、吸收循环利用关键性技术，全面提高循环经济技术水平，将成功经验以及先进循环经济技术在全省予以全面推广。五是尝试建立循环经济发展的专家咨询库，对核心项目进行专家咨询论证

青海蓝皮书

和技术指导。六是建立信息平台，提供发展循环经济的投资指南、技术、废旧物资供求信息等。七是强化各种准入条件的技术标准制定和认证认可工作，严格执行设计、施工、生产等技术标准。

（五）金融支持体系

循环经济项目大多具有建设周期长、资金需求量大的特点，需要巨额资金投入。在循环经济的发展中，主要依靠中央、省级财政的投入显然不够。为弥补和改善现有融资体系的不足和缺陷，需要建立市场机制与政府导向相结合的适应循环经济发展先行区建设要求的金融支持体系。制定有利于循环经济发展的产业金融政策，通过政策充分发挥商业银行和中介机构在发展循环经济中直接和间接的金融支撑作用，鼓励商业银行和中介机构在确保信贷安全的前提下积极支持循环经济建设，优先投向发展循环经济的循环型企业以及相应的重点项目，使金融投资决策与发展循环经济的产业政策结合起来，形成循环经济发展的金融支撑体系。

（六）组织管理体系

建设循环经济发展先行区是一个系统工程，构建不同层次的组织体系是推动循环经济先行区建设的组织保障，各级政府必须高度重视循环经济发展先行区建设工作，切实加强领导，协调行动，加强部门间的合作，建立具有现代化管理素质的各级组织机构和有效的协调工作机制，形成合力。各级地方政府在设立专门机构和专人负责的基础上，要做到层层落实到位。各级发展改革部门和科技部门要加快研究制定循环经济先行区建设的相关规划和具体的实施方案，确定专门机构和专人负责，做到层层有责任、逐级抓落实。同时认真研究先行区建设中的热点、难点问题，及时制定相应的政策和措施，为建设循环经济先行区提供组织和制度保障，努力形成目标一致、分工协作的工作格局。

（七）示范推广体系

在建设循环经济发展先行区的进程中，应在重点行业、重点领域、产业园

206

区和城镇组织开展循环经济试点工作，依托资源禀赋和经济社会基础，有重点、有步骤地从不同角度和层面探索适合青海各地区发展循环经济的体系和模式，树立一批先进典型，建设培育一批循环经济示范企业、示范园区和示范城镇，实现循环经济发展由试点向示范推广，为在生产、流通、消费等环节全面推进建设循环经济先行区奠定基础。

四　建设循环经济发展先行区的对策建议

从传统经济发展模式向循环经济的转变是一个系统工程，需要以科学发展观为指导，采取切实有效的措施，动员各方面力量，积极加以推进。具体需要做好以下几方面工作。

（一）营造发展循环经济的良好环境

创造良好的发展环境是建设循环经济发展先行区的重要举措。省新闻媒体要充分发挥宣传主渠道作用，从国家产业政策、区域经济发展要求、地方法规讲解、已取得实效的循环经济项目及相关知识介绍等多方面加大对发展循环经济的宣传介绍。同时，发挥街道办事处（乡、镇）、社区（村）等基层组织的作用，使循环经济在全省各个层面、各个地方人人知晓，把与发展循环经济密切相关的生态环保和资源节约活动逐步变成全体公民的责任意识和自觉行为，形成良好的社会氛围。

（二）以优势产业和基地建设为突破口，率先在十大特色优势产业和十五个重大产业基地建设项目中发展循环经济

青海正在加快培育工业十大特色优势产业和推进十五个重大产业基地建设，这些产业中既有传统工业产业，也有战略性新兴产业。建设循环经济发展先行区，要以发展循环经济来带动和加快传统产业改造升级，实现传统产业创新驱动转型和循环发展，促进存量经济绿色化；对战略性新兴产业按照循环经济理念整体规划，促进循环经济新一轮高速增长，使其成为推动循环经济先行区建设的新动力。

（三）积极推进国家《循环经济促进法》的贯彻实施，用法律法规保障循环经济先行区建设的推进力度

《循环经济促进法》为我国发展循环经济提供了明确的法律依据，因此，有必要在《循环经济促进法》的框架下，制定一些青海省配套的行政法规和条例，同时加快制定青海省各单行法，用法律法规保障循环经济发展先行区建设。

（四）建立完善节能减排工作责任制和监管机制

建设国家循环经济发展先行区需要认真贯彻《国务院关于加强节能工作的决定》精神，把节能减排工作贯穿于生产、流通、消费各个环节和经济社会发展各个领域。因此，应建立科学和严格的管理制度，健全审计、监察体系，提高监管能力，加大环保执法力度，强化节能减排工作责任制；完善节能减排统计监测机制，建立综合目标考核、评价、奖惩机制和节水、节电、节油、节气等规章制度；加快出台和实施有利于节能减排的价格、财税、金融等激励政策，加快制定和实施促进节能减排的市场准入标准、强制性能效标准和环保标准。

（五）实行有效的激励政策措施

建设国家循环经济发展先行区需要加大激励力度，要从产业、财政、税收、投资等促进循环经济政策方面加强引导。通过建立一系列激励政策措施，激发经济行为主体转变经济行为，放弃传统的高消耗、高污染的经济行为，对循环经济发展好的企业，要给予财政、税收补贴和重点奖励，把经济发展真正建立在经济效益、社会效益和生态效益和谐统一的基础上。

（六）建立评价考核制度

青海省人民政府应根据国家循环经济综合管理部门指定的评价指标体系，建立青海省循环经济评价考核制度。要把主要指标纳入全省各地经济社会发展综合评价和年度考核体系，纳入各级政府政绩考核体系，由上级人民政府对下级人民政府进行定期考核，将考核结果作为对下级人民政府及其负责人考核评价的重要内容。

参考文献

解振华：《从三个层次发展我国循环经济》，人民网，2013年4月1日。

刘鹏：《建设资源循环可持续发展核心区》，《光明日报》2012年9月12日。

张庆：《循环经济视角下工业园区的发展模式与路径》，《知识经济》2012年第6期。

B.18
青海加快建设国家生态文明
先行区研究报告

苏海红　马生林*

摘　要：

本文分析了青海建设国家生态文明先行区的基础优势以及面临的挑战，重点阐述了将生态文明建设纳入全省经济建设、政治建设、文化建设、社会建设全过程的总体思路和战略目标，突出了着力加强生态文明制度建设、推动资源节约型环境友好型社会发展、加大对自然生态系统修复和环境保护的力度、优化国土空间开发格局的重点任务，提出青海建设国家生态文明先行区不仅需要把"生态建设"放在重中之重，关键要在思想认识、工作方法和工作实践上切实树立和弘扬生态文明理念，建立生态保护和建设的长效体制机制，完善生态文明业绩考核体系，形成符合生态文明建设要求的生产方式和消费模式，真正为全国生态文明建设起到先行示范效应。

关键词：

青海　生态文明　先行区

生态文明是人类继农业文明与工业文明之后社会发展的新阶段，是人类保护和建设美好生态环境而取得的物质成果、精神成果和制度成果的总和，是贯穿经济建设、政治建设、文化建设、社会建设全过程的各方面的系统工程，反

---

* 苏海红，青海省社会科学院副院长、研究员，研究方向：区域经济；马生林，青海省社会科学院经济研究所研究员，研究方向：生态经济。

映了一个社会的文明进步状态。党的十八大提出，建设生态文明是关系人民福祉、关乎民族未来的长远大计。青海地处青藏高原腹地，长江、黄河、澜沧江及黑河发源于此，是我国极为重要的水源涵养地和国家生态安全屏障，加之原始的生态环境和多民族多元文化相融共存的特点，使青海的生态文明先行区建设事关国家生态文明建设大局。

近年来，青海面对敏感而脆弱的生态环境，肩负起生态文明建设的历史使命，始终把生态保护建设与经济社会发展紧密结合起来，通过确立"生态立省"战略，围绕三江源、青海湖、祁连山、湟水流域、柴达木盆地五大生态圈，积极推进生态修复工程，青海在生态保护、环境治理和生态文明推进上均取得阶段性成效。由此，全省第十二次党代会明确提出了建设国家生态文明先行区的战略部署。本文以青海生态文明建设中的重大理论和实践问题为研究内容，以期更有效地加快国家生态文明先行区建设，为新青海建设、美丽中国和中华民族伟大复兴梦的实现提供有力支撑。

一 青海加快建设国家生态文明先行区的基础优势与形势分析

（一）基础优势

青海既是青藏高原、内陆盆地和黄土高原三种地形共生地，又是大陆季风气候、内陆干旱气候和青藏高原气候三种气候交汇处，这造就了青海在生态、资源、文化和政策等方面的独特优势。生态的特殊性不仅使生态建设成为促进青海经济发展与社会进步的重要因素，也为加快建设国家生态文明先行区奠定了坚实的基础条件。

1. 生态地位的独特性和垄断性优势

青海地处青藏高原，被誉为"江河之源"、"中华水塔"，是全球大气和水量循环影响最大的生态调节区、全国和东南亚地区重要的生态屏障、北半球气候变化的启动区及调节区、全球高海拔地区重要湿地生态系统、高原生物种质资源基因库。独特的地理环境和气候特征，孕育了高原独特的生物源系，造就

了青海独一无二的大面积湿地生态系统，其基础性生态效益直接维系着中华民族的未来发展和长治久安。生态地位的独特性和垄断性优势，为青海建设国家生态文明先行区奠定了重要的、无可替代的生态基础。

2. 资源的富集性和多样性优势

青海是全国的资源富集区，石油天然气、新能源、有色金属、盐化工、水资源、畜牧资源等资源丰富。在已探明的129种矿产资源中，有54种储量居全国前10位，23种储量居全国前3位，9种储量居全国首位，钾镁盐储量占全国总储量的96.37%。青海还是我国水能、太阳能、风能等资源最丰富的地区之一，全省水能储量在1万千瓦以上的河流有108条，理论总装机容量达2166万千瓦；境内80%以上区域属太阳能资源一类区，地面太阳能总辐射量大于630千焦/平方厘米；风能资源总储量41190万千瓦；"可燃冰"储量近100亿吨油当量。资源的富集性和多样性优势，使青海成为支撑我国未来发展的战略资源储备接续地，为建设全国生态文明先进区奠定了坚实的资源基础。

3. 政策的综合性和潜质性优势

进入21世纪以来，为进一步优化全国生产力布局结构，统筹地区均衡发展和推进全面协调可持续发展，国家实施了西部大开发战略，将青海藏区又好又快发展纳入国家战略，实施了针对藏区基础设施建设、民生改善、特色产业培育、生态保护与环境建设等的各项扶持政策，全省经济发展整体实力得以增强。特别是随着世界经济结构的深度调整，我国东部沿海地区产业加快向青海的转移步伐，青海在绿色发展、战略性新兴产业培育以及生态文明建设方面将得到中央更多的扶持政策。政策的综合性和潜质性优势，为青海建设国家生态文明先行区奠定了良好的制度优势。

4. 生态文明的典型性和示范性优势

生态文明是人类从狩猎文明到农业文明、从农业文明到工业文明转型后的第三次转型。实践证明，从工业文明向生态文明转型远比从农业文明向工业文明转型要困难得多，不仅要减少对自然生态环境的消耗强度，还要把自然生态环境作为市场要素纳入资本核算，对其利用要进行补偿，从而面临诸多市场阻力。而青海工业化发展程度较低，不少牧业区还没有进入工业化阶段，加之藏民族"尊重自然、敬畏自然"的生态文化传统，以及近年来绿色产业的发展，青海在建设全国生态文明实践中更具有典型性和示范性优势。

5. 文化的多元性和包容性优势

青海处于中原、西藏、西域、北方草原民族四大文化圈的交融地带，多民族聚居、多宗教并存，亘古以来世居的汉族、藏族、回族、土族、撒拉族和蒙古族等各民族和睦相处、相互促进，共同创造了博大精深的高原文明，昆仑文化、儒家文化、道家文化、佛教文化、伊斯兰文化交相辉映，形成"我中有你，你中有我"的相互共存的多元文化，使"和为贵"成为青海发展的主题，促进了经济发展和社会和谐。文化的多元性和包容性优势，为青海建设国家生态文明先行区奠定了丰富和浓郁的文化底蕴与和谐元素。

（二）面临的挑战

未来一段时间是青海在建设生态文明先行区进程中伴随着新型工业化、城镇化、信息化和农业现代化全面推进的重要时期，也是实施"五位一体"总布局的关键时期，而生态文明先行区创建对青海而言，是一项长期、复杂和庞大的系统工程，将面临一系列挑战。

1. 生态环境极其脆弱，发展环境容量有限

面对不可替代的生态地位和生态功能，特殊的自然环境使青海生态系统极为脆弱，水土流失、湿地萎缩、荒漠化等问题突出，全省绝大多数国土面积属于禁止开发和限制开发区域，加之自然灾害范围广且频率高，使生产力布局更要注重综合考虑生态环境因素，特别是高资源消耗、高载能和高污染行业面临更加严格的资源环境门槛和转型发展要求，使青海发展环境容量十分有限。

2. 制度体系尚未建立，机制亟待创新完善

建设国家生态文明先行区是一项伟大创举，不但对青海生态保护重点区域的传统思想是一次质变，而且对青海产业结构、生产模式和消费模式等更富有挑战性，客观上要求启动相应的改革措施。尽管自 2006 年开始，青海对三江源地区的玉树和果洛两州不再考核 GDP，但全省还尚未建立全面的绿色绩效考评体制。加之生态文明先进区如何建立生态补偿机制、如何建立生态环境产权维护机制、如何考核生态环保和社会事业指标等难题的破解，迫切需要实施制度创新，真正建立完善基于生态环境保护的一系列制度体系。

3. 地方发展基础薄弱，生产要素创新力不足

生态文明建设是个系统工程，需要一定的经济基础和生产要素条件，而青海近一半地域因生态保护和建设重任不考核 GDP，绝大多数区域以农牧业为主，工业相对落后，经济发展基础薄弱且水平较低，财政自给率较低，全省地方财政 80% 来自转移支付。受自然环境和发展基础薄弱等的制约，人才、资金、技术、信息等作为重要的生产要素，在青海都较为匮乏。加之对技术和管理等生产要素的重视程度不够，人才和资金结构也不甚合理，在科技、研发、信息等方面的投入不足。发展基础薄弱、生产要素创新力不足，越来越成为生态文明先行区建设中的限制因素。

4. 绿色发展任重道远，可持续发展能力不高

绿色发展是生态文明建设的重要内容。面对不可替代的生态地位、生态功能，青海依托柴达木和西宁市两个国家级循环经济试验区的发展，大力推进转型发展，创新发展模式，积极发展循环经济，尽管绿色发展方面走在了西部前列，但由于青海正处于起步发展阶段，长期以来产业结构的不合理，传统生产方式、生活习惯和消费观念短期内改变难度大，发展不足和保护不够的问题同时并存，可持续发展能力不足，要实现全面的生态转型任重道远。

二 青海建设国家生态文明先行区的总体思路

（一）创建思路

以党的十八大精神为指导，按照与全国同步建成小康社会的目标要求，围绕青海"两新"目标和"三区"建设，加快生态文明制度建设，以"一屏两带"（以三江源草原草甸湿地生态功能区为屏障、以青海湖草原湿地生态带和祁连山水源涵养生态带为骨架）生态建设为基础，进一步发挥优势条件，破解制约因素，坚持先行先试，在重点区域示范、重点工程建设、绿色产业发展和生态文明理念四个方面有新突破，积极探索经济社会发展与生态环保"双赢"的长效机制，优先在青藏高原探索出一条生态脆弱地区建设国家生态文明先行区的典型示范路径。

1. 丰富生态文明的内涵

从战略和全局的高度充分认识青海建设国家生态文明先行区的重要性与紧迫性、长期性与复杂性、综合性与典型示范性，将生态文明建设纳入全省经济建设、政治建设、文化建设、社会建设的全过程，最终形成可持续发展的和谐美好的环境和条件、良性增长的经济和产业、健康有序的机制和制度、科学向上的意识和价值、协调创新的科学和技术，保障人与自然和谐发展的全面进步。

2. 突出先行区建设主题

加快生态文明制度建设，牢固树立生态文明理念，以加快建设资源节约型、环境友好型社会为核心，以绿色发展为主线，以"一屏两带"的生态建设为载体，以重点区域和关键环节的示范行动为抓手，以体制机制创新为动力，形成政府推动、市场主导、公众参与的多元格局，发挥三江源国家生态保护综合试验区的示范带动作用，为生态文明先行区建设提供支撑和保障，在全国起到引领和示范作用。

（二）着力遵循先行区建设原则

1. 生态优先和绿色发展原则

促进生态保护和生态功能优化，切实把尊重自然、顺应自然、保护自然作为发展的本质要求，着力提高资源利用率和生存环境质量，把生态保护贯穿生态文明先行区建设始终。加快转变发展方式，调整和优化产业结构，大力培育和发展生态建设产业，全面提升生态利用的经济效率，通过积极构建与生态文明相适应的循环经济技术范式，实现绿色、循环、低碳发展。

2. 以人为本和统筹协调原则

人的发展是生态文明建设的出发点和目的，生态文明追求人与自然和谐，最终谋求人民福祉，积极为人类生存家园创造天蓝、地绿、水净的环境，形成生态文明建设的长效机制。与创建全国民族团结先进区、循环经济先行区以及新"四化"建设相结合，整合资源，共同发展，统筹城乡区域协调发展，推动生态文明建设融入经济建设、政治建设、文化建设和社会建设的全过程。

3. 政府引导和共同参与原则

通过发挥政府引导作用，制定方针政策，加快实施主体功能区战略，针对不同区域生态文明建设的重点，处理好全面建设与强化重点的关系，坚持因地制宜地推进特色发展，形成重点突出和各具特色的生态建设格局。强化建设国家生态文明先行区舆论宣传，积极引导市场主体的具体实施、社会公众的积极参与，形成政府推动、市场驱动、公众参与的多元格局。

4. 体制机制创新和惠益共享原则

建立生态环境产权维护制度，把生态环境纳入社会经济制度体系之中，建立生态环境管理及利用的公民参与决策制度，确立"社会公有自然资产"的"产权"和利益补偿规则，完善污染超排付费、开矿资源使用费和生态恢复保障金制度。将政府业绩、民众对良好生态环境的期望以及传统文化引入到生态文化建设中，建立生态资源及相关信息的获取与惠益共享制度，公平、公正分享产生的经济效益和社会效益，共享生态文明成果。

（三）明确建设国家生态文明先行区的"五位一体"战略目标

建设国家生态文明先行区，青海在积极承担生态责任，把优质生态环境作为公共产品提供给全社会，增强生态产品生产能力的同时，更应该强调均衡、可持续和以人为本的发展目标，强调实现经济、政治、文化、社会、生态的"五位一体"的和谐发展目标，才能在全国生态文明建设中起到示范先行的作用，为尽早实现"中国梦"奠定实践基础。

1. 突出绿色发展，使生态文明建设融入经济建设

将生态文明建设融入经济建设是实施"五位一体"战略的基础，生态文明先行区建设中更要实现各产业和经济活动的绿色发展。

2. 突出政策推动，使生态文明建设融入政治建设

将生态文明建设融入政治建设是实施"五位一体"战略的保证，生态文明创建并非自发过程，应突出建立健全生态文明制度以及相关政策体系、政绩考核体系。

3. 突出政府引导，使生态文明建设融入文化建设

生态文明建设融入文化建设是实施"五位一体"战略的先导，积极倡导生态文化，把生态文明的理念融入到文化建设中。

4. 突出改善民生，使生态文明建设融入社会建设

将生态文明建设融入社会建设是实施"五位一体"战略的归宿，通过着力改善民生，保障人民群众的环境权益，培养生态环保的消费方式。

三　青海建设国家生态文明先行区的重点任务

（一）着力优化国土空间开发格局

1. 加快实施主体功能区战略

按照生态文明的理念，以及人口资源环境相均衡、经济社会生态效益相统一的原则，推动各地区严格按照主体功能定位发展，调整空间结构，促进生产空间集约高效、生活空间宜居适度、生态空间山清水秀，构建科学合理的城镇化、产业发展、生态保护的布局结构，逐步实现空间意义上的产业合理布局。

2. 形成各具特色的区域生产力格局

根据全省生产要素呈现区域差异大、空间分布广、配置效率弱等特点，优化"四区两带一线"区域格局和生产力布局调整，突出西宁市经济技术开发区、柴达木国家级循环经济试验区、海东园区等增长极作用，推动东部生产力集中区、柴达木资源型生产力先行区、环青海湖生产力特色区、三江源生产力生态区等四大经济区域加快发展，突出区域间产业联动、错位竞争、功能互补的理念，形成分工合理、各具特色、优势互补、良性互动的区域协调发展新格局。

3. 提高资源和要素的配置及利用效率

针对自然环境和生态因素影响下的生产要素配置特点，面对全省资源和人口分布的非均衡性和区域产业体系间的疏散性等问题，强化工业化与规模化、园区化、集群化同步发展，强化交通、能源、水利等基础设施和基础产业建设的统筹协调推进，提高国土空间的集约利用，合理利用区位、资源、产业和政策等叠加优势，促进经济效益、社会效益、生态效益的协调和统一，进一步提高资源和要素的配置及利用效率。

（二）着力推动资源节约型、环境友好型社会发展

1. 构建循环经济体系

制定完善的绿色产业发展规划和空间布局，以两个国家级循环经济试验区建设为突破口，加大对全省传统工业产业的"循环化"和"绿色化"改造，将绿色发展由政府推动内化为市场和企业的自主行为，循环经济发展实现大突破，逐步建立绿色循环型农业体系、绿色循环型工业体系、绿色循环型服务业体系。

2. 加大节能减排力度

调整能源结构，着力培育战略性新兴产业，抓好重点领域、重点环节的节能减排，制定落后产业淘汰时间表和新型产业发展计划，以高新技术为主导的新兴产业助推产业升级，扶持附加值高、科技含量高的产业发展，延长新能源产业链，不断提升资源型产业加工转化率，通过能源结构、产业结构调整逐步实现节能减排目标。

3. 建设环境友好型社会

能否喝上干净的水、呼吸清洁的空气、吃上放心的食物，是最基本的民生问题，应坚持以人为本，充分保障人民群众的环境权益，着力解决影响群众健康的突出问题，将生态文明建设与公共服务均等化相结合，增强相关设施的投入力度，通过环境友好型社会建设，为人民群众创造良好的生产生活环境，不断提升人民群众的幸福指数。

4. 形成生态环保的绿色消费方式

树立人与自然和谐发展的生态文化意识，增强人们对自然生态环境行为的自律，增强全民节约意识、环保意识、生态意识，大力提倡节约型消费，鼓励从点点滴滴做起，改变"一次性消费"习惯，建立有利于绿色消费的激励和约束机制，通过价格、补贴、减免税、优惠贷款等措施，支持引导公众的绿色消费、绿色出行和绿色居住行为，规范绿色市场秩序，为绿色消费营造一个良好的氛围。

5. 培育生态文化

加大对节约能源资源、保护生态环境等方面的普及教育，使公众从中了解、掌握相关知识，提升公民的生态环境保护素质。将生态文明建设融入文化建设，推动以政府传播、引导、规范为主的生态文化建设，创造更加丰富的生态文化形式，积极发展生态文化产业，使之成为社会主义文化产业的有机组成部分。

（三）着力加大对自然生态系统修复和环境保护的力度

1. 加快推进三江源国家生态保护综合试验区建设

确保《青海三江源自然保护区生态保护和建设总体方案》及专项规划的顺利实施，创新生态保护体制机制，增强生态产品生产能力，巩固、提升国家重要生态屏障地位。一是加强生态环境保护和建设。优先保护草地、湿地生态系统，采取禁牧封育、草畜平衡等自然修复措施，加快黑土滩、沙化、鼠虫害草地治理和人工草地建设，加大对湿地、冰川雪山及饮用水源的保护力度。二是改善生产生活条件。继续实施游牧民定居工程和农村危房改造，不断提高农村牧区基础设施建设水平，加快社会事业发展，提高社会保障水平，加大扶贫开发力度，改善农牧民生产生活条件，推进基本公共服务均等化。三是加快培育生态型产业发展。通过草场资源流转，通过舍饲半舍饲养殖的产业化开发模式，大力发展有机畜牧业和生态型非农牧产业；依托丰富的自然风光、民族风情和传统文化，加快发展观光、探险、科考、登山、休闲等特色旅游业；依托丰富的动植物资源，推进药材精深加工，积极发展生物药品和保健药品；继承和挖掘民族传统手工业的生产技艺，开拓发展唐卡、堆绣、雕刻、藏毯、民族服饰等加工业。四是加强基础设施建设。合理配置利用水资源，加快骨干水利枢纽和重点水源工程建设；加快完善交通运输网络结构，提高公路路网通畅和通达能力；加快能源资源开发和电网建设，全面实现玉树、果洛与主网联网；以州县府城镇为重点、其他小城镇为辅推进城镇发展。

2. 加快实施其他区域重大生态修复和保护工程

按照全省"一屏两带"生态安全格局，应突出青海湖、祁连山、柴达木、河湟谷地生态环境综合治理。一是加快推进青海湖流域生态环境保护与综合治理工程。继续实施《青海湖流域生态环境保护与综合治理规划》和青海湖流域周边地区生态环境综合治理工程，提早谋划进一步巩固扩大的保护规划，促

进整个流域自然生态系统修复和经济社会的可持续发展。二是启动实施祁连山地区生态保护和综合治理规划。在林地、草原、湿地、水土、冰川等生态保护和科技支撑几个方面有实质性建设。有效保护好黑河、大通河、湟水河、疏勒河、石羊河等流域水源涵养林地，实现水资源的优化配置，从根本上遏制祁连山地区生态环境日益恶化的趋势。三是全面开展黄土高原地区生态环境综合治理。尽早实施河湟谷地湟源、湟中和黄河沿岸化隆、循化、贵德5县黄土高原生态环境综合治理示范县建设。通过以点带面、点面结合的方式，强化水土流失与林草植被治理，加快综合治理步伐。四是统筹规划柴达木地区生态保护与综合治理。加快编制《柴达木地区生态保护和综合治理规划》，根据城镇化和城乡发展一体化需要，以防风固沙工程为重点，构建以绿洲防护林、天然林和草原、湖泊、湿地分布为主的圈带型生态新格局，为柴达木地区可持续发展提供生态保障。

3. 持续推进重点生态保护建设专项工程

继续实施好天然林资源保护、三北防护林建设、退耕还林草、国家重点公益林保护等生态保护和建设专项工程。加快推进涉及全省自然保护区以及水利、林业、环境等方面的建设步伐。

4. 强化城乡环境综合整治力度

坚持预防为主、综合治理原则，以城镇化建设为重点，强化水、大气、土壤等污染防治，完善监测检测体系，着力提高综合环境质量，进一步改善城乡人居环境。一是推进绿色城镇化建设步伐。把绿色理念贯穿到城镇规划、建设和管理全过程以及经济社会发展各领域、各层次，推进资源集约和循环利用，建立城镇绿色经济体系，加快绿色园区、绿色社区、绿色企业、绿色机关、绿色单位、绿色家庭的建设，探索一条青藏高原地区资源节约、集约高效、环保低碳的绿色城镇化之路。二是加快美丽乡村建设。以生态文明理念推进新农村、新牧区建设，以农村牧区环境综合整治为重点，加快实施农村牧区清洁工程，加强农村牧区环境基础设施建设。同时，开展"植树造林和绿化美化村庄社区"活动，倡导文明健康的生活方式，建设低碳、环保、绿色消费家庭，努力建设好、维护好天蓝、地绿、水净、人与自然和谐共处的美丽家园。

（四）着力加强生态文明制度建设

1. 创新生态保护体制机制作用

依托三江源国家生态保护综合试验区建设，积极探索形成有利于生态保护、民生改善、经济发展和社会进步相协调的体制机制，建立生态服务功能价值核算体系和监测预警评估、绩效考核和激励约束、生态补偿机制，为全国生态补偿机制的建立提供示范。

2. 强化政府改善生态环境的责任

将生态文明建设纳入全省经济建设、政治建设、文化建设、社会建设的全过程，强化政府改善生态环境的责任，充分运用价格、税收、财政、信贷、收费、保险等经济手段，调节或影响市场主体的行为，实现经济发展与环境保护的协调发展。

3. 建立完善的生态文明制度体系

健全自然资源资产产权制度和用途管制制度，对水流、森林、草原、山岭、荒地等自然生态空间进行统一确权登记，形成归属清晰、权责明确、监管有效的自然资源资产产权制度。实行最严格的源头保护制度、损害赔偿制度、责任追究制度，完善环境和生态修复制度，健全资源有偿使用制度和生态补偿制度。

4. 把资源消耗、环境损害、生态效益纳入经济社会发展评价体系和政绩考核体系

一是探索设立多元考核主体，建立体现生态文明要求的目标体系、考核办法、奖惩机制，将政府考核、公众考核以及专家考核结合起来，将自上而下的考核和自下而上的考核结合起来，逐步建立健全一套政府主导、公众参与、过程透明的民主协商机制，充分发挥民间组织、大众传媒以及人民群众的作用。二是根据生态建设具有投入多、见效慢、效果难以量化的特点，参照国际生态建设指标体系，合理设置生态文明创建指标，探索生态文明追踪考核制度，解决政绩考核周期与生态考核周期错位问题，有力撬动各级政府创建生态文明的主动性和能动性。

四 青海建设国家生态文明先行区的对策建议

（一）突出重点区域，以点带面发挥引领示范作用

三江源国家级生态保护区不仅是全国生态保护重点区域，也受到国际社会的广泛关注，其生态修复成效事关国家生态安全，以三江源地区为重点建设国家生态文明先行区，会产生积极的品牌和示范效应。同时，通过打造和推进一批重点示范县、乡镇和村建设，进一步发挥引领示范作用。加快已确定的1个国家级生态乡镇、7个省级生态乡镇、20个生态村建设，加快贵德、互助、循化、民和县的西部地区生态文明示范工程试点项目，积极创建一批国家生态文明示范县、国家级美丽乡镇（村）、国家级生态工业示范园区、国家级生态旅游示范区，力争将西宁建设成为国家生态文明示范市和国家级环保模范城市。

（二）加强组织领导，以宣传强化品牌效应

成立青海省建设国家生态文明先行区领导小组，整合省级生态文明创建领导机构，各州、市党委政府也要设立相应领导机构，建立工作协调机制，制定行动方案，负责本地区的领导和协调工作。领导小组要制定建设生态文明先行区绩效考核办法及评估实施细则，量化目标责任制，根据不同区域主体功能定位，实行差别化考核制度，建立任期资源消耗、环境损害、生态效益责任制和问责制。同时，进一步提高"大美青海"以及青海生态屏障的知名度，营造全社会参与生态文明先行区建设的良好氛围。

（三）创新体制机制，以制度建设寻求突破

建立健全生态补偿机制，进一步落实国家生态补偿相关政策，加大重点生态功能区转移支付力度，加大后续产业发展扶持力度。构建科学、高效的绩效评价和政绩考核机制，把资源消耗、环境损害、生态效益纳入政府绿色考评体系。优先开发区要强化经济结构、资源消耗、自主创新等的评价，弱化对经济

增长的评价；重点开发区要综合评价经济增长、质量效益、工业化和城镇化水平等；限制开发区要突出生态环境保护等评价，弱化经济增长、工业化和城镇化水平的评价；禁止开发区主要评价生态环境保护，并将其纳入地方党政领导班子和干部的综合考核评价中。

（四）树立生态理念，以生态文化打牢文明基础

建立将生态文明理念从家庭到学校再到社会的全方位教育体系，将生态文明理念渗透到生产、生活各个层面，增强全民的生态意识、参与意识和责任意识，进而转化为每个公民节约资源、善待自然、倡导文明的自觉行动；将生态文明责任具体化、制度化和常态化，逐步形成全民共建、共护、共享的文明机制。同时，深度挖掘根植于青海的汇集了多民族、多元文化精髓的农耕文化、草原文化和昆仑文化的原生态特点，特别将尊重自然、敬畏自然的民族的生态文化融入现代文明节约、低碳、健康、绿色的生产和消费之中，打造和培育生态文化。

（五）加速产业转型，以碳汇区建设助推节能减排

依托资源优势，按照构建完整产业链、提高产业协作配套水平的原则，着力建设西宁甘河工业园区、海西蒙古族藏族自治州察尔汗工业园区等5个千亿元产业基地和西宁东川工业园区、西宁生物科技产业园区等10个百亿元产业基地，进一步从资金扶持、土地安排、矿产资源配置和税收优惠政策等方面给予支持。通过特色农牧业发展、以高原旅游业为突破口的服务业发展，大力发展轻工业，更加突出企业技术创新主体地位，促进产业结构转型升级，推动传统优势产业向高端化、高质化、高新化、绿色低碳发展。积极构建青海碳汇区，进一步增加碳汇潜力，探索建立碳汇交易市场，逐步将青海构建成我国重要的碳汇储备区。

（六）秉持"六个坚持"，以创新强化科技支撑

将建设国家生态文明先行区融入经济、社会和文化发展全过程，坚持将环境保护与改善民生结合起来，把创建活动作为提升群众生活质量的重要途径，

解决好环境问题；坚持生态保护与污染防治并举，维护生态安全；坚持严格环境准入与优化区域发展相协调，落实源头控制和监管措施；坚持污染减排与结构调整相促进，加大工程减排力度，提升管理减排效益；坚持城镇污染防治与农村环境整治并重，以统筹城乡环保促进城乡发展；坚持生态环境基础建设与相关管理相协调，提升服务社会的水平。同时，重点在生态保护、节能减排、清洁能源、循环经济等方面取得技术突破。

关于青海加快建设国家民族团结
进步先进区的研究报告

青海省社会科学院课题组 *

摘 要:

> 青海省第十二次党代会提出把青海建设成为国家民族团结进步先
> 进区。本文在总结经验的基础上,分析了青海创建国家民族团结
> 进步先进区的有利条件及存在的问题,提出了"切实保障和改善
> 民生,稳固民族团结进步的核心支撑"、"加强和创新民族地区社
> 会管理,着力夯实基层基础"等一些具有学理性的对策建议。

关键词:

> 青海 建设 民族团结 先进区

青海省第十二次党代会提出把青海建设成为国家民族团结进步先进区,这是在新的历史起点上推动民族团结进步事业的重大创新,对实现青海的跨越发展和长治久安具有重要意义。为进一步加快民族团结进步区的创建,我们在总结经验的基础上,分析青海创建国家民族团结进步先进区的有利条件及存在的问题,力求提出一些有学理性的对策建议,为今后加快先进区建设提供有力的理论支撑和实践动力。

---

* 课题组成员:赵宗福,青海省社会科学院党组书记、院长、教授,研究方向:民俗学、民间文艺学;马林,青海省社会科学院藏学研究所所长、研究员,研究方向:民族社会;鄂崇荣,青海省社会科学院民族研究所副所长、研究员,研究方向:民族人类学;张立群,青海省社会科学院政法研究所所长、研究员,研究方向:法学;参看加,青海省社会科学院民族研究所副研究员,研究方向:民族宗教;马学贤,青海省社会科学院民族研究所副研究员,研究方向:民族社会;才项多杰,青海省社会科学院藏学研究所副研究员,研究方向:宗教学。

一 建设国家民族团结进步先进区的条件分析

从 2003 年开始,青海省委、省政府牢牢把握各民族"共同团结奋斗、共同繁荣发展"的主题,在全省开展了民族团结进步创建活动,积极营造了平等、团结、互助、和谐的社会主义民族关系,为全省经济社会健康发展创造了良好的环境。

(一)民族地区经济快速发展奠定了坚实的物质基础

多年来,青海落实国家实施西部大开发战略,贯彻国家支持青海藏区有关政策,把握发展机遇,以民族团结进步创建活动为抓手,坚持把加快发展作为第一要务,采取了一系列特殊政策和措施,加快资源开发步伐,壮大地方经济,增强自我发展的能力,使青海经济实力明显增强,基础设施不断改善,综合实力迈上新台阶,促进了民族地区经济发展,创造了青海历史上发展速度最快、发展质量最好、基础设施成效最明显、各族群众得到实惠最多的新纪录。

(二)民生水平的不断提高奠定了坚实的民心基础

群众利益无小事,民生问题大于天。把保障和改善少数民族的民生问题作为当务之急,加快完善社会服务保障体系建设,建立健全覆盖城乡居民的公共服务体系,积极探索用"小财政"解决"大民生"。加大转移支付力度,加快电网改造以解决用电问题。在民族自治地方的 230 个贫困村实施整村推进项目,加强"两基"攻坚计划,开展教育对口支援、全面落实"两免一补"政策、加强寄宿制学校建设、规范"双语"教学等措施,促进农村合作医疗和城镇基本医疗保险,改善公共文化服务体系,建立国家、省、州(地)、县四级非物质文化遗产名录体系。每年对相对滞后的民族地区投入财政支出的 70% 以上,以加大民生解决力度。① 为民族团结进步先进区建设奠定了坚实的民心基础。

---

① 《青海省开展民族团结进步创建活动综述》,《青海日报》2008 年 7 月 25 日。

（三）宣传教育的不断深化奠定了坚实的思想基础

民族团结进步的宣传教育是创建活动的着力点。省委、省政府决定每5年召开一次民族团结表彰大会，每年设定一个民族政策宣传月。在宣传教育形式、载体和手段上实现创新，以体现宣传教育的民族性、地方性和时代性。宣传面向各级党政机关、农牧区、校园、寺院、社区，以科学发展、民族团结、促进和谐、反对分裂为主要内容，大力宣传党的民族理论、民族政策和推动民族地区跨越发展的政策措施，通过宣传增强了各族干部群众、青少年以及宗教界人士加快发展、维护稳定、抵御渗透的自觉性和责任感，使各族群众对"共同团结奋斗、共同繁荣发展"有了深刻的理解和认识，牢固树立了"三个离不开"思想，涌现出一大批民族团结进步的模范集体和个人，发挥了宣传教育的正面导向功能，为创建活动奠定了坚实的思想基础。

（四）各民族交往、交流、交融的不断扩大奠定了坚实的文化基础

在创建活动中，由单一的宣传教育实现了向抓团结、求稳定、促发展的观念转变，对各民族的文化采用包容的态度尊重文化之间的差异，充分认识到自己的优秀传统文化是中华文化的重要组成部分，是民族团结和发展的丰富精神力量，与中华文化有血肉联系和历史渊源，形成了中华民族大家庭的认可与共识。文化的认同营造了各民族间和睦相处的和谐氛围，使民族团结日益增强，各族群众相互尊重、和谐共存，表现出巨大凝聚力和向心力，有效地预防了民族和宗教问题的发生，团结稳定成效显著，形成了民族团结的文化基础。

（五）寺院社会管理创新奠定了坚实的宗教和谐稳定基础

青海是一个多种宗教并存、宗教活动场所密集的省份。有佛教、伊斯兰教、道教、天主教、基督教五大宗教，同时存在着非制度性的各种民间信仰和原始宗教，宗教领域的稳定和谐是创建活动的主要内容。2006年以来，认真落实中央有关宗教工作的方针政策，依法加强对宗教事务的管理，积极引导宗

教与社会主义社会相适应，将法制政策宣传教育和依法管理相结合的寺院管理工作提升为"平安寺院"建设活动，加强宣传教育，强化制度建设，解决突出问题，创造性地开展各项工作，全面推进寺院管理科学化、社会化，初步建立了分级管理、社会监督评议、动态化备案等寺院管理和民主管理的新体制和新机制，为宗教和谐提供了稳定的基础。

（六）体制机制建设奠定了坚实的制度基础

青海已形成了党委统一领导、党政齐抓共管、民族工作部门综合协调、各部门密切配合的领导体制和工作机制。建立了目标考核、领导责任、经费保障、监督检查、协调配合、典型培植、矛盾化解等民族团结进步的长效机制，形成了民族团结工作统一组织、全面部署、整体推进、广泛参与的工作部署，使创建活动呈现日常化、制度化、长期化的发展态势，奠定了民族团结进步先进区的制度基础。

二　国家民族团结进步先进区建设面临的主要问题

青海建设国家民族团结进步先进区是在新的历史起点上推动民族团结进步事业的重大创新，也是实现三年强基础、八年创先进"两步走"奋斗目标的内在要求，为此，需要我们把握全局，审时度势，理清思路，认真分析先进区建设各阶段、各领域、各环节所面临的主要问题。

（一）创建国家民族团结进步先进区的良好法治环境还未形成

一是部分地区漠视社会主义法律的现象仍较为普遍。部分偏远地区受到家族宗法、宗教教规、民族习俗等影响和制约，出现矛盾纠纷时，按照传统的习惯方式解决，对法律知识的了解和掌握欠缺，法律的权威性未真正树立起来。二是未形成以人为本的理念，法治环境没有达到法治化的程度要求。部分司法机关工作人员在执法过程中，徇私枉法，枉法裁判；有的领导干部不守法，甚至干预司法活动，法律的权威性受到挑战；有的行政执法人员暴力执法，错误地认为"管理就是收费，执法就是处罚"。

（二）思想教育引导工作"不深、不细、不力"的情况仍然存在

一是教育引导工作表面化。对马克思主义民族理论宣传不够突出，重点、难点和疑点未形成一定的共识，宣传的广度和深度不全面、不透彻和不具体。二是教育引导方式不具体。思想教育引导工作围绕"讲什么、怎么讲、谁来讲"的问题，缺乏新思路、新观点、新做法，教育的方式方法和切入点把握不准确，习惯充当"传话筒"，只停留在作报告、读报纸、发文件的层面上，采用"你读我听"的被动式教育，教育方式单一，没有形成有机整体，教育效果不明显。三是教育引导缺乏有效性。民族地区农牧民大部分文化程度较低，接受能力有限，特别是受到宗族观念、本族意识等旧的传统观念的影响，传统意识浓厚，而目前宣传思想工作仍滞留在下文件、定制度、开会议的层次上，对干部和群众的思想状况掌握不准，要求的多，疏导的少，致使宣传的实际效果受到影响。

（三）统筹协调各方面利益和化解多样多发社会矛盾的难度加大

一是协调兼顾各方面利益的难度增大。在欠发达的多民族、多宗教地区，因土地承包、村务管理、征地拆迁、企业改制等引发的矛盾纠纷不断增加，矛盾纠纷呈现复杂化趋势。二是资源开发中缺少利益共享机制。在资源开发中，开发商认为应该只对占用的面积进行补偿，而农牧民认为开发商应该按照矿区范围支付草原补偿费，出现对开发商补偿费用不满意。因环境及生态问题受到群众的重视，生态环境的利用和保护而引发的矛盾和纠纷突出。三是化解多样多发社会矛盾的难度加大。在土地征用、城镇房屋拆迁、拖欠农民工工资、地界纠纷、移民安置、涉法诉讼等领域的社会矛盾突出。加之境内外敌对势力利用这些问题和矛盾，制造舆论、蛊惑人心、煽动不满、挑起事端，进行渗透破坏活动，使社会矛盾更加复杂化。

（四）社会管理的体制机制、政策措施、方法手段还存在不适应、不完善的地方

一是没有形成统筹协调的社会管理机构。在机构设置上，造成在实际决策

和执行过程中，从部门利益出发，各自为政，多头管理，相互之间缺乏必要的协调与沟通，导致管理的高成本、低效率。二是习惯于用行政手段解决问题。政府习惯于包揽包办，缺乏与企业、社会组织的沟通，疲于应付具体事务，无力承担协调工作，压制了社会组织的活力，挤占了大量的活动空间。三是服务保障体系还不健全。青海流动人口、高危人群较多，治安防控体系建设、社会公共服务相对薄弱，未形成对外来流动人员的登记、掌握、管理的有关制度，使外来流动人员在就业、医保、社保、职业培训等公共服务方面与本地居民待遇不同，存在着"重管理、轻服务"的现象。社会服务管理信息化建设滞后，管理不严密、服务不到位、问题不解决。服务保障体系尚未真正形成。

（五）干部队伍建设不适应形势发展要求的情况依然存在

一是部分干部能力素质不能适应新形势需要。由于历史、自然、语言以及生产力发展水平低下、经济社会发展相对滞后等各方面的原因，青海一些干部特别是少数民族地区的部分干部受教育程度有限，视野不够开阔，思想不够解放，缺乏创新意识。二是少数民族干部行业分布不够平衡。少数民族干部多数集中在党政机关，从事党政管理工作，而从事技术性、专业性的干部较少，特别是缺乏懂经营会管理的经济型专门人才。县乡两级少数民族干部分布在统战、民族宗教、民政、教育等部门人数较多，而在综合性、专门性较强的，如发改、财政、科技、金融、法律等部门的人数较少。三是少数民族干部队伍结构仍需优化。从性别结构看，少数民族女干部占同级女干部比例均低于24%；从民族结构看，民族地区干部队伍"五湖四海"的格局有所弱化，民族地区乡镇干部中严重缺乏非主体民族干部；从年龄结构看，30岁以下少数民族年轻干部出现"断层"；从领导班子结构看，州和县市区领导班子中少数民族干部比例较高，而在省直厅局领导班子中其比例偏低。

三 贯彻落实建设国家民族团结进步先进区的措施和对策

国家民族团结进步先进区要以推动科学发展和长治久安为战略目标，以努力实现建设领域更广、人民群众更满意、实效性更强为基本出发点，进一步加快青海民族团结进步先进区建设。

（一）深入推进依法治理，形成民族团结进步先进区的良好法治环境

一是加强普法宣传教育。必须把强化公民的法律意识作为普法工作的重要任务来抓，深入推进"法律七进"活动，以提高公民法律素质为主，强化公民的权利意识、诉讼意识和法治意识。教育和引导广大公民树立法律的权威性，在全社会形成人人懂法、遵法和守法的氛围。二是有效化解社会矛盾。积极稳妥地处理涉及民族方面的突发事件，对伤害民族感情、影响民族关系的行为严肃查处。充分整合社会力量，完善纠纷解决机制，使各类纠纷能够及时解决，有效化解社会矛盾，维护社会稳定。三是形成依法行政的环境。提高依法行政的能力和水平，完善行政组织、行政行为、行政程序和行政救济等各个方面的制度建设，实行行政执法责任制，加大对执法行为的监督和惩处力度。实现社会管理工作的法治化水平，做到有法可依、有法必依、执法必严、违法必究。

（二）不断深化思想引导，进一步打牢各民族共同团结进步的思想基础

一是树立社会主义核心价值观。加强以社会公德、职业道德、家庭美德和个人品德为主要内容的思想道德建设，坚持不懈地在各级党员干部、广大农牧民群众、宗教教职人员、学校师生中深入开展法制教育、党的民族宗教政策宣传，着力增强思想教育引导工作的针对性和有效性。二是坚持团结稳定鼓劲、正面教育为主。在思想教育引导的方式方法上，注意区分对象和层次，实行分类指导、分层施教；对不同群体编写不同宣教材料，运用各类现代传媒手段开展形式多样、丰富多彩的宣传教育活动，坚持寓教于乐，切实增强思想教育引导工作的吸引力、感召力和实效性。三是建立思想教育引导工作的长效机制。将思想教育与专门宣讲有机结合，建立健全思想教育引导工作的长效机制。明确宣讲机构和专门队伍，落实人员编制，保证思想教育

引导工作深入持久、扎实有效地开展，以破解思想教育引导工作"不深、不细、不力"的难题。

（三）统筹协调各方面利益，化解多样多发社会矛盾

一是切实加强矛盾纠纷排查化解工作。积极构建大调解工作平台，形成纵向从省州市县到乡村，横向覆盖各领域。实现矛盾纠纷排查化解的经常化、规范化、制度化建设。解决农村土地征用、城镇房屋拆迁、生态移民安置以及人事劳动争议、社会保障、涉法诉讼等矛盾纠纷，有效防止和减少各类矛盾纠纷和群体性事件的发生。积极构建上下对接、横向联动、布局合理的调解网络。二是实行社会稳定风险评估工作。真正将决策的过程变成深入了解民意、广泛集中民意、切实改善民生的过程。对涉及群众切身利益的重大工程项目和重大政策措施，坚持实行经济效益和社会稳定风险"双评估"，最大限度地消除因决策失误、执行不当而引发的社会矛盾，实现保发展与保稳定的有机统一。三是扎实推进突发事件应急处置工作。根据全省各州、市、县划分的重点区域分层分级建立应急预案的要求，健全和完善各类突发事件的应急处置工作机制，明确应急处置工作职责和具体分工，按照实战性要求，开展以处置寺院、学校、人口密集地段、公共场所突发事件为重点的应急处置预案演练活动，切实提高基层单位在第一时间处置第一现场的能力。

（四）全面贯彻党的民族宗教政策，促进民族关系健康发展

党的民族宗教政策是我们不断推进民族团结进步事业发展的根本保证。历史经验表明，只有认真贯彻党的民族宗教政策，才能促进平等、团结、互助、和谐的社会主义民族关系健康发展。一是广泛深入开展思想教育引导，对各级党政干部着重进行马克思主义民族观和党的民族宗教政策、法律法规教育，使他们学会用马克思主义民族观、宗教观的立场和方法观察和处理问题。对各族群众，要宣传和落实党的民族宗教政策，强化民族平等团结互助和谐意识，使各族群众树立民族平等的观念，相互尊重对方的文化、传统。培养各族群众法制意识、公民意识，不断增强各族群众对伟大祖国、中华民族、中华文化和中国特色社会主义道路的认同，巩固社会和谐稳定的共同思想基础。二是积极引

导宗教与社会主义社会相适应。既要抑制宗教中的消极因素，又要调动其积极因素为社会发展和稳定服务，创造更为宽松的政治环境，鼓励和支持宗教界对相关教义、教理和主张做出新的解释，多做善行善举，弃恶扬善，从事公益和慈善活动。三是认真贯彻党的民族政策，坚持和完善民族区域自治制度，保障民族自治地方依法行使自治权，根据实际不断完善自治条例和单行条例，推进维护民族团结、资源开发、生态补偿、少数民族权益保障、民族文化传承与保护等方面的立法和政策制定，指导民族地区依法订立具有民族特色的村规民约。加强少数民族人才队伍建设，依法加强宗教管理，积极引导宗教与社会主义社会相适应。

（五）切实保障和改善民生，稳固民族团结进步的核心支撑

一是进一步健全"政策保障、就业服务、创业扶持"三位一体工作机制，完善促进创业就业的政策体系。加强创业服务平台建设和公共就业服务能力建设，加大就业技能培训力度，采取政策扶持、教育引导、完善服务、优化环境等措施，深入推进全民创业计划和收入倍增计划，统筹推进高校毕业生、生态移民、库区移民、退役人员、城镇就业困难群体和农民工就业，多渠道开发就业岗位，为城乡劳动者就地就近转移就业创造条件。二是大力推进扶贫开发。坚持专项扶贫、行业扶贫、社会扶贫和援建扶贫相结合，大力实施整村推进、易地扶贫、产业扶贫、转移培训等扶贫项目。三是完善社会保障体系。健全完善城乡养老保险制度、城乡最低生活保障制度，落实优抚对象抚恤优待政策。稳步推进养老、医疗、失业、工伤、生育保险等社会保障提标扩面，努力实现城乡社会保障全覆盖。健全完善以最低生活保障为基础，医疗、教育、住房、扶贫开发等各项制度联动的广覆盖、多层次的社会救助体系，最终实现"学有所教、劳有所得、病有所医、老有所养、住有所居"的目标。

（六）加强和创新民族地区社会管理，着力夯实基层基础

一是推进平安青海建设。深刻认识新时期平安建设的丰富内涵，研究制定深化平安青海建设的总体方案、指标体系、实施步骤和考核标准，不断加大典型经验的整合和推广力度，切实把"点"上形成的分散经验提升为推动"面"

上工作的具体做法，全力构建"大平安"建设体系，着力从政治稳定、社会安定、经济安全及平安文化建设等方面推进平安建设，努力提高平安建设整体水平。二是强化社会管理信息化建设。全力抓好全省社会管理信息化建设工作的顶层设计和整体规划工作，制定出台社会管理信息化实施方案，统一技术标准，强化资金保障，整合资源力量，允分利用信息化手段，积极构建省、州（市）、县、乡镇、村（社区）四级网格化、广覆盖的公共服务信息化平台，推进"网格化管理、精细化服务"管理模式向纵深发展，有效提升青海社会管理能力和公共服务水平。三是规范基层社会服务管理工作。建立全省"三种类型四个层级"社会管理服务模式，将学校、寺院作为特殊类型，纳入"五种类型四个层级"社会管理服务模式，在不同类型、不同层级推广有特色的示范和典型，总结社会管理服务方面形成的好做法、好经验，提升全省社会管理服务工作的质量和水平。四是完善少数民族流动人口权益保障体系建设。全面建立城镇街道、社区民族工作管理服务机制。积极搭建社区民族事务管理服务平台，强化城乡社区自治和服务功能，为各族群众提供更多沟通、理解、合作、互助的机会，促进社区不同民族间的交流交往。依法维护少数民族的合法权益，帮助解决少数民族在就业、生活中存在的实际困难。

（七）加强少数民族干部队伍建设，为推动民族地区加快发展提供组织保障

一是加强干部队伍的思想建设。把创建民族团结进步先进区与深入开展"为民务实清廉"为主题的群众路线教育实践活动结合起来，坚持不懈地抓好理想信念教育，加强马克思主义民族观、宗教观和党的民族宗教政策教育，着力解决干部信念动摇、作风不实、能力素质较低的问题。二是完善干部队伍的组织建设。把握新时期民族地区发展稳定的新规律，着眼民族团结进步的大局，坚持五湖四海、任人唯贤，坚持德才兼备、以德为先，把政治标准放在首位，完善干部"德"的考核办法，加大平时考核，坚持在反分裂斗争、完成重大任务、应对突发事件中培养、考察和使用干部，努力造就一支信念坚定、为民服务、勤政务实、敢于担当、清正廉洁和适应民族地区发展稳定的执政骨干队伍。三是培养干部的能力建设。突出民族地区的特殊性，分级、分类开展干部教育培训，加强干部交流和各个层面的挂职锻炼，丰富工作经验，着力提高各级干部履行岗位职责的能力、管理社会事务的能力、处理复杂问题的能力、做好群众工作和民族宗教工作的能力。四是强化干部队伍的作风建设。坚持群众路线，完善干部直接联系群众制度，倾听民意、集中民智，积极主动回应群众呼声，切实为群众排忧解难。加强对干部的从严管理，有效解决"慵、懒、散"及不作为、乱作为和损害群众利益的问题。大力弘扬真干、实干、苦干、快干的精神，引导各级干部团结干事、激情干事、踏实干事，提高干部队伍的政策执行力。

B.20

加快推进青海"新四化"同步
发展的路径与对策建议

青海省社会科学院课题组*

摘　要：

本文通过分析青海在推进新型工业化、信息化、城镇化与农业现代化发展过程中面临的矛盾和问题，提出了青海推进"新四化"同步发展的主要路径，并从加快改革开放、建立发展协调机制、加强产业园区建设、加大通信设施建设力度、统筹城乡发展、夯实现代农业发展基础等方面提出了对策建议。

关键词：

"新四化"　同步发展　路径　对策建议

党的十八大关于全面建成小康社会的目标明确提出，要基本实现工业化，大幅提升信息化水平，明显提高城镇化质量，使农业现代化和社会主义新农村建设成效显著，区域协调发展机制基本形成。通过推动信息化和工业化深度融合、工业化和城镇化良性互动、城镇化和农业现代化相互协调，促进工业化、信息化、城镇化、农业现代化同步发展。"新四化"的战略重点从强调发展目标转向注重发展路径，发展理念从"以物为主"向"以人为本"转变，

---

* 课题组成员：孙发平，青海省社会科学院副院长、研究员，研究方向：区域经济；丁忠兵，青海省社会科学院经济研究所副所长、研究员，研究方向：农村经济；朱华，青海省社会科学院经济研究所研究员，研究方向：农村经济；杨军，青海省社会科学院科研处副研究员，研究方向：区域经济；沈玉萍，青海省社会科学院文史研究所助理研究员，研究方向：社会历史；朱学海，青海省社会科学院社会学研究所助理研究员，研究方向：社会学；刘傲洋，青海省社会科学院《青海社会科学》编辑部副研究员，研究方向：城市经济。

"四化"关系从相互独立向融合集成、相辅相成转变,是加快转变经济发展方式的重要着力点,是关系我国发展全局的重大战略抉择。当前,青海经济发展正处于由粗放型向集约型、掠夺型向节约型、短期型向持续型根本转变的关键时期,要实现青海"新四化"同步发展的战略任务,必须从青海独特的生态地位、资源优势和可持续发展角度出发,积极探索推进"新四化"同步发展的主要路径,为青海在整体上与全国同步建成全面小康社会奠定坚实的基础。

一 青海推进"新四化"发展面临的矛盾和问题

近年来,青海以科学发展观为指导,加快转变经济发展方式,着力推动全省新型工业化、信息化、城镇化与农业现代化发展,取得了扎实成效。但由于受区位条件、经济基础、人才、技术等多方面因素的制约,青海在推进"新四化"发展过程中面临不少矛盾和问题,亟待深入研究并加以破解。

第一,传统产业比重过高,工业发展面临的资源、环境约束力加剧,长期以来依靠高资源消耗、高能源消耗、高污染和低产出、低效益的工业发展道路已难以为继。青海能矿资源富集,是发展工业的重要依托。传统工业基本上是建立在对不可再生矿产资源的开采上,经济发展中的主导产业主要是围绕能源和原材料产业建立起来的,经过几十年粗放型资源开采,已使多种矿产资源面临枯竭,资源环境约束加剧。重工业占比高,轻重工业比例失调,从资源和环境容量看,长期以来依靠高资源消耗、高能源消耗、高污染和低产出、低效益的工业发展道路已难以为继。

第二,科技创新能力弱,资源节约和环境保护重大技术的研发还比较薄弱,产业、产品结构优化升级的关键生产工艺技术未能取得实质性突破,循环经济发展的诸多关键核心技术亟待攻克。青海工业企业科技创新能力不强,资源节约和环境保护重大技术的研发比较薄弱,科技开发推广应用体系还不够健全,先进适用的成熟技术推广应用亟待加强,制约资源循环开发利用进程以及产业、产品结构优化升级的关键生产工艺技术未能取得实质性突破。信息化与工业化融合慢,总体上还处于起步阶段。

第三，区域信息化发展不平衡，观念落后，信息化投入与业务应用不足，信息资源开发利用滞后，全社会的整体信息化仍处于较低水平。省内信息化发展不平衡，城市信息化发展水平相对较高，而非城市地区发展水平相对较低，全社会对信息化关注程度低、信息化意识不强，观念落后，在基础设施建设方面的投入仍然不足，公共信息服务的区域适应性较差；各行业和部门各自为政、分割拥有、独占信息资源，"碎片化"问题严重；重视硬件建设，轻视信息资源的应用，强调信息资源的拥有，忽视信息资源的共享，从而阻碍了信息资源的开发和利用，使信息化建设处于初级阶段。

第四，自然环境恶劣，经济结构不合理，中小城镇发展缺乏产业支撑，就业问题突出，城市新移民社会融入困难，城乡基本公共服务水平差距较大。由于自然环境恶劣，不少地方不具备城镇建设条件，难以在区域内形成一定规模的城镇集群，中小城镇缺乏产业支撑，二、三产业发展水平低，不能有效吸纳就业人口，影响了人口向城镇的集聚和集中，特别是一些少数民族群体，由于缺乏城市生活经验，适应城市生活方式成为重大难题，加之经济落后、历史欠账多、资金缺乏，实现城乡基本公共服务均等化仍面临很大困难，以户籍制度为核心的城乡二元结构没有得到根本改变，农牧民市民化问题成为城镇化发展的主要瓶颈。

第五，实现农业现代化基础薄弱，转变农牧业发展方式面临较大困难，农牧民增收渠道较窄。青海农牧业基础设施建设仍然薄弱，现代农牧业产业体系不健全。龙头企业规模小，市场竞争力弱，带动能力不强；农畜产品加工转化率低，缺乏精深加工，农牧业生产性服务业发展滞后；乡镇农技推广体系体制不顺、服务不到位问题突出，关键技术研发能力弱，科技成果转化率低；产业化经营中与农牧民的利益联结不紧密，农牧民原始积累少，可支配的财产性资本不足，缺乏有效的财产性增收手段，增收渠道较窄。

二 青海推进新型工业化、信息化、城镇化与农业现代化的路径探讨

青海是我国重要的生态功能区、多民族聚居区和资源富集区，紧密结合青

海省情特点和发展定位探索推进新型工业化、信息化、城镇化与农业现代化的主要路径，对青海转变经济发展方式具有重要的战略意义。

（一）着力调整产业结构，大力推进企业技术改造和创新

1. 发挥园区聚集组合优势，增强园区发展活力

工业园区是推动工业化、城市化的重要载体，是特色和优势产业发展的主阵地以及全省工业经济提速增效的重要增长极，应进一步加强基础设施建设，完善管理体制，提升配套服务能力，增强园区的发展活力，引导企业向工业园区集中，注重发挥园区的聚集组合优势，全面促进工业结构优化升级。

2. 大力培育发展新兴产业，调整产品结构，培植新的工业增长点

把新材料、先进制造业、生物医药和节能及资源综合利用等作为青海培育发展战略性新兴产业的重点领域。以培育产业集群为重点，提高支柱产业的集约化发展水平。加快自主知识产权和自主品牌的培育，努力形成"唯我独有、唯我独优、唯我独强"的特色品牌和具有鲜明特色的区域品牌，以品牌带动特色优势产业加快发展。以培育一批大企业、大集团为核心，增强特色优势产业的辐射带动作用，重点培育具有较强市场竞争力和成长性的大型企业集团，推动龙头企业上市。通过技术改造和新上产业链项目，加大链条延伸力度，培育终端产品产业链，促进企业产品向上下游延伸，尤其要向产业链高端环节、高附加值环节延伸，培育盐湖化工、油气化工、金属冶炼、煤炭综合利用、新能源、新材料、特色生物七大主导产业链，加快发展低能耗、低排放的新兴产业，加快推进新型工业化进程。

3. 大力推进企业技术改造和创新，推动传统优势产业转型升级

重视技术创新，实现传统产业与高新技术的对接，增强产业和产品的竞争能力。突出科学技术的先导作用，用高新技术和先进适用技术武装和改进传统产业，在工业领域普遍推广应用进步、先进的科技成果，不断提高科学技术在经济增长中的贡献率，改善经济增长和工业化的质量和效益，切实转变经济增长方式。应特别强调用先进技术改造传统工业，从根本上改变初级产品比重大、产业链条短、产品附加值低、能源消耗高的状况，以此提高产品附加值和

资源利用效率。

4. 提升以能源资源为优势的原材料工业

在现有能源资源开发基础上，通过资源产品深加工和可再生能源的充分利用，积极发展原材料工业，不断延伸产业链，推进传统产业向高技术为主导的现代工业和新型服务业转移，提高产业技术层次。

（二）加快工业化与信息化深度融合，发展智能工业；大力推进社会信息化，建设智能城镇；健全道地特色农牧产品信息网，打造智能农牧业

1. 加大信息化基础建设，着力推进工业、社会信息化进度

青海信息化建设尚处在初始阶段，逐渐改善的经济状况和基础设施条件越来越有利于全省信息化目标的实现。应结合省情，通过促进企业生产经营各环节中信息技术的渗透，改善生产工艺，提高管控水平，推进信息化与工业化融合；加大通信基础设施建设，强化信息交换条件，缩小城乡信息鸿沟，推进社会公共服务均等化，推进全省社会事业信息化；完善农畜产品的生产现代化、农业服务体系现代化，深化信息技术的推广应用；强化信息化发展要素，积极培育具有青海特色的信息化下游产业，引导电子商务和服务业同步发展，改善全省的生产关系和生产效率，不断满足可持续发展要求，推进信息化发展并促进其他"三化"高速发展。

2. 加快工业化与信息化深度融合，发展智能工业

重点支持省级工业集群园区，提高园区企业的"两化"融合水平，带动全省各类企业智能化转变和绿色发展，实现信息技术在设计研发方面的全面渗透，利用信息化手段改造传统工艺和生产流程，提高生产装备的信息化水平，普及和推广智能物流销售网络，推进企业管理信息系统的标准化和综合集成。着力提高能源、化工等高能耗、高污染企业的生产效率和能源综合利用率，促进资源综合循环利用，减少污染排放，抓好各环节的信息技术改造，以信息化推进节能减排，推动绿色发展，促进"两化"深度融合。

3. 大力推进社会信息化，建设智能城镇

重点支持贫困、边远地区中小学接入远程教育系统，建立全省教育信息资源信息库与有效的资源共享机制，构建公共信息资源服务体系，推进文化信息资源共享工程，进一步提高全省网络文化的建设和管理，加强互联网对外宣传的力度。

整合建立全省卫生系统信息综合应用平台，深化信息技术在医疗救治、疫情监测、公共卫生系统等领域的应用，依靠高校、科研单位开发利用中藏医药信息资源，提高信息成果的转化率。建立全省城乡低保、残障信息网络体系，建立农村社会保险系统，完善医疗保险系统，整合各类劳动力市场信息资源，建立统一的劳动力信息综合应用平台，为就业、再就业提供优良的跟踪服务。以信息化手段逐步建立在环保、农业、林业、水利、气象等领域的自动化监测体系，实现对环境数据的共享和利用，提高信息技术在生态保护领域的应用，提升对三江源、环青海湖等生态保护区的监测、管控能力。推进城镇信息化，加大城市地理信息系统基础数据平台在城市建设和管理中的应用，加快推进城市公共信息平台的集成建设，实现城市管理的网络化、智能化，依托社区网络宽带的基础设施资源，整合社区物业、卫生、家政、社会保障、教育、娱乐等服务资源，建立针对社区的综合信息服务平台。充分依靠现有安全管理平台和管理部门的电子政务网络、互联网等信息基础设施，实现电子政务建设与社会信息化同步发展，通过建立健全涉密信息系统与非涉密信息系统之间的协调机制来推动信息共享进程。

4. 健全道地特色农牧产品信息网，打造智能农牧业

以新农村、新牧区建设带动农牧业信息化。加强全省农牧产品地理标志申报与商标信息注册工作，逐步建立健全省农牧产品跟踪及追溯系统。推动农业信息服务社会化，尽快建成农牧信息数据库和公共服务平台，与省内农牧领域的科研院所、相关部门联合，建立农业知识、地方农业情报、特色农业信息的数据库和互联网咨询平台；与州、地的各类农牧合作社、涉农企业合作，整合各类农牧产品的市场信息资源，促进农牧产品在互联网上的交易和推介，构建覆盖全省的现代农牧产品信息服务体系。

5. 强化信息化发展要素，促进服务业信息化与电子商务

积极培育具有青海特色的信息下游产业，引导电子商务和服务业同步发

展。引导扶持建立信息化咨询服务企业，提高旅游景点和沿线信息化服务以及信息化推介程度，强化青海文化元素、产品的外向型渗透。推进交通运输和现代物流信息化，逐步实现全省水、陆、空的交通信息资源和物流信息资源的整合应用，实现企业间信息资源的集成和共享。

（三）着力提升城镇化质量，改善民生，推动多民族地区社会转型

1. 注重城镇发展规划，加快城镇基础设施和公共服务设施建设

以城镇发展规划为先导，加大基础设施建设投入力度，加强"四区两带一线"布局建设，走符合青海实际的城镇化之路。青海地处青藏高原腹地，生态环境恶劣且脆弱，大规模城镇化开发易导致自然环境恶化。因此，在城镇化过程中应该合理规划，注重区域差异，控制大城市规模与数量，着重发展中小城镇和集镇，使大中小城镇优势互补、协调发展。加大城镇基础设施和公共服务设施建设，努力克服自然环境带来的不利影响，提高城镇公共服务水平和能力。坚持重大基础设施、公共服务设施先行，加快城镇道路、电力等基础设施建设，完善城乡教育、医疗卫生等公共服务设施建设，强化城市生态设施建设，提升城镇综合承载能力。强化"四区两带一线"布局建设，突出不同区域城镇的差异化发展路径，避免功能雷同和重复建设，实现不同城镇之间经济社会发展的功能协调。

2. 调整产业结构，转变经济发展方式，走特色城镇化之路

全省区域内经济及产业结构不合理是阻碍青海城镇化进程的重要原因。因此，应以循环经济先行区建设为契机，调整一、二、三产业的空间分布和在国民经济中的比重，建立不同区域、不同产业间的互补联动机制，优化产业结构，提升经济社会整体发展质量。以转变经济发展方式为契机，加大生态文明先行区建设力度，在城镇建设中鼓励、提倡使用环保技术，积极发展与高科技相关的二、三产业，推动生态功能区绿色发展，促进经济社会发展转型升级。充分开发开放区域与民族文化等特色资源，加快民族文化特色产业发展，着力打造具有一定影响力的特色产业，为中小城镇发展提供产业支撑。

3. 推进户籍制度改革，统筹城乡发展，着力提升城镇化质量

传统户籍制度不仅限制了城乡间劳动力的自由流动，而且造成了城镇人口与非城镇人口公共服务的不平等，加剧了城乡差距。因此，要以户籍制度改革为突破口，通过制度创新逐步取消传统户籍管理制度，推进城乡一体化发展。加大资金投入，促进城乡居民在医疗、教育等基本公共服务方面的均等化，鼓励将符合条件者纳入城镇住房保障体系，使其享有平等权益，加快城市新移民社会融入步伐。以民族团结进步先进区建设为契机，提高城镇社会管理与服务水平，促进少数民族社会转型，推动民族特色城镇发展。加大就业问题解决力度，建立健全城乡统一的公平就业制度，加强职业技术教育，改善就业人口素质，提高城镇人口聚集度。

（四）加强农牧业基础设施建设，创新经营模式；加快实施农牧业结构战略性调整，建立现代农牧业发展体系，走出一条具有高原特色的现代农业发展之路

1. 加强农牧业基础设施建设，夯实现代农业发展基础

青海要实现农业现代化，必须加大农牧业基础设施建设力度，实现由靠天吃饭向提高物质技术装备水平转变，提高农牧业防灾减灾能力，力争农牧业基础设施能够满足现代化的要求。重点加强三个方面的建设，一是以人畜饮水、骨干工程、灌区建设为重点，推进水利基础设施建设，改善农牧业基础设施条件。二是加大基本农田、中低产田改造力度，把高标准农田建设作为转变农牧业发展方式的基础。三是加大牲畜暖棚、日光节能温室及贮草设施等建设力度，大力发展减灾避灾农业。

2. 创新经营模式，建立和完善现代农牧业发展体系

创新经营模式，加快推进农牧业结构的战略性调整，建立现代农牧业产业体系，是现代农业建设的基本点。一是优化结构，加快特色农牧业基地建设。依据农牧业自然资源状况、经济发展水平、市场需求以及农牧业长期发展形成的产业基础等因素，突出调整产业和产品结构两个重点，合理调整农牧业结构，发展生态农牧业。通过建立河湟谷地特色农牧业生产基地，柴达木盆地特色农业生产基地，环青海湖地区的细毛、半细毛、优质羊肉生产基地，青南地

区以牦牛肉、藏羊毛、藏羊肉为主的生产基地等，实现粗放经营向集约经营的转变，并由此实现区域经济发展。二是大力发展农畜产品的精深加工业，加快产业化发展水平。针对丰富的牦牛与藏系羊资源、藏药资源和独特的种植业资源，以产业政策和市场为导向，有针对性地开展科学研究工作，建立农畜产品及中藏药的精深加工产业，提升产品档次、打造优势品牌，提高产品的市场竞争力，提高综合效益。三是加强农畜产品质量安全体系建设，加速农牧业的标准化建设，建立农业标准体系、农业质量监测体系和农产品评价认证体系。

3. 重视专业合作组织的规范发展，强化合作组织的功能作用

大力发展各种形式的农村经济合作组织，提高农牧民的组织化程度，强化已有的农村经济合作组织的作用。一是鼓励政策性金融机构采取多种形式为农牧业专业合作社提供金融服务，提高农业组织化程度，通过专业合作组织带领农牧民走农牧业产业化发展道路。二是在建立健全土地经营权流转机制、推动集约化发展过程中，充分发挥专业合作组织的作用，鼓励龙头企业与专业合作社的深度融合。要建立健全土地经营权流转机制，完善相关法律法规，鼓励农牧户通过转包、租赁、互换、入股等形式推进流转；允许和动员农牧户以土地、草场经营权入股组建农牧民专业合作社，为实现规模化、集约化经营奠定基础。

4. 拓宽科技研究领域，提高科技成果转化率

调整和优化农牧业产业结构离不开科技支撑作用，要加强政府部门对农村牧区科技的投入力度，创新农业科技投融资渠道，建立多元化的农牧业投入体系。组织专家攻克一批设施农牧业、标准化生产、生态畜牧业、特色农业、农畜产品加工等重大关键技术。加大对基层农技推广体系改革与建设的支持力度，培育以农牧业科技推广、农村牧区科技成果转化、信息服务、农牧民技术培训等为主要内容的多元化的新型农村科技推广服务体系，为加快区域科技发展及成果推广应用、建立现代农业科技创新体系、提高科技创新能力和竞争力奠定良好的基础。

三 青海加快推进"新四化"同步发展的对策建议

新型工业化、信息化、城镇化和农业现代化是青海加快转变方式、实现

"两新"目标的重要着力点，也是一项复杂而艰巨的系统工程，需要各方面高度重视，协调推进。

（一）加快改革开放步伐，增强"新四化"同步发展的内在动力

一是要进一步深化行政管理体制改革，完善政府考核机制。要按照青海在全国的主体功能定位，积极争取中央降低对青海经济增长的目标要求，加大对青海的财政转移支付力度，推动青海各级政府将工作重心放在保护生态和改善民生上，减少政府对土地财政和传统工业项目的过度依赖，促进全省工业加快转型及与城镇化、农业现代化的协调发展。二是积极减政放权，激发市场活力。政府要意识到自身在把握宏观经济形势和进行宏观调控方面的局限性，减少指令性政策，增加指导性政策，力争为全社会创造一个相对稳定的政策环境，推动各市场主体根据市场信号和政府政策信号自主进行微观决策，充分发挥市场机制在推动"新四化"同步发展中的决定性作用，及时填补发展中的短板或洼地。三是进一步扩大开放，积极融入丝绸之路经济带建设，拓展"四化"同步发展的空间。要加强青海与西南、西北地区交通基础设施的互联互通，支持青海特色工业、特色农业积极开拓西部和中亚市场。要加强战略谋划，积极争取国家及相关省区将青海纳入丝绸之路经济带建设规划之中，充分发挥国家战略的号召力和影响力，吸引全国生产要素聚集青海，提升青海"新四化"同步发展的质量和水平。

（二）探索建立"新四化"同步发展协调机制，统筹土地资源配置

一是要充分发挥发展改革部门的综合协调职能，加强对新型工业化、信息化、城镇化与农业现代化进程的监测监控，及时发现"新四化"中的短板，及时制定出台相关政策和实施一些重大项目扶持弱项加快发展。二是住房和城乡建设部门要在城乡建设规划中将工业项目、信息化项目、城镇基础设施项目、现代农业项目统筹考虑，确保农牧民在城镇化过程中的就业、住房、出行、基本公共服务、农副产品供给等问题都得到解决，提高城镇化质量。三是交通部门与城乡建设部门、市政部门应通力协作，优化城乡路网结构，不断改善工业、农业和城乡居民出行的交通条件，为"新四化"同步发展创造有利

的硬件环境。四是要高度重视农业生产的基础地位，确保基本农田面积不减少、质量不下降。工业和城镇建设新增用地要尽可能减少对川水地区基本农田的侵占，严格执行占补平衡、先补后征等土地管理制度，加快黄河谷地百万亩良田开发整理项目施工进度，夯实青海"菜篮子"工程基础。五是改革和完善工业和建设用地土地征用政策，在城市规划中将旧城、旧厂改造放在优先位置，将盘活存量土地资源与新征土地规模挂钩，确保工业和城市建设集约、节约用地。

（三）着力加强西宁、柴达木工业园区建设，推动国家循环经济发展先行区建设取得扎实成效

一是切实改善条件，强化园区建设。进一步完善园区基础设施配套建设，创新机制体制，增强服务功能，提高园区的发展能力、承载能力、配套能力、服务能力和创新能力，充分发挥园区对产业的集聚效应，使园区成为调整产业结构、发展战略性新兴产业的有效平台，加速形成产业集群，带动经济发展。二是切实转变发展方式，发展清洁型产业，延长产业链，提高能源、原材料等资源的采收率和利用率，降低资源能源消耗，限制和禁止发展高污染、高排放的产业，促进资源开发向产业化、集约化和精细化方向转变。创新和推广节约、替代、循环开发利用资源和治理污染的先进适用新技术、新工艺、新设备，最大限度地提取资源中的有效成分，做到循环利用、物尽其用。从财政、金融、税收、价格等方面采取支持、补贴的政策，激励企业发展循环经济。三是坚持以新型工业化为主导。新型工业化是提升产业竞争力、转变经济发展方式的必由之路。坚持项目带动、总量扩张与优化结构、提升水平并举，加快壮大战略性新兴产业，提高自主创新能力，提升工业竞争力。坚持以城镇化带动工业化，以工业化促进城镇化，走出一条符合青海实际的新型工业化道路。

（四）加大通信设施的基础建设，促进信息化与新型工业化、城镇化、农业现代化融合发展

一是加快通信、广播电视网的改造升级，加强宽带网和下一代互联网等信

息基础设施建设，扩大城市以外的宽带覆盖面。加大农村牧区通信设施建设力度，利用移动通信技术解决偏远地区"最后一公里"的问题，不断提升网络的服务能力和通信终端的应用普及程度。二是加强信息资源建设和监管力度，创造好的信息化发展环境。面向智能移动终端积极开发农业、资源、环境、科技、教育、文化、卫生、就业、交通、旅游、社会保障等信息应用平台。对已建成的信息资源库定期开展民调和评估，提升信息资源成果的共享化和利用率。制定有利于信息化的投资、信贷、财税、价格、管理、标准等政策和法规条例，并且鼓励企业、公众和其他组织开发信息资源，开展公益性信息服务。三是抓紧建立道地特色农牧产品信息网。抓紧梳理全省农牧产品、特色民族用品、工艺制品、矿物产品等资源，加强全省地理标志申报与商标信息注册工作，逐步建立健全全省农牧等产品跟踪及追溯系统。四是开展青海文化元素、产品的外向型渗透工程。抓紧梳理全省具有代表性的地理名称、历史人物、景点、动植物、小吃、特色农牧产品、少数民族用品、工艺制品、文艺作品、矿产等作为信息化建设外向渗透的符号标志，通过电商游戏、旅游纪念品、门户网站、公益广告等渗透宣传方式刺激网络文化的下游产业，延长全省信息化下游产业的产业链。

（五）统筹城乡发展，着力提高城镇化质量

一是强化新型城镇化支撑作用。要以新型城镇化为契机，充分发挥城镇化对经济社会发展的支撑作用，破除城乡二元结构，倒逼经济发展方式转变。因此，必须把加快新型城镇化作为推动青海经济社会发展的重大战略来抓。强化中心城市带动作用，优先发展西宁、格尔木等区域性中心城市；根据自然环境、民族特色等实际情况，发展壮大藏区生态型、民族特色县城和中心镇，优化城市发展空间布局，形成功能互补、协调发展的现代城镇体系。以户籍制度改革为突破口，加快城乡统筹发展步伐，积极引导农牧区人口向城镇转移聚集。加大资金投入力度，提高城乡居民社会保障水平，推动基本公共服务均等化发展，缩小城乡差距。二是全方位推动城乡一体化。推动城乡一体化要以制度创新为先导，切实打破阻碍城乡一体化的制度障碍。要切实加强户籍管理制度、城乡就业制度、住房制度、教育制度、医疗制度、社会管理制度等的改革

与创新，破除影响城乡一体化的制度障碍，加快推进城乡一体化进程。加强城乡统筹规划，结合土地利用总体规划、城镇建设规划和主体功能区规划，加强对重点区域、重点流域的规划工作，构建无缝隙的城乡规划体系。加强城镇体系规划与村镇体系规划的有机衔接，加强配套设施建设，优化农牧区产业结构，探索城乡统一规划、统一建设、统一管理的新机制。三是有序推进农民市民化进程。坚持依法自愿原则，鼓励农村居民进入城镇购房、建房和向中心镇、村集中居住，尊重农民的土地流转主体地位，对于愿意放弃宅基地和土地承包经营权的农村居民，可以申请廉租房或购买经济适用房，或者以宅基地换取城镇住房、以土地承包经营权入股或换取社会保障，并给予一定的奖励和经济补偿，同时在其子女就近入学、参军、就业、最低生活保障、养老保险等方面享受同市民同等的待遇。

（六）加大农业基础设施建设和研发投入，夯实现代农业发展基础

一是建立多层次、多渠道、多形式的现代农业资金投入渠道。要做好项目前期工作，建立健全项目库，加强项目实施监测和分析工作。把项目投资与财政专项结合起来，提高资金使用效率，全面强化公共服务手段。要加大农牧业招商引资力度，为发展特色农牧业提供资金保障。要加快创新农村牧区金融服务体系，加强金融支持，创新担保责任主体，构建投融资平台，制定优惠政策，吸引社会和个人资金，积极利用外资，形成多元化的投入机制，着力在现代农业建设资金匮乏上实现突破。二是实施好科教兴农战略，不断提高农业科技含量。科技支撑是发展现代农业的重要保障。要充分发挥大专院校和科研单位的作用，做好重大农牧业科技项目攻关，加快科技成果的产业化和商品化，提高科技对农业增长的贡献率。进一步完善农牧民培训机制，各地政府应加强农业技术的培训活动，推广科技下乡、农业技术培训、免费再教育、夜校及远程教育等方式的农村科学技术教育活动，增加农民受教育比重，培育现代化农民。做好相关农牧民的培训，使农民能在实践过程中学习，能快速地提高相关从业农牧民的技术水平。三是切实加强对农业现代化工作的领导。农业现代化是一个不断探索、逐步完善、发展提高的实践过程，必须加强领导，有组织、有步骤地推进。要结合各地实际，确立实现农业现代化的目标及政策，做好地

区农业现代化发展规划,并做好实施计划。要切实改变领导作风,深入基层,加强调查研究,开展农业现代化试点,以点带面,总结推广先进经验。要鼓励基层干部和群众大胆实践,积极探索,加快现代化的实现步伐。

参考文献

工信部:《2013 年 1 ~ 7 月软件和信息技术服务业主要经济指标完成情况》。

工信部:《2013 年 1 ~ 7 月电子信息产业固定资产投资分省市完成情况》。

孙发平等:《青海转变经济发展方式研究》,青海人民出版社,2008。

孙瑞玲:《现代农业建设的路径与模式研究》,中国时代经济出版社,2008。

现阶段青海的发展矛盾与实现
"改革红利" 问题研究

青海省社会科学院课题组*

摘　要：

青海现代发展历程也是理论建构、价值重塑和制度改革过程中改革红利的释放过程。当前，青海正处于经济与社会"双转型"的关键时期，要解决发展中的主要矛盾和问题，进一步增强发展活力，改革是唯一出路。本文围绕党的十八届三中全会就全面深化改革提出的指导思想、总体目标、重大任务，结合青海省情实际，深入分析了目前青海发展面临的主要矛盾及其表现，理性阐释了破解发展矛盾实现"改革红利"的路径选择及对策建议。

关键词：

青海　发展矛盾　改革红利　路径建议

不同发展阶段决定了不同的经济社会发展结构和水平，以及需要解决的主要矛盾。主要矛盾既是一个区域良性发展的内在压力，也是内在动力。纵观青海现代发展历程，经历了"三线"建设的启动期、改革开放的要素优化配置

---

* 课题组成员：苏海红，青海省社会科学院副院长、研究员，研究方向：区域经济；丁忠兵，青海省社会科学院经济研究所副所长、研究员，研究方向：农村经济；鲁顺元，青海省社会科学院科研管理处副处长、研究员，研究方向：民族社会学；鄂崇荣，青海省社会科学院民族宗教研究所副所长、研究员，研究方向：宗教人类学；参看加，青海省社会科学院民族宗教研究所副研究员，研究方向：宗教社会学；德青措，青海省社会科学院经济研究所研究实习员，研究方向：民族经济。

期和西部大开发以来的快速发展期，通过发展理论的建构、价值的重塑和制度的改革，释放了巨大的改革红利，取得了不同发展阶段在关键领域和关键环节中的新突破，实现了生产力的解放、生产效率的提高和物质财富的增长。当前全面深化改革不仅决定未来中国命运，而且成为新时期推动青海经济社会全面发展的根本动力。

当前，青海正处于经济与社会"双转型"的关键时期，尽管发展逐步进入又好又快的新阶段，但发展中不平衡、不协调、不可持续问题还比较突出，经济发展活力仍显不足，民生改善和生态保护任务繁重，社会矛盾和风险增多，实现与全国同步建成小康社会目标还有一定压力。党的十八届三中全会面对发展的新形势、新问题和新要求，就全面深化改革的指导思想、总体目标、重大任务和时间表做出了系统部署。如何抓住全面深化改革的机遇，在错综复杂的经济社会矛盾中着力解决主要矛盾；如何顺应广大人民群众的殷切期盼，推动经济持续健康发展，促进社会和谐稳定，构筑国家生态安全屏障；如何研究和推进青海深化改革的顶层设计，通过"改革红利"进一步激发内在活力，是当前青海科学发展亟待深入研究的重大理论和实践课题。

一 现阶段青海发展面临的主要矛盾及其表现

青海刚刚迈入工业化中期阶段，发展水平尚处于社会主义初级阶段较低层次，加之地理区位局限和历史传统影响，青海集中了欠发达地区、民族地区、生态重要且脆弱地区的所有困难和问题，十八届三中全会阐释我国"三个没有变"的国情在青海有着更深刻的反映，面临着资源开发与环境保护、经济增长与社会稳定、文化多样性保护与主流文化统领等诸多经济、政治、文化、社会、生态发展中的现实矛盾，可以说，改革发展中的一般性矛盾和特殊性矛盾在青海共存。

（一）经济发展与生态保护、资源约束

青海既是我国重要的经济欠发达地区和民族聚居区，又是我国生态环境脆弱、生态地位重要的重点生态功能区，加快发展与保护生态、资源承载力有限

之间的矛盾较为突出。截至 2013 年，青海已建立 11 处自然保护区，其中国家级 6 处、省级 5 处，总面积达 21.8 万平方公里。"十二五"期间青海还将新建 2 处湿地自然保护区，保护面积将占全省国土总面积 31%，这个比例排在全国前列。由于生态环境较为脆弱，虽然青海资源丰富是全国重要的资源储备接续地，但矿产、草地等资源开发对生态环境的影响度较高，资源开发和经济发展将受到一定限制，加之缺乏技术支撑，以粗放型开发利用为主，开发草地、林业、耕地、渔业、矿产、水利资源过程中，面临环境承载力有限的困境。同时，资源分布结构不合理，人口最密集的西宁、海东、格尔木等地的水资源和土地资源短缺，使得全省在经济发展与生态保护、资源约束之间的矛盾突出。

（二）经济持续增长与产业转型升级

青海经济总量小，产业层次偏低，产业结构不合理，资源性的重工业比重较高，轻工业和高新技术产业比重低，服务业发展滞后，受传统粗放型经济增长方式的惯性影响，传统产业产能过剩问题突出，节能减排压力较大。2012 年青海万元 GDP 能耗为 2.05 吨标准煤，远高于全国平均水平，调整产业结构、转变发展方式的任务十分艰巨。近年来，青海按照建设国家循环经济发展先行区的目标要求，坚持走低碳、绿色、集聚、循环的新型工业化道路，新能源等战略性新兴产业得到长足发展。但受国际经济形势的影响，多个重点产业发展随起伏动荡的国内外市场环境变化，出现企业效益下滑和行业性亏损，经济增长的竞争优势较弱，产业转型升级面临资金、技术、人才和市场等诸多挑战。加之，全国投资的宏观形势趋紧，依靠科技创新增效益方面尚缺乏大的突破，在稳增长与调结构的双重压力下，青海传统的投资拉动型经济增长方式已难以为继，经济持续增长与产业转型间的矛盾较为突出。

（三）跨越发展与改善民生

经济发展与改善民生相辅相成、相互促进。自西部大开发战略实施以来，青海坚持加快发展和转型，尽管综合经济实力跃上了新台阶，但经济基础薄弱，发展总量仍然偏小且发展效益不高。在经济总量上，青海仅占全国的 3‰左右；在人均国民生产总值数量和增长速度上，青海与全国平均水平近年来差距非但没有缩小，还在不断拉大，经济增长与人民日益增长的物质文化需求相比还有较大差距，跨越发展的形势十分严峻。同时，由于社会建设基础薄弱、历史欠账较多，又受自然环境、地方财力以及人口分布格局的制约，青海公共服务的种类相对较少，覆盖面小。加之改善民生成本高，尽管近年来实施了一系列"小财政、大民生"举措，使民生改善取得显著成效，但民生水平总体仍较低，改善民生的任务十分艰巨。为提高公共服务的供给能力，每年全省财政支出的70%以上用于改善民生，而经济要实现跨越发展，仍需保持较高的固定资产投资增速，以及技术等方面的投入力度，有限的地方财政既要改善民生又要加大发展投入，跨越发展的目标任务与亟待改善民生的现实需求之间的矛盾很明显。

（四）维护稳定与加快发展

稳定是发展的前提和基础，没有稳定的环境，发展只能是一种良好的愿望。同时，发展又是解决社会稳定问题的关键。青海地处青藏高原，南连西藏、西接新疆，既是全国主要的藏族聚居区和"藏独"分裂势力利用民族宗教进行渗透破坏的重点地区，又是多民族、多宗教地区，少数民族人口占总人口的47%，青海的社会稳定事关整个藏区和整个西北地区稳定的全局。维护社会稳定除了需解决好全国共性的一些社会问题外，还需要处理好各种民族宗教问题和抵御敌对势力利用民族宗教进行的渗透破坏活动，以及资源开发中各民族的利益共享问题。近年来，随着敌对势力利用民族宗教进行渗透破坏活动的加剧，青海部分藏区维护社会稳定的任务复杂而艰巨，地方政府绝大部分精力主要放在维护民族团结、宗教和顺及社会稳定方面，不仅分散了地方政府加快发展的精力，也在一定程度上干扰了党的富民惠民政策的贯彻落实，维护稳定和加快发展之间的矛盾较为突出。

（五）扩大城乡消费与居民收入偏低

近年来，扩大内需是我国保持经济平稳增长的一项重大战略举措，青海也通过实施一系列政策在改善民生、扩大城乡居民消费需求方面取得了显著成效。2012年，青海居民消费支出占生产总值的比重为31.01%。但由于经济基

础薄弱，经济增长主要依靠投资拉动，加之长期以来社会事业基础薄弱、历史欠账较多、基本公共服务供给能力不足、社会保障体系不健全、贫困面大且贫困程度深等，使城乡居民收入水平及其在国民收入分配中所占比重较低，不仅与全国平均收入水平相比差距越拉越大，也使消费拉动经济增长的作用非常有限。与此同时，城镇化进程缓慢，轻工业长期滞后，生产生活必需品主要靠外省调入而导致的高物价水平，未来要进一步通过扩大居民消费来拉动经济增长将面临较大困难，扩大城乡消费与居民收入水平偏低之间的矛盾不容忽视。

（六）区域城乡协调发展与社会流动性不足

党的十八届三中全会明确提出，要形成以工促农、以城带乡、工农互惠、城乡一体的新型工农城乡关系，让广大农民平等参与现代化进程、共同分享现代化成果。对青海来说，由于区域之间、农村牧区与城市之间的社会流动特别是人口流动不足，影响了不同区域和城乡间的协调发展。第六次人口普查和2010 年流动人口专项调查①显示，虽然青海流动人口规模不断扩大，但其结构性缺陷十分突出，人口省内流动数量较小且稳定性较差；流动人口主要集中分布在西宁市和海西州，占全省的 78%，而人口稠密的海东市流动人口仅占总人口的 10% 左右。流入城市的农村居民及其市民化数量增长，必然会受到城市资源供给能力的限制②。上述青海流动人口的结构性缺陷亦反映了这一规律，不仅说明青海区域之间的发展差距在进一步扩大，而且反映了农牧区社会发展滞后的状况。2012 年农村住户调查结果显示，全省农村住户用于交通和通信的支出为 283 元，较上年减少 59.4%；而城镇居民在这方面的支出费用达到 1550 元，较上年增长 19.8%，是农村住户类似支出的 5.48 倍。这一结果，客观反映了青海城乡人口流动的真实状况。显然，省域内流动人口对协调城乡发展、缩小区域发展差距很难产生较多的贡献。从城镇化水平看，2012年全省人口城镇化率为 47.44%，但由于全省人口基数小，总人口只有 573 万并长期处于人口机械迁出的状态，加之人口空间分布高度不均，即使城镇化率

---

① 王燕：《青海流动人口变化的趋势》，《中国统计》2012 年第 9 期。
② 王宏波、赵晓宇、段莉群：《城乡人口流动的单向性及其社会经济约束》，《哈尔滨工业大学学报》（社会科学版）2012 年第 3 期。

达到70%，城镇数量不再增加，平均每个城镇的人口规模仍不足3万。人口规模小和地广人稀均对城镇规模扩大、城乡一体化建设以及城镇规模经济效益与集聚效应的提高产生不利影响，区域城乡协调发展与社会流动性不足的矛盾仍然十分突出。

（七）和谐社会建设与管理创新能力不足

青海和谐社会建设不但要解决在担负起生态责任的前提下实现人与自然共生共荣的问题，还要解决不同利益群体特别是多样的族群文化之间的关系问题，更要解决面对不断加大的与东部地区发展差距而导致的个体甚至群体心理失衡、幸福感不断跌落的问题。近年来，青海采取了一些符合实际具有一定操作性的社会管理措施，如在寺院管理上，把藏传佛教寺院作为一个社会基层单元，纳入行政属地化管理，并采取各种政府基础设施建设项目进寺院、给予贫困寺僧特别的社会保障等富有成效的民生举措，使处置对待宗教问题的方式手段历史性地向前迈进了一大步。但整体看，由于青海农村牧区基层社会管理硬件条件十分薄弱，拮据的地方财政又很难对资金需求量较大的社会建设基础设施做出足量投入，加之受人员编制、信息流通等瓶颈掣肘，青海社会建设和社会管理还存在一些短期内很难克服的困难和问题，严重影响着管理效力和水平，存在着和谐社会建设与管理创新能力不足的矛盾。

（八）主流文化的主导性与传统文化的多样性

文化具有极强的渗透性、持久性，常以无形的意识、无形的观念深刻作用于人类生产生活和社会经济发展。青海特殊的自然和人文环境决定了青海文化即各民族语言文字、宗教信仰、生产方式、生活习俗呈现多样性、丰富性。随着世情、国情、党情继续发生深刻变化，各种思想观念多元多样多变，各种社会思潮舆论纷繁复杂，一些地区或群体过于强调文化差异和特色，而对文化共同性有所忽视。因此，在推进青海文化建设中一方面需强化主导、壮大主流，以社会主义核心价值体系引领社会思潮，不断巩固和壮大社会主义主流文化，打牢全省各族人民团结奋斗的共同思想道德基础；另一方面需要保护文化多样性、尊重和保护各民族传统文化。如何处理好传统与现代、一元与多元、先进

与落后、本土与外来，达到多元一体、多样共生，弥合文化差异，在多样性中立主导成为青海文化层面和顶层设计中不得不面对的矛盾。

（九）文化资源丰富与文化产业发展不足

青海历史文化、民族文化、宗教文化和当代文化资源十分丰富，地域特色十分鲜明，形成了以昆仑文化为主体的多元文化格局。近年来，青海依托丰富的文化资源，根据政府扶持、市场运作、融资推动原则，研究制定了文化产业发展规划，实施了重点文化产业带动项目，依托8个国家级文化产业示范基地和69个省级文化产业示范基地，初步形成了以工艺美术产业带动，演艺、艺术培训、音像制品、奇石等行业协调发展的特色浓郁、地域特点鲜明的文化产业。但总体而言，青海特色文化产业起步较晚，基础薄弱，文化产业的总体规模和水平与青海丰富的文化资源仍不相适应，束缚文化生产力发展的体制机制问题尚未根本解决。同时，文化产业发展中的金融支持不足、资金短缺，文化产业经营散且规模小，文化产品的科技含量低、创新能力不强，市场开拓不力，在全省国民经济中所占的份额还很小，青海丰富的文化资源优势不能很好地转化为文化产业优势，民族文化优势不能很好地转化为产业发展优势。

（十）生态文明建设与生产要素支撑不足

生态文明建设是个系统工程，需要一定的经济基础和生产要素条件，而青海近一半地域因生态保护和建设重任不考核 GDP，绝大多数区域以农牧业为主，工业相对落后，经济发展基础薄弱且水平较低，财政自给率较低，全省地方财政80%来自转移支付。2012年，全省地方一般预算收入占支出合计的比重仅为16.1%，其中，地处三江源地区的黄南州、海南州、果洛州、玉树州地方一般预算收入占支出合计的比重分别为3.6%、5.9%、3.2%、3.1%。为了加强生态环境保护和建设力度，探索建立以生态保护为重点、以改善民生为核心、以发展经济为基础的三江源生态补偿长效机制，目前仍处于起步阶段，面对庞大的生态文明建设工程，受自然环境和发展基础薄弱等的制约，人才、资金、技术、信息等作为重要的生产要素，在青海都较为匮乏，生态文明建设与地方财力支撑、要素支撑不足的矛盾仍很突出。

二 破解发展矛盾实现"改革红利"的路径选择

纵观当前青海经济社会发展面临的主要矛盾和困难，尽管有外部环境、客观条件及特定发展阶段等因素的作用，但从根本上来讲还是由于改革滞后、相关体制机制不完善、政府职能不到位及市场作用未能得到充分发挥。按照十八届三中全会提出的全面深化改革的总体思路，结合青海省情实际，破解当前青海发展矛盾的最根本路径就是进一步深化改革，激发内生增长动力，确保"改革红利"在全社会的公平分享和永续利用。

（一）依托行政管理体制改革，转变政府职能，处理好政府与市场的关系

政府是市场秩序的维护者和宏观调控的主导者，对地区经济持续健康发展起着举足轻重的作用。破解青海发展矛盾的难题，首先要围绕使市场在资源配置中起决定性作用，深化经济体制改革，科学定位政府职能，处理好政府与市场的关系，着力解决市场体系不完善、政府干预过多和监管不到位问题。一方面要深化行政审批制度改革，继续简政放权，减少政府对市场价格信号和微观经营主体的直接干预，推动资源配置依据市场规则、市场价格、市场竞争实现效益最大化和效率最优化，推动政府职能向提供优质公共服务、创造良好发展环境、维护社会公平正义转变。另一方面要加强宏观调控的科学性、有效性，保持宏观调控政策的前瞻性、连续性、稳定性，为市场主体创造一个稳定的、可预期的发展环境，让市场在产业结构调整升级及经济发展方式转变中发挥更加积极的作用。同时，根据中央在完善产权保护制度、建立公平开放透明的市场规则、健全宏观调控体系等方面的改革部署，明确青海相关领域的改革目标和任务，明确改革措施，推进改革进程。

（二）依托收入分配体制改革，调整利益格局，提高工资性收入在国民收入分配中的比重

制约当前青海经济发展的一个重要根源是国民收入分配结构不合理，民间

投资乏力，居民消费能力有限。对青海而言，一方面要根据中央的安排布置推进收入分配体制改革，逐步缩小不同群体、省内不同区域之间的收入差距；另一方面，要克服"青海总盘子小，分配体制改革不重要"的思想，把改革收入分配体制当成释放改革红利、激发发展动力的一项重要工作来加以推进。深化收入分配体制改革，首先要通过结构调整来开辟就业新领域，积极争取国家出台相关政策，普遍降低税率，扩大税基，清理不合理收费，减少政府在国民收入分配中的比重，增加企业和个人在国民收入分配中的比重，增强市场主体投资创业的动力和活力。其次要配套实施财政体制改革，减少政府在一般性产业领域的直接投资或奖励性资金支出，公共财政进一步优先投向民生领域，注重发展社会保险和职业福利，逐步提高全社会最低工资标准和社会保障水平，遏制收入差距的进一步扩大，维护社会公平。

（三）依托社会管理体制机制改革，夯实社会和谐发展的群众基础，促进民族团结、宗教和顺

扎实推进社会主义民主政治制度建设和法治青海建设，强化权力运行制约和监督体系，为社会管理创新及和谐青海建设奠定坚实的制度保障。改革和创新社会管理体制机制，加快构建党委领导、政府负责、社会协同、公众参与、法治保障的社会管理体制。一方面，加强社会管理领域的立法、执法工作，改革和完善社会管理机制，创新社会管理方式、方法，完善党和政府主导的利益协调、诉求表达、矛盾调处和权益保障机制，健全重大工程项目建设和重大政策制定的社会稳定风险评估机制；另一方面，重视城镇社区基础设施建设，全面推行城镇社区社会管理网格化模式，探索农村牧区社会管理有效途径，完善社会治安防控体系和突发事件应急管控机制；推进公共安全体系建设，加强交通、生产、消防、食品、环境、校园安全工作，确保群众生命财产安全。同时，大力推进民族团结进步先进区建设，加强民族宗教领域的社会管理，严格执行党和政府的民族宗教政策，切实加强民族团结教育以及宗教活动场所特别是藏传佛教寺院的依法管理，采取共同管理、协助管理和自主管理的方式，完善寺院管理的长效机制。

（四）依托文化体制改革，释放文化市场活力，推动文化事业和文化产业健康有序发展

深化文化体制改革是实现文化繁荣发展的根本之道和动力之源，文化体制改革要在宏观管理体制和微观运行机制层面上进行全面性的改革。扎实推进全省文化体制机制改革，建立健全现代文化市场体系，构建现代公共文化服务体系，提高文化开放水平。首先，应释放文化市场活力，加快政府职能转变，推进文化行政管理部门从办文化为主向管文化为主转变，严格执行文化资本、文化企业、文化产品市场准入和退出政策，加强国有文化资产管理，加快建立完善的现代企业制度、法人治理结构，提高青海文化企业的规模实力和竞争力。其次，要进一步促进金融硬实力和文化软实力的结合，加快扩展金融市场和文化产业的发展空间，加快培育大众化文化消费市场，加快建立市场中介机构和行业组织，建成和壮大一批文化经纪机构、代理机构、仲裁机构，积极发展连锁经营、物流配送、电子商务等现代流通组织和流通形式，培育产权、版权、技术、信息等要素市场，健全完善统一、开放、竞争、有序的现代文化市场体系。最后，把握好意识形态属性和产业属性、社会效益和经济效益的关系，以社会效益为最高准则，坚持经济效益服从社会效益，使社会效益和经济效益相互促进，推动文化事业全面繁荣和文化产业快速发展。

（五）将生态文明建设理念贯穿经济社会发展全过程，促进人与自然、经济与社会协调发展

推进生态文明建设，需要创新生态文明建设的体制机制，大力发展生态经济，加快实行资源有偿使用制度和生态补偿制度，创新生态环境保护管理体系，推动青海生态文明先行区建设取得扎实成效。一要建立健全生态补偿机制及资源合理开发利用、环境污染治理的机制，通过生态州、县建设的目标责任考核，综合考虑资源、环境与经济社会发展，促使政府、企业、百姓共同参与生态环境的保护和建设。二要完善投入保障机制，建立健全生态保护区的法律保障体系，积极探索与国际生态和环境相关机构进行合作，争取生态保护、建设的项目和资金支持，大力发展生态经济，大力发展绿色经济、新能源产业和

循环经济。三要实施好生态和资源环境重大工程，做好环境污染治理，继续实施好退耕还林、退牧还草、天然林保护、三北防护林、治沙、三江源自然保护区生态保护和建设二期工程、水土保持等工程，不断巩固和提高生态保护与建设成果，以生态环境的提升促进青海经济社会发展的转型。

三　破解发展矛盾实现"改革红利"的对策措施

将加快推进"三区"建设作为深化改革和破解青海经济社会发展矛盾的突破口，通过"三区"建设和深化改革，解决发展中的系统性、整体性、协同性的问题，解决政府和企业的关系、城市和农村的关系、经济发展和社会发展的关系、发展和稳定的关系，解决工业化、城镇化和农业现代化中的可持续发展问题，进一步释放"改革红利"。

（一）加快发展循环经济，大力推进循环经济先行区建设

面对日益严峻的资源、环境约束，青海保持经济持续健康发展的唯一出路是加快发展循环经济，提高资源的综合利用水平和循环利用率。一是按照青海建设国家循环经济先行区行动方案的要求，深化体制机制改革，加强科技创新，按照循环经济理念，着力推进新型工业化，大力发展现代农业，全面提升现代服务业的层次和水平。二是勇于创新，进一步拓展循环经济发展的理念和思路。要加强柴达木循环经济试验区与西宁循环经济试验区及周边省份循环经济试验区的产业、信息、要素联系，在更广范围内构建循环产业体系，实现生产要素的有序流动和优化配置。三是着力培育居民的循环型消费理念。应在西宁、格尔木等城市大力推进垃圾分类工作，在公共场所配备垃圾分类投放设施，广泛开展垃圾分类知识宣传，完善垃圾分类回收产业体系，必要时支持鼓励志愿者、公务人员深入社区开展垃圾回收宣传督导工作。推动城镇实施梯级水价、电价和天然气价格，通过价格机制引导人们节约水电气。

（二）加快县域经济发展，夯实城镇化的经济基础

青海地广人稀，小城镇发育程度低，青海应在将城市作为城镇化重要载体

的同时大力推进中小城镇发展。这样做一方面有利于通过梯度转移降低农牧民城镇化门槛，另一方面可以不断改善留守农村牧区的人口的生产生活条件。因此，青海破解城镇化速度偏慢、质量偏低的难点，应着力加快县域经济发展，使农村经济社会在城镇化过程中得到同步发展。为此，一是要前瞻性地做好各州、市、县的中小城镇发展规划，适度超前完善中小城镇配套基础设施和公共服务设施。二是以产业园区为载体加快县域非农产业发展，重点利用本地区的区位优势、资源优势、农产品优势、传统文化优势，着力发展具有区域特色的资源开发、农畜产品加工、商贸物流及文化产业。三是加快现代农业发展，创新体制机制，培育新型农业生产经营主体，提高农牧业生产效率和效益，为当地农牧民就近城镇化奠定最基本的产业基础。

（三）科学淘汰落后产能，推动产业平稳升级

加大节能减排力度，淘汰落后产能是近年来转变经济发展方式和优化产业结构的重要着力点，也是当前破解青海资源环境矛盾突出的重要抓手。对此，一是建立落后产能淘汰的长效机制。尽快建立和完善主要产业的能耗指标和资源综合利用指标，将其作为行业规范纳入国家或地方的相关法规，政府对某一企业是否属于落后产能，应根据相关指标依法进行，尽可能减少政府在执法过程中的自由裁量幅度，使落后产能淘汰公开、公正、公信。二是加强市场秩序监管，严厉打击偷税漏税、违法排污行为，维护企业之间公平竞争的市场秩序，使落后产能企业主要因为其生产经营成本高、市场竞争力低而自然被市场所淘汰。三是扶持新兴产业发展。在积极扶持新兴产业发展的同时，应正确把握新兴产业发展中的各种潜在风险，尽可能发挥市场配置资源的决定性作用，发展新兴产业不应破坏传统产业间正常的竞争关系，要尽可能让市场通过竞争机制来实现对新兴产业的选择。

（四）加大对农牧区建设投入，建立协同发展的新型城乡牧关系

要加快完善城乡发展一体化体制机制，着力在城乡规划、基础设施、公共服务等方面推进一体化，促进城乡要素平等交换和公共资源均衡配置，形成以工促农、以城带乡、工农互惠、城乡一体的新型工农、城乡关系。协同发展是

调整城乡牧之间关系的实践目标，应将强农惠农富农政策、现代农牧业发展、基础设施建设、农村基本经营制度等作为着力点，根据省情特点，从户籍制度改革、就业体制改革、城镇保障性住房建设、城市（镇）理性社会氛围营造等方面，吸引农牧业人口乐于到城市（镇）长期就业并安居乐业，进而名副其实地市民化。同时，应在工业不断反哺农牧业、带动农牧业持续健康发展的同时，发挥好城市和城镇主流文化和现代性的强力辐射功能，不断向农牧区基层输入工业化理念和全球化思维，使之成为城乡牧之间社会要素加速流动的主通道。

（五）提高民族宗教工作的针对性和有效性，推进民族团结进步先进区建设

加强和改进宗教事务管理工作。处理宗教问题是政治性、政策性、群众性很强的工作，深刻认识宗教工作的群众性，按照政治观念、政策观念和群众观念，提高针对性和有效性，掌握好政府直接管理寺院的“度”，避免使普通信教群众心理上产生抵触。以群众工作为统领，以群众工作的思维、群众工作的方法做好宗教工作，把以人为本的理念贯穿于对宗教事务的管理之中，赢得群众的理解和支持。进一步全面贯彻落实党的民族宗教政策，加强对民族宗教法律法规和政策贯彻落实执行情况的监督检查，在宗教事务管理工作中坚持“保护合法、制止非法、抵御渗透、打击犯罪”原则，全面贯彻党的宗教信仰自由政策，依法管理宗教事务，坚持独立自主的原则，积极引导宗教与社会主义社会相适应，大力推进民族团结进步先进区建设步伐。

（六）节约资源与保护环境并举，加快生态文明先行区建设

加快生态文明制度建设，应将生态文明建设纳入全省经济建设、政治建设、文化建设、社会建设的全过程，最终形成可持续发展的和谐美好的环境和条件、良性增长的经济和产业、健康有序的机制和制度、科学向上的意识和价值、协调创新的科学和技术、保障人与自然和谐发展的全面进步。要以“一屏两带”（三江源草原草甸湿地生态功能区为屏障、青海湖草原湿地生态带和祁连山水源涵养生态带为骨架）生态建设为基础，进一步发挥优势条件，破

解制约因素，坚持先行先试，在重点区域示范、重点工程建设、绿色产业发展和生态文明理念4个方面有新突破，积极探索经济社会发展与生态环保"双赢"的长效机制，优先在青藏高原探索出一条生态脆弱地区建设国家生态文明先行区的有益模式与典型示范。

（七）加快文化改革发展步伐，增强全民文化创造活力

要以推进基层文化设施建设为重点，不断完善省、州（市）、县（市、区）、乡（镇）、村5级公共文化服务体系，进一步理顺基层公共文化服务管理体制，实现组织机构网络化、文化设施现代化、文化工作制度化、服务对象社会化、活动形式多样化的新格局，促进文化体制充满活力。一是创新基层文化活动方式，活跃群众文化生活要积极探索和创新基层文化活动方式，充分利用文化馆、文化站、社区（村）文化室、文化广场等设施，开展丰富多彩、健康有益的文化活动。二是加强对文化市场的培育和管理，制定文化市场发展和管理规划，逐步建立与青海社会发展水平相适应的内容丰富、健康规范的文化市场。三是继续深入挖掘青海特色文化资源，努力培育新兴文化产业，发展壮大特色文化产业，积极推进文艺演出、音像制作等产业发展。四是全面推进"人才兴文"工程，以高层次和基层专兼职文化人才培养为重点，逐步建立和完善科学合理的用人机制，加大对基层文化管理人员、文化骨干、文化能人、文化专业户、文化中心户、非物质文化传承人等的培训力度，着力培养一大批立足基层、有开拓精神的基层文化领头人。

B.22

青海省第三产业与城镇化互动
发展的实证研究

刘晓平*

摘　要：

西部大开发政策实施以来，作为西部欠发达省份的青海省加快了产业结构高度化与合理化演进的步伐，三次产业结构得以优化调整。以服务业为代表的第三产业得到大力发展，并且在促进城乡居民消费、扩大就业、推动城镇化方面起到了积极作用。同时城镇化水平的不断提升，也促进了第三产业的发展。本文在分析青海省第三产业与城镇化发展现状的基础上，通过协整分析与格兰杰因果检验方法，从实证角度研究了第三产业发展与城镇化之间的动态互动关系，并通过建立回归模型对青海省2013～2017年第三产业增加值与城镇化率进行了预测，最后提出了促进青海省第三产业与城镇化互动发展的对策建议。

关键词：

青海省　第三产业　城镇化　互动发展

随着经济的发展，世界各国的产业结构都在向着高度化演进的方向发展，经济服务化与经济全球化成为当今社会的两大主题。世界各国突出发展以现代服务业为代表的第三产业，并且以第三产业的大力发展来推动各国各区域城镇化发展的进程。第三产业的不断发展解决了农村剩余劳动力的就业，而城镇化的发展又带来第三产业更高的需求。青海省作为西部欠发达省份，第三产业的

---

* 刘晓平，青海大学财经学院教授，研究方向：数量经济、产业经济。

发展虽然有了较好的政策环境,但其整体水平仍处于较低状态,影响了城镇化进程,而相对较低的城镇化水平也限制了第三产业的成长空间。在现阶段,为了使城镇化能够顺利进行、农业富余劳动力能够稳妥地向非农产业转移,有必要对第三产业与城镇化之间的互动关系进行深入研究,从而促使青海经济更好更快的发展。

一　青海省第三产业与城镇化的发展现状

(一)青海省第三产业的发展现状

西部大开发政策实施以来,伴随着技术进步和生产社会化程度的提高,作为西部欠发达省份的青海省加快了产业结构高度化与合理化演进的步伐,三次产业结构得以优化调整。以服务业为代表的第三产业得到大力发展,并且在促进城乡居民消费、扩大就业、推动城镇化方面起到了积极作用。

1. 总量持续增加,发展速度较快

"十一五"以来,随着经济社会的发展和改革开放的深入,青海省第三产业进入了较快发展时期,整体水平不断提高。第三产业产值由 2006 年的 249.04 亿元上升到了 2012 年的 624.29 亿元,年均增长 14.0%。第三产业增速呈螺旋状上升,保持较好的发展态势,成为拉动 GDP 快速增长的主要力量。并且第三产业门类众多,对促进城乡居民消费、扩大就业、推动城镇化方面起到了积极作用。但是第三产业产值在总产值中的比重却变化不大,2006~2012 年青海省第二产业的产值在总产值中的比重均在 50% 以上,而第三产业的比重始终保持在 35% 左右(见表 1),产业结构的优化与升级还需不断推进。

2. 从业人员增加成为新增就业的主渠道

青海省三次产业中,第三产业行业多,吸纳劳动力能力强,在解决就业问题方面具有独特的优势和不可替代的战略地位。据统计,服务业每增长 1 个百分点,平均增加就业岗位是第二产业的 5 倍。近年来,青海省大力发展以服务业为代表的第三产业,第三产业吸收了大量的农村剩余劳动力,从业人员大幅

表1 2006~2012 年青海省三次产业生产总值与构成

单位：亿元，%

年份	生产总值	三次产业产值			三次产业产值构成		
		第一产业	第二产业	第三产业	第一产业	第二产业	第三产业
2006	648.50	67.55	331.91	249.04	10.4	51.2	38.4
2007	797.35	83.41	419.03	294.91	10.5	52.5	37.0
2008	1018.62	105.57	557.12	355.93	10.4	54.7	34.9
2009	1081.27	107.40	575.33	398.54	9.9	53.2	36.9
2010	1350.43	134.92	744.63	470.88	10.0	55.1	34.9
2011	1670.44	155.08	975.18	540.18	9.3	58.4	32.3
2012	1893.54	176.91	1092.34	624.29	9.3	57.7	33.0

资料来源：《青海统计年鉴2013》。

度增加。2006~2012 年，全省第三产业从业人员从98.55 万人增加到121.5 万人，新增就业人数 22.95 万人，平均每年吸收 3.83 万人就业，年均增长 3.88%。第三产业已成为吸纳劳动力就业的主渠道。"十一五"以来，青海省第一产业的就业比重不断下降，从 2006 年的 47.3% 下降到 2012 年的 37%，第二产业和第三产业的就业比重都在上升，第二产业比重从 2006 年的 19.2% 上升到 2012 年的 24%，第三产业比重从 2006 年的 33.5% 上升到 2012 年的 39%。2012 年全省就业人员达到 310.9 万人，三次产业的就业比重为 37：24：39（见表2），第三产业的就业比重最大。

表2 青海省三次产业就业人数及比重

单位：万人，%

年份	就业人数				构成		
	总就业	第一产业	第二产业	第三产业	第一产业	第二产业	第三产业
2006	294.19	139.15	56.49	98.55	47.3	19.2	33.5
2007	298.56	132.26	61.50	104.80	44.3	20.6	35.1
2008	301.00	133.95	64.11	102.94	44.5	21.3	34.2
2009	303.26	130.40	66.41	106.45	43.0	21.9	35.1
2010	307.65	127.37	69.53	110.75	41.4	22.6	36.0
2011	309.18	121.82	73.89	113.47	39.4	23.9	36.7
2012	310.9	115.1	74.5	121.5	37.0	24.0	39.0

资料来源：《青海统计年鉴2013》。

3. 传统行业仍居主导地位，新兴行业比重低

近年来，青海省第三产业经济总量逐年提高，第三产业内部各行业都保持一定的增长，但各行业的发展程度仍有很大差别。与发达省份相比，传统服务业仍占较大比重，现代服务业与高新技术产业发展缓慢，发展水平较低。从青海省第三产业的发展现状来看，住宿餐饮业、批发零售业、交通运输业、仓储及邮政业、金融业、公共管理和社会组织等行业是青海省第三产业的主体，这几个行业 2012 年的增加值占全省第三产业增加值的 65%，传统行业仍居主导地位。新兴服务业所占比重相对较低，如信息传输、计算机服务和软件业，租赁业和商务服务业，科学研究与技术服务业所占比重仅为4.14%、4.95% 和 3.69%。现在具有高原特色的旅游业正在崛起，2012 年全省旅游收入 123.75 亿元，占国内生产总值的 6.53%，"吃、住、行、游、购、娱"一体化的典型特点带动了住宿餐饮业、交通运输业、商业、批发零售业、文化娱乐业、影视传媒业等行业的发展。旅游业正在日趋成为青海省经济发展新的增长点。

（二）青海省城镇化发展现状

进入 21 世纪以来，青海省不断贯彻西部大开发政策精神，进一步加快经济发展步伐；通过优化产业结构，合理规划城镇发展格局，加速城市经济发展，人口城镇化进程不断推进，城镇化率得以大幅度提高。

1. 城镇人口比重不断上升，城镇化进程加快

从历次人口普查数据显示（见图 1），青海省城镇人口比重不断上升，城镇化进程加快。2010 年青海省第六次人口普查资料显示，全省常住人口为562.67 万人，居住在城镇的人口为 251.63 万，占常住人口的 44.72%；居住在乡村的人口 311.05 万，占常住人口的 55.28%。同 2000 年第五次人口普查相比，城镇人口增加了 71.53 万，乡村人口减少了 27.02 万，城镇人口比重上升了 9.96 个百分点，平均每年上升近 1 个百分点。

根据统计数据显示，2012 年青海省总人口为 573.17 万，其中乡村人口为301.25 万，占总人口的 52.56%；城镇人口为 271.92 万，占总人口的47.44%，即青海省城镇化率为 47.44%，比上年提高 1.22 个百分点。全国 31

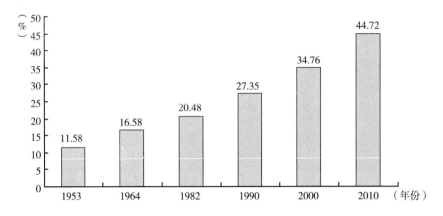

图1　历次普查城镇人口比重

个省（自治区、直辖市）城镇化排序中，青海省城镇化水平居全国第19位，与全国平均水平52.57%相比，低5.13个百分点。按照城镇化S形曲线理论，青海省城镇化处于发展阶段，即随着工业化进程的推进，城镇化呈现快速增长的趋势。

2. 城镇数量增加，城镇规模不断扩大

近年来，青海省通过采取一系列加快小城镇发展的措施，合理规划城镇发展格局，推进城镇建设投资有效实施，增加了城镇数量；随着农业的发展，农业剩余劳动力为寻求新的就业机会和发展空间不断进入城市，并且随着三江源地区生态移民的城镇化安置进程的加快，青海省城镇人口快速增长，突出体现了经济发展的城市化效应。目前，青海省逐步形成了以西宁市为中心、格尔木市为次中心、各州地政府所在地城镇为区域中心的大城市、小城市、州府所在地城镇、县城、建制镇不同规模等级的城镇体系。除去省会城市西宁市，其他城镇规模都较小，缺少中等城市，第一大城市与第二大城市经济规模之比（城市首位度）高达17。一般认为，城市首位度小于2，表明结构正常、人口集中适当；大于2，则存在结构失衡、过度集中的趋势。2000年青海省的建制镇为49个，到2013年建制镇达到137个，增加了88个，再加上2个地级市（西宁市和海东市）和3个县级市（格尔木市、德令哈市和玉树市），市镇数达到142个。2013年2月8日，国务院批复同意青海省撤销海东地区，设立地级海东市，这是青海省推动东部城镇群发展战略的重要举措。又经国务院批准，同意撤销玉树县，设立了县级玉树市，以原玉树县的行政区域为玉树市的行政区域。受基础条件、道路交通、资源环境承载能力、经济社会发展程度、城市功能等因素的影响，城镇总量的1/2集中在省内的东部地区，广大牧区城镇数量极少；青海省的城镇人口也集中分布在青海省的东部地区，即集中分布在省会城市西宁市及新设立的海东市。

二　青海省第三产业与城镇化互动关系的实证分析

第三产业和城镇化的关系是相互依存、相互促进的。一方面，第三产业的大力发展促进了城市建设迅速发展；另一方面，城镇化的发展也会推动第三产业发展水平的提高。

（一）第三产业发展与城镇化的互动关系

在城镇化的初期，农村作为城镇经济发展的腹地，农村和农业经济发展是城镇化的原动力。随着工业化进程的推进，工业化为城镇化的发展提供了物质技术基础和其他条件，工业化成为城镇化的根本动力。随着产业结构的高度化演进，工业的发展对城镇化的促进作用不断减弱，而高度发达的社会化大生产以及大量消费人口的集聚，要求城镇提供更多更好的生产、生活和社会服务，于是以提供服务为特征的第三产业迅速发展，这不仅能吸纳大量的劳动力，还有利于不断提升城市基础设施水平，促进都市现代化文明程度，提高城市生活质量和城市人口质量，优化城镇发展环境；并且第三产业发展空间极大，有强大的吸纳劳动力能力，在传统第三产业基础上，现代第三产业已经成为城镇化发展的强劲后续动力。第三产业的纵深发展必然引起人口和要素聚集于城镇，所以产业发展导致城镇化水平的提高。

另外，城镇的发展与服务水平的提高也促进了第三产业的发展。城镇具有聚集人口和经济的作用，而第三产业提供的服务则是需要大量的人口和经济组织的聚集，城镇为第三产业的发展提供了大量的人口，提供了一定的消费市场，所以是为第三产业发展提供了一定的场所和条件。同时，城镇化使许多农

村居民接受现代教育的机会大大增加，从而走向文明生产和文明生活的道路，提高了他们的生活质量。人们对生活质量要求以及公共服务均等化要求的提高，推动了以教育、文化、科技等为代表的现代第三产业的发展。

（二）青海省第三产业与城镇化关系的实证分析

对第三产业与城镇化互动关系的计量经济分析，可选择时间序列分析方法。首先，选取表示第三产业与城镇化的变量指标，用第三产业增加值 SP 表征第三产业发展水平，用城镇化率 CL 表征城镇化发展进程。选取的时间段为 1990～2012 年，为了体现变量关系的弹性变化，分别对两个变量取自然对数，即为 LNSP、LNCL。在计量经济方法论中，对时间序列的分析是通过建立以因果关系为基础的结构模型进行的，而这种分析背后有一个隐含的假设，即这些数据是平稳的。因为以时间序列数据为样本，破坏了极限法则。如果时间序列是平稳的，就可以替代随机抽样假定，就可以用经典计量经济模型进行分析。因此，时间序列分析中首先遇到的问题是关于时间序列数据的平稳性问题。在建立关于第三产业与城镇化的回归模型之前，应对这两个时间序列的平稳性进行检验。

1. 平稳性与协整关系检验

在计量经济分析中，可采用 ADF 检验方法，对每一个单个时间序列变量进行单位根检验来判断其平稳性。分别对青海省 1990～2012 年第三产业增加值与城镇化率的时间序列数据进行 ADF 检验，判断两个时间序列的平稳性（见表3）。

表3　青海省1990～2012年第三产业增加值与城镇化率

单位：亿元，%

年份	第三产业增加值	城镇化率	年份	第三产业增加值	城镇化率
1990	25.38	34.22	1999	103.32	34.59
1991	27.30	34.13	2000	114.73	34.76
1992	31.31	34.13	2001	130.29	36.32
1993	39.34	33.86	2002	148.83	37.68
1994	48.22	33.95	2003	169.81	38.18
1995	63.60	33.90	2004	193.70	38.53
1996	73.75	34.19	2005	213.37	39.25
1997	84.36	34.69	2006	249.04	39.26
1998	92.54	34.64	2007	294.91	40.07

续表

年份	第三产业增加值	城镇化率	年份	第三产业增加值	城镇化率
2008	355.93	40.86	2011	540.18	46.22
2009	398.54	41.90	2012	615.75	47.44
2010	470.88	44.72			

资料来源：《青海统计年鉴2013》。

分别对回归模型建立中的被解释变量与解释变量的原时间序列 LNSP 和 LNCL、一阶差分序列、二阶差分序列进行平稳性检验，用 Eviews 软件分析，结果如表4所示。在检验类型中的（C，T，K），标注的 C、T 分别表示检验方程中是否包含常数项或时间趋势项，0 指不包括常数项或时间趋势项，K 指引入的滞后项阶数。判断依据为表4中的 ADF 检验值是否小于显著性水平为 1%、5%、10% 时的临界值。根据此判断原则，可以得出如下结论：原时间序列 *LNSP* 和 *LNCL* 是非平稳序列，*LNSP* 和 *LNCL* 在经过二阶差分后是平稳时间序列。两变量序列 *LNSP* 和 *LNCL* 都是二阶单整序列，于是认为两序列可能是（2，2）阶协整。应用 EG 两步法对两变量 LNSP 和 LNCL 进行协整关系检验，对协整回归计算出的误差项 e_t（resid），判断其是否为平稳时间序列。通过对协整回归得出的残差进行 ADF 检验的计算值为 −1.753192，小于显著性水平为 1%、5%、10% 时的临界值，因此拒绝原假设 $H_0 : \delta = 0$，意味着残差项 e_t 是平稳序列，从而说明时间序列变量：第三产业增加值与城镇化率的对数序列之间是协整的。具有协整关系的经济变量间具有长期稳定的均衡关系，因此可以使用经典回归方法建立第三产业增加值与城镇化率之间的回归模型。

表4　时间序列 LNSP 和 LNCL 及残差的 ADF 检验

变量	检验类型（C,T,K）	ADF检验值	各显著性水平下的临界值			检验结果
			1%	5%	10%	
LNSP	（C,0,0）	−0.72287	−3.7667	−3.0038	−2.6417	非平稳
LNCL	（C,0,0）	3.174484	−3.7667	−3.0038	−2.6417	非平稳
LNSP	（C,T,0）	−1.504632	−4.4415	−3.6330	−3.2535	非平稳
LNCL	（C,T,0）	−0.694615	−4.4415	−3.6330	−3.2535	非平稳
LNSP	（C,0,2）	−3.157132	−3.7856	−3.0114	−2.6457	平　稳
LNCL	（C,T,2）	−3.551080	−4.4691	−3.0454	−3.2602	平　稳
resid	（0,0,2）	−1.753192	−2.6756	−1.9574	−1.6238	平　稳

2. 因果关系检验

经济变量之间有着相互的影响关系,在计量经济分析中,可以通过 Granger 因果关系检验,分析两个经济变量之间是否存在双向的因果关系。为研究第三产业增加值与城镇化率之间的互动关系,也可采用 Granger 因果关系检验法进行判断。

表5　青海省第三产业增加值与城镇化率之间的因果关系检验

Pairwise Granger Causality Tests			
Date:10/05/13　Time:16:23			
Sample:1990 2012			
Lags:2			
Null Hypothesis:	Obs	F – Statistic	Probability
LSP does not Granger Cause LCL		1. 73874	0. 0735
LCL does not Granger Cause LSP	21	1. 58246	0. 0659

由表5的检验结果可以判断,第三产业发展不是城镇化的原因和城镇化不是第三产业发展的原因的原假设,引起概率为 0.0735 与 0.0659 的小概率事件发生,因此拒绝原假设,说明两个时间序列变量:第三产业增加值与城镇化率的对数序列之间存在双向因果关系。也就意味着,第三产业的发展会推动城镇化进程的加快,城镇化水平的提高也会促进第三产业发展规模的扩张与发展效益的提升。

3. 建立协整回归方程

根据上述结论,以青海省第三产业增加值为解释变量,以城镇化率为被解释变量,建立并估计出回归模型:

$$LNCL_t = -1.756881 + 0.15343LNSP_t$$
$$(-0.62507)(4.30845)$$
$$R^2 = 0.933981 \quad F = 348.0863 \quad DW = 2.140161$$

由于 $R^2 = 0.933981$ 接近于1,表明模型拟合效果好;由 t 值与 F 值看出,模型通过显著性检验,并且 $DW = 2.14016$,大于2,说明模型通过广义差分估计,已修正序列相关性。从协整回归模型参数估计结果分析,青海省第三产业增加值每增加1个百分点,青海省城镇化率上升 0.1534 个百分点。

从另外一个方面，以青海省城镇化率为解释变量，以第三产业增加值为被解释变量，建立并估计出回归模型：

$$LNSP_t = 10.5531 + 5.7362LNCL_t$$
$$(2.5098)(5.2961)$$
$$R^2 = 0.9979 \quad F = 2800.89 \quad DW = 2.0652$$

由 t 值与 F 值看出，模型通过显著性检验，并且 $DW = 2.0652$，接近于 2，说明模型通过广义差分估计，已修正序列相关性。从协整回归模型参数估计结果分析，青海省城镇化率每上升 1 个百分点，青海省的第三产业增加值提高 5.73 个百分点。

4. 预测

根据上述回归模型的估计结果，对 2013～2017 年青海省第三产业增加值与城镇化水平进行预测，预测结果如表 6 所示。

表 6　青海省第三产业增加值与城镇化率预测

单位：亿元，%

年份	第三产业增加值	城镇化率
2013	695.79	48.69
2014	779.28	49.92
2015	885.32	50.07
2016	1002.17	51.16
2017	1137.46	52.49

通过预测结果可以看出，随着青海省经济发展水平的提高，第三产业将获得长足发展，城镇化水平也得以稳步提升，并且随着区域城镇化步伐的加快，城镇经济实力增强，也将促进产业结构的优化升级，带来第三产业的规模扩张。

三　促进青海省第三产业与城镇化互动发展的对策建议

青海省地域辽阔，但雪地、高山、沙漠、戈壁等不适宜人类居住的地区占很大比重，不少地方不具备城镇建设的条件，也很难形成密集且相互呼应的城

镇群，城镇化进程缓慢。在此情况下，第三产业的发展也就受到了限制，第三产业发展水平不高，发展速度缓慢，相对于其他省份而言，第三产业发展不平衡。再加上经济发展基础薄弱、产业结构的优化升级缓慢，影响了城镇化水平的迅速提升。在全国大力推动城镇化发展和提升城镇化质量的新时期，作为西部欠发达省份的青海省，应当把大力发展以现代服务业为代表的第三产业作为推动新一轮城镇化发展的根本后续动力，以最终实现青海省第三产业与城镇化双向互促的良性循环发展。

1. 优化第三产业内部结构，不断吸纳劳动力就业，推动城市规模扩大

优化第三产业内部结构，就是要调整第三产业内部的传统服务业和新型服务业之间的比例关系。目前，青海省各行业中吸纳劳动力就业的主渠道仍然是第三产业中的传统服务业，因为第三产业中的传统服务业是吸纳农村剩余劳动力的主要蓄水池，而农村剩余劳动力就业技能水平较低，在进入城镇务工之后的职业选择也只能是一些对文化素质要求较低的传统服务业。但单纯通过发展传统服务业来吸纳劳动力就业的能力与空间有限，不能可持续地解决全社会劳动力的稳定就业问题，会出现由于科技进步带来的结构性失业问题，并且从长远战略的眼光来看也不利于区域产业结构与就业结构的优化升级。在知识大爆炸的年代，随着人们对文化教育方面的投入不断增大，受教育程度得以不断提高，人们的就业趋向将投向于知识、技术密集型程度高的高新技术产业，对高端的现代服务业的就业岗位有较强的求职意愿，随之将带来社会就业水平的提高。青海省第三产业的现代服务化水平较低、发展缓慢，已不能适应未来城镇化发展的需求与就业导向的转变。因此，应不断推动产业结构的高级化进程，调整青海省第三产业的内部结构比例，从而提高就业吸纳能力与吸纳水平，为城镇提供更多数量与更多层级的就业岗位，促进城镇设施与综合功能的完善，并不断提高公共服务均等化的水平，吸引农村人口迁移到城镇长期居住，推动城镇规模扩大，提高人口城镇化水平。

2. 加快第三产业的升级转变，增强城镇经济实力

产业竞争力的高低与产业结构的优化升级主要取决于产业内的技术进步与技术创新水平。青海省第三产业结构发展水平低，知识、技术密集型服务业等高端产业发展缓慢，对第三产业的贡献率较低，与东部发达省份相比，主要差距就在于产业的技术研发和产业组织管理水平上。青海省第三产业发展现状是规模不大，档次不高，产业吸纳劳动力容量小，没有真正起到劳动力的"蓄水池"作用。因此，要紧紧依靠科技进步发展第三产业，增加第三产业 R&D 经费投入，提高第三产业的科技含量，大力发展第三产业中为生产和生活服务部门和为提高居民科学文化素质服务的行业类型，包括金融、保险业、地质普查业、房地产、居民服务业、旅游业、咨询业和各类技术服务业，以及教育、文化、科学研究、卫生、体育和社会福利事业等。通过提高第三产业的产值贡献率，加大第三产业的科技投入与开放程度，进而培育出现代服务业的竞争优势，从而加快第三产业的升级转变，提高产业服务水平，促进城市功能的建设，为城镇经济的发展提供更大的驱动力与产业支撑。

3. 改革户籍制度，扩大城镇建设规模，推动第三产业发展

截至 2013 年 10 月份，青海省的市镇数为 142 个，但城镇规模偏小，平均每个小城镇只有 2 万人左右，低于全国平均水平的 3.95 万人。青海省目前有 2 个地级市（西宁市和海东市）和 3 个县级市（格尔木市、德令哈市和玉树市），各设市城市之间相距较远，难以形成中心辐射效应；并且除去省会城市西宁之外，其他城市缺乏有吸引力的城镇增长极，因而不能充分吸引产业和投资集聚，不能创造出更多、更高端的就业岗位与就业渠道，也就不能带动区域经济发展。青海省城镇人口规模过小，难以形成城镇的集聚效应与扩散效应，就限制了以城镇经济带动区域内经济和社会发展的能力。今后，青海省需要通过改革户籍制度和推进农村居民的市民化进程，提高公共服务均等化水平，吸引农村人口进入城镇，从事非农产业，扩大第三产业的就业规模；规范农用地流转，落实农民工在城镇落户的各项政策措施，吸引他们能够永久地居住在城市，并通过各种职业培训提升第三产业的就业水平；完善金融制度，促进金融和保险等行业的发展；以"大美青海"为宣传品牌，改善投资软环境，吸引区外投资，推动房地产业、旅游业等产业的大力发展，为第三产业发展创造良好的服务环境与广阔的发展空间。

4. 优化城镇等级体系，拓展第三产业发展空间

城镇是第三产业发生、发展的物质载体，城镇的发展规模对第三产业有重要影响。青海省地域辽阔，全省城镇密度为 1.8 座/万平方公里，各州各区的

城镇分布不均衡，城镇总量的 1/2 集中在省内的东部地区，广大牧区城镇数量极少；由于资源、交通运输条件、经济发展水平对城镇形成的导向作用明显，青海省城市首位度极高，各设市城市之间缺乏建设合力；城镇规模普遍较小，缺乏市场和外向型产业的支撑，难以形成城镇的集聚效应与辐射效应，也就难以形成经济增长极去促进经济发展；同时小而分散的城镇发展模式，难以形成第三产业需要的人口集聚效益，影响了第三产业的规模扩张与就业吸纳。因此，在推动城镇化发展和提升城镇化质量的新时期，青海省应制定出中长期城镇化发展规划，通过有效实施东部城镇群发展战略，构建合理的城镇规模结构体系，引导小城镇适度集中，重在提高其内涵质量，加强和完善市场与社会化服务体系，强化城镇管理与服务水平，为青海省第三产业的发展开辟广阔的空间，并以此来推动青海省的区域经济发展。

参考文献

苏东水：《产业经济学》（第三版），高等教育出版社，2010。

郭彩霞：《我国第三产业发展与城镇化建设的实证研究》，《特区经济》2009 年第 12 期。

梁嫚：《重庆第三产业内部结构优化研究》，硕士学位论文，重庆工商大学，2010。

夏翊：《城市化与三次产业从业人员结构相关性分析》，《经济与管理研究》2008 年第 5 期。

刘博：《中国城镇化与第三产业发展关系研究》，硕士学位论文，山东财经大学，2012。

马鹏、李文秀、方文超：《集聚化、第三产业和城市化》，《财经科学》2010 年第 8 期。

B.23
青海文化产业发展存在的主要问题及对策建议

解占录*

摘　要：

当前，尽管青海的文化产业在发展环境、产业市场、产品研发、品牌打造、宣传交流等方面已初具规模，形成了自己的特点，但还存在重视不够、产值比重低、品牌打造不够等问题。必须解放思想，提高认识，理顺文化产业发展的管理体制，调整文化产业及产品结构，大力培育文化市场，优化资源配置，培养经营管理人才，加大科研支撑力度，继续加强文化宣传交流活动，打造知名品牌，为青海文化产业的发展提供动力。

关键词：

青海　文化产业　问题　对策

近年来，青海依托丰富的民族民间文化资源，通过积极探索，因地制宜、大胆实践，形成了初具体系、特色的文化产业发展态势。但总体来看，青海文化产业的发展尚存在很多问题，需要引起重视。

一　青海文化产业发展现状

（一）形成良好的发展氛围

2011年11月，青海出台了《关于加快文化改革发展建设文化名省的意

---

* 解占录，青海省社会科学院文史研究所副研究员。

见》；12 月，又召开了全省文化改革发展大会，开启了推动青海文化大发展大繁荣的新征程。省州县各级政府编制了《"十二五"文化产业专项规划》、《"十二五"文化发展规划》，用于指导文化产业的发展。2012 年，青海省共下达省级文化产业扶持资金 5000 万元，扶持文化产业发展。民主党派、政协、人大等部门积极调研，建言献策。金融、税务、文化部门制定规划、政策，鼓励、支持和引导非公有制经济积极发展文化产业。到 2012 年底，各大银行已累计发放文化产业贷款超过 25.55 亿元。各级大会的召开和各类政策的出台，为文化产业营造了良好的发展氛围。

（二）文化市场得到初步发展

1. 文化事业的发展为文化消费市场奠定了基础

第一，公共文化服务体系建设成效显著。青海大剧院、青海科技馆新馆等一批骨干文化设施建成，博物馆、科技馆等公共文化场馆基本实现免费开放。文化进村入户工程、乡镇综合文化站工程、农（牧）家书屋工程、文化信息资源共享工程基本覆盖全省。第二，文化遗产保护较为得力。全省现有国家级重点文物保护单位 18 处，省级重点文物保护单位 315 处。国家级非物质文化遗产项目 64 项，代表性传承人 37 名；省级非物质文化遗产项目 160 项，代表性传承人 159 名。国家级历史文化名城 1 座，中国民间文化艺术之乡 29 个，国家级文化生态实验区 1 个。完成了《青海省"十二五"文物抢救性保护设施建设规划》、《青海省藏区文物保护工作规划》等的编制工作。第三，文化市场管理得到加强。加强了"扫黄打非"，反"藏独"、反邪教的舆论宣传，加大了防范非法出版物的工作力度。实施了实名上网制，规范了全省文化市场经营秩序，净化了社会文化环境。第四，科研、艺术创作成果丰硕。近年来，涌现了一批历史文化方面的科研成果和一批艺术创作精品，获得了业界的好评。

2. 龙头企业的出现促进了文化市场的初步繁荣

据不完全统计，到 2012 年底，青海共有各类文化产业单位 7198 个（包含个体经营），文化产业从业、就业人员 8.9 万多人。国家级文化产业示范基地 6 家；省级文化产业示范基地 51 家；省级文化产业示范园 4 个，涵盖了工艺美术、民族演艺、民族刺绣、民族服饰、黄河奇石、文化旅游产品开发等多个领域，初步形成了工艺美术行业重点推进，民族歌舞演艺、印刷出版、艺术培训等门类协调发展的新格局。

3. 买卖场所趋于集中，人才队伍不断壮大，服务市场初具规模

设立了一批集中展示、销售民族民间工艺美术产品的场所，形成了以昆仑玉为代表的玉石雕刻工艺品销售区，以藏文化艺术为代表的民族民间工艺品销售区，以书法绘画为代表的书画艺术品销售区，以冬虫夏草为代表的青藏土特产品销售区等特色经营区域。此外，通过上百批不同形式的培训，提高了文化从业就业人员的素质，也促进了文化服务行业的初步繁荣，增强了青海文化产业的竞争力。

（三）文化产品开发取得了初步成效，文化产业产值逐年上升

1. 新创立了一批文化产品

新创了一批不同级别、不同性质的节庆会展赛事活动，吸引了众多的国内外游客。其中，青海民族文化旅游节、环湖赛、青洽会、国际唐卡艺术与文化遗产博览会、藏毯国际展览会等成了青海的拳头文化产品。省博物馆新馆、中国青海柳湾彩陶博物馆、省藏医药博物馆、青海藏文化博物馆及土族风情园、撒拉族绿色家园等微缩景观风情园、民俗风情村（园）、花儿茶社等陈列、展演青海民族历史文化的场所，起到了保护传承传统文化的作用，成了新的文化旅游景点。

2. 旅游项目的打造突出了文化特色

在已建成的 69 个国家 A 级景点中，以文化为主的景区占到 40 多个，占58%。

3. 影视动漫产业成了文化产业的重要组成部分

影视动漫产业中，电视台、电台以及网络传输公司是经营核心。2001 ~ 2010 年，青海电视台、青海人民广播电台以及网络传输公司直接收入 5.58 亿元。

4. 工艺美术产业扎实推进

目前，青海工艺美术产品共有 8 个大类、5000 多个品种，其中藏文化艺

术、藏毯、金银首饰、昆仑玉雕已成为全省工艺美术产业发展的四大支柱产业。2012 年底,青海工艺美术产业上规模企业(单位)120 余家,工艺美术品销售商店、个体作坊 2350 多家,年销售额 18.42 亿元,从业人员 6 万多人。

5. 新兴文化产业层出不穷

民族民间歌舞展演、黄河奇石经营、高原体育产业,歌舞厅、茶艺、网吧等休闲娱乐产业异军突起。2012 年,青海省文化及相关产业实现增加值 29.45 亿元,比 2010 年提高 0.15 个百分点。

(四)通过广泛的文化宣传交流活动,文化品牌建设取得了较大进展

近年来,青海以"大美青海"为核心"卖点",采用"走出去、请进来"的办法,创新宣传方式,拓展促销渠道,坚持不懈地推介青海文化的整体形象。省委、省政府领导亲自带队赴境内外进行"大美青海"旅游广告宣传,组织青海旅游、文化企业参加国内外重要旅游、工艺美术产品会展,加强市场对接。开通英文网站及旅游服务热线,完善青海旅游政务网、咨询网、青海文化产业网、青海民族文化网等的建设,出版发行《青海旅游》及一批宣传图册影像制品,全面系统地宣传了青海的文化,打造了一批文化品牌,基本涵盖旅游、节庆、会议、工艺美术产品等几个大类,形成了地域、活动、产品相结合的品牌体系。

二 青海文化产业发展中存在的问题

(一)对文化产业重要性的认识不足,发展趋于粗放

1. 忽视了文化产业链的建设

青海文化产业的发展,在传统文化产业的建设中注重单纯的行业或部门管理,忽视文化部门与其他行业的交融。在新兴的文化产业中,存在形式过于单一、产业链条短等问题。文化资源的开发和发展还不能对整个产业起带动作用。

2. 文化体制的改革滞后于文化产业发展的要求

文化产业开发建设和管理仍属于多头开发、垂直管理，如文化部门、广电部门、旅游部门、体育部门以及地方政府都参与文化产业的开发，多部门相互掣肘，职能部门的指导、协调、服务功能得不到充分发挥，影响了市场在资源配置中的基础作用。文化管理主要是以各级政府和各个部门为主的行政管理方式与资源支配体系，国家有什么文化企业和企业管理部门，省、市、州、县就相应地设立企业和机构。从而衍生出一批利益主体，导致了部门和区域壁垒，造成了投资盲目、资源浪费和竞争无序。

3. 开发和建设线条较粗

目前还缺乏对全省文化产业发展状况全面、系统的统计，能看到的资料只是一种大概粗略的划分和统计，许多新兴文化产业的发展状况因缺少资料无从得知。部分基层缺少文化产业发展的规划，盲目跟从上级部门，听说发展文化产业，一拥而上，四面出击，不从地域特点出发，不做可行性分析，导致了项目的重复建设和浪费。

4. 在文化产业的开发中不重视文化的作用

一是在开发建设中破坏文化遗产的行为屡有发生。如文化旅游景点的开发常常偏离其内涵。城镇化建设中历史古迹常遭到毁坏。对非物质遗产文化的开发也普遍存在重申报、重开发，轻保护、轻管理，致使文化遗产缺少持续发展的环境而不断消亡。二是对传统文化的定位严重失衡，只是把文化定位在一个纯商业性的附属物的地位上，在举办节庆赛事活动时，大张旗鼓地搞招商引资、经贸洽谈、企业论坛，对举办活动所带来的经贸收益津津乐道，从不深入发掘这些特色文化的内涵和潜力。

5. 对文化产业的投资不足

对文化产业的公共财政投资少，没有起到对产业发展的导向作用。

（二）文化产业产值比重低，发展不平衡

2011 年，全国文化产业产值达到 3.9 万亿元，占全国 GDP 的 3%。青海文化及相关产业实现增加值 29.45 亿元，占 GDP 的 1.81%，远不及全国水平。

青海文化产业的发展呈现不均衡的特点。从地域分布来看，青海东部及邻

近地区发展较好，海西州、玉树州、海南州次之，果洛州最差。其中西宁地区集中了青海 80% 以上的工艺美术产业，是国家级文化产业示范基地最为集中的地区。从产业的行业类别来看，以网络、旅游、休闲娱乐、经纪代理等新兴文化服务业为主的文化产业"外围层"的发展迅速，以新闻、出版、广播影视、文化艺术为主的传统文化产业的"核心层"和以文化用品、设备及相关文化产品生产和销售为主的文化产业的"相关层"发展较弱。如在 2010 年，"外围层"的文化就业从业人员 33195 人，拥有资产 44.04 亿元，全年性营业收入 31.8 亿元；核心层的文化就业从业人员 11566 人，拥有资产 20.1 亿元，全年性营业收入 14.32 亿元；相关层的文化就业从业人员 52256 人，拥有资产 19.55 亿元，全年性营业收入为 23.12 亿元。从文化产业行业的内部来看，产品的开发良莠不齐。传统文化产业中具备企业经营性质、有政府主导的行业发展较好，如出版发行和版权服务行业、广播电视行业、文化艺术服务行业比新闻服务业的产业增加值高；青海湖、塔尔寺、原子城等开发较早、名气较大、自身条件优越的景点软硬件建设具备了一定的规模，而瞿昙寺、丹斗寺及一些民族民俗文化资源，仍属于资源形态；政府、政策扶持的项目发展较好，如六月会、花儿会等。从文化消费市场的构成来看，城镇较好，农牧区偏低。据统计部门的相关资料显示，2010 年，青海城镇居民人均消费支出 9613 元，其中用于文化娱乐及服务支出 908 元，占人均消费支出比重的 9.4%，比全国比重高 1.7 个百分点；农牧区人均消费支出 3858.5 元，其中用于文化娱乐及服务支出 198.53 元，占人均消费支出比重的 5.1%，比全国低 3.3 个百分点。

（三）文化品牌的打造多不足之处

1. 品牌打造没有特色

青海很多文化项目多以本名兼任品牌，如青海湖、塔尔寺及节庆活动、博物馆展出体系等，缺少更多的修饰和说明。有些文化品牌的描述不够深刻和准确，如"中国夏都"品牌，就不能反映出燠热夏季中有丝丝凉意的特点。

2. 品牌的打造杂乱

青海文化品牌的分类较多。地域性品牌如"大美青海"、"中国夏都"，大多与文化旅游联系紧密。产品品牌有些兼具地域和旅游景点的双重含义，比如

"浪漫金银滩、神秘原子城"；有些则纯粹是品牌性质，这在工艺美术产品方面比较突出。

3. 缺少著名的文化品牌

从全省文化产业品牌的发展来看，在全国叫得响的品牌不多。如在出版业、新闻媒体业方面，至今还没有一家类似甘肃《读者》那样发行量大、名气盛的刊物。在文化旅游业方面，AAAA 级景区只有 17 家，AAAAA 级景区只有 2 家。在工艺美术产业方面，也仅昆仑玉、藏毯在国内稍具名气，其他大多不为人知晓。

（四）文化市场的发展仍不尽如人意

1. 文化生产企业规模小，民营经济滞后，整体状况不佳

在文化企业中，政府机构和国营企业占有相当比重，政府机构、行政单位充当着企业主体的角色，是主要注资方，民营企业参与较少。大多民营企业实力弱，缺乏国际竞争力，这使得青海文化产业发展先天动力不足。民营经济的滞后已成为制约青海文化产业发展的瓶颈。

2. 文化产品的开发缺少文化内涵

已开发的文化产品，文化含量普遍较低。比如旅游景点的开发，有些对文化内涵的发掘不够。目前，青海湖的开发仍以"151"、鸟岛、沙岛等具体景观的展现为主，祭海、民间传说等内容发掘不够；有些对文化内涵把握不准，产品流于粗制滥造，节庆活动有相当部分缺乏主题内容。工艺美术产品的研发力度不够，不能很好地将地方文化和时代特色融合进去，缺乏青海自身的特色。

3. 文化消费能力弱

城市文化消费多集中在出版、电影、网络、休闲娱乐等文化产业中。农牧区甚至连出版、电影、网络、休闲娱乐等传统文化消费还没得到普及。

4. 文化产品的销售场所严重不足

青海工艺美术产品的销售场所不能适应供销需要，常使产供销"产业链"脱节，影响了工艺美术市场的发展。各地设立的集中销售场所大多远离景区；各景区所经营的大多是制作粗糙、与省外其他景区雷同的手工艺品。很多产品研发出来后，不能投放市场，只能积压在库房。

5. 文化人才严重缺乏

2010 年，青海文化产业单位就业从业人员 97017 人，单位平均从业人员 13.4 人。文化产业方面的专业技术人才、管理人才、经营人才严重缺乏，在基层尤其明显。2010 年，海南州文化产业从业人员 3500 人，其中大专以上文化程度的仅有 13 人，远远不能满足文化产业发展的需要。

三　大力发展青海文化产业的对策建议

（一）转变观念，理顺文化产业管理体制

1. 创新政府管理体制

积极推进体制创新试点，政府应转变在文化产业发展中的职能、角色与管理文化产业的方式，既要加强宏观调控、政策引导、依法行政、市场监管和公共服务，又要与文化产业经营活动分离，减少对文化市场主体的行政干预，以便突出市场的地位，使市场机制的调节作用得到充分发挥。因此，建议建立文化产业的负责、协调、管理机构。省、州、县应成立由政府主管领导挂帅，文化、旅游、财政、发改委等各有关部门负责人参加的文化产业领导小组，建立强有力的领导体制和协调机制。小组下设文化产业发展办公室，具体负责文化产业发展事宜，强化整体谋划、政策研究、项目统筹、督促检查工作，保证党委、政府决策部署具体化、发展文化产业政策措施制度化，以便使各项目标任务切实落实到位、取得实效。

2. 加大投入，夯实文化产业发展的基础

要切实发挥公共财政的作用，加大对公益性文化建设的投入，逐步健全以城市标志性文化设施为骨干、以农村基层文化设施为基础的公共文化服务体系。科技馆、博物馆、图书馆尤其是农牧区的公共文化服务设施，要加强管理，配备好图书、影像等适合当地情况和发展的文化共享资源，努力提高利用率。如科技馆、博物馆的展品要充分利用当地资源；图书馆、农（牧）家书屋等要配备农牧民群众生产生活需要的书籍，少数民族地区要配备一定比例的民族文字书籍。公共文化服务设施不仅是陈列展出场所，

还要担当起教育农牧民的职责，充分利用文艺作品、理论研究成果的知识普及、舆论导向和兴趣培养作用，积极引导人民群众建立社会主义核心价值观、合理的文化消费观，为文化产业的发展奠定物质、思想基础。健全文化产业统计体系和统计标准，细化文化产业发展的统计工作，为文化产业的发展创造条件。

（二）调整文化产业及产品结构，大力培育文化市场，优化资源配置

1. 调整产业主体，推进规模经营

做大青海的文化产业，要从战略高度对各类文化资源进行优化配置，调整文化产业及产品结构。文化产品的结构调整要紧密结合市场需求，注重市场导向，提高文化产业的市场适应力和市场占有率。以项目建设为载体，要注意按照国家的相关规定和青海实际，积极吸收非公有制经济，逐步形成投资主体多元化、资金来源多渠道、投资方式多样化、项目建设市场化的文化产业发展新格局。鼓励专业化协作，调整功能雷同的文化产业示范园区，根据资源、居民分布及市场优劣，构建合理的文化产业空间布局，继续推进文化产业创意示范园区建设，提高集群化生产的规模和水平。鼓励规模化经营，打破地区、部门分割和垄断，以资产为纽带，通过兼并、联合、重组等方式，促进资本、人才、技术要素的合理配置，组建一批跨部门、跨所有制、跨行业、跨地区的大型文化投资、企业集团，以逐渐替代政府充当文化市场主体的功能。如可以青海湖等某个著名景点为依托，建立某个景点旅游集团；或以某个地域空间为基础，建立跨县域的旅游集团。要充分发挥龙头企业的行业带动作用，通过政策、资金、税收等，积极扶持文化产业龙头企业的发展，促进文化产业各行业形成适合自身特点的组织结构。

2. 突出优势，发挥重点

着力发展基础较好的文化旅游、工艺美术产业、文娱演出及现代传媒、出版发行业，争取以文化旅游、工艺美术行业为突破口，带动相关产业的集体推进。为此，要加强文化部门与旅游部门的联合，推动文化事业单位由公益型、福利型向经营型转变，大力开发有市场前景的文化旅游产品，形成文化旅游的

系列产品。重点开发以喇家遗址、柳湾彩陶为代表的考古专线旅游，以塔尔寺为代表的安多地区藏传佛教文化专线旅游，以昆仑山为代表的道教专线旅游，以阿尼玛卿山为代表的名山文化专线旅游，以青海湖为代表的圣湖文化专线旅游，以原子城为代表的红色文化专线旅游，以东关清真大寺、东关回族社区为代表的伊斯兰教文化专线旅游，以土族纳顿节、黄南六月会为代表的民族民间文化专线旅游。文化旅游景点的打造，要充分发掘其中蕴含的文化内涵，并使之得到淋漓尽致的展现。以西宁为中心，兼及河湟、环湖、海北、海西、海南、青南等地，形成纵横交错、星罗棋布的文化旅游网络。继续举办各种民族民间及文化产业节会，向国内外推介。此外，针对文化产业链较短等问题，应大力扩大产业规模、完善结构、提升档次。在文化旅游、工艺美术业的龙头产业的带动下，顺应产业发展的"族群规律"，实施"产业链聚集"战略，整合文艺演出、文化娱乐、网络影视、文化创意、动漫等相关产业，延长产业链，取得更大的经济效益。

3. 规范文化市场经营秩序，提升文化产业服务品质

建立文化与旅游、工商等部门的联合监管机制，开展联合执法和日常监督检查。依照法律规定和相关行业的规章，针对不同行业的特点，抓住重点问题、关键环节实施监督。如在文化旅游业中，坚决打击欺诈、胁迫旅游者参加计划外自付费项目或强制性购物的行为；打击导游司机私自收受高额回扣行为；打击假冒伪劣旅游商品；打击宣扬低俗色情和封建迷信的文化旅游产品和非法经营行为等。在出版业中，杜绝宣扬封建迷信、色情、"藏独"、"疆独"以及邪教等内容。在网络服务业中，取缔以色情、低俗、暴力等为主要内容的游戏等。避免对文化资源开发的短期行为、闲置浪费，以提高文化资源的使用效率和经营效益。

（三）大力培养经营管理人才，加大科研支撑力度

1. 加强文化人才队伍建设

青海应持续推进文化体制改革，完善人才管理和激励机制，营造尊重知识、尊重人才的环境氛围。确立以业绩为取向的人才观，建立符合市场要求的收入分配机制。允许有特殊才能的文艺人才和管理人才以知识产权、创作

成果和科研技术成果等无形资产参与收益分配。建立和完善人才培养机制，提升文化队伍的整体素质。以用好现有人才为重点，通过院校教育、岗位培训、就业培训、业务交流等各种形式切实加大人才的培养力度，加强文化专业技术人才、文化经营人才、文化管理人才队伍建设。要研究制定高层次文化人才引进政策，对急需的人才从职称、生活待遇等方面给予优惠，并采取项目合作、延请客座教授、院外画家等形式，广泛吸引高水平的文艺人才为青海服务。需要特别注意的是，要加强民族文化人才的建设力度。通过多种形式，努力建设一支适应新形势的文化人才队伍，为青海文化产业发展提供人才保证。

2. 加强学术研究对文化产业发展的支撑作用

根据文化产业发展的状况，设立文化产业方面的课题，组织社会科学方面的研究人员，通过深入细致的调研，形成一批高质量的文化产业调研报告。文化、宣传部门定期组织举办各种形式的理论研讨活动，探索青海文化发展的历史、现状及未来，以便在青海文化的内涵、传统文化与现代产业、文化资源的保护与利用、文化体制改革、文化产品的生产营销、文化产业政策的调整、文化市场的培育管理、文化市场的法制监督等方面，形成一批研究成果，为青海文化产业的发展提供智力支持。

（四）加强文化宣传交流活动，打造青海文化品牌

继续采用"走出去、请进来"的办法，不断拓宽文化交流渠道，以青海文化为内容，开展多层次、宽领域的文化交流活动。持续打造好网络、报刊、赴外展销、延请媒体宣传、会议、会展等宣传交流平台，形成常态与时态、动态与静态结合的宣传交流体系。按照不同文化行业的特点，准确理解品牌与商标之间的关系，分类打造品牌，充分发挥品牌的示范带动作用。如出版行业，可以打造类似甘肃《读者》的刊物，以宣传青海文化为主旨，兼及西北文化的内容；电影电视行业，拍摄一批反映青海文化的影视作品；休闲娱乐行业，继续打造"花儿茶社"等具有地域特点的文化产业形式；文化旅游行业，继续打造精品旅游景点、精品旅游线路；工艺美术行业，研发、销售具有青海民族特色和地域特色的工艺美术产品等。

参考文献

王开忠、张淑斐：《青海黄南：艺术产业走向规模化》,《中国经济时报》2012 年 7 月 10 日，第 6 版。

邢生祥：《青海文化产业生产力指数首次跻身全国前 10 位》,《工人日报》2013 年 1 月 8 日，第 3 版。

区 域 篇

Regional Reports

B.24

西宁现代都市休闲观光
农业发展研究

丁忠兵　德青措*

摘　要：

随着国民经济的快速发展和居民收入水平的提高，大城市郊区
农业发展功能定位正在由传统的保障城市副食品供应功能向生
态涵养、观光休闲和文化传承等多种功能拓展。西宁市作为青
海省"东部城市群"建设核心区，迫切需要加快发展都市休闲
观光农业，拓展农业功能，提升农业效益，增加农民收入，推
动城乡良性互动和一体化发展。

关键词：

西宁　现代都市　休闲观光农业

---

* 丁忠兵，青海省社会科学院经济研究所副所长、研究员，研究方向：农村经济；德青措，青海
省社会科学院经济研究所助理研究员，研究方向：民族经济。

休闲观光农业是贯穿农村一、二、三产业，融合生产、生活和生态功能，紧密连接农业、农产品加工业、服务业的新型农业产业形态和新型消费业态。随着国民经济的快速发展和居民收入水平的提高，城乡居民对旅游休闲观光的消费需求日益增强，大城市郊区农业发展功能定位正在由传统的保障城市副食品供应功能向生态涵养、观光休闲和文化传承等多种功能拓展。西宁市作为青海省"东部城市群"建设核心区，农业用地规模小，面临被城市建设用地挤占的压力大，同时还承担保障城市蔬菜供给、改善城市生态环境、满足居民休闲观光需求等多重重要功能，迫切需要加快发展都市休闲观光农业，拓展农业功能，提升农业效益，增加农民收入，推动城乡良性互动和一体化发展。

一 西宁现代都市休闲观光农业发展现状

近年来，经过全市上下的积极探索和实践，西宁发展都市休闲观光农业的定位基本明确，农家乐、休闲农庄、农业示范园、农业观光园、民俗文化和农事节庆等模式全面起步，形成了现代都市休闲观光农业的雏形。

（一）西宁现代都市休闲观光农业发展成效

西宁市共辖四区三县，总面积 7649 平方公里，总人口 222.8 万人。其中，城东区和城西区所辖区域几乎全部规划为城市建设用地和工业用地，退出了农业发展领域，只有城中区、城北区及大通县、湟中县、湟源县仍保留着农业发展功能定位。近年来，西宁市两区三县立足各自区位优势，依托设施农业产业园，加快农业产业结构转移升级，着力发展现代都市休闲观光农业，取得了初步成效。截至 2011 年，全市休闲观光农业已发展到 179 家，其中现代农业科技园 8 家、农业观光采摘园 5 家、休闲农庄 166 家；拥有固定资产 1.05 亿元，从业人员达到 4500 人，带动农户 4000 户，年接待游客 180 万人次，人均消费 40 元，年营业额及销售收入 1.1 亿元。

城中区按照"全面规划、分步实施、总体布局、重点建设"的思路，科学规划，准确定位，突出绿色发展，大力发展都市休闲观光农业。2012 年，城中区在总寨镇启动了总寨塬高原型现代都市农业科技示范园区项目、南酉山高原型红豆杉繁育基地建设项目；在南酉山实施了高原灵芝种植项目，引进了园华、合丰、青海牧野等15家养殖企业，成立了农民专业合作社17家；先后完成了南酉山提灌及人饮工程、水磨村人饮工程、南川西路5村人饮工程、沈家寨灌渠改造、清河民营灌渠改造、总寨塬小型农田水利项目等水渠维修改造工作，为休闲观光农业发展奠定了较好基础。

城北区立足区位优势，依托设施农业，大力发展"休闲观光农业"，拓展农业的多功能性，先后实施了设施农业、休闲观光农业、一村一品、无公害蔬菜种植及新技术示范推广建设项目，有力地促进了全区农业生产和农村经济发展。2012年，全区完成冬暖式温室建设任务450亩、450栋，有保护地面积达到3428亩、6886栋。"青惠田"、"乡趣"的1000亩生产基地和8种农产品已经被农业部认证为无公害生产基地和农产品，并实现贴标生产和销售。乡趣农耕文化生态园被国家农业部、国家旅游局共同认定为"首批全国休闲农业与乡村旅游示范点"，陶北村农家乐、晋家湾村农家宾馆已形成一定发展基础。

大通县被评为青海省首个全国现代农业示范区，形成了现代农业"大通模式"并在全国推广。全县共建成功能齐全的设施农业园区15个，建成各类日光节能温室2.4万栋，设施蔬菜面积达到3.97万亩。2012年大通成功举办了为期一周的"青海·大通首届设施观光农业特色果蔬采摘节"。其间累计接待游客5.4万人次，实现旅游综合收入455.2万元；带动客流运输258班次，运输游客10850人次；促销特色果品草莓1500公斤、油桃2500公斤、绿色蔬菜5600公斤，实现收入27万元；带动四星级乡村旅游接待点"神农油桃"餐饮收入15万元。

湟中县紧紧围绕"保障供给、提供休闲"的功能定位，将加快现代农业产业建设、发展休闲观光农业作为推动全县农业产业转型的重点工作。到2012年底，全县共建成设施温棚16320栋，建成生产基地75个。有各类休闲农业企业121家，从业人员1300余人。初步建成青海高原酩馏影视文化村、拦隆口神龙桃园、徐家寨源源田野农庄、南佛山丝雨情度假山寨、群加金凤凰生态园、鲁沙尔莲湖山庄、鲁沙尔高原风情园、多巴扎麻隆陈义休闲山庄野趣园、多巴小寨万聚苑生态园等九大乡村旅游接待示范点。2011年全县休闲农业接待游客突破100万人次，营业收入达6500多万元。万聚苑生态园被农业

部、国家旅游局评为"全国休闲农业与乡村旅游示范点"。

湟源县紧紧围绕建设"农区现代畜牧业示范县"的思路，大力推进农牧业基础设施建设，积极发展休闲观光农业。2012年，全县新建日光温室240栋、畜棚1300栋、600立方米马铃薯储藏窖1座。新建奶牛养殖场2个、肉牛养殖场2个、生猪养殖场2个、养鸡场2个。全县共有"农家乐"58户，乡村旅游与农业观光产值达到2000多万元，从业人数1300余人。地处申中乡的"树莓休闲观光种植基地"和"湟源县现代农业科技示范园"的建设正稳步推进，东峡乡的西石峡乡村旅游已初具规模。

（二）西宁现代都市休闲观光农业发展存在的主要问题

受自然条件、当地经济发展水平等多方面因素的制约，目前西宁现代都市休闲观光农业发展也存在不少困难和问题。

一是经济发展总体水平较低，休闲观光农业发展的客源市场拓展空间有限。2012年，西宁市人均国内生产总值和城镇居民人均可支配收入分别为38034元、1763.51元，在全国27个省会城市（不包括四个直辖市）中处于倒数几位。受制于较低的经济发展水平和城镇居民收入水平，人们的消费层次还更多地停留在温饱阶段，休闲观光旅游消费需求尚处于起步阶段，极大地限制了当地休闲观光农业发展的层次和水平。

二是冬季寒冷干燥，产业发展的季节不平衡矛盾突出。受独特的高原气候影响，西宁市从10月下旬到下年的4月上旬的近半年时间都处于冬季，极大地限制了市民到农村休闲观光的热情。全市绝大多数休闲观光农业示范区及乡村旅游接待点都不得不在漫长冬季暂停营业，相关设施设备得不到充分利用。而到了夏季，本市城镇居民纷纷到农村休闲观光，又与大量涌入的外地游客叠加，造成多数休闲观光农业接待点人满为患，服务质量下降，各类矛盾增加，影响产业长远发展。

三是档次不高，品味偏低。由于西宁农村经济发展相对滞后，休闲观光农业起步较晚，大多数休闲观光区整体建设水平低，设施普遍简陋，服务功能不健全，内容不够丰富，社会影响力不大，知名度不高，高品位、高档次、多功能、知识型的休闲观光农业区较少。

四是形式简单，内容单一。目前以"休闲园"、"农家乐"为主的休闲观光农业，服务水平和形式比较单一，文化内涵低，产品开发多停留在餐饮、棋牌娱乐和少部分的观赏、采摘品尝等层面，农事体验、疗养、度假等带动性强的旅游活动较少，缺乏能同时满足游客"食、住、游、购、娱"一体化消费需求的综合性乡村旅游服务。

五是品牌意识不强，促销力度不大。目前，全市休闲观光农业接待点的建设多处于自发状态，还未形成加强建设、大力宣传、树立品牌的良性发展道路，缺乏与周边品牌旅游景点的互动，促销手段和方法比较单一，促销内容和力度有待进一步加大。

六是管理亟须规范，人员素质有待提高。目前，全市休闲观光农业经营管理人员大多是原来从事传统农业生产、加工、营销工作的人员，缺乏管理经验。从事休闲观光农业、服务业方面的人员，大多未经正规培训，整体素质偏低。同时，基础设施建设配套不够，多数休闲观光农业园区的基础设施差、起点低，对社会的整体吸引力不够。

七是缺乏规划引导，无序发展和恶性竞争问题正在凸显。目前，从市到区县、乡镇没有形成比较成熟的休闲观光农业发展规划，休闲观光农业的发展基本上以乡（镇）、村和个体经营者自主开发为主，缺少整体规划和科学论证，开发建设上随意性较大，存在着一定的无序性和盲目性。各个园区、基地之间功能相似，发展思路雷同，相互之间竞争多于合作，难以形成整体优势。

二 西宁发展现代都市休闲观光农业的形势分析

国家及省上的大力支持、便利的交通条件、较高的城镇化水平、丰富的休闲旅游资源及独特的气候条件，使西宁具有发展现代都市休闲观光农业的难得机遇和多方面的有利条件，发展前景十分广阔。

（一）政策机遇

在国家层面上，《全国休闲农业发展"十二五"规划》在深刻阐释当前休闲农业发展重要意义的基础上，明确将大中城市和名胜景区周边作为休闲

农业发展的首要重点区域。在省级层面上，2012 年 7 月，青海省人民政府制定了《关于加快推进全省现代农业示范区建设的实施意见》，明确将西宁现代农业发展定位为现代都市休闲观光农业示范区，要求西宁以市郊为重点、三县为单元，以服务城市、繁荣农村为导向，着力构建融生产、生活、生态功能于一体的都市现代农业产业体系，以设施农业为抓手，以"菜篮子"产品生产、休闲、采摘、观光、餐饮文化、农事体验等为主要产品，建成"特色鲜明、绿色休闲、产业带动、传承文化、融合旅游"的现代都市休闲观光农业示范区。在市级层面上，2012 年 2 月，西宁市人民政府制定了《关于加快发展西宁都市休闲观光农业的意见（试行）》，明确了西宁市发展都市休闲观光农业的指导思想、基本原则、目标任务、区域布局和保障措施。2012 年市政府进一步加大对休闲观光农业发展的扶持力度，筹措资金 2000 万元用于都市观光休闲农业园区建设，为全市休闲观光农业发展创造了良好条件。

（二）区位优势

西宁市作为青海省省会，地理位置优越，交通、通信条件便利，高速公路、国道、省道、铁路、机场等交通设施齐具，全市 931 个行政村全部通公路，公交系统完善，对外联系便捷。各郊县均环布于市区周围，可进入性强，市区居民无论是乘坐公交车还是自驾车均可在一小时内到达市郊主要村镇，具有发展都市休闲观光农业得天独厚的硬件条件。

（三）资源优势

西宁市地处青藏高原东北部，既是儒、释、道多元文化的交汇地，也是农耕文明与游牧文明的结合部。当地乡村田园景观丰富多彩，民俗文化特色鲜明，河湟农耕文化底蕴深厚，农业生产条件良好，现代设施农业初具规模，特色农产品丰富。无论是体验传统民风民俗、领略田园风光、回归自然，还是休闲采摘、餐饮娱乐、普及现代农业科技知识等，都具有丰富的资源。另外，西宁的旅游资源也极为丰富，塔尔寺、日月山、老爷山等国家级旅游景点享誉海内外；湟源丹噶尔古城、东关清真大寺、鹞子沟、马步芳公馆等景区景点日益受到世人关注。丰富的旅游资源为西宁市将旅游与农业结合起来发展休闲观光农业创造了前提条件。

（四）气候优势

西宁市位于祁连山的南部的一个凹陷盆地内，中等海拔高度与四周地势形成天然"空调"，具有独特的气候优势，夏无酷暑，冬无严寒。每年七八月份，正当全国许多城市热灼难熬之际，西宁却是清风习习、凉爽宜人。夏季平均气温仅17℃～19℃，是我国难得的消夏避暑胜地，"中国夏都"当之无愧。受益于独特的气候优势，无论是本市居民还是外来游客，都可以惬意地深入乡村体验农家生活，完全不必担心农家房是否安装了空调、是否挂了蚊帐。

（五）市场优势

西宁市是青藏高原唯一人口超百万的特大型城市，近年来，随着兰西经济带、东部城市群建设步伐的加快，西宁经济快速发展，城乡居民收入水平大幅提高，居民消费模式正在由传统的温饱型消费向休闲娱乐型消费转变，人们短程出游和回归田园生活的愿望日益强烈，可以为城郊地区大力发展休闲观光农业提供与日俱增的客源保证。另外，西宁市还是青藏高原重要的旅游目的地，每年夏季都有近千万外地游客汇聚于此，他们在参观青海湖、塔尔寺等传统旅游景点的同时越来越看重西宁清凉的气候、奇特的民风民俗及灿烂的民族文化，希望深入乡村社区体验生活、消暑度假。只要相关政府部门、旅行社和具体接待单位能转变旅游发展思路，深化旅游内涵，拓展旅游功能，完善配套设施，完全可以为西宁现代都市休闲观光农业发展发掘出新的巨大客源市场。

三　西宁发展现代都市休闲观光农业的基本思路

从总体上讲，西宁目前发展现代都市休闲观光农业是转变城郊农业生产方式、促进城乡一体化发展和满足居民日益增长的休闲观光需求的必然选择，既具备了多方面的有利条件，也面临不少困难和挑战。如何充分发挥优势，尽最大可能克服困难和挑战，迫切需要做好产业发展的顶层设计，明确发展思路。

　　关于西宁现代都市休闲观光农业发展的定位和思路，实际上目前在相关政府部门及研究机构之间的认识并不完全一致。根据西宁市的发展实际，我们提出西宁现代都市休闲观光农业发展的基本思路为：按照"政府引导、农民主体、社会参与、市场运作"的基本模式，突出"秀美乡村、希望田野、怡情山水、回归自然"休闲观光功能，构建"一轴两翼三区"总体发展格局，提升西宁城郊休闲观光农业的集约化、品牌化、组织化、专业化水平，满足城乡居民日益增长的休闲观光体验等消费需求，将西宁建设成为青藏高原现代都市休闲观光农业示范区，推动西宁城乡一体化发展走在西部前列。

　　"一轴"即以国道109沿线的城北区大堡子镇、湟中县多巴镇以及湟源县东峡乡、城关镇、日月山藏族乡为主轴线，重点发展农家乐、休闲垂钓、草莓采摘、农耕文化和民俗文化体验、户外健身、牧区风光领略、生态畜牧业生产加工流程参观、特色农畜产品品尝、民族手工艺品展销等为主要内容的休闲观光农业。

　　"两翼"即以大通227国道、105省道沿线的大通县桥头镇、东峡镇、塔尔镇、新庄镇为北翼，重点发展现代设施农业示范、农业科技参观培训、回归大自然、领略田园风光、民俗文化体验、林下茶园休闲、冰雪旅游、花卉苗木展卖等为主要内容的休闲观光农业；以省道101沿线的城中区（代管）总寨镇，湟中县鲁沙尔镇、上新庄镇、田家寨镇、群加藏族乡及蚂蚁沟水库为南翼，重点发展民族手工艺品生产展销、现代生态畜牧业观摩、认种认养、特色花卉苗木生产展销、特色餐饮、林中休闲养生等为主要内容的休闲观光农业。

　　"三区"是指以西纳川河沿线的上五庄镇、拦隆口镇、李家山镇为北片区，重点发展油桃采摘、草莓采摘、现代生态节能农业生产示范、精细蔬菜生产加工、农业科技培训、民俗文化和公社文化体验、垂钓等为主要内容的休闲观光农业；以大石门水库、盘道水库、南朔山、大才回族乡、汉东回族乡为核心的南片区，重点发展垂钓、民族风情体验、设施农业、林下休闲娱乐等为主要内容的休闲观光农业；以国道315沿线的大华镇、申中乡、巴燕乡为西片区，重点发展树莓种植采摘、田园风光欣赏、农家餐饮体验等为主要内容的休闲观光农业。

四　加快西宁现代都市休闲观光农业发展的政策建议

现代都市休闲观光农业不仅是对传统农业功能的拓展，更涉及经营主体转换、生产要素流转、管理机制变革等方方面面的内容，在很大程度上可以说是农业生产经营方式的全方位转变。按照国家及省上的相关政策方针，结合前面提出的发展思路，针对发展现状及存在的问题，我们就加快西宁现代都市休闲观光农业发展提出以下几点政策建议。

（一）构建现代都市休闲观光农业产业体系

按照东部城市群建设中对西宁市的功能定位，强化西宁"龙头"带动作用，以服务城市繁荣农村为导向，依托设施农业基地，通过河湟文化、农耕文化元素与现代文明的结合，着力构建以农家乐、农业休闲观光园、农业科技示范园等为载体的现代都市休闲观光农业产业体系。一是在城北区大堡子镇、湟中县多巴镇及各县城周边地区，引导休闲农庄、茶园和有条件的农户规范服务，强化管理，完善设施，大力发展以"吃农家饭、住农家院、摘农家果、钓农家鱼"为主要内容的农家乐。二是在湟中西纳川、云谷川、大通景阳川和双新公路沿线，以大通县国家级现代农业示范区和湟中县省级现代农业示范区为重点，充分利用农业生产过程的时空景观，彰显人与自然和谐的丰收景象，大力发展以蔬菜种植、草莓采摘、认种、餐饮住宿为主要内容的农业休闲观光产业。三是在大通县塔尔镇、湟中县拦隆口镇和城北区大堡子镇，以当地已建和在建的高科技智能温棚和设施农业为载体，大力发展以育苗、花卉、科技展示、教育培训为主要内容的农业科技示范产业。四是在大通鹞子沟、老爷山，湟中南朔山、群加、水峡，湟源宗家沟、大黑沟、日月山以及城郊南北两山等自然风景区附近地区，充分利用当地风景秀美、游客较多的优势，大力发展以观光、游玩、餐饮、住宿为主要内容的乡村自然生态体验旅游。五是在大通东峡镇、湟中多巴镇、拦隆口镇、鲁沙尔镇，城北区大堡子镇，以慕家酩馏影视文化基地、康乐山庄、乡趣园等特色庄园为载体，大力发展以传统农耕文化、民俗文化、农事节庆活动为核心的乡村文化体验旅游。六是在湟中、大

通、湟源的脑山地区，利用高海拔地区的天然草场和藏族风情等，大力发展草原风光和藏族风情体验旅游。七是在大通、湟中、湟源三县的露天农业生产地区，优化种植结构，扩大种植规模，大力发展以油菜花观赏、果品采摘等为主要内容的种植业基地观光农业。八是在湟中县小南川、西纳川、康川和大通县桥头镇、塔尔镇、石山乡及湟源县大华镇、申中乡和日月乡等地，加大环境整治和实施种、养殖业循环工程，积极拓展现代生态畜牧业养殖基地的休闲观光功能，大力发展以增长知识、亲身体验畜产品生产流程、提高食品安全意识为主要内容的现代生态畜牧业观光旅游。

（二）完善基础设施

西宁城郊地区水、电、路基础设施条件总体较好，但与休闲观光农业发展的要求相比较，存在的突出问题是农业园区末端道路条件较差，自来水覆盖率偏低，污水和垃圾处理设施严重不足，迫切需要加大相关基础设施的投资建设力度。一是加大道路基础设施建设力度。围绕"一轴两翼三区"休闲观光农业发展布局，完善路网体系。加大园区到主干道"最后一公里"公路建设，改善园区发展条件。加大园区内部的道路、排水等基础设施建设力度。二是完善水利基础设施。重点发展农家乐、农家宾馆等旅游项目的大堡子镇陶北村、晋家湾村、严小村，要加快建设与城市自来水主管网的输水管道、生活污水排放收集管网和污水垃圾处理设施；重点发展设施农业的城中区总寨镇总寨塬、杜家塬和泉儿湾塬，要加快投资建设水利灌溉系统；重点发展乡村旅游、农家宾馆的大通县朔北藏族乡、东峡镇和湟源县东峡乡，要加快投资建设供、排水系统，提高发展层次和服务质量。三是完善电力基础设施。加大农村电网改造力度，扩大覆盖面，提高各个休闲观光农业园区的用电保障水平，降低用电成本。四是推广日光节能设施。在全市"一轴二翼三区"全面推广李家山镇董家湾村湟中青绿元农产品开发有限公司试用的太阳能取暖设备和太阳能发电设备，政府给予一定比例的财政支持，力争每一个片区建设两座高标准太阳能取暖温棚。

（三）创新体制机制

在社会主义市场经济条件下，发展休闲观光农业必须充分发挥市场的基础性作用，高度重视培育多元化市场主体，充分发挥政府的宏观引导作用，促进土地、资本、技术、劳动力的有序流动和优化配置。一是应坚持农村家庭承包经营基本制度，充分保护农民的耕地、林地承包经营权，在农民自愿流转土地的基础上推动休闲观光农业健康发展。二是规范工商资本到农村大面积流转土地行为，鼓励企业与流转土地农民建立利益分享机制，切实保护农民合法权益。三是对不适合规模化、标准化生产管理的农业生产活动，鼓励投资企业在完善基础设施之后再反租给农民，由农民家庭负责日常田间管理，充分发挥企业、农户各自的优势，降低企业监管成本，提高园区运营效率。四是鼓励各个休闲观光农业园加强与上、下游经营主体的沟通和联系，降低农资购买风险和成本，保障农产品市场销售。有实力的园区还可主动向上、下游产业链延伸，扩大园区的赢利空间。五是创新经营管理体制。鼓励农民通过土地入股或组建合作社的方式参与发展休闲观光农业。农家乐集中分布区应通过村委会、协会、合作社等组织形式加强统一协调工作，制定服务质量标准和参考价格水平，避免恶性竞争。六是大力发展农村合作金融和小额信贷，重点解决农户在发展休闲观光农业中面临的资金缺口问题，降低农民信贷成本。七是加强政府引导，突出地域特色，建立合作机制，共创区域性休闲观光农业品牌。加大政府对农超对接的政策、资金支持力度，降低农产品流通成本，解决卖难问题。八是尊重业主的决策主体地位。充分考虑客源市场发育程度，谨慎实施新建、扩建现代休闲观光农业示范区项目。政府制定的相关发展规划应侧重于前瞻性和引导性，真正的项目投资决策应交由投资主体自主决策。

（四）加大生态环境保护力度

良好的自然生态环境是休闲观光农业发展的重要前提，也是现代农业发展和新农村建设的基本要求。从总体来看，西宁城郊地区的生态环境状况与休闲观光农业发展的要求存在较大差距，需要着力加大生态保护和环境整治力度。一是加强现代畜牧业示范区的污水粪便无害化处理，构建种植业与养殖业相结合的循环经济产业发展模式。二是加强园区绿化和环境整治，为园区开展旅游观光、餐饮住宿等服务活动创造良好环境。三是加强林场、水库、水源地、河道的环境保护力度，保护城乡居民饮水安全，确保休闲观光农业与生态环境协

调发展。四是积极开展路旁、田边、房前屋后植树造林活动,加强村庄环境整治,进一步改善乡村生态环境。

(五)强化科技、培训和综合服务体系建设

休闲观光农业是对传统农业生产方式的重大变革,也是现代农业的重要组成部分,它既需要相关经营管理者在思想观念上有较大转变,在管理能力和市场把握能力上有较大提高,也要求引进先进的科学技术,改造传统农业。因此,西宁发展现代都市休闲观光农业迫切需要强化科技、培训和综合服务体系建设。一是提高财政对农业科技服务体系的保障水平,完善省、市、县、乡、村多级科技、培训和综合服务体系,深化内部管理机制创新,提高活力和服务水平。二是鼓励和支持科研机构、大专院校紧密结合休闲观光农业发展开展科技、培训等服务活动,建议相关科研机构将科研人员的绩效考核、职称评定、职务升迁与为基层农业生产服务结合起来,增强科研机构服务西宁休闲观光农业发展的内在动力。三是鼓励、支持农民合作社、农业产业化龙头企业积极开展科技、培训和综合服务活动,政府可给予一定的财政奖励。

(六)加强区域合作

西宁现代都市休闲观光农业发展是在一个日益开放的环境中推进的,无论是客源市场的拓展还是服务功能的完善都离不开与外地的合作,都需要"走出去、请进来"。一是应将西宁现代都市休闲观光农业发展纳入全省现代农业发展总体框架及兰西经济区的大格局中进行统筹考虑,找准自身的优势和不足,科学合理定位各自功能,与周边地区实现功能互补和差异化发展。二是加强与青海湖、敦煌等周边著名景区的交流与合作,将西宁都市休闲观光农业的景区景点纳入周边全国性旅游线路规划之中,既丰富全国著名景区景点的旅游内涵,也带动西宁休闲观光农业的发展,实现二者联动发展。

B.25
海西州建设国家太阳能
发电基地研究

冀康平　马晓峰　曲波*

摘　要:

海西州建设太阳能国家发电基地的产业基础好、资源优势强、
区域条件优越，符合当前青海经济社会发展阶段的需求、未来
发展方向和国家产业政策，顺应了光伏发电市场发展的需求。
基地建设不仅充分利用当地优势的太阳能资源，产生较大的经
济效益和环境效益，还能繁荣当地和周边经济，维护当地的民
族团结和社会稳定，有较强的现实意义。加之国家对光伏产业
政策的利好和外部环境的改善，为基地建设提供了发展机遇。

关键词:

海西州　太阳能　发电基地

青海省作为西部省份，拥有得天独厚的太阳能资源，太阳能综合开发利用
条件居全国之首，已成为调结构、促转型的亮点。2011年在海西州建设了国
内国际最大规模的光伏电站，使柴达木盆地太阳能光伏电站总装机容量突破百
万千瓦。2013年8月底，全省已建成并网光伏电站80座，总装机容量达到
203万千瓦而领跑全国。目前，柴达木盆地太阳能光伏电站总装机容量已达到
169.3万千瓦，占全省的84.5%。预计海西州"十二五"末太阳能光伏装机
容量4000兆瓦，太阳能光热装机容量300兆瓦，"十三五"末太阳能光伏装

* 冀康平，青海省社会科学院经济研究所研究员，研究方向：资源环境经济；马晓峰，海西州委
副秘书长，研究方向：制度经济；曲波，青海大学财经学院副教授，研究方向：制度法规。

机容量10000兆瓦，太阳能光热装机容量1700兆瓦。未来柴达木将建设成为全国最大的光伏产业发电基地，格尔木建成全国光伏示范城市，德令哈建设成为新能源装备制造产业基地。

一 海西州建设国家太阳能发电基地的形势分析

近年来，海西州新能源发展速度迅猛，尤其是大型并网太阳能发电项目从无到有，一跃成为全国大型并网太阳能发电产业主阵地。因此，在青海省海西州建设国家级太阳能发电基地，不仅可以充分利用当地优势的太阳能资源，产生较大的经济效益和环境效益，还可以繁荣当地和周边经济，维护当地的民族团结和社会稳定，具有较强的现实意义和较好的发展形势。

（一）符合青海经济社会发展阶段的需求形势

海西州周边与甘肃、新疆、西藏接壤，是国内太阳能开发利用的重要区域，在海西州建设国家太阳能发电基地符合青海经济社会发展的区域布局是因地制宜发展生态经济、实现资源转换与生态立省的有机统一；是青海省调整能源结构，构建安全、稳定、清洁的新能源体系的重要支撑；是打造战略型新兴产业、转变经济发展方式的重要内容；是支撑绿色发展继续保持走在全国前列的具体行动；是把青海省建成国家重要的生态安全屏障的保证。建设海西州国家太阳能发电基地势必成为青海"十二五"发展特色优势产业和进行经济结构调整、产业转型升级的重点和实施生态立省战略，构建资源节约型、环境友好型社会的现实选择。同时，在海西州建设国家太阳能光伏发电基地，可在青海、甘肃、新疆、西藏地区形成国内最大的太阳能发电产业空间布局和地域优势，有利于在该地区范围内优化资源配置，使西北内陆地区和青藏高原成为未来的能源基地。

（二）顺应国内外光伏发电市场形势发展

近年来并网发电市场开始有了较快发展，世界光伏发电应用领域已经从解决边远地区的用电和特殊用电问题逐步向大规模并网发电的方向发展。一是从全球看，太阳能光伏发电作为理想的可再生能源日益受到重视，美国、德国、日本、加拿大、荷兰等国纷纷制定了中长期发展规划来推动光伏发电产业的发展。在各国政府的扶持下，太阳能光伏发电产业成为世界上发展最快的能源产业之一。IMS Research 最新研究报告表明，2010 年全球太阳能光伏发电装机容量为 19 吉瓦；而 2011 年则达到 24 吉瓦，2011 年世界其他地方的新光伏安装已占 7.7 吉瓦，相比 2010 年的 3.3 吉瓦增加了一倍还多。由于当地和全球能源需求的推动，中国和印度将继续是全球太阳能光伏装机容量增长最快的国家，其次是东南亚、拉丁美洲、中东和北非国家。照这样发展，市场可能会在 2016 年超过 75 吉瓦，其中 2/3 来自欧洲以外的新兴市场。二是从国内看，太阳能光伏产业作为国家战略型新兴产业，在相关政策和市场推动下，近几年实现了快速发展，形成了一个高水平、国际化的光伏产业群体，已在国际上处于领先地位。2011 年我国光伏产量达到了 11 吉瓦，保持了近 40% 的年增速，完成了太阳能光伏发电 2.2 吉瓦的大规模地面安装项目，安装量列全球十大光伏安装市场第四位，其累计装机量达 3.09 吉瓦。预计总装机容量在 2016 年可能超过 35 吉瓦，年度市场可达 10 吉瓦，中国市场的潜力在未来几年内将进入全球前三强。三是从省内看，青海省是我国最早开始太阳能研究及推广应用的省份之一，已有 20 多年的太阳能研究发展历史。据悉，青海省光伏企业在西部的无电地区已累计建成太阳能光伏电站 200 多座，装机容量超过 5000 千瓦，推广户用太阳能光伏电源近 40 万套，装机容量 3000 千瓦，一些光伏应用产品还远销国外。近几年，在青海省委、省政府大力支持和引导下，光伏产业在本省得到迅猛发展。据悉，目前国际和国内大型企业以及集团公司与青海省签订的太阳能光伏电站建设意向项目和建成项目总装机容量已超过 2 吉瓦。

（三）符合国家产业政策和未来发展方向

全球金融危机的爆发为我国新能源发展提供了重大机遇，迎来发展良机。新能源凭借其明确的发展前景和对经济较强的拉动作用，在推动经济增长中被置于重要位置，成为战略性新兴产业和产业转型升级的一条主线。太阳能光伏发电属于新能源产业，得到国家政策的大力支持。太阳能光伏发电投入大，既

能创造高额 GDP，又具有环保节能的概念，符合"经济发展方式转型"的政策要求。我国政府致力于促进可再生能源与新能源的发展，制定并批准了《可再生能源发展"十二五"规划》、《太阳能光伏产业发展"十二五"规划》、《太阳能发电"十二五"规划》、《可再生能源与新能源国际科技合作计划》等。太阳能是可再生新能源，太阳能发电作为零排放、零消耗、清洁、安全的能源，具有极大的发展前途，在未来的能源变革中将担当主要角色，代表未来发展方向。这些产业政策和发展方向，为海西州建设国家太阳能发电基地提供了良好的制度环境和发展空间。

二 海西州建设国家太阳能发电基地的有利条件

海西州建设国家太阳能发电基地优势和潜力巨大，丰富的太阳能资源和荒漠化土地资源优势为光伏发电基地提供了最基础的建设条件，国家政策的助力为光伏发电基地建设营造了良好的外部环境，建设基地的内外条件基本具备。

（一）资源条件

太阳能资源。海西州太阳能资源丰富，辐射强度大，仅次于西藏。多年太阳辐射量平均值达到 6618～7357 兆焦/平方米，高于我国东部同纬度地区。海西州晴天多，年日照小时数在 3000 小时以上，是青海省日照小时数最长的地区，也是青海省日照百分率最大的地区，是发展太阳能发电产业的优选地区。

土地资源。青海省大部分地区地广人稀、地势平坦，人口密度低于 1人/平方公里。青海省未利用土地中荒漠化土地约 11.05 万平方公里，主要分布在光照资源丰富的柴达木盆地，而且有不少荒漠地区靠近电力线路和负荷中心，交通便利，并网条件优越。海西州四周为昆仑山、阿尔金山、祁连山环绕，平原戈壁广阔，现有未利用土地面积 19.5 万平方公里，其中可用于开发太阳能发电的荒地、沙地、戈壁等未利用土地面积达 9.96 万平方公里，且成雨机会少，不占耕地，便于太阳能发电建设的大规模开发利用。大部分未利用的荒漠化土地地势开阔、平缓，为太阳能光伏发电提供了良好的土地资源。

（二）产业基础

青海省太阳能发电上网电价政策，以及海西州的区位、资源等综合优势，吸引国电龙源、国投华靖、华能、省发投、中节能等各大发电集团纷纷西上"追日"。2011 年海西完成光伏项目 40 个，投资 126 亿元，装机容量 913 兆瓦，占全省太阳能发电并网量的 91%；2012 年海西建设光伏项目 34 个，投资 90 亿元，装机容量 720 兆瓦，占全省装机容量的 72%。创造了同一地区短期内最大太阳能光伏电站安装量、世界上目前最大的太阳能光伏电站并网系统工程、世界范围内首度实现千兆瓦级太阳能光伏电站并网等多个"世界之最"。海西目前已成为世界上最大规模太阳能发电基地，为建设国家太阳能发电基地奠基了坚实的产业基础。

（三）交通相对便利

青藏铁路和国道 315 线、215 线、109 线贯穿州境，省道、县道相互纵通，形成了以德令哈市和格尔木市为中心，向四周辐射的现代化交通运输网络。光伏发电项目建设场址均毗邻交通干网，项目建设配套的交通条件便利。

（四）并网条件相对优越

海西电网已覆盖两市三县两行委，实现 330 千伏输变电线路环形电网和 110 千伏输电线路网架。已建成西宁—格尔木 750 千伏输变电工程，开工建设格尔木—鱼卡—沙洲—哈密南双回 750 千伏线路。建成格尔木 30 万千瓦燃气电厂，那棱格勒河水电站、蓄集峡水库水电站等电源点正在建设。海西电网网架结构不断完善，供电能力不断增强，安全性、可靠性不断提高，为太阳能发电提供了良好的电力支撑。且青海太阳能发电项目电网接入条件落实较好，优于邻近的甘肃和新疆。

（五）政策机遇

2013 年 7 月 16 日，国务院出台了《国务院关于促进光伏产业健康发展的若干意见》，提出 2013～2015 年，年均新增光伏发电装机容量 1000 万千瓦左

右，到 2015 年总装机容量超过 3500 万千瓦，并就加强配套电网建设、完善电价和补贴政策、加大财税政策支持力度、并网、电量收购、补贴、土地政策等提出要求。这些支持保障措施不仅让国内光伏项目得以大规模地兴建，使光伏行业正面临新一轮的政策推动，也为海西建设国家太阳能发电基地带来了又一次大好机遇。

（六）外部环境改善

2013 年 7 月 28 日，中欧光伏争端案峰回路转，中国光伏产品出口欧洲达成和解并形成价格承诺。价格承诺在一定程度上削弱了中国光伏产品在欧盟市场的竞争力，但是却使得国内光伏行业避免了遭受欧盟高额反倾销税有可能带来的巨大不利影响。受益于良好的外部环境，我国光伏发电产业将迎来历史性发展机遇，也给海西州的太阳能发电产业带来了重大发展机会。

三 面临的挑战及问题

海西州在建设国家太阳能发电基地进程中虽然有着资源条件、产业基础、交通便利的有利条件，但与此同时还面临着光伏产业规模化程度低、发电并网困难、相关配套政策需完善等诸多挑战或问题。

（一）电网短板制约成为基地建设的最大问题

尽管海西州太阳能发电项目电网接入条件落实较好，但接大电网的空间很小，已接近大电网安全运行上限。太阳能发电项目建设周期短，配套电网建设周期长，使得太阳能发电项目与配套电网项目投产不同步，造成并网难，电网短板制约使电网并网输送能力受限。"十二五"期间海西光伏发电规划容量为 4000 兆瓦，但企业申请装机容量现已超过 8000 兆瓦，与目前确定的并网吸纳容量形成巨大反差，太阳能发电并网已成为亟须解决的突出问题。

（二）缺少完善的产业扶持政策

目前，补贴仍是光伏产业产业化生存的唯一土壤。海西州区域经济基础相对东部沿海发达地区薄弱，无能力出台相关配套政策、相应的太阳能发电产业扶持政策，在消防公共设施、防雷检测等费用减免、税收、信贷、价格和补贴等方面政策缺失。

（三）光伏产业园区基础设施建设亟须加强

海西州光伏产业发展时间短、速度快，太阳能发电产业园区公共设施建设滞后，太阳能发电聚集区的道路、供排水、通信、防洪等配套基础设施建设尚不完善。

（四）光伏产业规模化发展水平低

现有光伏企业数量多，发电规模、建设质量和应用技术参差不齐，不利于光伏产业规模化、规范化发展，对大电网安全运行也不利，隐患较多。

（五）分布式太阳能光伏发电建设推动力不足

海西州分布式新能源建设主要为无电地区的独立太阳能光伏电站、屋顶光伏、新能源路灯和信号灯、光伏提水灌溉等。2013 年是"碳交易"最后一年，也是国家金太阳工程财政补贴的最后一年。2013 年 8 月国家发改委下发的《关于发挥价格杠杆作用促进光伏产业健康发展的通知》中，对分布式光伏发电电价补贴为每度电 0.42 元。但由于青海省财力有限，地方无相关补贴政策，致使海西州分布式光伏发电建设在国内无竞争优势。

四 海西州建设国家太阳能发电基地的政策建议

海西州与我国东部地区相比经济基础薄弱，人口较少，存在气候条件恶劣、设备运输周期长、技术人员匮乏等诸多制约光伏发电基地建设持续发展的问题，外部环境（如电价补贴、信贷、设备价格浮动等）对光伏发电基地建设的发展影响较大，为更好地保持光伏发电基地建设的良好发展势头，迫切需要一定的扶持政策。

（一）需国家及有关部委政策扶持的建议

1. 尽快审定《柴达木盆地太阳能发电基地规划》

《柴达木光伏发电基地建设规划》2011年初编制完成后上报国家，尚未获批。新能源地区规划国家审定后，海西州新能源项目建设将纳入国家新能源重点项目建设范围，项目的审批、电价补贴及并网问题能够从国家层面上得以解决。因此，省有关部门应尽快积极和国家对接，争取国家对《柴达木盆地太阳能发电基地规划》的审定批复，尽快将建设海西州国家太阳能发电基地上升到国家新能源发展战略层面。

2. 对太阳能发电的荒漠化用地制定新的管理办法

太阳能发电项目用地相对较多，与投资相同的其他工业项目相比要多4倍以上。海西州太阳能发电规划项目用地80%以上是未利用地中的荒漠、戈壁、盐碱滩地，不占用农田、林地和草地。目前土地年利用额度和征收费用，由国家和省土地部门监管，就这部分土地占用制定新的管理办法，适当放大额度，并给予无偿划拨或现行土地征用款10%征收的优惠政策。

3. 在并网检测等服务、支撑电源点、外送通道建设方面给予扶持

新能源建设的发展，离不开配套电网的建设，更离不开优质的接入系统方案、并网检测、调试等服务。海西州地处偏远，域内消纳能力有限，建议：一是加快青海省750千伏以上特高压外送通道的建设，支持海西境内750千伏环网架建设；二是为保障海西域内电力安全和外送稳定，需加快支撑电源点建设（如神华格尔木4×66万千瓦、华能鱼卡4×66万千瓦等燃煤项目都已上报至国家待批）；三是由于项目建设经营环境条件差，在提供优质的接入系统方案、并网检测、调试等服务的同时，适当降低收费额度，国家给予适当补贴。

4. 对新能源电力消纳，国家应给予政策支持

太阳能发电的迅猛发展，使海西州电力就地消纳存在一定困难。尽管海西州已成为全省工业发展的重点区域之一，但海西州高载能产业很少，产业结构决定本地电力消耗能力有限。柴达木循环经济试验区百项重点项目中，除金属镁一体化和钢铁一体化外，其他项目能源消耗较少，可提供的电量消纳增量有限。从甘肃、宁夏等地的经验看，建设特高压工程，把电力送到负荷中心，实现更大范围的资源配置，才能解决新能源电力消纳的问题。因此，国家应在政策上予以支持，在改善当地大电网结构、配套支撑电源建设不足、加强支撑电源建设的同时，建立跨区消纳机制，合理输送并网，增强外送能力，保证太阳能发电整体开发规模与电网消纳能力协调发展。

（二）需省上及有关部门扶持的建议

1. 及时出台有关部门收费减免的支持性政策和征收标准

比对青海税收优惠政策，对消防公共设施费、防雷检测费、水土保持费等新能源建设相关的收费给予减免。同时，对征收费用模糊的，出台地方执行细则（如防雷检测费按规模区域区分征收）。

2. 加大对新能源技术研发、园区建设等项目的财政支持力度

太阳新能源发展主要靠电价补贴支持的推动，其次靠技术研发、设备本地化。以江苏省的电价补贴扶持政策为例，新一轮光伏发电扶持政策执行时间区间为 2012～2015 年，此期间新投产的非国家财政补贴光伏发电项目，不分地面、屋顶或建筑一体化，将上网电价确定为每千瓦时 1.3 元。江苏电力公司将全额收购光伏发电的上网电量，按照政府价格主管部门确定的上网电价与企业及时结算。青海省也需要有类似江苏的扶持政策来激励新能源发电项目的建设。与西北的陕西、甘肃相比，青海省的新能源技术研发、新能源园区基础设施配套、资源勘查、装备本地化进程都很落后，新能源园区基础设施建设只是主干道路保障。青海省内还没有实质性地运作的新能源研发技术中心，各院校还没有系统的新能源人才专业设置，新能源装备的本地化进展很慢，这些都不足以吸引项目建设企业的目光。应及时出台相关促进政策，利用财政扶持和企业融入的方式加快发展。

3. 加大对分布式新能源建设的扶持

国家即将出台度电补贴政策而不是以往的投资补贴（"金太阳工程"为代表），执行度电补贴每度电约在 0.35 元，加上地方脱硫电价，青海省分布式发电补贴每度约 0.71 元（0.71 元／千瓦时），国家分布式光伏执行度电补贴，每度电补贴为 0.42 元，与东部的江苏（1.3 元／千瓦时）差距较大。虽然国家电网公司将为分布式光伏发电项目业主提供接入系统方案制定、并网检测、调

试等全过程服务，不收取费用，但这是共享的国家政策。另外，海西州分布式项目受建设方式少、面积总量小、运距远、建设期短、技术工人短缺等制约，分布式新能源建设执行此电价补贴便再无竞争优势，青海应制定分布式项目享受不低于同类大型并网发电项目的财政补贴。

4. 加大区域智能电网建设支持力度

智能电网建设是太阳能上网强有力的支持和重要保障，为实现大规模新能源安全高效利用，应以智能电网为支撑。建设坚强智能电网不仅有利于促进大型太阳能发电基地开发消纳，也有利于促进分布式电源的发展。国家电网公司2013年"两会"提出，到2015年，初步建成坚强智能电网；到2020年，全面建成坚强智能电网。青海省应加大投资力度，加快智能电网建设工程，加大支撑电源建设，在格尔木、德令哈谋划布局和建设配套光伏产业发展的煤电和燃气发电项目与建设坚强智能电网与新能源发展紧密结合，采取多种措施保障新能源发电的并网、输送和收购。

参考文献

《2012 全球太阳能光伏产业发展报告》，OFweek 太阳能光伏网，2012 年 5 月 25 日，http：//www. itdcw. com/archives/58282。

马光明：《加大电力外送力度　消纳甘肃新能源》，人民网，2013 年 3 月 11 日，http：//energy. people. com. cn/n/2013/0311/c71661 – 20749697. html。

光伏产业调研组：《回答当前光伏产业几个问题》，《经济日报》2012 年 7 月 10 日。

《智能电网建设工程进度变快　各地方加大投资力度》，工控网，2013 年 5 月 13 日，http：//www. gkzhan. com/news/detail/33474. html。

《解析〈国务院关于促进光伏产业健康发展的若干意见〉》，中国电力网，2013 年 7 月 16 日，http：//www. chinapower. com. cn/article/1244/art1244401. asp。

海南州打造东连西接绿色产业集聚发展桥头堡的调查研究

苏海红　王佐发　德青措*

摘　要：

根据青海生产要素呈现区域差异大、空间分布广、配置效率弱等特点，突出区域间产业联动、错位竞争、功能互补的理念，积极培育区域新增长极对提升青海整体竞争力具有重要意义。海南州居于三江源自然保护区和青海湖自然保护区，地处青海牧区与东部农业区连接地带，既具有承东接西、辐射青南的中心地位，也是青海藏区人流、物流、信息流的重要枢纽地区，打造东连西接绿色产业集聚发展桥头堡的优势十分显著。本文通过 SWOT 分析，提出了提升海南州绿色产业集聚发展能力、强化基础建设保障能力、建立绿色优势产业体系、拓宽产业集聚发展空间等一系列对策建议。

关键词：

海南州　绿色产业　集聚发展　桥头堡

产业集聚区是促进工业化、城镇化、信息化和农业现代化协调发展，构建现代产业体系、现代城镇体系和自主创新体系，实现科学发展的有效载体和重要依托，是转变发展方式的战略突破口。作为我国重要的资源和能源储备基

---

* 苏海红，青海省社会科学院副院长、研究员，研究方向：区域经济；王佐发，海南州委政策研究室主任，研究方向：区域经济；德青措，青海省社会科学院经济所助理研究员，研究方向：民族经济。

地、重要的水源涵养生态区以及少数民族聚居区，青海生产要素呈现区域差异大、空间分布广、配置效率弱等特点，突出区域间产业联动、错位竞争、功能互补的理念，培育多个区域经济增长极，探索各具特点的区域发展路径，对提升青海整体竞争力和实现协调可持续发展具有重要而深远的意义。近年来，海南州凭借自然地理和资源优势，着力通过绿色产业集聚发展提升区域发展实力，着力通过夯实基础创建民族团结进步先进区，打造青海东连西接的桥头堡，对培育全省区域经济新增长极具有重要意义。

一 海南州打造东连西接绿色产业集聚发展桥头堡的意义及形势分析

海南州地处东部城市群与三江源区、柴达木地区三个差异悬殊、各具特色的区域板块之间，独特的承东接西、辐射青南的区位优势和人文优势，使海南州在打造全省区域发展桥头堡和新增长极方面具有特殊的地位。

（一）有利于区域协调发展

青海区域发展不平衡的问题较为突出。生产总值中西宁市占比接近50%，海西州占比为30%左右，而海南州和果洛州占比分别约为5%和2%。未来要同步与全国建成小康社会和形成分工合理、各具特色、优势互补、良性互动的区域协调发展格局对新青海建设而言极其重要。因此，基于海南州的区位优势，打造东连西接绿色产业集聚发展桥头堡，不仅能促进东部地区与三江源区、柴达木地区的有效互动，也有利于整合资源要素培育全省区域发展新的经济增长极，推动全省各区域间协调发展，保持藏区经济持续发展和社会长治久安。

（二）有利于构筑绿色产业集聚和市场链接的通道

海南州依托丰富的农牧、水电、矿产、旅游、中藏药、风能和太阳能等优势资源，已形成绿色产业集聚发展的五大生态农牧业园区、四大工业园区以及贵德旅游综合开发区。向东面临着东部城市群城镇化加速推进和现代农业发展的契机，向西可承接国家级柴达木循环经济试验区绿色产业的转移与合作，向南承担着三江源区生态建设和民族团结以及丰富农牧资源开发的重任。海南州打造东连西接绿色产业集聚发展桥头堡，依托三江源区聚集生态农牧业、农畜产品加工业、新能源产业、旅游产业等绿色产业，面向市场承接东西、东南之间的资源配置、产业转移和文化交流，有效构筑和打通青海省东部与西部、南部间绿色产业集聚和市场链接的通道，对全省"三区"建设具有重要意义。

（三）有利于社会文化的交融发展

海南州地处农牧叠替地带，在历史长河中形成了以宗日文化、齐家文化、马家窑文化等为代表的特色历史文化，集农耕文化和安多游牧文化为一体的民族民间文化以及多宗教文化等资源，在东部城市群、柴达木地区与三江源区、环青海湖区之间的区位优势和文化交融优势明显。加强海南州承东接南联西的桥头堡建设，利用其与西宁"一小时经济圈"的区位优势，不仅能加速社会各要素在青海东部、柴达木与青南地区间的流动，加快三江源区的社会建设和民生改善，有利于社会稳定和谐发展，也有利于推动海南特色多元文化的发展，为农耕文化和游牧文化交融发展搭建更为广阔的文化长廊。

（四）有利于推进生态文明建设

作为全国重要水源涵养地和生态屏障区，海南州不仅自身生态地位重要，也是连接东部重点开发区和三江源重要生态功能区的特殊区域，更是维系青藏高原东北部生态安全和控制西部荒漠化向东蔓延的天然屏障。通过海南州现代农牧业示范园区建设和新能源为代表的绿色产业集聚发展构筑桥头堡，将生态文明建设贯穿于发展全过程，通过寻求资源开发和经济转型发展的科学路径，充分发挥海南州在推进全省生态文明进程中的特殊作用。

二　SWOT 分析

海南州打造东连西接绿色产业集聚发展桥头堡的优势大于劣势、机遇大于

挑战，不仅有效推进藏区经济社会发展，更有利于通过发挥集聚效应培育全省经济发展的新增长极。

（一）优势（S）与劣势（W）

1. 优势

（1）区位与基础优势明显。海南州州府距西宁 144 公里，交通便利，青藏、青康、西久三条国道公路干线横贯全境，全州地跨三江源自然保护区和青海湖自然保护区，地处青海牧区与东部农业区连接地带，既具有承东接西、辐射青南的中心地位，也是青海藏区人流、物流、信息流的重要枢纽地区。近年来，海南州整体经济发展速度明显加快，发展质量不断提升，基础设施和城镇建设以及发展环境加快改善。2012 年，海南州生产总值 104.35 亿元，同比增长 14.1%；公共财政预算收入 4.37 亿元，增长 17%；全社会固定资产投资 78.04 亿元，增长 35.7%；城镇居民人均可支配收入达 16557 元，增长 13%；农牧民人均纯收入达 6128 元，增长 17%；城镇化率达到 38.29%，同比增长 8.22%。

（2）自然生态资源丰富。海南州地处青海湖南侧的黄河上游地区，黄河横贯境内五县，流长 300 多公里，还有青根河、倒淌河、黑马河、茫拉河、曲什安河、大河坝河、巴曲河等，境内有被称为"草原门户"、"西海屏风"的日月山和"高原明珠"的青海湖，成为三江源国家生态保护综合试验区和青海湖自然保护区的腹心区域，生态地位极其重要，且旅游资源丰富。全州拥有 5000 万亩的天然草场和生态良好的 150 多万亩耕地，是全国唯一的生态畜牧业可持续发展试验区，可持续发展的意义重大。境内铜、铅、锌资源储量位居全省前列，蕴藏着极为丰富的水电、风能、光能、地热能资源，成为支撑全省经济社会跨越发展的重要力量。

（3）绿色产业发展突出。近年来，海南州在大力发展水电开发、有色金属开采、农畜产品加工和旅游业四大支柱产业，积极培育绿色有机食品、纺织、医药、建材以及风能、太阳能、生物质能等新兴产业的基础上，着力完善基础设施和加大园区建设，为绿色产业和战略性新兴产业的发展集聚搭建了有利平台，初步建成了共和生态农业示范园区、贵德休闲农业科技示范园区、兴海有机畜牧业示范园区、贵南草产业示范园区、同德良种牦牛繁育示范园区"五大现代农牧业示范园区",恰卜恰绿色产业园区、江苏工业园区、贵德文旅商贸加工园区、兴海有色金属工业发展区"四大工业园区"以及贵德旅游综合开发示范区具有特色鲜明、优势互补、资源集中等特点,为海南州绿色产业的集聚发展奠定了良好基础。

(4)综合发展潜力巨大。海南州境内不仅生态资源、动植物资源、自然资源和人文资源丰富,面向未来发展的重要新能源(如水电、风能、光能资源)尤为丰富。全州新能源互补优势明显,有望成为青海省重要的风—光—水互补新能源基地;州内有全国唯一的生态畜牧业可持续发展试验区,农业牧业互补优势突出,已成为青海省重要的沿黄河现代农业发展基地和生态畜牧业发展基地;全州列入青海三江源国家生态保护综合试验区范畴,部分县列入青海湖流域生态环境保护与综合治理工程,有望成为青海省五大文明建设的先行试点区域;全州民族文化底蕴深厚,和谐社会建设基础良好,已成为青海省民族团结进步和文化旅游融合发展的示范区;青海湖机场项目的实施,将全面带动海南州经济社会跨越发展,海南州有望成为全省经济社会发展的新增长极。

2. 劣势

(1)综合竞争力弱。随着农牧业、工业化、城镇化进程的加快,海南州经济社会综合实力进一步增强。但由于经济发展方式单一、特色主导产业主体培育、基地建设滞后,新兴产业尚处于起步阶段,民营经济比重低且量小质弱,发展内生动力不足,资源开发效益不高,农牧业集约化、规模化、产业化进程较缓慢,城乡基础设施配套程度低,推动信息化和工业化深度融合、工业化和城镇化良性互动、城镇化和农业现代化相互协调的制约条件多,综合竞争力较弱。

(2)带动辐射力不足。虽然在青海省"四区两带一线"区域新格局中,海南州区位优势突出,在沿黄河发展带中成绩显著,但受体制、交通、资金等因素限制,作为全省东部地区、环青海湖地区、三江源地区和柴达木地区的重要连接区域,区位优势没有得到充分发挥,与周边区域的联动发展不强,带动辐射面小,资源配置能力较弱。

(3)集聚能力有待提升。近年来,海南州加快园区建设,促进生产要素

集聚和城镇化进程,由于尚处于起步阶段,加速工业发展和产业培育方面缺乏抓手和平台,基础设施建设明显滞后,产业园区人力、科技、资金等生产要素集聚效应不高,特别是立足三江源区发展绿色产业、培育产业集群的能力还需进一步提升。

(二)机遇与挑战

1. 机遇

一是政策机遇。为进一步优化全国生产力布局结构,中央将青海藏区的又好又快发展纳入国家战略,实施了针对藏区发展的各项扶持政策,批准建立了三江源国家生态保护综合试验区,为海南州加快推进基础设施建设、民生改善、特色产业培育、生态保护与环境建设带来政策机遇。二是产业转移的承接机遇。近年来,青海省委、省政府将海南州作为黄河沿岸资源开发的新经济增长极进行全面培育,随着我国东部沿海地区产业向中西部地区转移步伐加快,特别是"江苏工业园"建设,为海南州积极承接国内外的电子、化工、装备制造、生物医药等产业转移,优化产业分工带来难得机遇。三是绿色转型的特殊机遇。在全球经济转型发展的大背景下,面对不可替代的生态地位和生态资源,特别是在生态农牧业、农畜产品加工、民族文化产业和高原旅游业以及新能源等战略性新兴产业发展方面具有资源优势和发展优势,海南州在绿色经济转型方面呈现独特的发展机遇。四是城镇化加速推进的机遇。未来一段时间中央将加快推进城镇化进程,海南州与其他藏区相比,城镇化推进中在承接东部地区和三江源区转移人口和要素配置方面有着先天优势和条件。

2. 挑战

一是竞争激烈。随着全省各主体功能区建设的加快推进,省内区域间的竞争更趋激烈,加之发展环境日趋复杂,海南州将面临更广领域、更大范围的竞争和挑战。二是缺乏有针对性的制度安排。尽管海南州区位、生态、资源优势凸显,但与周边区域相比,由于缺乏有针对性的宏观定位和倾斜政策,发展特色还不是十分突出。三是发展环境容量有限。特殊的生态地位和自然环境,使海南州在发展中更注重生态环境因素,特别是高资源消耗、高载能和高污染行业面临更加严格的资源环境门槛和转型要求。四是人才和资金匮乏。人才、资金、技术、信息等生产要素相对匮乏，加之在科技、研发、信息等方面的投入不足，生产要素创新力面临较大挑战。

三　海南州打造东连西接绿色产业集聚发展桥头堡的思路与定位

打造绿色产业集聚发展桥头堡，不仅要立足海南州的实际特点和发展优势，培育和壮大自身发展活力，更要突出区域间产业联动、错位竞争、功能互补的理念，建立承东接南联西的绿色产业集聚发展内联外通、高效便捷的通道，构筑绿色产业集聚发展的内外部市场环境和发展基础。

（一）总体思路

海南州发挥在三江源区特色经济、绿色经济、生态文明、社会和谐等方面的突出优势，打造东连西接绿色产业集聚发展桥头堡，旨在以区域协调、科学发展为指南，加快推进新型工业化、城镇化、信息化和农业现代化，以产业联动、错位竞争、功能互补为主导，以培育青海区域发展新的增长极为目标。着眼于三江源区生态保护与建设，建立绿色产业集聚发展区，积极承接、转移三江源区和其他地区的绿色产业，坚持低碳、绿色、集聚、创新的原则，创新体制机制，按照资源综合利用、循环利用和产业融合的要求，加快培育形成以农畜产品精深加工、生物制药、新材料、新能源、装备制造、有色金属采选加工、现代纺织和物流集散与特色农畜产品交易等为主的产业体系，打通青海东部、西部主要市场发展区与青南藏区的交通和市场连接通道，将海南州打造成为连接东部城市群、三江源区和柴达木地区，辐射青南藏区的绿色产业集聚发展桥头堡，人流、物流、信息流、资金流等新的生产要素集散地，以及推进全省"三区"建设的典型示范区。

（二）发展定位

一个核心——建设立足三江源面向全省的绿色产业集聚发展区。

两个通道——构建以海南州域为中心的内联外通和高效便捷的市场通道、

交通通道。

三个示范区——积极推进生态文明先行区、循环经济发展先行区、民族团结进步先进区建设，使海南州成为青海省藏区推进"三区"建设的典型示范区。

四个基地——打造生态农牧业生产基地、特色资源加工基地、新能源发展基地、文化与旅游业融合发展基地，使海南州成为立足藏区面向全省的人流、物流、信息流、资金流等生产要素集散地。

（三）产业集聚区的总体布局

建设海南州绿色产业集聚发展区按照"一区六园"进行建设布局：依托恰卜恰现有工业基础，建立以有机食品与生物制药、装备制造、新材料、新型建材、纺织为主的恰卜恰工业园；依托江苏省对口援建，建立以承接江苏等东部发达地区产业转移，发展生物产业、新材料产业、装备制造及信息产业为主的江苏工业园；依托丰富的风能、太阳能资源，建立以风、光等清洁能源和节能环保产业开发为主的共和塔拉滩、贵南木格滩新能源产业园；依托共和县恰卜恰交通优势和区位优势，加快商贸流通及物流产业园区建设，建立连接青海省东部地区、西部地区，辐射青南，以三江源区特色产品仓储、交易为主的共和商贸物流园；依托贵德旅游开发示范区建设，建立开发以民族旅游商品为主的贵德文化旅游生态产品加工园；依托兴海等地丰富的有色金属资源，建立以铜、铅、锌等有色金属采选加工为主的兴海有色金属采选加工园。

推动产城一体、实现企业生产生活服务社会化是产业集聚区的功能特征。建设海南州绿色产业集聚发展区，应走产业和城镇融合发展之路，通过产业集聚促进人口集中，依托城镇服务功能为产业发展、人口集中创造条件，实现基础设施共建共享，完善生产生活服务功能，提高产业支撑和人口聚集能力，实现产业发展与城镇发展相互依托、相互促进。

（四）主要绿色产业

1. 生态农牧业

一是生态农业。充分利用沿黄河谷地独特的自然环境和较为丰富的耕地资

源，建设高寒旱作粮油、饲草料、中藏药材及反季节蔬菜与果品等基地。与周边区域合作，辐射带动周边地区生态农业，并结合东部城市群现代设施农业发展经验，打造青海省重要的高原特色绿色农产品生产基地。二是生态畜牧业。海南州农牧交错区域舍饲半舍饲圈养优势明显，以饲养青藏高原特有的藏系绵羊、牦牛为主，加快发展生态畜牧业步伐，加强专业合作社与龙头企业的合作，将绿色、有机畜产品推向国内外市场。

2. 绿色工业

一是农畜产品加工。依托海南州各县农牧资源以及三江源地区农牧资源，发展肉类、乳类、毛纺织类绿色有机产品，加快物流体系建设，鼓励和扶持园区农牧业龙头企业加大产品科技含量，提升产品质量，建设全省乃至全国绿色有机农畜产品加工基地。二是水电、新能源。加大水电资源、风能资源及地热资源的开发和利用，推进"风—光—水—地热"互补能源建设，将新能源成果广泛运用到东部城市群和三江源地区，建成全省重要的新能源基地。三是民族手工艺品。充分挖掘海南州和三江源地区的民族文化资源，开发出具有民族特色且具有市场潜力的产品，如石雕、藏绣、民间布贴画、毛纺织品、民族服饰、宗教文化用品等，将民族手工艺品推向国内和国际市场。

3. 生态服务业

一是生态自然观光旅游。整合青海湖自然风光、黄河自然风光、藏区草原自然风光、青海新能源基地自然风光、藏区山水自然风光等资源，结合市场需求，开发出满足不同客户需求的自然观光旅游线路，打造具有青海地域特色的新旅游品牌。二是民族生态文化旅游。海南州具有多元宗教文化，结合民间文化节庆、展会以及大型国家体育赛事活动，可联合东部城市群和三江源区的宗教文化资源，开发佛教文化旅游、伊斯兰教文化旅游、多种宗教文化节庆旅游等线路，联合打造出集观赏、美食、娱乐、采风、摄影等为一体的多元高原民族风情旅游。

四 海南州打造东连西接绿色产业集聚发展桥头堡的对策建议

打造东连西接绿色产业集聚发展桥头堡，应以规模化、园区化、集群

化、循环化为重点，以区域经济间的产业联动、功能互补、错位竞争为方向，增强区域发展特色，加快推进新型工业化、城镇化、信息化和农业现代化。

（一）加大政策推动，培育区域经济发展新增长极

当前，青海各地区之间的经济合作取得了一定成效，但由于协调机制不够健全，产业布局与发展趋同，各地经济更多地表现为竞争，公共资源无法合理共享，特别是除东部城市群和柴达木地区外，其余地区的特色优势不显著。只有加强黄河上游沿岸地区与周边地区之间的政策协调和区域交流，才能打造青海藏区和中部地区新的经济增长极。一是重新把握海南州在全省的功能定位，制定打造东连西接绿色产业集聚发展桥头堡在区域内部和区域之间实施差别竞争的有效措施，有规划地制订产业布局和发展计划，建立有效的资源共享机制和利益分配机制，促进海南州特色经济和比较优势的不断创新和发展。二是将生态文明建设和发展绿色产业作为打造东连西接绿色产业集聚发展桥头堡的重要内容，坚持工程治理与自然修复相结合的原则，在完成三江源区和青海湖流域生态工程的基础上，积极促进生态有机畜牧业等绿色产业的集聚，努力实现经济增长与生态保护的双赢。

（二）创新体制机制，提升绿色产业集聚发展能力

充分利用现有政策机遇，创新体制机制，通过绿色税收、绿色贸易、绿色信贷等形式，吸引对口支援的江苏省、东部城市群的企业入驻海南州各园区，提升海南州和三江源区绿色产业集聚发展能力。一是打破行政区限制，以市场为导向，克服绿色产业集聚发展过程中的小规模重复建设和重复投资问题，加快产业规模化和集约化。二是完善市场机制，进一步健全公共服务体系，促进主导产业、关联产业和基础产业的配套，构建完善的企业服务体系，降低交易费用，促进产业集聚发展。三是从城镇规划、土地管理、人力资源开发、基础建设和信息服务方面加大投入，改善园区公共服务创新体系的基础条件和优化创新环境，为各类市场主体平等参与市场竞争创造良好环境。四是尝试建立吸引人才的激励机制和分配机制，通过政府引导和鼓励企

业采用高薪和股权来吸引和激励高级专门人才，改善吸引人才的生活环境和配套的生活服务设施。

（三）发挥区位优势，强化基础建设的保障能力

海南州要充分利用兰西格交通大动脉优势，加快交通、物流、电力、通信、信息、城镇公共设施等基础设施建设，需进一步推进水、电、路等基础设施建设的网络化、配套化、等级化、功能化，构建青海中部地区以海南州域为中心的内联外通和高效便捷的市场通道、交通通道，为打造东连西接绿色产业集聚发展桥头堡提供重要保障和强有力支撑。一是加快建设海南州至东部城市群、柴达木地区、三江源地区的交通干线公路，做好资源开发区域和产业园区的连接道路建设，支持绿色产业发展。二是推进黄河沿岸水利综合开发，加快农牧区水利、园区供水等水利建设，提高绿色产业发展的水资源保障能力。三是加快黄河上游水电资源开发，建成大中型水电站，大力推进电网建设及太阳能、风能、地热能等新能源基地建设。四是根据"四化"同步发展的要求，将信息发展与城镇发展、农牧业发展及新型工业发展紧密结合起来，推进绿色产业发展信息化建设，大力建设海南州与东部城市群、柴达木地区、三江源区农牧区及企业互联网建设，积极发展电子商务，推动绿色产品网络营销，创建绿色品牌。

（四）调整经济结构，建立绿色优势产业体系

海南州正处于传统农牧业向现代农牧业转型的重要时期，需进一步调整经济结构，构建绿色优势产业体系。一是推动农牧业产业化发展，逐步探索以农牧民为内在动力、中介机构为纽带、专业合作社为支撑、园区建设为保障的推进模式，加快高原生态农业、生态畜牧业发展。二是加快绿色工业集聚园区建设，依托三江源区的资源优势推进区域合作，以循环经济发展理念，完善相关配套设施，引进东部城市群和柴达木地区的人力、技术、资金等要素，加快发展农畜产品加工、水电、新能源、民族手工艺以及中藏药材加工业、新型矿产资源和建材资源开发等低碳工业，把海南州建设成全省重要的绿色工业增长极。三是强化旅游业的综合功能，加强以贵德为基础旅游资源、面向三江源旅

游资源的一体化开发，强化旅游与文化资源的融合度，打造满足不同客户的旅游线路，大力发展充满多元文化活力与高原风光魅力的藏区旅游业。

（五）完善城镇体系，拓宽产业集聚发展空间及领域

打造东连西接绿色产业集聚发展桥头堡，需要不断完善城镇服务功能。一是加快共和县、贵德县撤县建市进程，推进海南州的兴海县、同德县、贵南县的特色城镇建设，以贵德、恰卜恰为核心，以交通干线城镇、环湖城镇为支撑，加快城乡一体化进程，加速人口、要素和产业集聚，不断加强城镇化进程与产业化发展的协调。二是将城镇化拓展与绿色经济集聚发展区主导产业选择相衔接，将桥头堡建设纳入城镇总体规划，与城镇建设、土地利用、交通环保、消防治安等规划相衔接，解决好桥头堡建设同城镇社会、经济、生态环境综合协调的问题，有助于海南州形成比较优势显著、产业特色突出、市场竞争力强劲的产业集聚区。三是将产业集聚发展与推进各项社会事业相衔接，依托产业的集聚发展，大力推进海南州公共服务在教育、医疗卫生、就业和社会保障、文化体育等方面的建设，逐步建立以政府主导、市场引导、社会充分参与的基本公共服务供给机制。

（六）加大金融支持，促进发展方式转变

政府、金融机构、企业三方面应联合起来提高对海南州绿色产业集聚发展桥头堡的支持力度，推动产业成长和集聚升级。政府层面，一方面积极制定金融优惠政策，加大金融创新力度，设立产业发展基金，创新信贷业务，提高企业融资效率，提高政府对产业集聚发展区的支持力度；另一方面发挥财政引导效益，落实财税支持节能减排政策措施，推动产业向科技含量高、竞争能力强、资源消耗低、环境污染少的方向发展。金融机构层面应了解建立海南州绿色产业集聚发展区对资金的需要，针对不同产业集聚的不同发展阶段，为绿色产业集聚发展提供便捷服务。企业层面应积极拓展融资渠道，在申请银行贷款的同时，积极采取其他方式进行直接融资。

（七）注重科技和文化开发，提升区域品牌知名度

科技开发和文化建设是助推区域经济提升品牌的重要因子。一是建立健全

科技服务体系，提高科技成果的转化应用水平。围绕主导产业和优势产业，实施重大科技专项攻关，提升核心关键技术研发能力；有序推进"三网融合"，使信息技术在区内深入发展；围绕生态保护与建设，加大科技服务生态力度，促进生态保护与经济建设的双赢。二是充分挖掘多元文化发展内涵。不断提高旅游业服务层次和水平，促进文化资源与旅游资源的融合度，创造突出海南州多元文化特点的旅游产品；加强旅游业对相关行业的带动作用。

B.27

海北州培育农牧业新型
经营主体调查研究

马生林 李永福*

摘 要:

青海省海北州利用区位优势与丰富的农牧业、物种等资源,紧抓藏区跨越式发展的有利时机,不断探索农牧业新型经营主体发展之路,取得较好成效,在青海具有一定的典型性。本文在对其发展现状进行实地调研的基础上,通过分析存在的主要问题,提出了"以区定业,体现特色"、"强化主体,规范体制"等较为可行的对策建议。

关键词:

海北州 农牧业 新型 经营主体

近年来,海北州一大批农牧业合作组织通过农牧民自我组织、自我管理、自我服务、自我受益的新型经营主体,加快转变农牧业发展方式,开展以专业合作组织为载体的农牧业集约化经营,逐步解决在其发展中所面临的诸多问题,使广大农牧民群众从中得到了实惠。但随着农牧业新型经营主体变化和产品的有机化与多样化,海北州农牧业生产与经营规模依然狭小、农牧户与市场需求之间的矛盾日益凸显,"瓶颈"因素制约着有序发展。这既是当前农牧民群众和社会各界极为关注的突出问题,也是一项亟待研究的新课题。

---

* 马生林,青海省社会科学院经济研究所研究员,研究方向:生态环保与资源开发;李永福,中共青海省海北藏族自治州委政策研究室副调研员、州委农牧区工作办公室副主任,研究方向:农牧业经济。

一 海北州农牧业新型经营主体发展现状

海北州目前农牧业新型经营主体主要有三种形式：一是各种专业合作社，二是家庭农牧场，三是农牧业企业。这三类新型经营主体在政府引导和相关资金扶持下不断积累经验，呈现良好的发展态势。

（一）专业合作社在经营主体机制中实现了广覆盖、多类型、宽领域发展

从 2008 年开始，海北州传统农牧业逐步向集约化、有机化、合作化和产业化方向发展，农牧业新型经营主体迅速发展，前景广阔。截至 2012 年底，全州农牧民专业合作社达到 440 家，入社成员 15562 户，带动非成员农牧户 21520 户。从整个发展态势来看，农牧业新型经营主体发展较快，主要体现在以下三个方面。

一是覆盖面广。全州 214 个行政村已实现农牧业新型经营主体全覆盖，平均每个村（牧）组建合作社 2 个以上，其中仅海晏县金滩乡姜柳盛村先后成立的各类合作社就达 8 个。

二是类型多样。农牧民专业合作社按照领办主体模式，主要有能人牵头型、村两委牵头型、农牧民自愿联合型与农牧企业带动型四种，分别占合作社总数的 10%、24%、63% 和 3%，形成"能人 + 合作社 + 农牧户"、"村两委 + 合作社 + 农牧户"、"党支部 + 合作社 + 联户小组 + 农牧户"、"龙头企业 + 合作社 + 农牧户"等体制结构，组建形式具有自由、灵活、多样化的模式特点。实践证明，这种类型是行之有效的。

三是领域广泛。培育农牧业新型经营主体涉及农牧区各产业领域，按照农牧户合作社从事的主导产业划分，主要有种植业、养殖业、渔业服务业、农畜产品加工销售、农机服务等五大类，分别占农牧合作社总数的 14.8%、60.7%、10.9%、10.5% 和 3.1%。这些合作社起初以零星的协会形式，从较单一的牛羊育肥贩运开始，经几年发展，如今不但遍布全州各乡村，而且扩展为农畜产品生产、加工、销售、综合服务等一体化发展，经营领域逐步拓广，

产业链不断延伸,逐步呈现组织形式自由化、经营产业灵活化的多元发展格局。

(二)家庭农牧场在培育新型经营主体中向专业性、集约式、规模化发展

截至 2012 年底,海北州家庭农牧场达到 15694 户,其中家庭农场 352 户、家庭牧场 15342 户。家庭农场主要集中在门源县,共拥有耕地 39379 亩,经营 50~99 亩的 285 户、100~299 亩的 48 户、300~499 亩的 7 户、500~999 亩的 11 户、1000 亩以上的 1 户,家庭牧场主要分布在祁连、刚察、海晏县的牧区及半农半牧区,其中分布在牧区的占 65%。从单户养殖规模来划分,年养殖出栏 200~499 只羊单位的有 7890 户、500~1000 只羊单位的有 7452 户、5000 只以上羊单位的有 1000 户。这些农牧场主要从事粮油和牛羊为主的规模化、专业化种植与养殖,也有部分进行饲草料和畜禽等特色种植业与养殖业。

在种植业家庭农牧场中,都有一定的技术和农田基础设施,机械化程度达 85% 以上。在养殖业家庭农牧场中,以牦牛、藏细羊等优势畜种为依托,建有规模化的舍饲养殖小区,实行基地化生产,畜用暖棚、围栏、药浴池、饲草料基地、水电等设施配套均按标准化建设。这些经营户有一定的专业知识和实践技能,大多具有初中以上学历,60% 被评为科技示范户,40% 多获得绿色证书。他们正在成为农牧区有文化、懂经营、善管理的新型经营者。在这些家庭农牧场的辐射带动下,各地已建成一批具有专业化、规模化的粮油生产基地、高原牦牛和藏羊繁育养殖基地,发挥着引领、示范作用,成为推动海北州现代农牧业和产业化发展的新型主体。

(三)农牧业企业在培育新型经营主体中逐步实现快速、转型、产业化发展

截至 2012 年底,海北州涉农企业发展到 128 家,其中省级重点龙头企业 3 家、州级龙头企业 28 家。畜牧业产品经营企业 78 家,占涉农企业总数的 60.94%;种植业经营 35 家,占 27.34%;经营农机、科技服务 15 家,占 11.72%。尽管 90% 以上的农牧企业注册资产不足 500 万元,势单力薄,但总体数量由"十一五"末的两位数发展到目前的三位数,其速度逐年加快。大部分农牧企业立足当地优势,主要经营粮油和畜产品,已形成以牛羊肉、油菜籽、蜂产品、羊毛被、蘑菇采集与种植等为主的拳头产品。在经营形式上普遍实行了"龙头企业+基地+农牧户"的贸工农相结合、产加销一体化经营模式,与周边农牧户建起产销关系,在壮大优势产业、延伸产业链、促进产业升级、增加农牧民收入等方面有实质性突破。如祁连县的农牧业产业化生态园,把牛羊屠宰加工、洗净毛加工、乳制品加工、饲草料加工及地方特色食用菌加工等七大项目进行产业升级,使入驻园区的祁连亿达畜产肉食品公司以"公司+基地+农牧户"的运作机制,创造年收购加工牛羊肉8000多吨,产加销一体化经营规模不断扩大,实现产销两旺;还有刚察县的草原肉食品公司也与农牧户建有稳定的产加销关系,公司每年以优惠订单收购牛羊,年收购加工牛羊肉2000多吨,使其产品不但销往北京、上海、深圳等国内大都市,而且还远销沙特、科威特等国家。2012年州级以上龙头企业实现销售收入1.12亿元,其中千万元以上的有5家,由此表明海北州农牧业企业目前正处于数量型扩张期、成长型发展期和转变型提升期。

二 海北州农牧业新型经营主体的作用

近年来,海北州抓住土地流转这个关键环节,着力培育农牧业新型经营主体,使种养大户应运而生,融入市场。通过发展多种形式适度规模经营,初步探索出适合海北地区现代农牧业新型经营主体之路,其成效在青海较为突出,作用明显。一是在技术、信息、资金、加工、购销等环节中,实行自我管理、自我服务、自我发展、资源共享和风险共担,逐步实现了农牧业新型经营主体的有序发展;二是对内主要是服务,不以赢利为目的,对外统一经营,面向市场,追求利润最大化,使传统农牧业有了质的飞跃;三是以利益为纽带,市场运作,民主决策,农牧民从中得到了实惠,参与的积极性很高;四是以产业为依托,逐步推进,对转变发展方式起到了推动作用;五是以合作为前提,能者牵头、多种形式、共同发展、利益共享、一举多得。从组建方式看,首先大致可分为养殖、种植或经销大户牵头,其次由龙头企业牵头,再次由流通领域组

织创收。

通过培育农牧业新型经营主体，激发了农牧民参与市场的积极性，使农牧民从中尝到了甜头，对产加销一体化经营有了初步探索，为青海同类地区提供了可借鉴模式。特别以自愿方式把各自为政的个体结成联盟，使资源有配置、生产有计划、销售有渠道，能提高农牧民的组织化程度，使其组织者直接与政府对话，代表农牧民反映生产经营中的意见和要求，为政府有效帮扶提供可靠依据。政府可通过这一载体，把"三农"问题中的意向、信息、技术等传递到千家万户，使其调控更加及时有效。

三　海北州农牧业新型经营主体发展中存在的主要问题

近年来，海北州在培育农牧业新型经营主体方面虽然取得了一定成效，但从整体来看，仍处于起步发展阶段，在构建集约化、专业化、组织化和社会化相结合等方面依然存在一些不容忽视的问题。

（一）特定人文价值制约，传统观念根深蒂固

农耕文化和游牧文化在当地影响深远，农牧民在经营中不注重成本控制和管理，农牧民的小农意识浓厚，小富即安、满足于自给自足、缺乏开拓精神等传统观念依然有待改变。因传统观念根深蒂固，对新事物或多或少有排斥和抵触情绪，直接影响着经营主体因素的合作、规划、销售等方面的大局。

（二）农牧区科技文化水平低，强化农牧民素质势在必行

据调查，目前海北州从事农牧业生产人员中，文盲或半文盲占48.26%，小学文化程度占30.2%，初中文化程度占15.67%，高中文化程度占2.3%。全州6岁及6岁以上人口平均受教育年限仅为7.36年，与我国8.4年的平均水平有较大差距。因农牧民文化素质较低，对科技含量高的新品种、新技术与新项目的接受和应用能力差，缺乏应有的风险意识，在发展中瞻前顾后，势必影响新型经营主体的培育。

（三）融资渠道狭窄，缺乏足够认识

现代农牧业是资金、技术密集型产业，资金投入是培育农牧业新型经营主体的前提。然而，海北地区金融组织体系相对来说并不健全，融资渠道狭窄是普遍现象，所需资金主要通过自身积累和民间借贷筹措。信贷管理体制不灵活，信贷期限和品种不能适应需求，金融部门心有余而力不足，致使后续产业发展无持续性。

与此同时，一些人对农牧业经营主体发展的必要性、重要性和紧迫性缺乏足够认识，不够重视，对早期合作化运动心有余悸，对当前农牧合作社组织存在认识上的误区。

（四）产业化程度较低，整体水平有待提高

整体来看，海北州现有的专业合作社和农牧企业产品结构单一、雷同，生产加工能力弱，绝大部分为简单的原料加工，产品附加值低。家庭农牧场生产经营只是区域化、规模化的种养殖业，直接出售活畜和原始材料，还没有一家形成产、加、销一体化的产业链，因而产业化程度及经济效益不高。目前，全州农牧区新型经营主体除了发展资金短缺、经营管理人员受文化素质等条件限制外，大多没有建立科学合理的运行机制和利益分配机制，在决策管理、生产经营、产品加工、市场营销等方面随意性较大，直接制约着现有新型经营主体的健康稳步发展。

四　加快培育和发展海北州农牧业
新型经营主体的对策建议

（一）以区定业，体现特色

一是着力培育三大产业，着眼于可持续发展，坚持保护生态和发展经济并重，依托畜牧业与旅游业两个示范区、四个工业集中发展区建设，大力发展高原现代生态农牧业和生态旅游业，壮大特色产业规模，提升发展水平，促进经济与人口、资源、环境相协调，实现绿色发展，加快培育农牧业新型经营主体

进程。二是提高农畜产品竞争力，扩大销售渠道。依靠科技，发展规模经营，把农牧专业协会办成"村办、集管、民受益"的新型合作组织，自觉把培育农牧业新型经营主体纳入各级政府重要日程，促成效、惠民生。三是利用原有房屋及圈舍，发展经济动物养殖业。根据相关规划，到2015年，建立祁连、海晏、门源、刚察四县藏獒、马鹿、梅花鹿、獭兔、雉类等主要品种的经济动物养殖基地6处，其养殖规模力争2000头（只）。依托青海湖、祁连山生态保护区的冷凉气候和野菜资源富集的优势，在有序开发蕨麻、鹿角菜、蕨菜、柳花菜、苦苦菜等高原特色野生绿色食品的同时，加速发展速冻菜、罐装菜、脱水菜和保鲜菜。着力培养其龙头企业，到"十二五"期末，扶持6~8家野菜综合加工企业，年加工各类野菜10万公斤以上。

（二）强化主体，规范体制

一是加大培育各类新型经营主体力度，发挥县乡村各级土地、草场流转服务机构作用，优化配置农牧业生产要素，引导农牧民联合经营、股份合作、家庭农牧场、专业合作社、涉农企业等多种组织形式的规模经营。二是创办一批适合当地特点、符合农牧区市场要求的农牧业新型经营主体，依托各县农牧业产业园建设，重点扶持一批产、加、销一体化经营的产业化龙头企业。三是针对各新型经营主体，特别是刚刚起步的各类专业合作社和涉农企业制度不完善、机构不健全、管理不规范的问题，开展规范化示范社区建设，做到边发展、边指导、边规范，促其有序运行。四是利用州县党校、职业技术学校、劳动力培训机构等社会培训资源，提高农牧场主、专业合作社及涉农企业管理人员素质。五是引导高校毕业生到专业合作社、农牧企业见习创业，支持大学生村官、回乡青年领办专业合作社、家庭农牧场等实体，强化新型农牧业经营主体。

（三）多方联动，共促发展

一是坚持形式多样、群众自愿、循序渐进、因地制宜、逐步发展的原则，培育农牧业新型经营主体。二是依靠农牧民，动员社会力量参与发展，积极发挥党员干部模范带头作用。三是采取农牧民自办、与公司联办等多种形式，推动多元农牧业经营主体由官办逐步走向民办，形成龙头企业、科技人员、流通骨干皆可牵头的多元发展方式。四是促进合作经济组织办龙头企业，龙头企业办合作组织，或者"公司＋专业合作社＋农户"等并存的发展模式。在条件成熟地区鼓励股份合作制，发展跨所有制、跨村（牧）的多形式联合与合作，逐步形成上下联通、纵横交错的农牧业新型经营主体体系。

（四）立足优势，做强品牌

一是紧紧围绕海北州特色种植业、有机畜牧业、生态旅游业等优势产业链推动专业大户、家庭农牧场和专业农牧合作社，建设一批规模化、专业化、优质化、标准化的农畜产品生产基地，做大产业规模。二是引导和支持种养殖大户升级家庭农牧场，以领办、联办组建专业合作社，鼓励有条件的专业合作社兴办或参股龙头企业，以青稞、小油菜和牦牛、藏细羊、海北羔羊、犊牛等标准化生产和精深加工为重点，发展农畜产品新型加工业。三是推动现有龙头企业进行技术改造，提升精深加工水平，集中打造优质、高效、生态、安全的海北品牌，扩大羔羊、祁连羊、黄蘑菇、门源油等优势产品的品牌知名度与竞争力。积极推进有机绿色食品、中藏药、野生动植物资源种质利用、生物育种等物种新兴产业发展。四是重点提高良种培育、标准化种养和特色农畜产品精深加工技术，大力推广无公害、绿色、有机产品推广。五是加快先进实用技术培训和推广应用，帮助经营主体业主掌握暖棚养羊、退化草地治理、鼠虫害防治、毒杂草灭治、疫病防治、白藏羊品种选育、牦牛杂交改良、细毛羊半细毛羊人工授精、青饲草青贮利用、作物秸秆氨化处理以及羔羊早期断奶补饲等先进实用技术，提高其科技应用水平。

（五）强化服务理念，改进服务方式

一是加强登记办证服务，工商部门要设立绿色通道，简化登记程序，为办理合作社和家庭农牧场设立、变更等手续提供方便。税务部门在提供优质、便捷服务的同时，定期发布专业合作社、家庭农牧场等经营主体可享受的各项税收优惠政策；二是提供市场信息服务，农牧等有关部门要利用农业信息网、地方电视台及时为各类经营主体提供农牧业产前、产中、产后以及农畜产品需求

信息，帮助他们准确把握市场；三是强化技术服务，农牧、科技等部门要指导合作社、家庭农牧场和涉农企业引进推广新优良种、高新技术，制定生产技术规范，实施标准化生产以及申报农畜产品无公害生产基地、绿色食品认证、注册商标等，以此强化服务。

（六）完善政策，整合要素

一是进一步加大财政扶持、税收支持和增加信贷投入力度，进一步落实税收减免、金融配套扶持政策。加大专项扶持资金，出台奖励办法，以贷款贴息、先建后补、以奖代补、无偿支持等形式，对发展基础好、辐射带动作用大和具有良好前景的经营主体，在项目资金上优先安排，给予重点支持。二是坚持把推进集约化经营与高原现代生态畜牧业示范区建设结合起来，运用政策项目、资金等手段，加快草场、土地适度集中和规模经营，依靠政策项目资金，充分调动农牧民参与积极性。三是按照《海北州农牧区土地、草场承包经营权流转服务管理暂行办法》，健全和完善县乡村三级流转交易服务体系，引导土地、草场有序、规范、规模流转，实现土地、草场资源的集约、节约及高效利用，以促进土地、草场效益最大化。打破以往单家独户分散经营的体制，实行承包权和经营权分离，将耕地、草场、牲畜、生产设施等农牧业生产要素优化配置、有效整合，加快土地、草场适度集中和规模经营，促进传统生产模式向集约化管理、规模化生产、产业化经营方向有效转变。

B.28
青海三江源生态移民安置
效果调研与建议

孙发平　杜青华　鲁顺元　才项多杰*

摘　要：

三江源生态移民工程是青海迄今为止规模最大的生态移民工程。从生产层面观察，在市场化和城镇化的双重推动下，生态移民的生产方式由传统的游牧方式向专业化分工初期阶段过渡转型的总体特征较为明显；从生活层面观察，搬迁后移民的生活环境、居住条件、社会活动范围以及教育、医疗卫生、劳动就业等方面得到了明显的改善，但如何尽快有效提高移民群体的收入和生活水平也面临新的挑战；从社会层面观察，移民群体迁居城镇后"人的现代化"步伐大大加快，而在生产劳动方面的适应举足轻重却任重道远，相对松散的移民社区社会结构需要统摄力。

关键词：

三江源区　生态移民　安置效益　政策建议

生态移民作为《青海三江源自然保护区生态保护和建设总体规划》的重点项目之一，共涉及青海省玉树、果洛、黄南、海南和格尔木市共 4 州 17 个县（市）82 个乡 331 个村，需迁移人口 11395 户、55774 人①，是青海

---

* 孙发平，青海省社会科学院副院长、研究员，研究方向：区域经济；杜青华，青海省社会科学院副研究员，研究方向：区域经济与农牧区贫困问题；鲁顺元，青海省社会科学院科研处副处长、研究员、法学博士，研究方向：民族社会学、环境社会学；才项多杰，青海省社会科学院藏学研究所助理研究员，研究方向：藏族人文历史与文献翻译。

① 田朝晖、孙饶斌等：《三江源生态移民的贫困问题及其社会救助策略》，《生态经济》2012 年第 9 期。

迄今为止规模最大的生态移民工程。三江源区生态移民可以划分为永久性生态移民①、阶段性移民②两种类型。为及时掌握三江源区生态移民生产生活的动态变化情况，并为三江源区生态移民后续生产生活和生态补偿相关机制提供研究参考，课题组一行先后多次深入玉树、果洛、黄南、海南和格尔木市等地20个移民社区就生态移民的生产发展、生活水平变化和社会适应等问题开展了实地调研和问卷访谈③。

一　生态移民后续产业发展情况

三江源区不论永久性生态移民还是阶段性移民，都须上交草场承包使用权并裁减牲畜，由政府通过开展技能培训和组织劳务输出等方式，引导移民发展后续产业，解决过渡期的生存问题。10年过渡期满后，阶段性移民可自主选择返回原草场从事放牧或继续定居城镇。生态移民收入从采挖虫草、放牧、建筑等，向餐饮、运输、服务、商贩等行业扩展，青壮年移民通过接受国民教育和专业技能培训，整体就业能力逐步增强。

（一）随着生产要素配置发生变化，生态移民的就业渠道正在逐步拓展

生态移民前，90%以上的移民主要依靠传统的游牧方式生存，收入的绝大部分主要来自于畜牧业和采挖虫草，由于对自然环境的依赖性较强，其收入受自然环境影响波动幅度比较大。搬迁到新的移民社区后，随着居住年限的不断延长，在经过了最初3~4年的适应期后，绝大多数移民从事舍饲圈养、畜产品加工、交通运输、餐饮零售、民族手工艺（如编织藏毯、绘制唐卡、裁制帐篷、石雕石刻）等行业。根据对移民搬迁前后收入渠道的对比可以看出，

---

① 政府向每户每年发放8000元饲料粮补助和2000元燃料费补助（期限10年），向16岁以下和59岁以上的人每人每年发放2300元的生活补助，并向每户提供80平方米的住房1套。

② 政府向每户每年发放6000元饲料粮补助（无草原使用证的每户3000元/年）和2000元燃料费补助（期限10年），向16岁以下和59岁以上的人每人每年发放2300元的生活补助。

③ 本次访谈共发放520份问卷调查表，收回496份，收回率95.38%。其中剔除无效答卷40份，有效率达到91.93%，实际有效的问卷调查表为456份。

生态移民前受访移民的收入渠道中采挖虫草、放牧、建筑三个行业的集中度较高，移民后的收入渠道正在向餐饮、运输、服务、商贩等行业扩展，这也从收入层面证明了与移民前相比移民的就业渠道得到了明显的拓展。

（二）在市场化和城镇化的双重推动下，生态移民的生产方式发生了深刻转型

以草地资源为基础的畜牧业生产方式已不再是移民家庭获取收入的主体，移民的生产方式正在经历一场以一次产业为主向依托城镇的各种优势资源的一、二、三次产业逐步拓展的过程。2006～2012年，果洛州河源新村移民社区从事第三产业的人数占全社区劳动力的比重已由29.7%上升为57.18%。[1]如黄南藏族自治州泽库县和日村搬迁前，移民收入的90%以上依赖传统畜牧业。2005年起，先后实施了100户生态移民工程（2005年始）和76户游移民定居工程（2009年始），成立了新的和日村社区。2009年该村依托本村传承200多年的传统石雕技艺，成立石雕艺术有限公司，先后培训和吸纳263名村内石雕艺人（占全村劳动力的80%以上），同年实现人均增收1346元，高出同期青海和青南牧区农移民人均纯收入水平。泽库县宁秀乡智格日村20余户移民通过大棚蔬菜种植，人均实现增收1500元以上。移民的劳动时间正在逐步由移民前的季节性间歇劳动向移民后的非季节性长期劳动转变，同时生态移民日常劳动生活的节奏也在加快。与此同时，伴随着市场经济的竞争环境加剧，就业难度和劳动强度加大等，当前移民群体中青壮年劳动力无业群体也占一定比重。但可以预见，在政府、社会和移民自身的共同努力下，生态移民的生产方式和生产效率将会伴随着劳动技能的提升、就业渠道的拓展以及社会保障等各项扶持政策的完善而得到不断改进和提升，最终生活水平的大幅提升得以实现。

（三）在移民政策和公共服务等多重拉力下，生态移民倾向于长期生活在城镇

移民是生态压力、移民生态观念、政府动员等多种因素共同作用的结

---

[1] 聂学敏、李志强：《三江源区生态移民实施现状及绩效分析》，《江西农业学报》2013年第8期。

果。① 问卷调查中，当问及"你赞成政府采取的生态移民政策吗"时，分别有32.6%、25.41%、22.65%选择了非常赞成、基本赞成、说不清，半数以上生态移民认可移民政策。在问及"搬迁的原因"时，受访移民中有46.96%的认为是政府动员，有35.91%的是为了方便孩子上学和老年人生活。可见，移民搬迁也是其权衡利弊的结果。问卷问及"你现在想不想搬回原来居住的地方"时，占比依高到低，分别有38.12%、17.68%、17.13%、16.02%的受访者选择了"回不去了，因为没有牛羊和草山"、"看国家的政策，国家要求搬回去就回去"、"孩子在这里上学方便，为了孩子上学就不搬回去"、"只要这里能生活下去，就不搬回去"。可见，在移民政策和教育、医疗、卫生等公共服务的多重拉力下，有相当一部分移民（尤其是中老年人和学龄期青少年）倾向于长期在城镇环境下的生产生活方式。

（四）相对于生产生活条件的改变，生态移民在生产劳动方面的适应任重道远

牧业社会与城镇社会巨大的就业环境反差，使得一部分生态移民生产适应显得格外艰难。受访移民群体有一半以上的人认为目前所从事的工种的劳动强度大，其中，有37.02%的受访者认为劳动强度比搬迁前明显加重了；另有14.36%的受访者认为劳动强度虽有加重，但程度不明显；而认为"和以前差别不大"和"比以前明显轻松了"的受访者比例分别为22.65%和25.97%。对村级干部的问卷调查显示，移民打工的工种权重从高到低为放牧（52.63%）、采挖冬虫夏草等中藏药材（50%）、建筑（45%）、服务（35%）、餐饮和商贩（均为30%）、运输和保安（均为25%）、传统手工艺术品制作（15%）。当前生态移民从事游牧有两种情况，一是少数返回迁出地放牧，二是部分为牧户代牧，但基于自由空间缩小、潜在的牧业收益下降等因素，其对劳动强度的感知都要比迁出前强烈。生态移民对城镇的劳动工种相对陌生，且多从事劳动强度较大、劳动技能要求不高的工种。因此有126位受访

---

① 鲁顺元：《三江源生态移民社会适应问题的调查与思考》，《青海师范大学学报》2009年第5期。

者认为自己没有谋生的技能，占有效问卷的 69.61%。可见，生态移民劳动仍然十分依赖传统的生产行业，对城镇生产方式的适应无论从实际从业情况还是心理认可上都显得很艰难。

二 生态移民生活水平状况

相对于搬迁前，搬迁后移民的生活环境、居住条件、社会活动范围，以及教育、医疗卫生、劳动就业等方面得到了明显的改善，移民生活福祉大有好转。随着移民定居和城镇化建设的不断深入，加之生活开支和成本的增高，如何尽快有效提高移民群体的收入和生活水平成为政府面临的新挑战。

（一）居住条件不断改善，移民生活更加舒适

搬迁前移民几乎居无定所，住的是移动的游牧黑帐篷，多数移民虽有砖混或土木结构简易的住房，但水电暖一概不通，离乡镇至少有四五十公里，村级道路又非常差，平时购物贸易极为不便。搬迁后移民住上了新盖的房子，人均居住面积可达到 10 平方米左右，每家每户都有一个独立的院子，房屋质量较好，个别州县移民点的房子还加了外墙保温层，水电到户，设备齐全，移民生活更加舒适。在调查中，有 60.98% 的移民认为现在居住条件好于以前，有 2.92% 的移民认为现在居住条件比过去差，说明搬迁后的居住条件有很大的改善。

（二）日常食物种类增多，饮食结构趋于合理

搬迁前移民饮食结构中肉（牛羊肉）、乳制品（牛奶、酥油、曲拉、酸奶等）等食物所占比例较大，搬迁后大多数移民的牲畜均已出售，加之市场上牛羊肉价格逐年飞涨，肉和乳制食物量逐渐减少，面、米、蔬菜成为移民的主要食物，饮食结构与搬迁前相比更加趋于合理化、科学化，从而无形中有效地控制了高血压、心脏病、高血脂、包虫病等高原性常见疾病的发作。在调查中，有 11.15% 的移民认为以前比现在饮食结构更合理，而有 49.18% 的移民认为现在比以前饮食结构更趋合理，认为现在和以前差不多的移民占 18.23%。

（三）劳动就业面较广，居民经济生活相对宽松

搬迁前移民的主要收入来源为出售牲畜，其次为采挖或倒卖虫草，生活资料基本上自给自足，收入来源相对较为单一。搬迁后除了政府每年按户补贴的固定收入之外，还有采挖或倒卖虫草、村内合作社找零工、到城镇打工、做生意等方面的零星收入，经济生活相对比较宽松。调查中，认为经济条件现在比以前更加优越的移民占 62.30%，认为以前经济生活好于现在的移民占 2.95%，认为以前和现在经济生活基本无差别的移民占 34.75%。

（四）物价与生活成本提高，贫困及新增户问题突出

从各州县的移民情况综合起来看，大多数移民搬迁前属于草场条件差、牛羊少、收入低的贫困家庭和少畜户[①]，尽管如此，搬迁前牧民衣有毛皮，食有牛羊肉，住有土房毡帐，行有牦牛和马匹，他们通过从事家庭畜牧业生产、出租草场能够自给自足，但搬迁以后牧民变卖了牲畜，失去了畜牧经济的载体，衣食住行和消费水平大不如从前。由于整个三江源生态移民脱离了传统的生产方式之后，60% 以上的人从搬迁前的专职牧民变成无业或失业人员，由失业变成了失业性贫苦人群。从整体而言，新增户的房舍地皮审批、房屋建设资金、新增人口的落户、户籍管理等问题是三江源生态移民所面临的一大难题。

（五）适龄儿童入学率增高，教育保障覆盖全境

搬迁前移民们住在偏远山区，学生上学路途很远，有的还要翻山越岭，困难重重，适龄儿童入学率极为低下。搬迁到现址以后，村民们在政府多项扶持政策帮助下，积极融入城镇生活环境，同时努力保持着自己的文化传统。在调查中了解到，目前各州县移民点的适龄儿童入学率为 100%，大多数地区小学就建在乡镇附近，初中也离居住地不是很远，移民子女都能享受国民九年义务

---

① 孟向京：《三江源生态移民选择性及对三江源生态移民效果影响评析》，《人口与发展》2011 年第 4 期。

教育的待遇；老人们也能颐养天年，看病就医均可以在当地，农村合作医疗参保率达95%，农牧区低保达到80%以上，农牧区养老保险也初步实现了应保尽保，教育与社会保障体系基本覆盖全境。

三 生态移民社会适应状况

社会适应不仅是三江源生态移民"稳得住、不反弹、能致富"的基本保证，也是移民社区与全省同步建成小康社会的基本保证。

（一）移民群体与干部的关系越来越密切

干群关系是三江源区生态保护和建设的各项政策落到实处的重要影响因素，也是移民能否迅速城镇化的社会保障性条件。问卷显示，认为干群关系好于以往的受访移民占64.10%，认为不如以往的占17.12%，另有18.78%的受访移民认为干群关系没有变化，说明政府经由干部完成的用于移民生产生活的巨大投入、移民社区管理力度强化（比如多数移民点派由迁出乡镇领导专门管理，有的移民点专设生态移民办公室和已设的三江源办公室专门管理）等，使得生态移民与干部的交往增多，交流加深。正是在强有力的政府作用下，移民就医难、上学难、出行难、吃水难的问题得到有效解决。

（二）移民群体宗教信仰需求得到很好的满足

生态移民群众基本信仰藏传佛教，尤其是长期留居移民社区的中老年人一般笃信佛教，因此，宗教信仰需求能否得到满足，是生态移民能否适应移入地生产生活的重要条件。针对党政干部的问卷显示，有52.79%的受访者认为目前生态移民的宗教信仰需求基本能得到满足，认为完全能够满足的占39.02%。走访调查也看到，得益于较宽松的住房条件，移民家庭多有佛龛；有经济能力增建住房的，还有专门的佛堂。对于随着移民整体搬迁，迁出地寺院香火衰败，移民反映迁移寺院至城镇的要求，政府多能从人性化的角度给予政策上的变通和支持。

（三）移民群体"人的现代化"步伐大大加快

美国学者英格尔斯将现代性看作是人的现代化的基本属性，视现代人为国家经济社会现代化的先决条件。他认为，作为现代人首先应当具备的品质和特征是现代人准备和乐于接受他未经历过的新的生活经验、新的思想观念、新的行为方式①。对于三江源生态移民来说尤其如此，移民进城后，通过接受更多的新生事物，其认识、思想、观念发生了明显变化。当问到"与移民前比较，你觉得现在与人打交道怎么样"时，有61.33%的受访者认为现在比以前更容易打交道，认为"比以前更难打交道"和"没什么变化"的受访者比例分别为20.44%和18.23%。这说明，移民社会交往的主动性以及交往策略已经发生了根本性变化。同时，移民社会交往并未失去传统文化精髓的一面。比如，问卷显示，当问及"你与人打交道最看重什么"时，有74.03%的受访者认为是人品好、性格相投，分别有17.13%和8.84%的受访者选择了"他家有钱或有实力"和"其他"。移民搬迁城镇后，因不同社会风气、人际交往环境的影响，有的人不适应，仍倾向将自身的生产交往局限在传统的亲缘范围。

（四）移民社区社会结构变得松散，社会适应缺乏十分深入的统摄力

藏族游牧社会十分注重代际文化，特别是习性的传承，老龄群体在其中具有很高的社会地位。加上宗教的全方位、广覆盖的影响，牧业社会的不同社区代际保持着极强的控制力和社会稳定性。牧民变成生态移民后，这种状况随着交往互动对象的变化和范围的扩大，自然就发生了改变。受访移民认为与搬迁前相比，孝敬老人的多了的仅占3.31%，而认为搬迁前尊敬老人比现在多的占44.2%，可见随着迁移的发生、发展，之前的老人、宗教上层魅力型社会已然发生着改变。虽然移民社会干群关系日益见好，但是，移民对于强化了的管理的回应冷淡，社区参与自觉性不高，正如问卷所示，只有14.92%的受访

---

① 〔美〕阿历克斯·英格尔斯等：《人的现代化——心理、思想、态度、行为》，殷陆群编译，四川人民出版社，1985，第22页。

移民认为如果社区的路坏了，会有人主动修。在移民社区社会结构变得十分松散的情况下，部分移民社区的社会治安状况并不令人满意。

四　三江源区生态移民后期安置的政策建议

（一）完善生态移民基本社会保障体系

一是综合考虑移民公平享受基本公共服务、减少发展制约各项因素，探索多样化的生态补偿方法，及早出台三江源生态移民补偿机制，保证三江源区生态建设资金有一个确定的长期来源，最大限度地解决生态移民的生存和发展问题；二是在全省农村牧区社会救助体系的基础上，结合三江源区生态移民的实际情况，建立起以最低生活保障长效救助为主，以医疗、教育、养老等专项救助为辅，以临时救助为补充的社会救助网络；三是积极探索社会救助与发展相结合的机制，通过提高现行三江源地区草原生态管护公益性岗位的覆盖面等途径，帮助生态移民走向就业岗位，提高就业竞争能力。

（二）创新生态移民后续产业发展模式

一是积极探索符合青海藏区特点的城镇化发展模式。突出城镇间的地域特色、民族特色和各种优势条件，重点发展小城镇和集镇，吸引资本，创造更多的就业机会。二是加大对生态移民的国民教育和专业技能培训力度和持续度。从提高教育的软件建设和硬件建设入手，着力提高教师的待遇和学校的教学环境，加大教育和培训的补助力度。同时，结合当地实际，科学地选择一些与生态移民的生产、生活息息相关的民族传统工艺，或畜产品加工、民族服饰、饮食等技能方面的培训，切实提高生态移民中儿童和青壮年等就业人口的人力资本，增强就业能力。三是大力发展特色优势产业。通过园区经济、飞地经济、合作组织等发展模式，三江源区域充分发挥民族文化等特色优势资源，加快发展高原民族特色旅游、绿色有机畜牧业及农畜产品精深加工、民族传统手工艺术、藏药开发等特色优势产业，拓宽就业渠道。

（三）适当延长生态移民补助周期

生态移民是一项长期而复杂的系统工程，需要通过几代人分步骤、科学有序地做好周密、系统的长远规划工作，不断探索和完善生态移民的相关惠民政策。同时，将生态移民社区纳入城镇社区管理体系中，制定并形成长期有效的管理机制至关重要。另外，还需要进一步明确生态移民管理机构的编制工作，明确工作职责，完善现行的移民政策，加强生态移民基层组织建设和各项惠民政策间的互补性，逐步将生态移民的管理方式由移出地区管理转变为属地化管理。

（四）明确定位户籍归属

目前，生态移民的身份游离于移民（户籍）与居民（城镇管理对象）之间，其难以产生对迁入城镇的认同感和归属感，这样其对城镇的社会适应就缺少了一个先决条件。一是破除户籍制度存在的各种障碍，根据青海牧业区实际，积极探索城乡统一的户籍制度，增强城镇户籍身份对移民的吸附力。二是给移民在社会保障、角色参与、就业机会、教育培训等方面完全的"镇民"待遇。三是创新草场管理制度，尤其要加快草场使用权流转，努力弥补始于20世纪80年代的草场承包所留下来的生态、生产后患；在施行救助措施（比如草原生态补偿）过程中，逐步取消以原有草场面积定额的做法，转向以生态移民在城镇的从业状况、生活境遇为准，进而起到激励先进、扶助弱势的作用。

（五）充分调动民间力量

青藏高原高寒地区的移民社区有着极其复杂的内在构成和运行逻辑，在其管理问题上，没有现成的经验可以照搬。而政府管理者为一些琐碎的事务性工作疲于奔命，管理总有缺漏甚至多有不当之处，从而酿成影响稳定发展的后患，造成移民社会适应障碍。为此，移民社区的管理很有必要吸纳民间力量。首先，应当依照"小政府、大社会"的原则建立社区自治组织，以此取代意欲移接却名存实亡的牧（村）委会组织。这方面，城市社区建设和农村村民自治实践，已经有很多成功的经验可以充分汲取。其次，有必要恢复原有的基层社会组织，比如民间调解委员会、老人会、嘛呢会等。最后，应该积极在移民社区建立健全党团组织，把移民群体中不同年龄段热心公益事业的人纳入到组织框架体系中来。

（六）积极重构社会关系

生态移民迁居城镇后，原有的社会关系被打破，新的社会关系体系又一时难以建立或耦合，移民群体因此容易陷于一种失序的状态。这种生存状态，必然会影响到这个群体的社会适应和所在社会的结构稳定性，进而影响社会稳定。社会学家爱德华·席尔斯说过，传统是社会结构的一个维度，传统是存在于今天的历史性因素，如果没有传统，就没有社会，进而没有社会的种种规范，人也就没有文明、文化可言。[1] 对生态移民而言，社会关系重构，其主要来源应该是迁出地社会传统。因此，首先要摒弃对传统社会关系认识上的误区。当下，生态移民社区仍然保持着迁出地社会的诸多特性，这种特性并不与城镇文化完全冲突，也不可能短期内向着城镇社会文化发生质的转变。其次，要深入研究生态移民的组织关系、婚姻关系、宗教关系、群体关系等在移民前后发生的变化，比较研究牧业社会和城镇社会关系结构上的异同，分析社会关系发生变化的社会结构性背景，进而探讨如何重构生态移民社会关系问题。

（七）密切关注文化传承

生态移民文化的代际传承不但影响到家庭这一社会细胞的健康发展，也关系到移民的社会适应。因此，一要更加重视"移民二代"的文化传承问题。第一代生态移民人格基本固化，期待其在社会适应方面发生更大改变并不现实。实施生态移民已愈10年，移民二代已经成长起来。这个群体担负着衔接两种文化、消弭大传统和小传统冲突的重担。目前，急需解决其职业技能缺乏、炫耀性消费（特别是经济收益较高家庭）、城市文化过度影响等问题。二要更加重视对传统文化资源的挖掘和利用。在战略层面，通过产业规划，把传

---

[1]　爱德华·希尔斯：《论传统》，傅铿、吕乐译，上海人民出版社，2009。

统文化资源开发产业置于更高的地位，加快其与产业转型、旅游业发展、生态畜牧业发展、职业技能培育等的结合，走出一条适合高寒地区的文化与经济相融共进的发展路子。

参考文献

梁庆福：《中国生态移民研究》，《三峡大学学报》（人文社会科学版）2011 年第 4 期。

姜冬梅、隋燕娜、杨海凤：《草原牧区生态移民的贫困风险研究——以内蒙古苏尼特右旗为例》，《生态经济》2011 年第 11 期。

韦仁忠：《藏族生态移民的社会融合路径研究——以三江源生态移民为例》，《中国藏学》2013 年第 1 期。

刘晓平：《三江源地区生态移民后续产业发展模式分析》，《社科纵横》2013 年第 3 期。

马秀霞：《我国近几年生态移民理论与实践研究概述》，《宁夏社会科学》2012 年第 4 期。

B.29
基于国际化进程中大力推进
西宁市公共外交研究

崔青山　王恒生*

摘　要：

在当前国际化大背景下，公共外交受到各国政府的高度重视，并作为一项国际"民心工程"纳入不少国家大战略之中，大力推进公共外交已成为世界潮流。为维护国家利益和独立的价值观，我国也在扎实推进公共外交和人文外交，虽然公共外交事业总体呈现大发展势头，但全国各地发展并不平衡，西部地区普遍滞后。为促进青海省公共外交，加速地区国际化进程，建议发挥西宁市公共外交在青海省的辐射带动作用，进一步重视相关人才的培养与整合，选择重点外交对象，探索具有地方特色的公共外交模式。

关键词：

国际化　西宁市　公共外交

公共外交是一个国家为提高本国知名度、美誉度和认同度，由政府主导、以公众为主体，通过公关和媒体等手段与国际公众进行双向交流与合作的外交活动，是传统外交的补充和发展。当今，随着新兴国家的兴起，国家间硬实力的差距在缩小，公共外交作为一种软实力受到多国政府的高度重视，并作为一项"国际民心工程"被纳入国家大战略之中。大力推进公共外交已成为世界

---

* 崔青山，西宁市外事侨务办主任，研究方向：外事侨务；王恒生，青海省社会科学院经济研究所研究员，研究方向：资源与生态经济学。

潮流，有学者甚至认为，"当今世界已步入公共外交时代"。为维护国家利益和独立的价值观，我国也十分重视开展公共外交。党的十八大明确提出要扎实推进公共外交和人文交流，这为我国开展公共外交指明了方向，提出了新的要求。当前，我国公共外交事业正出现大发展的势头，并初步形成了政府、民间社会和企业三位一体的公共外交战略框架。但由于各种原因，全国各地区公共外交的发展不平衡，特别是像青海这样的西部民族地区明显滞后，亟待加强。近年来，西宁市在省委、省政府和国家有关部门的支持下，大力开展了地方公共外交，取得了显著成效。西宁市作为青海省省会和全省政治、经济、文化中心，其公共外交工作对提升自身及青海省国际形象、增强软实力、引领地区对外开放、推进国际化进程发挥了积极作用。

一 挖掘相关特色资源是推进地区公共外交的关键

青海的公共外交资源优势是西宁市开展公共外交深厚的基础，对这些公共外交资源的开发，无疑对塑造西宁及青海的国际形象、提高地区软实力起到重要作用。

（一）重要而独特的生态地位

青海位于世界屋脊青藏高原，被誉为"万山之宗、千湖之地、江河之源"，在全国乃至世界上具有无与伦比的生态地位。它是世界上影响最大的生态调节区和高寒生物自然物种资源库，是全球生物多样性保护的重点地区，是世界上四大超级净区青藏高原的组成部分，是中华民族可持续发展的重要生态屏障。青海河流密布，湖泊、沼泽众多，雪山、冰川广布，是我国重要水资源涵养区和产水区，是世界湿地面积最大、分布最集中、海拔最高的地区，是长江、黄河、澜沧江、黑河"四江之源"，享有"中华水塔"、"地球之肾"的美誉。这里建有中国乃至世界上面积最大的三江源生态保护综合试验区。由于青海气候凉爽，西宁市还入选为"2013年中国十大避暑旅游城市"。总的来看，青海既是中国的青海，也是世界的青海，其生态状况对人类的生存与发展有着重要的影响。它必然会受到国际社会的高度关注，我们可以此开展绿色公共外交，并吸引国外有关科研机构及科学家与我们共同开展有关的科学研究。

（二）多元富集的民族宗教文化资源

青海是一个多民族、多宗教及多文化交融并存的地区，有独特的民族民俗风情、源远流长的昆仑文化、古朴神圣的藏传佛教文化、博大精深的藏医藏药文化、异彩纷呈的节日文化、绚丽多姿的民族服饰文化，有风格不同、独具特色的民歌、史诗、民间舞蹈、民间艺术。全省有民间舞蹈 1400 多种，民歌近万首，百年以上的非物质文化遗产 21 类、200 余种。这里有国家批准设立的藏族文化为主体、多民族文化交融并存的"热贡文化生态保护实验区"。青海诸多稀缺珍贵的文化遗产，使青海成为重要的中华民族特色文化保护地。上述地区性特色文化资源是青海省与国际上开展文化公共外交的资本。

（三）丰富多样的自然资源

青海省已发现矿种 132 种，探明储量的 105 种，分别占全国的 77%、69%，其中有 10 种矿产储量居全国首位，54 种矿产储量居全国前 10 位。同时还有丰富的特色生物资源、水电资源和得天独厚的太阳能等新能源资源。许多资源已得到一定程度的开发，并已建成为全国最大的盐湖化工基地和重要的新能源基地、新材料基地、有色金属基地、水电基地、新型化工基地、国际藏毯基地、藏医药基地等。还由于青海省具有资源富集且组合性好、有利于发展循环经济的特殊优势，柴达木地区已成为国家循环经济试验区。上述基地建设是青海大开发、大发展的重要标志，也是青海与国际开展经济、技术交流与合作的重要基础。

（四）良好的投资环境

改革开放后，青海已逐步改变了交通不便、信息闭塞、政策僵化的状况，变为四通八达、信息畅通、政策灵活的地区。在硬环境上，已建成一批事关长远发展的重大基础设施项目。以西宁市、格尔木市为枢纽的现代立体交通网初步形成，青南运输大通道全面提速。近年来，新建公路通车里程 1.3 万公里，

其中高速公路 1225 公里，正在开工建设兰新铁路第二双线，格敦铁路和德令哈、花土沟、果洛机场，青藏联网重大工程已建成投运。在软环境方面，不断深化改革，加强了创新社会管理，完善了体制机制，改进了政风，加强了服务型政府建设。改革开放后，青海经济社会飞速发展，到 2012 年实现国民生产总值 1884.5 亿元，城镇居民人均可支配收入 17566.3 元，农牧民人均纯收入5364.4 元。近年来，青海经济发展速度及人均收入增长率远远超过了世界上经济发展速度和人均收入增长率名列前几位的韩国。这些情况，不仅可让国外了解到青海良好的投资环境，还让他们看到，青海基础设施如此巨大的变化并非其他制度国家能在较短的时间内实现的。

（五）独具魅力的旅游资源

青海省有独特的原始淳朴的自然环境、雄伟壮美的高原景观、古老神秘的文化遗迹、风格迥异的民族风情。全省有世界级旅游景点 11 处，国家级旅游景点 52 处，省级旅游景点数百处，具有开发前景的旅游资源 408 项。有些旅游资源堪称中国乃至世界之最。青海的旅游景观符合新世纪旅游求新、求异、求知、求乐的需求趋势，对国内外旅客具有很强的吸引力。

青海在发展经济、解决民族和宗教问题、治理生态环境等方面的经验，大美青海的特色文化、特色景观、特色资源，青海在全国乃至世界上的特殊的生态地位，丰富的自然资源和良好的投资环境，青海人伟大的精神风貌足以在国际上塑造一个良好的、有特色的青海、西宁形象。但因我们过去做得多、说得少，青海省一直不被国外民众所了解，甚至误解。有效推进青海国际化进程，应充分挖掘和利用全省的公共外交优势资源，并将地方公共外交融入国家总体外交、借用大国优势、把此项事业办得更好，更具特色。

二　西宁市开展公共外交的实践及影响

（一）西宁市公共外交实践活动

进入 21 世纪以来，西宁市已开展与公共外交相关的外事活动 80 多项，包括政府公共外交、民间公共外交、企业公共外交、文化公共外交等，形成了涉及经济、文化、教育、科技、民族、生态、城市联谊等领域的多维度、多形式的交流局面。

1. 高度重视公共外交活动，建立、完善相关制度

为适应公共外交工作的需要，西宁市成立了中国西部第一个公共外交协会"西宁公共外交协会"，制定了《西宁市外事专办人员管理暂行规定》、《西宁市外事为企业服务暂行办法》等制度；采取办培训班和赴新加坡和我国香港等国家和地区考察的方式，对全市区、县、市直各部门和相关企业分管外事的负责人和外事专办人员进行了培训。西宁市外事办创办了外事工作综合期刊《夏都外事》，在开展公共外交中发挥着"窗口"作用。近年来，西宁市借助30多次外事活动，通过主题推介、邀请国外媒体参与、宣传品发放等形式，大力宣传西宁市、青海省的人文特点、资源状况、投资环境、文明城市创建、环境治理以及公共外交政策等，让世界更多地了解了西宁、青海，拉近了与世界的距离，提高了国际社会对青海省和西宁市的关注度。

2. 积极建立友好城市

坚持"立足周边、面向发达国家、联系世界各地"的思路，以"态度积极、步骤稳妥、友好为先、注重实效"的原则，与俄罗斯伊热夫斯克市、韩国全州市、美国犹他州、英国普雷斯顿市、尼泊尔帕坦市等14个城市和地区建立了友好城市或民间友好关系交流城市，并以此为平台，广泛开展了国际交流与合作。如与美国犹他郡建立"中美绿色城镇交流培训"、"青少年交流培训"等项目。2012年，西宁市外事办选定15名中学生赴美国犹他州与当地青少年进行交流，举办学生才艺表演，加深了美国青少年对西宁市的印象。

3. 多次举办"夏都国际论坛"

2010年以来，西宁市政府分别以国际民间友好交流、引进国际科技与智力、国际经贸合作、国际友好城市交流为主题，成功举办了几届"夏都国际论坛"，邀请了美国、英国、比利时、瑞典、丹麦、俄罗斯、新加坡、日本、越南等国驻华使馆官员和专家学者、民间友好人士共270多人参与，近40名中外代表宣读了论文，促进了西宁市与国际间的互信、友谊，提升了西宁

"中国夏都"的国际城市形象。

4. 重视开展国际文化活动，引进国外科技专家

在西宁举办了"中韩文化周"、"中韩歌舞会"、"中韩书画展"等活动。还分别组织了赴韩国、新加坡等国的文艺演出和旅游宣传促销活动。西宁市文化部门还为中外游客打造了具有藏文化特点的大型文艺节目——天域天堂，已演出200多场，中外观众超过10万人次。多次邀请日本、德国、美国、新加坡等国的10多位专家为西宁一些民企和西宁市农业推广中心、蔬菜研究所等进行技术指导。这项活动既解决了上述单位所存在的一些技术、管理方面的难题，又增进了与外国友人的相互了解和友谊。

（二）西宁市公共外交活动的影响及面临的挑战

西宁公共外交为提高省、市知名度，推进省、市国际化进程发挥了积极的作用。青海省及西宁市在20世纪90年代初还是比较典型的封闭型地区，与外界交往很少，1991年国际资本仅占全省GDP的0.18%。当时外国人以至于许多国人只知西藏自治区，不知青海或将青海视为神秘之地。近年来，西宁市在国际上广泛开展了公共外交活动，公共外交走在了西部省份的前列，使世界上越来越多的国家和公众日益了解本真的西宁和青海。2011年，科技部中国科技交流中心将西宁确定为引进国外科技与智力推动中西部地区发展的试点城市。2012年，外交部首次授予西宁市外事侨务办公室"服务国家总体外交突出贡献奖"，中国人民对外友好协会和中国国际友好城市联合会授予西宁市"国际友好城市交流合作奖"，并决定于2014年在西宁市召开"世界凉爽城市大会"。

西宁市地方公共外交尽管发展较快，但要保证事业持续深入发展，并能辐射推广到全省范围，最大的挑战还来自全社会的滞后性认识，即公众认为开展公共外交是发达地区的事，西部地区落后且现代化程度低，缺乏"亮点"，没有什么值得展示和吸引外国人的地方，甚至担心与外国人交往多了，外扬了"家丑"，产生负面影响。对自身的形象与发展缺乏足够的自信，对地区公共外交资源缺乏全面的、辩证的认识。

三 大力推进西宁市及青海公共外交的对策建议

西宁市地方公共外交蓬勃发展，开创了良好的局面，但毕竟起步晚、起点低、缺乏经验，且在资金、人才等方面存在诸多困难，制约着这项事业的再发展。为把这一工作推向新的发展阶段，当前要着重解决以下问题。

（一）发挥西宁市公共外交的辐射带动作用

西宁市公共外交是全省总体公共外交的组成部分。该市作为省会和中心城市承担着推进全省公共外交事业的重要责任，应从一般性的带头发展转向带动发展，积极主动地通过项目合作、经验交流等方式，引领全省各州、地、市和相关部门、企业开展公共外交，并在省、市委和政府的领导下，积极构筑全省公共外交体系，调动社会各界关心、支持和参与，促进公共外交协调发展。

（二）尽早编制西宁市公共外交发展规划，为全省积累经验

开展地方公共外交是对外开放的一项战略性任务。西宁市的公共外交已打开局面，并积累了不少的经验，为促进这项事业的快速健康发展，建议西宁市在党的十八大精神指导下，借鉴国内外经验，尽早编制西宁市公共外交发展规划，进一步明确公共外交的指导思想、目标、任务、重点及实践路径等。

（三）加大政府的支持力度

西宁市具有开展公共外交的诸多优势资源，但如果没有各级政府的高度重视和积极推动，这些资源则难以起到应有的作用。据调查，经费不足是西宁市公共外交进一步发展的一大制约因素，致使一些需要办的事，如建立科研机构、举办区域性论坛、邀请国内外有关专家讲学等难以实施。为此，建议省、市政府和国家有关部门将西宁作为青海省和中国西部公共外交的示范城市，给予必要的经费等方面的支持，并总结推广其经验。

（四）重视人才的培养与整合

加强对专业人才的培养，使外事工作人员的数量、素质、结构均不断适应

公共外交事业的发展。一是要采取有效方式加强在岗人员的培训，并通过考核对现有工作人员做必要的调整；二是重视在全省范围内发现、整合、利用社会人才，将知识功底深厚、对公共外交有兴趣的相关专业人才，以灵活的方式和有效的机制整合起来，使他们成为开展公共外交的重要力量。

（五）探索具有地方特色的公共外交模式

青海省情、西宁市情特殊，公共外交资源独特，但目前开展公共外交的基础和资金、信息、交通、人才等条件尚处于劣势。因此，在开展公共外交实践中不可照抄、照搬国家有关政策和别处的做法和经验，应从实际出发，探索具有地方特色的公共外交模式。当前，国际上具有代表性的公共外交模式有：美国的"战略外交模式"、日本的"商业外交模式"、沙特阿拉伯的"宗教外交模式"、文莱的"旅游外交模式"、加拿大和挪威的"参与式外交模式"等。根据青海省特殊的民族文化、宗教文化和地理区位、生态环境、自然资源等公共外交资源优势，可考虑实施"高原特色外交模式"，并在战略规划、策略选择和体制机制等方面作出相应的对策。

（六）选择好重点外交对象

开展公共外交的初期阶段，可与各国进行广泛交往，以扩大影响力，当发展到一定程度则需锁定一些重点目标对象，将外交工作做深做精。原则上应选择这样几类国家：一是对青海省省情了解不多、偏见较深，但在文化、科研、技术、经贸等方面颇有交流与合作潜力的国家，如美国、欧盟国家；二是与我国关系好，有利于青海省开展经济合作，但与青海省民间交往少的国家，如俄罗斯、乌克兰等国；三是与青海省民间交往多、有相当外交基础的国家，如日本；四是民族宗教文化相似，具有交流与合作文化基础的国家，如尼泊尔、阿拉伯部分伊斯兰国家。

（七）与经贸活动紧密结合

应重视发展企业公共外交，一方面，鉴于青海省自然资源丰富，而技术落后、人才缺乏等状况，应积极帮助企业进口关键技术、设备和重要原材料，引进急需人才；另一方面，应引导和帮助生产藏毯、藏药、民族工艺品、穆斯林服饰、清真食品以及新能源、新材料、有色金属等特色产品的企业积极组织产品出口，走向国际市场。还应重视引领有实力和有需求的企业"走出去"，在国际上发展。例如，青海三江集团已投资俄罗斯农业，前景看好，应从公共外交角度开展跟踪性服务和促进工作。

（八）重视开展公共外交教育

公民素质是开展公共外交的重要基础，为适应西宁市公共外交事业的发展，应结合创建文明城市活动，开展公共外交教育，使市民普遍树立公共外交意识，加强公民的社会公德、职业道德、家庭美德，熟悉公共外交知识和国际礼仪，提升公民综合素质及社会文明程度。

（九）加强公共外交的理论性研究

公共外交是在全球公民社会日益兴起的历史时代逐步走上外交舞台的，尚未形成比较成熟的理论。尤其应该看到，青海相对于中国多数省份具有西部地区、民族地区、高原地区、欠发达地区的所有特征，情况很特殊，如何开展公共外交，更需要研究。西宁市作为先行者，应注重总结自身的实践经验，并借鉴国内外开展公共外交的理论成果，积极探索西部少数民族地区实施公共外交的理论、模式和长效机制等。为有效开展这项工作，应整合社会上相关专家学者，组建民间研究机构，以其思想创新能力、科研成果、专家地位和舆论影响力，为公共外交提供智力支持。还可考虑在国家有关部委支持下，以研究所为平台，定期举办中国西部公共外交高峰论坛，加强省际的经验交流。

权威报告　热点资讯　海量资源

当代中国与世界发展的高端智库平台

皮书数据库　www.pishu.com.cn

皮书数据库是专业的人文社会科学综合学术资源总库，以大型连续性图书——皮书系列为基础，整合国内外相关资讯构建而成。该数据库包含七大子库，涵盖两百多个主题，囊括了近十几年间中国与世界经济社会发展报告，覆盖经济、社会、政治、文化、教育、国际问题等多个领域。

皮书数据库以篇章为基本单位，方便用户对皮书内容的阅读需求。用户可进行全文检索，也可对文献题目、内容提要、作者名称、作者单位、关键字等基本信息进行检索，还可对检索到的篇章再作二次筛选，进行在线阅读或下载阅读。智能多维度导航，可使用户根据自己熟知的分类标准进行分类导航筛选，使查找和检索更高效、便捷。

权威的研究报告、独特的调研数据、前沿的热点资讯，皮书数据库已发展成为国内最具影响力的关于中国与世界现实问题研究的成果库和资讯库。

皮书俱乐部会员服务指南

1. 谁能成为皮书俱乐部成员？

- 皮书作者自动成为俱乐部会员
- 购买了皮书产品（纸质皮书、电子书）的个人用户

2. 会员可以享受的增值服务

- 加入皮书俱乐部，免费获赠该纸质图书的电子书
- 免费获赠皮书数据库100元充值卡
- 免费定期获赠皮书电子期刊
- 优先参与各类皮书学术活动
- 优先享受皮书产品的最新优惠

卡号：2628850575587422

密码：

3. 如何享受增值服务？

（1）加入皮书俱乐部，获赠该书的电子书

第1步 登录我社官网（www.ssap.com.cn），注册账号；

第2步 登录并进入"会员中心"—"皮书俱乐部"，提交加入皮书俱乐部申请；

第3步 审核通过后，自动进入俱乐部服务环节，填写相关购书信息即可自动兑换相应电子书。

（2）免费获赠皮书数据库100元充值卡

100元充值卡只能在皮书数据库中充值和使用

第1步 刮开附赠充值的涂层（左下）；

第2步 登录皮书数据库网站（www.pishu.com.cn），注册账号；

第3步 登录并进入"会员中心"—"在线充值"—"充值卡充值"，充值成功后即可使用。

4. 声明

解释权归社会科学文献出版社所有

皮书俱乐部会员可享受社会科学文献出版社其他相关免费增值服务，有任何疑问，均可与我们联系

联系电话：010-59367227　企业QQ：800045692　邮箱：pishuclub@ssap.cn

欢迎登录社会科学文献出版社官网（www.ssap.com.cn）和中国皮书网（www.pishu.cn）了解更多信息

　　"皮书"起源于十七、十八世纪的英国，主要指官方或社会组织正式发表的重要文件或报告，多以"白皮书"命名。在中国，"皮书"这一概念被社会广泛接受，并被成功运作、发展成为一种全新的出版形态，则源于中国社会科学院社会科学文献出版社。

　　皮书是对中国与世界发展状况和热点问题进行年度监测，以专业的角度、专家的视野和实证研究方法，针对某一领域或区域现状与发展态势展开分析和预测，具备权威性、前沿性、原创性、实证性、时效性等特点的连续性公开出版物，由一系列权威研究报告组成。皮书系列是社会科学文献出版社编辑出版的蓝皮书、绿皮书、黄皮书等的统称。

　　皮书系列的作者以中国社会科学院、著名高校、地方社会科学院的研究人员为主，多为国内一流研究机构的权威专家学者，他们的看法和观点代表了学界对中国与世界的现实和未来最高水平的解读与分析。

　　自20世纪90年代末推出以《经济蓝皮书》为开端的皮书系列以来，社会科学文献出版社至今已累计出版皮书千余部，内容涵盖经济、社会、政法、文化传媒、行业、地方发展、国际形势等领域。皮书系列已成为社会科学文献出版社的著名图书品牌和中国社会科学院的知名学术品牌。

　　皮书系列在数字出版和国际出版方面成就斐然。皮书数据库被评为"2008~2009年度数字出版知名品牌"；《经济蓝皮书》《社会蓝皮书》等十几种皮书每年还由国外知名学术出版机构出版英文版、俄文版、韩文版和日文版，面向全球发行。

　　2011年，皮书系列正式列入"十二五"国家重点出版规划项目；2012年，部分重点皮书列入中国社会科学院承担的国家哲学社会科学创新工程项目；2014年，35种院外皮书使用"中国社会科学院创新工程学术出版项目"标识。

法 律 声 明

　　"皮书系列"（含蓝皮书、绿皮书、黄皮书）由社会科学文献出版社最早使用并对外推广，现已成为中国图书市场上流行的品牌，是社会科学文献出版社的品牌图书。社会科学文献出版社拥有该系列图书的专有出版权和网络传播权，其 LOGO（ ）与"经济蓝皮书"、"社会蓝皮书"等皮书名称已在中华人民共和国工商行政管理总局商标局登记注册，社会科学文献出版社合法拥有其商标专用权。

　　未经社会科学文献出版社的授权和许可，任何复制、模仿或以其他方式侵害"皮书系列"和 LOGO（ ）、"经济蓝皮书"、"社会蓝皮书"等皮书名称商标专用权的行为均属于侵权行为，社会科学文献出版社将采取法律手段追究其法律责任，维护合法权益。

　　欢迎社会各界人士对侵犯社会科学文献出版社上述权利的违法行为进行举报。电话：010－59367121，电子邮箱：fawubu@ssap.cn。

社会科学文献出版社